珍藏本

纪念版

汉译世界学术名著丛书

真理、意义与方法

——戴维森哲学文选

〔美〕唐纳德·戴维森 著

牟博 选编

2017年·北京

本书作者戴维森教授

戴维森与本书选编者于2003年7月17日(即大约在戴维森去世前一个月)在其加州大学伯克利分校办公室讨论哲学问题时的合影

汉译世界学术名著丛书
（120年纪念版·珍藏本）
出 版 说 明

2017年2月11日，商务印书馆迎来120岁的生日。120年前，商务印书馆前贤怀揣文化救国的理想，抱持“昌明教育，开启民智”的使命，立足本土，放眼寰宇，以出版为津梁，沟通中西，为中国、为世界提供最富智慧的思想文化成果。无论世事白云苍狗，潮流左右激荡，甚至战火硝烟弥漫，始终践行学术报国之志，无改初心。

逐译世界各国学术名著，即其一端。早在20世纪初年便出版《原富》《天演论》等影响至今的代表性著作，1950年代后更致力于外国哲学和社会科学经典的译介，及至1980年代，辑为“汉译世界学术名著丛书”，汇涓为流，蔚为大观。丛书自1981年开始出版，历时三十余年，迄今已推出七百种，是我国现代出版史上规模最大、最为重要的学术翻译工程。

丛书所选之书，立场观点不囿于一派，学科领域不限于一门，皆为文明开启以来，各时代、各国家、各民族的思想与文化精粹，代表着人类已经到达过的精神境界。丛书系统译介世界学术经典，引领时代思想，为本土原创学术的发展提供丰富的文化滋养，为推动中国现代学术和现代化进程做出了突出的贡献。

为纪念商务印书馆成立120周年，我们整体推出“汉译世界学术名著丛书”120年纪念版的珍藏本，寄望既利于文化积累，又便于研读查考，同时向长期支持丛书出版的译者、编者和读者致以敬意。

两甲子后的今天，商务印书馆又站在了一个新的历史时间节点上。我们不仅要铭记先辈的身影和足迹，更须让我们的步伐充满新的时代精神。这是商务人代代相传的事业，更是与国家和民族的命运始终紧密相连的事业。我们责无旁贷，必须做好我们这代人的传承与创造，让我们的努力和成果不仅凝聚成民族文化的记忆，还能成为后来人可以接续的事业。唯此，才能不负前贤，无愧来者。

商务印书馆编辑部

2017年10月

目　　录

第五部分　知识与客观性

第六部分　行动与心理事件

第七部分　实践理性与非理性

Contents

IV. *Language, Thought and Reality*

V. *Knowledge and Objectivity*

VI. *Actions and Mental Events*

VII. *Practical Reasoning and Irrationality*

选编者引言

唐纳德·戴维森(Donald Davidson，1917—2003)是20世纪最重要的哲学家之一。戴维森的哲学论著涉及一系列哲学基本问题;其影响力跨越不同哲学传统。无论是赞成还是反对戴维森(某些)观点的哲学家都一致认为,戴维森思想是激发他们深入进行哲学思考的原动力之一。

二十多年前当我还在中国社会科学院研究生院学习及随后在中国社会科学院哲学研究所工作时,一方面出于个人研究需要,另一方面为了将戴维森哲学思想较为系统地介绍给我国哲学界,我陆续选择并翻译了戴维森13篇有代表性的重要论文,最后辑集而成《真理、意义、行动与事件——戴维森哲学文选》一书,由商务印书馆于1993年出版。本卷《真理、意义与方法——戴维森哲学文选》是在该书基础上增选9篇文章、重新组织结构并充实有关内容而成。本《文选》与前《文选》的主要不同之处有五点。第一,本卷增选了戴维森的9篇文章;这些文章有助于较全面地理解戴维森哲学思想及其近期发展。第二,为了更系统地组织本《文选》结构,也为了便于读者有针对性地阅读,所有选文按其论述主题纳入七个不同、但在戴维森哲学中相互密切联系的专题。第三,增添了一个尽可能全面系统的戴维森主要论著目录。第四,为有助于读者了解近年来戴维森哲学与中国哲学之间的对话互动,我通过一篇附录文章及本引言下述有关内容对其相关背景及其特点意义作出说明。第五，在 80 年代末我准备前《文选》时，中国尚未加入国际版权组织；而在准备本《文选》时，中国已正式加入国际版权组织。戴维森著作版权继承人、戴维森遗孀卡维尔(Marcia Cavell)教授对本《文选》中戴维森论文中文译文的出版慷慨地予以授权。在此，特向卡维尔教授表示由衷感谢。[①]

一

就理论特点而论，戴维森哲学具有四个突出特点，即其基础性、原创性、整体性和动态发展性。首先，戴维森哲学论著涉及一系列哲学基本问题和基础理论。戴维森作为一名分析哲学家，其主要研究领域是语言哲学、心智哲学和行动哲学，其研究论题涉及语言意义问题，真理问题，指称问题，关于语言、思想与实在的关系问题，知识的客观性问题，关于行动的逻辑形式与实践推理问题，概念相对主义问题，怀疑论问题，隐喻问题，心身关系问题等等。在本文选中，我将戴维森选文分别纳入下述七个他分别对之作出创造性贡献的基础性专题：一、一般意义理论与真理理论；二、意义理论应用：命题态度问题与隐喻问题；三、关于理解的理论：解释与翻译；四、语言、思想与实在；五、知识与客观性；六、行动与心理事

① 需要说明的是，重印于此的 13 篇旧译中有 10 篇最初是选自戴维森论文集《对真理与解释的探究》。在本卷最初作为由涂纪亮先生主编的《美国实用主义文库》序列之一而准备的过程中，人大出版社准备出版《对真理与解释的探究》全本中文版作为其《当代世界学术名著——哲学系列》之一。该系列编者陈波(也是上述《美国实用主义文库》序列编者之一)希望将这 10 篇译文也重印于《对真理与解释的探究》中文版以求得中文版全本。中译文版权所有者同意该重印要求。

件;七、实践理性与非理性。

第二,在其几十年的哲学实践中,戴维森提出了一系列富有独创性和挑战性的观点。譬如说,戴维森在真理与意义问题上提出独具慧眼、影响深远的“戴维森纲领”(见专题一);他直接运用“戴维森纲领”于命题态度问题和隐喻问题而形成颇具影响力的一家之言(见专题二);他在理解与解释问题上提出其著名的“宽容原则”(见专题三);他在语言、思想与实在的关系问题上对经验主义的第三个教条(即概念图式与内容的二元论)提出挑战,并提出研究形而上学的真理方法以及无指称的实在和无对照的符合这些思想(见专题四);他在知识与客观性问题上提出拒斥广泛出错可能性的论证(见专题五);他在行动语句逻辑形式问题上引入事件本体论,并进而在心身关系问题上提出“变异一元论”(见专题六);他在实践理性与非理性问题上对意志薄弱是如何可能的解释及其对非理性是如何可能的解释独辟蹊径、颇具匠心(见专题七)。

的确,由于戴维森哲学的上述基础性和创造性,戴维森在一系列基础问题上的创造性观点不仅对英美分析哲学传统,而且对欧洲大陆哲学传统以及其他哲学传统(包括中国哲学传统)产生深远影响。著名英国分析哲学家依安·哈金(Ian Hacking)于 2001 年评论说:“唐纳德·戴维森是当今美国哲学界最富有创造性或系统性的哲学家……戴维森业已建构出有史以来为承擎哲学推理所需的最为非凡的中流砥柱之一。”[1]试图在分析哲学传统与欧陆哲学传统之间另辟蹊径的美国哲学家罗蒂(Richard Rorty)写道:“我

---

[1] 该译文原文援引自戴维森《主体、主体间、客体》(*Subjective, Intersubjective, Objective*)(牛津大学出版社 2001 年版)一书后封面上的评语。

把戴维森看作是当代分析哲学中整体论派与实用主义派的最高发展。……而整体论与实用主义是反对柏拉图的和宗教的世界观的长期斗争的最高发展（这一斗争远远超过了"分析"哲学的界域）。"[①]尽管戴维森本人并不认同罗蒂对其哲学思想的某些刻画，但他对戴维森哲学的赞誉之词至少反映出戴维森哲学跨越哲学传统的影响力。另外，最近关于戴维森哲学与中国哲学建设性交锋-交融（constructive engagement）的研究成果也从一个方面展示出戴维森哲学思想跨越文化上和民族上的疆界的影响力和价值（见下一节的讨论）。如前所述，无论是对戴维森的观点持赞成态度还是持有异议，很多哲学家都一致认为戴维森在一系列基础问题上的创造性观点是激励他们进行深入哲学思考的原动力之一。

第三，戴维森哲学的一个明显特点是：他在不同研究领域里的思想彼此密切相关，交织成一面相互衔接、彼此融贯的思想之网，从而融为一体。例如，戴维森在心身关系问题上的观点可以看作是其语义分析的例示；他的真值条件意义理论中的基本原则"宽容原则"也是他处理其他领域中的问题的一项基本原则。而贯穿这一思想网络之"纲"便是戴维森在真理与意义问题上的"戴维森纲领"；而理解戴维森在真理与意义问题上的"戴维森纲领"对于理解他在其他不同哲学问题上的观点和论证方法在相当大程度上恰如方法论上的"纲举目张"。本文选正标题《真理、意义与方法》正是在这一含义上强调了前述不同哲学专题在戴维森哲学中的整体性及其通过在真理与意义问题上的"戴维森纲领"而建构的方法论联

① 罗蒂（Richard Rorty）：《哲学与自然之镜》（*Philosophy and the Mirror of Nature*）（李幼蒸译，三联书店，1987 年中文版），第 431 页。

系。的确,戴维森哲学的整体性在某种程度上加深了我们理解戴维森哲学的难度:为了理解戴维森的某一特定观点,人们不得不首先把握他的思想整体;而他的研究成果又基本上都以专题论文形式发表,他本人并没有一本全面、系统地阐释其全部思想的大部头专著。实际上,这一点也正是本文选增补 9 篇戴维森论文以求更全面地把握戴维森哲学的考虑之一。

第四,戴维森哲学具有动态发展性,这主要表现在下述两方面。第一,几十年来,戴维森深谙哲学研究之批判性性格,他本人的思想也在不断开拓发展(包括修正改进他的某些原有观点或论证),尽管他并没有放弃其基本原则和基本看法。人们在粗读戴维森论著时常会感到他在不同文章里"反复"表述"同样的"观点,似乎颇多重复。需要注意的是,一方面,这些"重复"常常是对原有说法的更精致表述;另一方面,在那些看来仅有细微差别的重复当中经常包含着对其原有说法的一些实质性修正。而这些有时会为一些读者所忽略。第二,不同于很多年迈哲学家,甚至年迈的著名哲学家,戴维森直至逝世前一直笔耕不已,如同以往一样专注于深入思考一系列在他看来相互紧密相联的哲学基础问题,不仅可谓宝刀不老,而且自 90 年代以来成果尤为丰硕。这可从戴维森最近十多年来的论文发表记录中略见一斑。继其收集了他在 90 年代之前重要论文的两部产生重大影响的文集[《论行动与事件》(*Essays on Actions & Events*, 1980)和《对真理与解释的探究》(*Inquiries into Truth and Interpretation*, 1984,2001)]之后,戴维森于 2001 年出版了题为《主体、主体间、客体》(*Subjective, Intersubjective, Objective*)的第三卷文集;在其中所辑集的 14 篇论文中,有 6 篇属于 90 年代以来的新作;在 2004 年出版的题为《有关理性的若干难

题》(*Problems of Rationality*)的第四卷文集所辑集的15篇论文中,有9篇属于90年代以来的新作;而2005年出版的题为《真理、语言与历史》(*Truth, Language and History*)的第五卷文集所辑集的17篇论文中,有14篇属于90年代以来的新作。戴维森去世前,他在美国主流哲学界被视为最有影响的在世哲学家;这主要是由于自他60年代初发表"行动、理由与原因"这篇产生重大影响的论文后,他的一系列起开拓作用或对某些既定正统观念起颠覆作用的原创性论文奠定了他作为20世纪最重要的哲学家之一的地位,但这与戴维森近十年来直至逝世前不是退隐,而是一直积极地参与很多涉及哲学基础问题的讨论,并不断有新的研究成果问世也有很大关系。

二

联系到戴维森哲学的创造性特点,在这里打算论及两点。第一,对于一个哲学研究工作者来说,最终目的还是通过哲学翻译和阅读哲学翻译作品而开展创造性研究(这既包括原创性工作,也包括对哲学发展起推动作用的建设性批评和反思)。如前所述,戴维森本人哲学实践的一个显著特点便是其不断进取、迎接挑战的创造性;在我国,多年来的哲学翻译积累提供了哲学事业发展的必要基础;而中国哲学事业的发展最终还在于我们哲学工作者开展上述意义上的创造性研究。第二,这种创造性研究可以表现在很多方面,而对于我们中国哲学家来说,这种创造性研究的一个重要方面是思考在中国传统哲学及其当代研究与西方哲学传统中戴维森哲学所在的分析传统之间如何开展以建设性交锋-交融为宗旨、从而为共同哲学事业发展携手作出贡献的哲学对话。

在我看来，(在广义理解下的)中国现代哲学之分析运动的目前发展反映出与上述两点相关的建设性特点，而这两个特点均有助于读者了解在目前出版本卷《文选》之目的和意义。第一，在从80年代中叶开始翻译本《文选》中部分选文到本《文选》出版这二十多年间，中国现代哲学的分析运动已经由早期的纯翻译介绍阶段和前期的(纯)反思运用阶段进入其创造性发展阶段；尽管前两阶段的标志性工作(翻译介绍和反思运用)仍在有成效地开展，但它们已成为当前创造性发展阶段之有机整体中与创造性发展相辅相成的两方面工作。这种创造性发展体现在两方面或两条战线。一方面，一批从事分析哲学研究的中国哲学工作者已经在国际上受尊敬的、实行盲审制的分析哲学杂志上就当代分析哲学核心领域中的前沿问题发表在国际哲学论坛上拿得出手的论文；此外，一批从事分析哲学研究的中国哲学工作者仔细研读第一手原始资料，就分析传统中一些主要代表人物的思想作深入细致的专题研究而提出有创见的见解。另一方面的创造性发展则为中国现代哲学分析运动所特有，它实际上构成下面要谈到的中国现代哲学中分析运动的第二个建设性特点。

第二，目前中国现代哲学的分析运动正在系统地、深入地和富有成效地开展一场探究分析哲学与中国传统哲学及其当代研究之间如何以建设性交锋-交融为宗旨、通过反思对话和相互学习从而为共同哲学事业发展携手作出贡献的反思运动；其发展实际上已不限于广义理解的中国哲学运动范围内，它已构成一场国际哲学界广泛参与、业已取得重要研究成果的国际哲学运动。而戴维森本人去世前也参与其中，思考如何开展这种建设性交锋-交融对

话。事情背景是这样。大约五年前(2001 年秋季),我与戴维森谈起关于召开一个关于他的哲学思想与中国哲学有关思想之间以上述建设性交锋-交融对话为宗旨的国际研讨会的设想及其特有价值和意义;我向他解释,这一学术研讨会将不是以“歌功颂德”为主旨的对其思想的庆功会,而是旨在思想交锋的苏格拉底式反思对话。戴维森对未知领域不懈探索的愿望和他面对批评和挑战的一贯积极态度使他对原定于 2003 年夏季在北京召开的这一国际研讨会的主题和对话方式极有兴趣;他表示不仅愿意亲自出席研讨会并在会上作主题发言,而且愿意担当所有研讨会专题发言的评论人。遗憾的是,由于 2003 年春夏之际北京的 SARS 疫情,使我们失去这次面对面的对话机会。2003 年 7 月 17 日我与戴维森在其加州大学伯克利分校办公室讨论了有关学术问题以及会议继续准备的情况(见本卷卷首第二张照片)。不幸的是,那次见面竟成永诀:一个多月后的 8 月 30 日,戴维森溘然去世。戴维森的去世,使得他无法参与推迟至 2004 年 6 月在北京举办的题为“戴维森哲学与中国哲学:建设性交锋-交融”的国际学术研讨会。不过,可以告慰的是,该国际研讨会已成功召开。此外,一部题为《戴维森哲学与中国哲学:建设性交锋-交融》的专题学术研究论文集近期已由荷兰布瑞尔学术出版社出版。[①]

可以说,本《文选》的构思、准备和出版是因应中国现代哲学的分析运动在上述两方面的发展对深入、全面理解戴维森哲学并与之开展建设性交锋-交融对话的需要。如果本《文选》能对我们哲

① Bo Mou ed., *Davidson's Philosophy and Chinese Philosophy: Constructive Engagement* (Netherlands: Brill Academic Publishers, 2006).

学事业的发展在这些方面的工作有所帮助，也算是达到本人做这项工作的初衷了。

三

需要说明的是，本《文选》最初是作为由涂纪亮先生主编的《美国实用主义文库》之中的一卷而在几年前便开始构思和着手开展相关工作的。由于一些原因，本《文选》现在由商务印书馆作为独立一卷出版。在此，我特别地对该文库主编涂纪亮先生表示由衷谢意。涂先生为西方哲学（特别是分析传统的现代西方哲学）著作在中国哲学界的传播译介坚持不懈地做了大量十分有价值的工作，而这是在中国开展创造性哲学研究的重要基础建设之一。我在这方面的部分工作（特别是我最初的工作）便是在涂先生的直接指导和鼓励下完成的。涂先生是我二十多年前在中国社会科学院研究生院读书时的硕士研究生导师；本《文选》首篇译文（“真理与意义”一文）便是当时“分析哲学翻译”课程上我的一篇作业，后由涂先生校订（校者署名“静之”乃其笔名）。在本《文选》准备过程中，当我因这里的研究和教学工作而实在无暇将当时首先增选的论文全部由我本人译成中文时，涂先生积极联系他人承担了部分翻译工作。

本《文选》22 篇选文的中文包括我的 13 篇旧译；其中，我重新核定了“真理与意义”和“论概念图式这一观念”这两篇业已成为分析哲学经典论文的译文；对于其他 11 篇旧译，我也做了不同程度的修订润色处理。在前后增选的 9 篇文章中，我所翻译的是其中最长和最短的两篇（“真理概念的结构与内容”和“论分析方法与跨

文化理解”)。其余7篇中,5篇论文(即“墓志铭的完全错乱”、“通过语言的理解”、“知识的三种类型”、“非理性的悖论”和“欺骗与区分”)由江怡所译;“意志薄弱何以可能?”一文由周允程所译;而“行动、理由与原因”这篇重要论文此前已由储昭华译出,原载于《心灵哲学》(高新民、储昭华主编,商务印书馆2002年出版),承蒙译者同意载入本《文选》。对以上这7篇新选入的译文我承担校订工作。在这里我向上述三位译者衷心致谢。

四

在这里,我想顺便谈一下“truth”一词在哲学语境中的翻译问题;这涉及如何理解戴维森哲学中一个中心概念问题。需要注意的是,英语词项“truth”在哲学(特别是分析的语言哲学)语境下有三种相互联系的含义。(1)“truth”表示真命题(信念或语句)所(应)具有的一种性质(就其前理论理解而论,指“符合于”或“把握住”事物本身的存在方式)。就“truth”的这种含义而论,可将其译为“真”或“真实性”;就“理”一词的基本含义(即表示事物本身的纹络或一定之规)而论,也不妨译为“真理”(这是本译者在哲学语境下使用“真理”这一词组的含义之一)或“真理性(质)”。(在“truth”的这种含义上、在对“真理”一词的这种相应用法上以及出于语言通顺和避免误解的考虑,在本译文中,“definition of truth”译为“真理定义”;“truth predicate”译为“真理谓词”。)(2)“truth”用来表示人类主体对上述这种性质的前理论理解或基于前者而进一步作出的反思性理解,两者均为概念性的;这种用法常常出现在一些哲学家讨论如何刻画或定义truth、如何看待truth的解释作用的语境下:对他们而言,出于一些哲学反思上的理由,刻画 truth 与刻画 concept of truth、讨论 truth 的解释作用与讨论 concept of truth 的解释作用在本质上是一致的或后者抓住了前者之所在;在戴维森哲学中便是如此。在“truth”这种用法上,可将其译为“对真的理解”或“关于真的概念”;就“理”一词的派生含义之一(即表示对事物本身之纹络或性质的理解)而论,可译为“真理”(这是本译者在哲学语境下使用“真理”这一词组的另一含义)或“真理概念”(这是本译者就戴维森哲学论著而论在某些语境下常采用的译法)。(3)“truth”用来表示真的道理(命题、信念或理论)(此时,“truth”有单复数表示)。就“理”一词的另一派生含义(道理、事理)而论,“truth”在这种用法下译为“真理”(这是本译者在哲学语境下使用“真理”这一词组的另一种含义)。在英语语言共同体,非哲学专业者常常是在这种含义上使用“truth”;哲学家(包括戴维森本人在其论文中的某些语境下)也会在这种含义上使用“truth”一词。针对“truth”一词在哲学语境下,特别是其出现在戴维森论著中的多重含义,我在翻译戴维森论著时根据具体语境采取两种对策。第一,在一些语境下,用大致相应于英语词项“truth”在哲学语境下多重含义的中文词项“真理”来翻译“truth”:在我看来,借助于中文“理”字本身的上述多重含义而在哲学语境下用“真理”来译哲学语境下的(特别是一些语言哲学家笔下的)“truth”(相对而论)颇为达意乃至传神。尽管“真理”一词在非语言哲学语境下常常用于表达“truth”的上述第三种含义,但这无碍我们在哲学语境下对译文中的一些关键理论词项作出有益于表达的特定界定。第二,根据特定语境的情况而将“truth”明确译为上述三种含义之一的中文表达式。(在此顺便提一下:出于上述诸多理由,在我看

来，那种试图将“truth”不问语境一律译为“真”的做法是不可取的。）譬如说，我将“truth”一词在戴维森论文中的某些语境下明确译为“真理概念”来表达戴维森本人在此用“truth”一词的要旨：真理概念对于其他诸多重要概念（譬如说对于理解意义概念）起着必不可少的首要解释作用。另外需要指出的是，用逻辑学中对“truth”的某种特定理解来囊括“truth”在哲学（特别是分析哲学和语言哲学）语境下的多重含义是不正确的。很清楚，广义理解下的分析哲学（或戴维森所理解的分析哲学传统）就其广度和在某些方面的深度而言远超出逻辑学乃至逻辑哲学所包容的范围（尽管后者也是我本人自本科学习数学专业以来所喜好的领域之一）；哲学上的真理问题便是一例。

*　　　*　　　*

我有幸与本《文选》责任编辑徐奕春先生有长期合作历史；此前由商务印书馆出版的几部拙译及选编文稿均是在徐先生的鼓励、支持和相关指导下完成的；本卷也不例外。我对此表示诚挚谢意。徐先生作为资深编审长期以来对哲学学术出版事业的敬业、严谨和勤奋，我尤感钦佩。

牟　博

2008 年 1 月 18 日

于美国加州奥尔巴尼

第 一 部 分

一般意义理论与真理理论

1. 真理与意义*

大多数语言哲学家都承认，并且近来有些语言学家也承认，令人满意的意义理论必须对语句的意义依赖语词的意义的方式提出一种解释。除非能够对某一语言提供这样一种解释，否则，人们便会论证说，这就没有对于我们为何能够学会这种语言这一事实作出解释，也就是说，没有对于这样一个事实作出解释：根据对于有限词汇和有限地加以阐明的一组规则的掌握，我们便有条件去造出并理解其数量潜在无限的任何语句。我不对这些模糊的断言提出质疑，因为我领会到这些断言含有不少真实性。[①] 我想要问的是，一种理论提出所勾画的那种解释，这是怎么一回事。

一种提议认为，首先要把某种作为意义的实体指派给语句中的每个语词（或其他有含义的句法成分），这样，我们便能在“忒厄特图斯（Theaetetus）飞翔”这个语句中把忒厄特图斯指派给“忒厄特图斯”、把飞翔这种特性指派给“飞翔”。因此，就产生了语句意

---

* 本文首次发表于《综合》(*Synthese*)杂志第 17 卷(1967 年)，第 304～323 页。关于本文标题原文中“truth”一词的翻译问题，请读者参看本书选编者在“选编者引言”中对这个问题的说明。——译者

① 参看戴维森：“意义理论与可学会的语言”(“Theories of Meaning and Learnable Languages”)。

义如何从这些语词意义中生成的问题。把这些语词的连结视为在句法上有含义的片断，我们便能使这种连结具有参与关系或例证关系（the relation of participating in or instantiating）。可是，显然我们在这里开始了一种无穷倒退。弗雷格试图通过这样一种说法来避免这种倒退，这就是说，（例如）对应于谓词的实体与对应于名称的实体相比，前者是“不饱和的”或“不完全的”；但这种学说看来与其说解决了问题，倒不如说标明了困难所在。

如果我们考虑一下与语句一道为弗雷格的理论所适用的复合单称词项，就会显现出上述论点。我们考虑“安妮特的父亲”这一表达式。这一表达式的整体的意义如何依赖于它的各个部分的意义呢？看来回答似乎是这样，“……的父亲”的意义是：把这个表达式放在一个单称词项之后所形成的表达式指称该单称词项所指称的那个人的父亲。在这一解释当中，“……的父亲”所代表的那个不饱和的或不完全的实体起着什么样的作用呢？我们所能得出的说法不过是，在主目是X的情况下，这个实体便“产生”或“给出”X的父亲作为其值，或许换一种说法，这个实体把人映射到他们的父亲之上。也许没有搞清楚的是，是否只要我们坚持个体表达式，“……的父亲”据说所代表的实体便完成一种真正的解释性功能；因此，便转而想出通过在“安妮特”的后面写上零次或更多次的“……的父亲”而形成的无穷的表达式类。不难提出这样一种理论，即对于这些单称词项中的任何一个来说，这种理论都会说出它所指称的东西：若这个词项是“安妮特”，则该词项指称安妮特，若这个词项是复合的，它由加到单称词项t后面的“……的父亲”所组成，那么，它便指称t所指称的那个人的父亲。显然，在陈述这一理论时，没有提到，或没有必要提到对应于“……的父亲”的实体。

人们会抱怨说，这种微不足道的理论在给出包含有“……的父亲”这些语词的表达式的指称时，**使用了**“……的父亲”这样一些语词；这种抱怨是不适当的。这是因为，所要完成的任务是根据各组成部分的意义给出在某一无穷集中一切表达式的意义；而不是此外又给出那些基本组成部分的意义。另一方面，现在很明显的是，一种令人满意的关于复合表达式的意义理论，可能并不需要一些实体作为所有各组成部分的意义。因此，我们应该改变我们对令人满意的意义理论所提出的要求，以致不要认为个体语词必须在超越下述事实的涵义上才具有意义，这一事实就是：个体语词对它们出现于其中的语句的意义具有系统的影响。实际上，就我们目前看到的这种情形来说，经过这样的改变，我们在陈述成功的标准时能够做得更好：我们已获得了的理论是这样一种理论，即可以从这种理论中衍推出每一个具有“t 指称 x”这种形式的语句（其中，“t”可由一个单称词项的结构性描述短语[①]所替换，而“x”由该词项本身所替换）。进一步讲，我们的理论是在不求助于超出“指称”这一基础之外的任何语义学概念的情况下做到这一点的。最后，这种理论清楚地提出一种有效的程序，这种程序对于在其全域（universe）中的任一单称词项来说确定了该词项的所指。

一种带有如此明显优点的理论应具有更加广泛的应用。弗雷格为此提出的设计具有鲜明的简易性：把谓词算作一些函项表达式的一种特殊情形，把语句算作复合单称词项的一种特殊情形。然而，如果我们想要继续采用我们目前所采用的这种使一个单称

① 一个表达式的“结构性描述短语”把该表达式描述为从一个确定的有穷表列（例如语词表列或字母表列）中抽出的要素之间的连结。

词项的意义等同于它的指称的做法，那就会隐隐出现一个困难。这个困难是随着作出这样两个合乎情理的假定而出现的：一个假定是，逻辑上等值的单称词项具有相同的指称；另外一个假定是，一个单称词项在它所包含的一个单称词项被另一个具有相同指称的单称词项所替换的情况下并不改变其指称。但是，现在我们假定，"R"和"S"是任意两个具有相同真值的语句的缩写。因此，下面四个语句具有相同的指称：

(1) R

(2) $\hat{x}(x=x \cdot R)=\hat{x}(x=x)$

(3) $\hat{x}(x=x \cdot S)=\hat{x}(x=x)$

(4) S

因为，(1)和(2)正如(3)和(4)一样在逻辑上是等值的，然而，(3)仅仅在(2)包含"$\hat{x}(x=x \cdot R)$"的位置上包含着单称词项"$\hat{x}=(x \cdot S)$"这一点上不同于(2)，并且，如果 S 和 R 具有相同真值，则"$\hat{x}(x=x \cdot R)$"和"$\hat{x}(x=x \cdot S)$"这两个单称词项都指称着相同的东西。因此，如果任何两个语句具有相同的真值，则它们具有相同的指称。[①] 并且，如果一个语句的意义是它所指称的东西，则所有在真值上相同的语句就必定是同义的，这是一个无法容忍的结论。

显然，我们必须抛弃现在这种导向意义理论的研究方向。走到这一步，我们自然要转而求助于意义与指称之间的区别。我们

① 这一论证来自弗雷格。参看丘奇(A. Church)：《数学逻辑导论》(*Introduction to Mathematical Logic*)，第 24～25 页。或许值得提到的是，这个论证不依赖于对语句理应指称的那些实体的任何一种特定的识别。

被告知说，困难在于下述情况：一般来说，指称问题是由语言之外的事实确定的，意义问题则不是，而那些事实能够等同于一些并非同义的表达式的指称。如果我们想要有一种给出每个语句的（不同于指称的）意义的理论，我们就必须从语句的组成部分的（不同于指称的）意义着手。

至此为止，我们一直遵循着弗雷格的足迹。由于有了弗雷格，大家才清楚地知道探寻的途径，人们循着这条途径进行探寻的劲头甚至经久不衰。但现在我想提出的是，我们已经走进了死胡同。从指称到意义的这一转换，导致不能对语句的意义如何依赖组成语句的语词（或其他结构成分）的意义作出有效的解释。例如，我们询问“忒厄特图斯飞翔”这一语句的意义。弗雷格式的回答也许如下所述：假设“忒厄特图斯”的意义作为主目，则“飞翔”的意义便产生出作为值的“忒厄特图斯飞翔”的意义。这种回答的贫乏性是一目了然的。我们想要知道“忒厄特图斯飞翔”的意义是什么，却被告知说它就是“忒厄特图斯飞翔”的意义，这等于什么也没说。在提出任何意义理论之前，我们对这一点就已经很了解。在刚才所提出的那种伪解释之中，关于语句结构和语词意义的言论是毫无效用的，因为它在对语句意义提出那种给定的描述方面不起任何作用。

如果我们找到下述这样一种理论，这里所展示的在真实的解释与假冒的解释之间的对比还会更清楚，这种理论类似于刚才所概述的那种关于单称词项的指称理论的雏形，但又有不同，即它所处理的不是指称，而是意义。这种类似性所要求的是这样一种理论，它具有形如“s 意谓（mean）m”（其中，“s”可被一个语句的结构概述短语所替换，“m”可被一个指称该语句的意义的单称词项所

替换)的语句作为推断;此外,还要求这种理论对于获得任意一个从结构上加以描述的语句的意义提供一种有效的方法。显然,如果符合这些标准的话,那么,我们任何一个人都已看到的、某种表达得更加清楚的对意义进行指称的方式便是必不可少的。[①] 作为实体的意义,或者相关的同义性概念,允许我们制定下述这种与语句及其组成部分有关的规则:如果某些语句的相应的组成部分是同义的,这些语句便是同义的(当然,"相应的"一词在这里需要详细说明)。并且,在一些像弗雷格的理论这样一类理论中,有时可能把作为实体的意义当作指称用,那时这些意义便丧失了它们作为有别于指称的实体的地位。自相矛盾的是,意义似乎办不到的一件事情便是使意义理论能自圆其说——至少我们所要求的是这样一种理论,这种理论并不是无足轻重地给出语言中的每个语句的意义。我对意义理论中的意义所提出的异议并不是说,这些意义是抽象的,或者说,它们的同一性条件是难解的,而是说,它们不具有被表明了的用法。

现在到了戳穿另一个有希望的想法的时候了。假定对于我们的语言来说有这样一种令人满意的句法理论,这种理论包括一种断定任意一个表达式是否具有独立的意义(是否是一个语句)的有效方法,并且像通常一样假定,这包括把每个语句都看作是这样一种语句,它是以一些许可的方式,由从一批有限确定的原子句法元

① 人们也许会认为,在"对关于感觉和所指的逻辑的系统表述"("A Formulation of the Logic of Sense and Denotation")一文中,丘奇提出了一种必不可少地把意义当作实体来使用的意义理论。但这并不符合事实:尽管把丘奇的那些关于感觉和所指的逻辑解释为关于意义的,但是这些逻辑并没有提到表达式,因此当然也就不可能是在现在所讨论的涵义上的意义理论。

素(大致地讲即语词)中取出的元素所组成的。那种有希望的想法是,在加上一部给出每个句法原子之意义的词典的情况下,如此构想出来的句法便会产生出语义学。然而,如果语义学是要构成一种在我们的涵义上的意义理论,希望便会破灭,这是因为,关于那些结构特征(它们有助于说明语句中的有意义性)的知识,再加上关于基本组成部分的意义的知识,并不等于说是关于语句含义的知识。这个论点很容易用信念语句加以说明。这些信念语句的句法相对地讲没有什么问题。然而,附加上一部词典这一点并没有接触到那个标准的语义学难题,这就是,根据我们关于信念语句中的语词意义的知识,我们甚至不可能对这类语句的真值条件作出解释。把那部词典精练到表明一个含混的表达式在其每个可能语境中所具有的是哪一种意义或哪一些意义,用这个办法,情况也不会发生根本改变。在解决含混性问题之后,关于信念语句的那个难题依然存在。

带有附加词典的递归句法并非必然是递归的语义学,在近来某本关于语言学的著作中,这一事实被下述做法搞得难以理解,即把语义标准纳入关于所谓句法理论的讨论。假如语义标准是清楚的,那么事情便会归结为术语上的无伤大雅的区别;可是那些语义标准并非如此。尽管人们一致认为,语义学的中心任务是对语言中的每一个语句提出语义解释(给出意义),但是,就我所知,在任何语言学文献中,人们都不会找到关于一种意义理论如何完成这个任务,或如何知道这个任务被完成的条件这一点的直接解释。这种与句法的对比是显著的。一种适度的句法的主要职责是表征有意义性(或语句性〔sentencehood〕)。就如同我们对于我们的样本的代表性、对于我们述说一些特定的表达式在什么条件下是有意义(语句)的能力具有信心一样,我们可以对于这样一种表征的正确性同样充满信心。对于语义学存在着怎样一种清晰而又类似的任务呢?①

在前一段时间我们曾决定不做出这样的假定:除了是在语句组成部分对它们出现在其中的语句的意义起着系统的分担作用这样一种本体论中立的涵义上以外,这些组成部分具有意义。既然对意义作出公设这一点毫无所获,就让我们返回到那种见解上。那种见解所指向的一个方向便是某种整体论的意义观。如果语句依赖于它们的结构(对于它们的意义来说),并且我们把这种结构里的每个词项的意义理解为从该词项作为其中成分的那些语句的整体中抽取出来的东西,那么,我们只有通过给出那种语言中的每个语句(和语词)的意义才能给出任何一个语句(或语词)的意义。弗雷格说,只有在语句语境中,一个语词才具有意义;他也许还会以同一口吻补充说,只有在语言语境中,一个语句(因而一个语词)才会具有意义。

这种程度的整体论已经隐含在这样一种建议当中,即必须从一种适当的意义理论中衍推出一切形如"s 意谓 m"的语句。可是现在,由于发现求助于语句的意义就如同求助于语词的意义一样无济于事,所以,让我们看一看是否我们能够摆脱那些令人烦恼

① 近来对于语义学在语言学中的作用的陈述,请参看诺姆·乔姆斯基(Noam Chomsky):"生成语法理论的若干论题"("Topics in the Theory of Generative Grammar")。在这篇文章中,乔姆斯基(1)强调了语义学在语言学理论中的十分重要的意义,(2)很大程度上是在下述论据的基础上论证了转换语法相对于短语结构语法的优越性:短语结构语法尽管也许适于对(至少)某些自然语言定义出语句的性质,但不适于作为语义学的基础,以及(3)反复多次地评论语义学概念的"相当初始的状态",并认为语义解释这一概念"仍然抵制对之进行任何一种深层分析"。

的、被设想为替代"m"并指称意义的单称词项。在某一点上,没有任何做法能比下述这种做法更容易的了:仅仅写出"s 意谓(that*)p",并设想"p"被一个语句所替代。正如我们已看到的那样,语句不能命名意义,除非我们规定前面缀以"that"的语句是名称,否则的话,这类语句根本就不是名称。然而,看来我们好像陷入了另一方面的困境,因为,产生下述这种期望是合理的,这就是,在设法处理关于显然是非外延的"意谓(that)"的逻辑的过程中,我们会遇到与我们的理论设法要解决的那些问题同样困难的(或许是相等同的)问题。

我所知道的解决这种困难的惟一办法既是简单的,又是彻底的。对于我们陷入处理内涵语词这一困境的忧虑,是由这样一种做法所造成的,即把语词"意谓(that)"用作填充在对语句的描述与语句之间的连接语词。但是,情况可能是这样,我们这种冒险做法的成功并不依赖于这种用于填充的连接语词,而依赖于它对之进行填充的东西。如果对于所研究的语言里的每个语句 s 来说,这种理论都提供了一个以某种尚待搞清楚的方式"给出 s 的意义"的匹配语句(以替代"p"),那么,这种理论就会起到它的作用。如果对象语言包含在元语言中,一种明显地可供选择的匹配语句便恰恰是 s 本身;否则的话,便是 s 在元语言中的翻译。作为最后一个大胆的步骤,让我们尝试以外延的方式处理由"p"所占据的地位:为了做到这一点,就要抛弃难解的"意谓(that)",向替代"p"的语句提供一个恰当的语句关联词,而向替代"s"的描述语提供它自己的谓词。看来合理的结果便是:

* "that"在这里表示后接宾语从句,它在此没有词汇意义。——译者

（T） s 是 t 当且仅当 p

我们对于一种语言 L 的意义理论所提出的要求是，在不求助于任何（进一步的）语义概念的情况下，这种意义理论对谓词“是真的”赋予足够的限制，以便可以当“s”为 L 中一个语句的结构描述语所替代，“p”为该语句所替代时从 T 图式中衍推出所有的语句来。

任何两个满足这一条件的谓词都具有相同的外延，[①]因此，如果元语言足够丰富，就不会有任何东西会妨碍把我现在称之为意义理论的东西置入对谓词“是 T”所作出的明确定义的形式。但是，不论是对“是 T”加以明确定义还是对它以递归方式加以表征，它所适用的语句显然恰恰是 L 中的真语句，这是因为，我们对令人满意的意义理论所提出的条件，在本质上就是塔尔斯基的约定 T（Convention T），它检验形式语义上的真理定义是否适当。[②]

为论证这一论点所要走的道路是艰难曲折的，但其结论却可以简单地表述出来：如果语言 L 的意义理论包含对 L 中真理概念的（递归）定义，那么，这一理论便表明“语句意义依赖语词意义的方式”。并且，至少迄今为止，我们还不知道有达到预期目的的其他方式。值得强调的是，真理概念在述说我们原来的难题方面表面上不起任何作用。那种难题经过精心改进便导致这样一种观点，即一种适当的意义理论必须表征符合某些条件的谓词。这样一种谓词恰恰适用于真语句，这一点带有发现的性质。我所希望

① 当然，假定这些谓词的外延限于 L 中的语句。

② 塔尔斯基（A. Tarski）：“形式化语言中的真理概念”（“The Concept of Truth in Formalized Languages”）。

的是，我正在述说的内容也许可以被部分地描述为捍卫塔尔斯基关于语义上的真理概念在哲学上的重要性。如果两者确有联系的话，我所持的这种捍卫立场仅仅是隐约地与下述问题有关，即塔尔斯基已表明如何对其进行定义的概念是否就是那种（或某种）在哲学上令人感兴趣的真理概念，或与这样一个问题有关，即塔尔斯基是否已阐明了诸如“真的”和“真理”这类语词的通常用法。不幸的是，从针对这些问题而展开的无益而混乱的争斗中所扬起的尘埃，迷住了那些对语言具有理论兴趣的人（哲学家、逻辑学家、心理学家和语言学家等等）的双眼，使他们无法从语义上的真理概念（无论人们怎样称呼）之中看到为一种合格的意义理论所提供的精致而又强有力的基础。

当然，没有必要掩饰在塔尔斯基已表明其构造方式的那种真理定义与意义概念之间的明显联系。这种联系就是：那种定义通过对每个语句的真实性给出充分必要条件而起作用，而给出真值条件也正是给出语句意义的一种方式。知道一种语言的语义性真理概念，便是知道一个语句（任何一个语句）为真是怎么一回事，而这就等于理解了这种语言（在我们能赋予这段话的一种可靠的涵义上）。无论怎么说，这便是我对现在这场往往使老手们感到震惊的争论的特征而提出的辩解。我可以随心所欲地使用“意义”这个词，因为，我所说的意义理论毕竟没有使用意义（无论是语句意义还是语词意义）。的确，既然一种塔尔斯基式的真理定义提供了我们迄今对意义理论所要求的全部东西，这样一种理论显然便称心如意地属于蒯因所说的“指称理论”之列，而这种“指称理论”有别于他所说的“意义理论”。对于我称之为意义理论的那种东西，可以提出很多支持的理由；也许，对于我如此称呼它，也可以提出很多反对的理由。[①]

一种意义理论(在我的那种稍微有所反常的涵义上)便是一种经验理论,它的抱负便是对自然语言的活动方式作出解释。就像任何一种理论一样,它也可以通过把它的某些结论同事实进行对比而得到检验。在现在这种情形下,这是易于办到的,因为这个理论被表征为生成无穷多的语句,其中每个语句都给出一个语句的真值条件;在一些样本情形下,我们只需询问,被这种理论断言为语句真值条件的东西是否真正存在。一种典型的检验情形也许包括对这样一点作出判定:"雪是白的"这个语句是真的,当且仅当雪是白的。虽然并非一切情形都是如此简单的(根据将要概述的原因),但是,这种检验显然不会引起单凭人数而决定真假的局面。关于构成这一范围内的理论的东西所形成的明确概念,对于提出有关一种语言理论何时是正确的以及应如何对之进行检验这样一些深入的问题,提供了振奋人心的情景。但是,那些困难是理论上的、而不是实际上的困难。在应用当中,麻烦在于获得一种接近于实际发挥作用的理论;而任何人都能辨别这种理论是否正确。[②]人们可以看出情况为什么会如此。这种理论并没有揭示出任何有关个别语句的成真条件的新东西;它并没有使那些条件比语句本

① 但是,可以援引蒯因的话来支持我的用法:"……说到意义……人们可以在一个语词的语境之真或假是确定的这样一种无论怎样的范围内把一个语词说成是确定的。"〔"由约定而形成的真理"("Truth by Convention"),第 82 页〕既然真理定义确定对象语言中的每个语句(相对于元语言中的语句)的真值,因此,它便确定每个语词和语句的意义。这似乎证明了意义理论这个称呼是有道理的。

② 给出一个单个的例子:可从一种理论中衍推出"'雪是白的'是真的当且仅当雪是白的"这一点显然有利于这个理论。而设计出一种可从中衍推出那句话(并对一切相关的语句都起作用)的理论并非无足轻重的。我不知道是否有一种在整体上令人满意的、可成功地处理这种情形(关于"物质词项"的难题)的理论。

身更清楚。这种理论的作用在于使每个语句的已知的真值条件与语句里的那些重新出现在其他语句里的方面（“语词”）相关，并能在其他语句里被赋予相同的作用。在这样一种理论中的经验能力，依赖于成功地重新获得关于一种十分复杂的能力（讲一种语言并理解它的能力）的结构。我们能十分轻易地说出，对于这种理论的特定论述在什么情况下与我们对语言的理解相一致；这一点是与一种对我们的语言造诣的机制结构的微弱洞见相一致的。

上面这一段评论仅仅直接适用于这样一种特殊情形，在这种情形中人们假定，为其表征真理概念的语言是由表征者所使用和理解的语言的一部分。在这些情况下，一种理论的制定者必然会尽可能地利用这样一种元语言所固有的便利性，这种元语言含有确保相当于对象语言中每个语句的语句。然而，我们不应被这一事实所蒙骗，以致认为，可从其中衍推出“‘雪是白的’是真的当且仅当雪是白的”的理论比起可从中衍推出下述语句的理论更正确些：

(S)“雪是白的”是真的当且仅当草是绿的

当然，这是就这样一种情况而言的：假定我们如同确信原有的那个更为人所知的式子的真实性一样确信(S)的真实性。然而，(S)可能不会激励起同样的信心使我们认为，可从中衍推出(S)的理论值得被称为意义理论。

这种有威胁性的错乱可以按如下方式被抵消。(S)的荒唐性本身与它作为其推断的理论并不抵触，假如这种理论对每个语句都给出正确结果的话（根据它的结构，没有其他的方式）。难以看出(S)如何能够参与这项工作，但是，假如(S)是参与者〔这也就是说，假如(S)是根据对“是真的”这个谓词的表征（它导致真理与真理、谬误与谬误这种恒定不变的配对关系)而得出的〕,那么,我认为,就没有任何一种这样的东西,它对于依然有待于人们去把握的意义观念是必不可少的。①

当形如"s"是真的当且仅当"p"的语句是一种真理理论的推断时,出现在这类语句的双向条件式右边的 p,并非通过冒充同义语,而是通过下述这种方式在确定 s 的意义的过程中发挥作用,这种方式就是,对那张显示出关于 s 的意义所要知道的东西的图画(它被看作是一个整体)画龙点睛地再添上一笔。之所以要加上这一笔,是依据于这样一个事实,这就是,替代"p"的语句是真的当且仅当 s 是真的。

如果情况如此,那么,这就可能有助于我们考虑(S)是可接受的,因为我们是独立地确信"雪是白的"和"草是绿的"这两句话的真实性。但是,在我们并不确信一个语句的真实性的情形下,仅当真理谓词使得那个语句与我们具有充分理由相信与其等值的另一语句配对时,我们才能信任真理谓词的表征。除非某个对于雪的颜色或草的颜色有怀疑的人以为其中一种东西的颜色被联结到另外那种东西的颜色上,否则的话,即使他对雪的颜色和草的颜色的怀疑程度是相等的,要这个人接受产生(S)的理论,这也是一个很糟糕的建议。② 无所不知显然比无知能够提供更稀奇古怪的意义

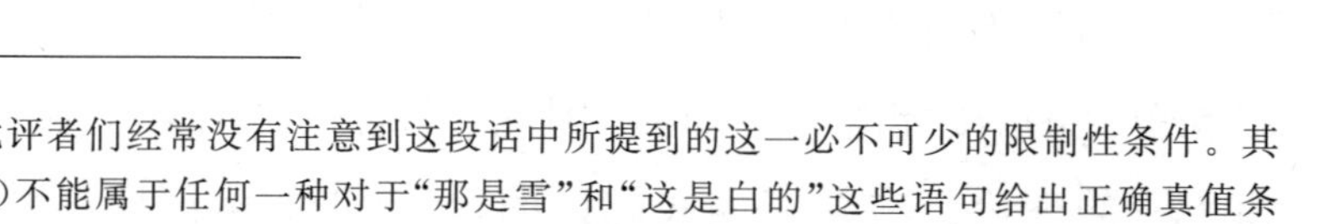

① 批评者们经常没有注意到这段话中所提到的这一必不可少的限制性条件。其要点是,(S)不能属于任何一种对于"那是雪"和"这是白的"这些语句给出正确真值条件的、具有合理简单性的理论。(参看后面关于索引表达式的讨论。)〔此脚注是在 1982 年附加上的。〕

② 这段话出现混乱。应当采取这样一种说法:这一理论的语句是有关说话者的一些经验概括,因而就必定不仅是真的,而且还像法则一样。既然(S)没有支持恰当的反事实语句,因此,它大概不是一条法则。接受"那是雪"这一语句的(相对于时间和说

理论;但在这种情况下,无所不知却不那么需要交流。

当然,一种语言的说话者为另外一种语言的说话者构造一种意义理论,这必定是可能的,尽管在这种情形下对这种理论的正确性的经验检验不再是无关紧要的。正如以前一样,理论目标将是在真值上相同的语句之间建立一种无限的相互关系。但这时一定不要作出这样一种假设:这种理论的建构者对于在他自己的语言与另外一种语言之间可能存在的那些相等价的地方具有直接的洞见。理论建构者必须做的事情是,(不论他使用什么方法)弄清持另一种语言的人认为什么样的语句在他自己的语言中为真(或用一种更好的说法:持另一种语言的人认为它们在怎样一种程度上为真)。于是,语言学家就试图对持另一种语言的人而言为真这一点作出一种表征,这种表征将尽可能把持另一种语言的人认为是真(或假)的语句映射到语言学家认为是真(或假)的语句之上。假定找不到任何完美的配合关系,那么,真语句被译为假语句(或假语句被译为真语句)所造成的后遗症便为(在外国语中或在本国语中)出错留下余地。在解释其他人的语词和思想时持宽容态度,这一点从另一角度看也是不可避免的:正如同我们必须最大限度地求得一致、否则就要冒不懂持另一种语言的人所谈论的事情这一风险一样,我们同样必须最大限度地求得我们归属于持另一种语言的人的那种自我相容性,否则就要受到不了解他的惩罚。不会出现单一的、最佳的宽容原则;因此,那些强制因素不会确定出任何单一的理论。在关于彻底翻译的理论(正如蒯因所称呼的那样)

话者的)真值条件的根据在于,说话者同意那个语句与关于雪的指示性描述之间的因果联系;指出这一点也是重要的。至于进一步的讨论,请参看我的“对福斯特的答复”(Reply to Foster)这篇论文。〔这个脚注是在 1982 年附加上的。〕

之中，没有任何完全与有关持另一种语言的人所相信的东西的问题分隔开的关于持另一种语言的人所意指的东西的问题。除非我们知道某人所相信的东西，我们就不会知道他所意谓的东西；除非我们知道某人所意谓的东西，否则，我们就不会知道他所相信的东西。在彻底解释中，我们能够打断这一循环过程（即使只是不完全地），因为我们有时能断定一个人会同意我们所不理解的语句。[①]

在前面几页中，我一直在探讨这样一个问题，这就是，一种采取真理定义形式的意义理论如何能够从经验上得到检验，从而轻率地忽视了这样一个在先的问题，即是否有能够对于自然语言提出这样一种意义理论的真正机会。关于自然语言的形式语义学理论的前景如何呢？根据塔尔斯基的看法，这种前景是很可悲的。我相信大多数逻辑学家、语言哲学家和语言学家都会赞同他的看法。[②] 让我来做一番为消除这种悲观看法而力所能及的工作。当然，我所能做的是以一种提纲挈领的方式谈一谈，因为对这一点的证明无疑也就是对正确定理的证明。

塔尔斯基用以下这些话（他加上了着重号）来结束他的以形式

① 对于另一种语言的意义理论如何能够被清楚地加以检验这一点所作出的这番概述，受到了蒯因在《词语和对象》（*Word and Object*）第二章中对彻底翻译所作出的解释的启发。而在提出下述这种看法时我不局限于蒯因所说，这种看法就是：一种可接受的彻底翻译理论应采取对真理概念之特性进行递归描述的形式。在本论文结尾对指示词的讨论中，又会出现另一个我们两人具有一致看法的有力论点。

② 就我所知，人们很少对于是否能够对自然语言提出一种形式上的真理定义这一点进行讨论。但是，有几个人在更一般的意向上极力主张应把形式语义学的概念应用到自然语言上。例如，请参看巴-希勒尔（Yehoshua Bar-Hillel）和埃弗特·贝思（Evert Beth）为《鲁道夫·卡尔纳普的哲学》（*The Philosophy of Rudolph Carnap*）一书撰写的文章以及巴-希勒尔所写的“逻辑句法和语义学”（“Logical Syntax and Semantics”）一文。

化语言论述真理概念的那篇文章的第一部分：

> ……“真语句”这一表达式的相容使用是与逻辑规律和日常语言的精神相一致的，正是这种相容使用的可能性似乎是很成问题的，因而对于构造这一表达式的正确定义的可能性也要提出同样的疑问。（第165页）

在同一篇文章的后面，他又回到这个论题：

> ……当把真理概念（以及其他语义学概念）连同标准的逻辑规律应用到口头语言上时，就不可避免地导致混乱和矛盾。凡是不顾所有那些困难而想要借助于精确的方法寻求口头语言的语义学的人，都要首先被迫承担改造这种语言这一徒劳的任务。他会发现，为了克服出现在这种语言里的词项的含混性，有必要对其结构作出定义，并且，有必要最终把这种语言分离成一系列范围越来越大的语言，其中每一语言均与相邻语言处于相同关系之中，形式化语言便与元语言处于这种关系之中。然而，可以怀疑的是，以这种方式“合理化了的”日常语言是否仍然保留它的自然性，是否不会呈现形式化语言的特征。（第267页）

这里出现两个论题：一个是，自然语言的一般特性导致矛盾（语义悖论）；另一个是，自然语言太混乱、太无定形，以至于不允许直接应用形式方法。对第一个论点值得作出认真回答，但愿我能作出一个回答。事实上，我要说的仅仅是，在没有消除对真理概念等语义概念的忧虑的特殊根源的情况下，为什么我认为我们有理由把工作继续做下去。当对象语言里的量词的范围在某些方面过于宽泛时就会产生语义悖论。但是，没有真正搞清楚的是，把乌尔都语（Urdu）或文德语（Wendish）的量词范围看作不足以产生一种关于“在乌尔都语中为真”或“在文德语中为真”的明确定义这种看法，对这两种语言是如何不公平。或者，用另一种方式（如果这种方式不是更严肃的话）表述这个问题就是，在道理上，始终有可能出现这样的情况，即我们在理解另一个人的语言（真理概念）的过程中所把握住的某种东西是我们不可能传达给他的。无论如何，大多数具有一般哲学兴趣的问题都出现在相关的自然语言的某一部分的范围内，人们可能以为这一部分包含很少一点集合论。当然，这些评论不能满足自然语言是一般的这一要求。但是，在我看来，既然我们知道这样一种一般性会导致悖论，因此，这一要求是可疑的。

塔尔斯基的第二个论点是，我们必须在我们能够应用形式语义学方法之前彻底改造自然语言。如果这是正确的，它对我的计划便是致命的，因为，正如我所构想的那样，意义理论的任务并不是改变、改进或改造一种语言，而是描述并理解这种语言。让我们考察一番事情的积极方面。塔尔斯基已指出对于各种不同的、业已解释过的形式语言提出一种意义理论的方式；选择一种尽可能像英语的语言。既然这种新语言是用英语解释的，并包含很多英语成分，因此，对于那些理解这种语言的人来说，我们不仅可能，而且我认为也必须把这种语言视为英语的一部分。对于英语的这一部分来说，由假设，我们具有所要求的那种理论。不仅如此，而且在解释附加到原有的英语里的这部分英语的过程中，我们还必定给出连接原有的英语和新的英语的线索。无论哪儿有具备同附加的语句相同真值条件的原有英语语句，我们都可以扩展这一理论去包容它们。所要求的大部分内容是，当我们把日常英语用某种标准标记法表述时，尽可能把我们现在凭借技巧所做的工程程序化。这一论点并不是说，标准标记法优于原来的未经加工的表述，而是说，如果我们知道标准标记法对于什么样的表述是标准的，那么，我们对于那种未经加工的表述所具有的理论就如同我们对于

那种与之相伴的标准标记法所具有的理论一样出色。

哲学家们长期以来一直在从事这样一项艰苦的工作，即通过使本国日常语言中的语句与他们对之具有一种理论的语句相匹配而把理论应用于日常语言。弗雷格的巨大贡献在于，他证明了“一切”、“某个”（某些）、“每个”、“各个”、“没有一个”以及相关的代词在它们的某些用法中是如何被精确地加以阐明的；对于一部分有意义的自然语言设想出一种形式语义学，这第一次成为可能。这一设想在塔尔斯基的工作中以明确的方式得到实现。不应忽略下述事实：作为这两个（由弗雷格所作出的和塔尔斯基所作出的）宏大业绩的一个结果，我们洞察到我们的母语的结构。爱好逻辑的哲学家趋向于从这一理论着手阐述自然语言的复杂情况。而当代语言学家（人们很难把他们所持的目标理解为有什么不同）则从日常语言着手制定出某种一般的理论。如果其中任何一方获得成功，就必定有一个一般理论与自然语言的聚合点。近来乔姆斯基和其他一些人所做的工作，对于把自然语言的那些复杂情况纳入正规理论的管辖范围之内这一点极为有用。举一个例子：假定我们能够做到对有意义的某一系列主动语态语句提出真值条件，那么，借助于一种把每个这样的语句变换为与其相应的被动语态语句的形式程序，就能以一种明显的方式把真理理论扩展到这一组新语句上。[①]

① 我预先设想的在转换语法与可靠的意义理论之间的那种“和睦状态”，已被近来在转换生成语法的概念里所发生的变化大大发展了，乔姆斯基在上面曾提到的那篇文章（“生成语法理论中的若干论题”）中描述了这种转换语法的概念。由这种语法的短语结构部分所生成的结构，是一些适于对其作出语义学解释的结构，人们认识到这一点已有一段时间了。但是，这种观点与乔姆斯基直到最近还持有的这样一种想法是不相容的，这就是，递归操作仅仅是由转换规则引进的。乔姆斯基现在相信，短语结构

塔尔斯基附带论及的一个问题（至少从其所有表现形式上看）并非必须连同理论一道加以解决，这个问题便是“含混词项”在自然语言中的存在。只要含混性没有影响到语法形式，并能翻译为元语言（含混性对应于含混性），真理定义便不会蒙骗我们。对于系统的语义学来说，出在英语中“相信（that）”这个短语上的主要麻烦，并不在于它的模糊性、含混性或把它纳入严肃科学的不适宜性，这是因为，假定我们的元语言是英语，所有这些问题都会原封不动地带入这种元语言。但是，关于“相信（that）”的逻辑语法这个中心问题依然缠绕住我们。

这个例子适于例证另外一个相关论点，因为，关于信念语句的讨论由于没有注意到下述两个任务之间的根本区别而颇受困扰：一个任务是揭示（处于像我所解释的那种意义理论的领域之中的）逻辑语法或语句形式；另一个任务是对于（被作为那种意义理论的原始词项来对待的）个体语词或个体表达式进行分析。因此，在《意义与必然性》一书的第一版中，卡尔纳普建议，我们应把“约翰相信地球是圆的”翻译为“约翰对于作为一个英语语句的‘地球是圆的’作出肯定的反应”。梅茨指出，不论两个语句在意义上如何接近，约翰都可能对于其中一个作出肯定的反应而对另外一个没有作出肯定的反应。① 梅茨指出这一点之后，卡尔纳普便放弃了自己的那种说法。但是，从一开始这里就有一个混乱。根据卡尔纳

规则是递归的。形式语义学方法可以直接地、自然地应用于一些语言，既然（递归的）短语结构语法对于这些语言是恰当的，因此，很清楚，乔姆斯基目前所描述的、在由转换语法的短语结构部分所生成的结构与那类语言中的语句之间的关系图像，就很相像于许多逻辑学家和哲学家所描述的、在那些较丰富的形式化语言与日常语言之间的那种关系图像。（在提出这些看法时，我受惠于布鲁斯·弗默曾〔Bruce Vermazen〕。）

① 梅茨（B. Mates）：“同义性”（“Synonymity”）。

普的看法，信念语句的语义结构是由三位谓词所给出的，这种三位谓词的三个位置是分别为指称一个人的表达式、指称一个语句的表达式和指称一种语言的表达式而保留的。试图对这种谓词作出一种分析（或许按照行为主义的思路进行分析），这是一个完全不同的问题。塔尔斯基关于真理理论的概念的一个主要优点就在于，他的这种概念对我们所要求的方法上的纯洁性是从对这个问题本身的阐述中得出的，而不是从由于哲学上的某种外来的清规戒律而强加于自身的约束中得出的。

我认为，这种语言哲学使我们记住逻辑形式或语法问题与对个别概念所进行的分析之间的区别，对于这种语言哲学的长处不论怎样说也不算夸大。另外一个例子可能会有助于阐明这一论点。

如果我们假定有关逻辑语法的一些问题已解决，像"巴多特是善的(good)"这类语句就不会对真理定义提出任何特殊的难题。这里并没有表明在描述性的词项与评价性的（情感性的、表情性的等）词项之间的深刻差别。即使我们认为"这种差别"具有某种重要涵义，在这种涵义上，道德性语句或评价性语句没有真值（例如，因为这些语句不能得到证实），我们也不应当对"'巴多特是善的'是真的当且仅当巴多特是善的"这一断言感到迟疑不决，不敢接受。在真理理论中，这一推断应当连同其他推断一起得出，必须留意这类语句在语言整体中的语义学位置，即留意它们与普遍化(generalizations)的关系、它们在诸如"巴多特是善的并且巴多特是愚蠢的"这类复合语句中所起的作用等等。我们还完全没有接触到评价性语词的特殊方面：神秘性由对象语言中的"善的"这个词转移到了这个词在元语言中的翻译。

可是，在"巴多特是一个好的女演员"中起着重要作用的"好的”这个评价性语词却是另一回事。问题并不在于这个语句的翻译不在元语言中(因为我们不妨假定它的翻译在元语言中)。问题在于,要构造一个真理定义,使得“‘巴多特是一个好的女演员’当且仅当巴多特是一个好的女演员”(以及其他一切像这样的语句)成为推断。显然,“好的女演员”并不表示“好的并且一个女演员”的意思。我们或许想到把“是一个好的女演员”看作一个未经分析的谓词。这便会抹杀“是一个好的女演员”与“是一个好的母亲”之间的一切关联,并使我们没有理由把(在这些用法中的)“好的”这个词视为一个语词或一个语义因素。然而更糟糕的是,这样做会从根本上阻止我们构造出一个真理定义,因为,那些必须被视为逻辑上简单的(从而必须用关于满足的定义容纳在分离的子句里的)谓词是无止境的:“是狗的一个好同伴”、“是一个出色的(good)28岁的健谈者”,等等。这个问题并不是这种情况所特有的,一般地,它是归属性形容词所带来的难题。

通常认为,如果没有事先或者至少同时把逻辑语法弄清楚,就对语词或表达式进行哲学分析,这是一个战略错误。这种看法与这里所采取的态度是一致的。因为,在我们不知道我们必须处理的是什么样的(逻辑的、语义的)言语组成部分的情况下,我们怎能有信心地对于像“正确的”、“应当”、“能够”和“被迫”这样的语词或我们用来谈论行动、事件和原因的词组进行分析呢?关于对这些词和其他词以及包含它们的语句的“逻辑”所进行的研究,我也会提出几乎相同的疑问。在我们对道义逻辑、模态逻辑和命令与反问逻辑声称要去处理的那些语句进行一些可接受的语义分析之前,我们不可能知道为研究那样一些逻辑系统所付出的努力和所发挥出的才智是否在很大程度上无法奏效。哲学家和逻辑学家有时谈论起来或工作起来，就好像他们能够自由地在（比如说）真值函项条件句与其他语句之间作出选择，或者能够自由地引入像“让……这种情况成为事实”或“……这种情况应当成为事实”这类非真值函项的语句算子。但是，实际上，这种判定是决定性的。当我们背离我们能够纳入一种真理定义之中的习语时，我们就会陷入（或创造出）那种我们对之没有融贯的语义解释的语言，也就是说，对于这类讨论如何能够被纳入语言整体根本就无法作出任何解释。

再回到我们的主要论题：我们已认识到，所提出的那种意义理论原封未动地遗留下个体语词的含义这一整个问题。甚至当元语言不同于对象语言时，除非是在出于词汇上的偶然原因而造成直接翻译失败的情况下，那种理论并没有对个体语词的改进、澄清或分析施加任何压力。正如对表达式之间的同义现象一般没有处理一样，对语句的同义性以及分析性也一般没有处理。甚至诸如“雌狐是雌的狐狸”这类语句都不带有任何特殊的标记，除非出于乐趣故意提供这样一种标记。有些语句的真值仅仅由某些常项所决定，这些常项使意义理论得以把握住语句的结构，即从这种理论中不仅可衍推出这些语句是真的，而且可衍推出，在对它们的非逻辑部分进行一切有含义的改写的情况下它们依然是真的。除了这些语句之外，真理定义没有在分析语句与其他语句之间进行辨别。因此，随之产生出一种逻辑真理概念，对它的应用只能是有限的，它与逻辑等值和逻辑蕴涵这些概念是有联系的。难以想象，一种意义理论如何能不在这种程度上把逻辑理解为它的对象语言；就此而论，在建构和检验那种理论的过程中，可能就需要求助于我们关于逻辑真理、逻辑等值和逻辑蕴涵的直觉。

我现在着手讨论另外一个令人十分扫兴的事实：同一个语句在某一时间或从某人的口中说出是真的，而在另外一个时间或从另外一个人的口中说出则是假的。在这点上，无论是逻辑学家还是对形式方法持批评态度的人大多(尽管绝非普遍地)似乎同意这样一种看法，即形式语义学和逻辑都没有能力解决指示词所造成的干扰。逻辑学家所作出的反应经常是贬低自然语言，并试图表明如何在没有指示词的情况下取得进展；而他们的批评者所作出的反应则经常是贬低逻辑和形式语义学。这两者之中的任何一种看法都不能令我满意：很清楚的是，不能够在不造成损失或没有作出根本改变的情况下从自然语言中消除指示词，因此，除了使理论迁就指示词以外，别无其他选择。

如果我们把指示词完全看作常项，就不会产生任何逻辑错误[①]；对于提出一种语义上的真理定义也不会产生任何难题。"'我是聪明的'是真的当且仅当我是聪明的"这句话对"我"字之中所含的指示性因素完全不加理睬，而"'苏格拉底是聪明的'是真的当且仅当苏格拉底是聪明的"这句话对"是(is)真的"之中的指示性因素(时态)也完全不加理睬，前一句话同后一句话一道都是加工完毕的成品。

在对指示词作出这种处理时所遇到的麻烦，并不在于对真理谓词的定义，而在于被定义的东西便是真理这一断言的表面合理性。因为，这一断言仅仅在下述这样一种情况下才是可接受的，这就是，这种定义中所提到的每个语句的说出者和语境是与这种真理定义本身的说出者和语境相匹配的。人们还能公平地指出，对

① 参见蒯因(W. V. Quine)：《逻辑方法》(*Methods of Logic*)，第 8 章。

指示词进行理解的一部分内容便是知道指示词据以调整它们对境况的指称的规则;把指示词类化为常项便抹杀了这一特征。我认为,人们能够对付这些抱怨,不过只有通过在那种真理理论中作出相当广泛的修正才能做到这一点。我将简单明了地提出如何能做到这一点,而这个简单明了的建议便是所需要的一切:这种想法在技术上是平凡的,是与关于时态逻辑所做出的研究工作相一致的。①

我们可以视真为一种特性,这种特性不是语句的特性,而是话语(utterance)的特性,或言语行为的特性,或关于语句、时间和人的有序三元组的特性;而恰恰把真理性视作语句、人与时间之间的关系,这是最简单不过的了。经过这样一种处理,现在人们所理解的普通逻辑便像通常那样应用,不过仅仅应用于相对于同一个说话者和同一个时间的语句组;在不同时间并由不同说话者说出的语句之间的进一步的逻辑关系可以由一些新的公理明确表达出来。这类事情并不是我所关切的事。意义理论经历了一种系统的、但并非令人困惑的变化;在这种理论中,相应于每个带有指示性因素的表达式,都必定有一个把该表达式出现于其中的语句的真值条件与变化着的时间和说话者联系起来的短语,因此,可从这种理论中衍推出像下面这样的语句:

由 p 在时间 t 所(潜在地)说出的“我疲倦”是真的,当且仅当 p 在时间 t 是疲倦的。

由 p 在时间 t 所(潜在地)说出的“那本书已被窃”是真的,当且仅当

① 结果证明,这一断言是一种幼稚的乐观看法。至于就这一论题所进行的某种认真的研究工作,请参看温斯坦(S. Weinstein):“真理与指示词”(“Truth and Demonstratives”)。〔这个脚注是在1982年附加上的。〕

由 p 在时间 t 所指示的那本书先于时间 t 被窃。[①]

很明白，这一思路并未表明如何消除指示词；例如，它并没有提出这样一种建议，即能够以“由说话者所指示的书”不改变真值地处处替换“那本书”。指示词能够接受形式处理这一事实，应当大大地促进对于一种关于自然语言的真正的语义学的期望，因为情况很可能是这样：如果我们认识到一种隐匿的指示词结构，那么，许多悬而未决的困惑问题（例如，对引语或有关命题态度的语句的分析）就能够得到解决。

既然我们已使真理性相对于时间和说话者，因此，回过头来处理从经验上检验一种关于另一种不同语言的意义理论这一难题便是适当的。人们记得，这种方法的本质是要通过真理定义使得被认为是真的（held-true）语句与被认为是真的语句相互关联，并把这种关联限制在可理解的错误的范围之内。现在，必须精心描述这张图像以便考虑到这样一个事实：语句仅仅相对于一个说话者和一个时间才为真，并且被认为是真的。带有指示词的语句产生出一种十分敏感的对于意义理论正确性的检验，并构成那种在语言与人类所关切的那些反复出现的宏观对象之间的最直接的联系。[②]

在这篇论文中，我已假定，一种语言的说话者能够有效地确定意义或者说确定任意的表达式（如果它具有意义的话）的意义；并

① 在奥斯汀（J. L. Austin）的“真理”（“Truth”）一文中不止一次地提到对指示词和真理的这种看法。

② 这些看法起源于蒯因的这样一种想法：“场合语句（occasion sentences）”（那些带有指示因素的语句）必须在构造翻译手册的过程中发挥主要作用。

且，表明这是如何可能的这一点是意义理论的主要任务。我已论证，真理谓词的表征对所需要的那种结构进行描述，并对自然语言的适当的语义学提供出一个清楚的、可检验的标准。无疑，对意义理论可能还有其他的合理要求。但是，一种不过是为语言定义真理概念的理论比起表面上的分析可能表明的要更接近于构造一种完全的意义理论；至少我极力主张过这种看法。

既然我认为别无其他可供选择的办法，因此，我对于从形式上表征自然语言的真理谓词的可能性持乐观态度，并有一个纲领性的看法。但是，必须容许依然存在有一系列令人惊愕的难以解答的问题。列举其中几个如下：我们不知道反事实句或虚拟语句的逻辑形式，也不知道有关或然性（probability）的语句和有关因果关系的语句的逻辑形式；我们无法充分了解副词的逻辑作用是什么，也无法充分了解归属性形容词的逻辑作用是什么；我们对于像“火”、“水”和“雪”这样的物质名词没有系统的理论解释，我们对于有关信念、知觉和意向的语句没有系统的理论解释，我们对于有关蕴涵着目的的行为动词也没有系统的理论解释。最后，还有下述所有这些语句似乎根本就不具有真值：祈使句、祈愿句、疑问句以及另外很多语句。一种全面的自然语言的意义理论必须成功地解决上述每个难题。[①]

（牟博译，静之校）

① 已尝试过的对其中某些难题的解决办法请参看《论行动与事件》中的第6～10篇论文，本书（指《对真理与解释的探究》。——译者）中的第6～8篇论文。在本书中的第3、4、9、10篇论文中有进一步的讨论，并参看在第9篇论文第一节里所提出的某种进展。

2. 为约定T辩护*

假设某人说，“今天晚上天空出现一百万颗星”，另外一个人回答说，“那是真的”，那么，第一个人所说的话是真的当且仅当另外那个人所说的话是真的，没有能比这一点更清楚明了的了。这种人们所熟悉的结果是由下述两种手段造成的，其中之一是一种对表达式的指称方式(在此，这项工作是由指示词“那”(that)完成的)，另外一种手段便是真理概念。第一个手段使我们从谈论世界到谈论语言；第二个手段则又使我们返回来从谈论语言到谈论世界。

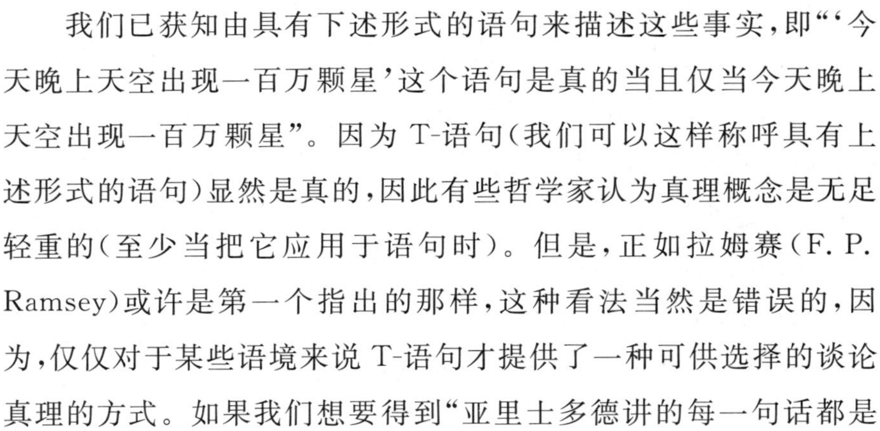

我们已获知由具有下述形式的语句来描述这些事实，即“‘今天晚上天空出现一百万颗星’这个语句是真的当且仅当今天晚上天空出现一百万颗星”。因为T-语句(我们可以这样称呼具有上述形式的语句)显然是真的，因此有些哲学家认为真理概念是无足轻重的(至少当把它应用于语句时)。但是，正如拉姆赛(F. P. Ramsey)或许是第一个指出的那样，这种看法当然是错误的，因为，仅仅对于某些语境来说T-语句才提供了一种可供选择的谈论真理的方式。如果我们想要得到“亚里士多德讲的每一句话都是

* 本文首次发表于休格斯·勒布朗(Hugues Leblanc)编:《真理、句法与模态》(*Truth Syntax and Modality*, North-Holland Publishing Company, 1973)。——译者

假的”或“你上星期二所说的话为真”这些语句的等值式，T-语句是无济于事的。[①]

因此，T-语句并没有表明真理谓词(truth predicate)如何是不必要的；T-语句在被从整体上加以理解的情况下的确表明具有真理谓词是怎么一回事。因为，既然相应于论及其真理的那种语言里的每个语句都有一个T-语句，所以，T-语句的全体便恰好在那些语句中间确定出任何一个起到“是真的”这个语词的作用的谓词的外延。由此可以清楚地看到，尽管T-语句没有给真理下定义，但它们能被用来给真这种谓词性质(truth predicatehood)下定义，这就是说，任何一个使所有的T-语句为真的谓词便是真理谓词。

T-语句通过详尽无遗地论及每个实例来阐明真理，但是，既然对于任何一种令人感兴趣的语言来说实例的数量是无限的，因此提出这样的问题是很有益的，即在真理概念要像T-语句所说的那样发挥作用的情况下，它必须具有什么样的特性。以一种有益的、即有限的方式详细说明这些特性，便意味着提出一种真理理论。我们可能会把一种关于语言L的真理理论简单地看作是一种包含谓词t的语句T，使得T把一切具有下述形式的语句作为逻辑后承：“S是真的当且仅当P”，其中，“S”为关于L中一个语句的规范描述表达式所替换，“P”为那个语句(或对它作出的翻译)所替换，并且，倘若有必要的话，“是真的”为t所替换。

当然，这实质上是塔尔斯基的约定T。[②] 它只在一个重要的方面有所不同：它并不要求对真理谓词施加的那些条件足以产生

① 拉姆赛(F. P. Ramsey)：“事实与命题”(“Facts and Propositions”)，第143页。

② 塔尔斯基(A. Tarski)：“形式化语言中的真理概念”(“The Concept of Truth in Formalized Languages”)，第187～188页。

一个明确的真理定义。(我还将回过头来讨论这一点。)在塔尔斯基关于真理问题的全部论著中,约定 T 所提供的是从关于真理概念的非形式的直觉到明确地陈述问题的转变。我们首先在"形式化语言中的真理概念"(1933 年用波兰文出版,1936 年用德文出版,1956 年用英文出版)一文中遇到约定 T。在随后的一篇主要针对哲学家的文章里,塔尔斯基求助于 T-语句来把经典的哲学问题与他在语义学上的工作联系起来。[①] 在嗣后的一篇较通俗的文章中,他采用了同样的思路。[②]

尽管人们很熟悉约定 T,但我认为,关于约定 T 的一个中心要点在很大程度上对哲学家们没有起到作用。这一点是:约定 T 和 T-语句提供了在直觉上很明显的关于真理概念的真理与形式语义学之间的惟一联系。倘若没有约定 T,我们就没有理由认为真理概念是塔尔斯基向我们表明如何去表征的那种东西。

塔尔斯基赋予约定 T 的重要性从另一方面看也令人很感兴趣,因为约定 T 建立起一套温和的术语。根据塔尔斯基的说法,

> 不严格地讲,语义学是一门讨论一种语言中的表达式与由这些表达式所"指称"的……对象之间的某些关系的学科。[③]

他举了以下这些语义概念的例子:指示(designation)〔指谓(denotation)〕这个概念指的是单称词项与它们所指谓的东西之间的关系;满足这个概念指的是存在于一个开语句与它对之为真的那个实体或那些实体之间的关系;而定义这个概念则是指一个方程与

① 塔尔斯基:"语义学上的真理概念"("The Semantic Conception of Truth")。

② 塔尔斯基:"真理与证明"("Truth and Proof")。

③ 同①,第 345 页。

它惟一确定的一个数之间的关系。塔尔斯基继续指出，

> 尽管“指示”、“满足”和“定义”这些词表达的是一些关系……，而“真的”这个词则具有一种不同的性质：它表达的是某些表达式（即语句）的一种特性，或指谓一类表达式（即语句）。[①]

他接着说，定义真理的“最简单和最自然的方式”是通过满足这个概念，这便对他把真理概念称作一种语义概念作出了解释。但我们不得不注意到：根据塔尔斯基本人的说明，真理不是一个语义概念。看一下T-语句的逻辑语法就知道，真理谓词所表达的在本质上并不是一种关系：倘若它表达的是一种关系，便不会出现这样一种情况，即一切语义概念，并且的确除了T-语句陈述其真值条件的那个语句（或那个语句的翻译）之外的一切东西，都从T-语句的双向条件式的右边消失，而这一点是十分关键的。[②]

如果能够表明任何一种满足约定T的标准的理论都具有表征满足关系的适当对策，那么为塔尔斯基采用的术语作辩护便会很有用。显然有满足关系对之不成立的一些语言，但是，倘若这种关系对足够丰富的语言成立，它便会引起人们的兴趣。近来的研究工作提出一种肯定的回答。[③] 下述事实也增强了把真理概念与

① 塔尔斯基：“语义学上的真理概念”（“The Semantic Conception of Truth”），第345页。

② 下面对这一断言作出修改。

③ 参看华莱士（J. Wallace）：“论指称框架”（“On the Frame of Reference”）和“约定T与代换量化”（“Covention T and Substitutional Quantification”）；也请参看撒普（L. Tharp）：“真理、量化与抽象对象”（“Truth, Quantification, and Abstract objects”）。尽管克里普克对华莱士和撒普的某些论证提出批评，但他赞同这样一个结论：在一种具有正常表达力的语言中，至少必须给某些量词提供那种塔尔斯基为之指派满足概念的语义学。参看克里普克（S. Kripke）：“存在一种关于代换量化的难题吗？”（“Is There a Problem about Substitutional Quantification?”）。〔本脚注是1982年加上的。〕

其他语义概念引为同类这种感觉，即在每个场合下，都存在一种既使用(use)又提到(mention)相同表达式的范式："柏拉图"指示柏拉图；y 满足"x 是白的"当且仅当 y 是白的；"雪是白的"是真的当且仅当雪是白的；方程"$2x=1$"定义 y 这个数当且仅当 $2y=1$，如此等等。然而，不能把这样一种范式的外延当作语义事物的标记，因为对于一些像真理那样的在模型中被相对化了的语义概念，没有类似的适当范式。

我现在的目的旨在根据哲学上的兴趣和重要性来为满足约定 T 这一标准的若干概念作辩护(由于它们满足这种标准，因此有一种人们所熟悉的关于它们的范式)。塔尔斯基求助于约定 T 的一个理由在于：他希望使哲学家相信，语义学中的形式化工作与他们所关注的问题有关。这个理由在某些方面仍然需要得到支持，这乃是一件令人不快的事；但这并不是我在这篇论文里所操心的事。我现在所针对的是这样一些人，他们很透彻地意识到形式语义学与哲学问题的相关性，但没有看到在与约定 T 一致的理论和与约定 T 不一致的理论之间的重大差别。(甚至有这样一种危险，即那些无知的人*与那些专家会通力合作；前者听到别人咕咕哝哝地谈论可能世界、跨越世界的继承方式、对应体等等后便往往认为，语义学现在正在向别处——无论如何是在这个世界以外——发展。)

我认为约定 T 把握住了一个值得注意的概念，在提出我这么认为的理由之前，我想提出我所否认的某些看法。

* 戴维森这里所说的"无知的人"，是指那些不承认语义学中的形式化工作对于哲学的重要性的人。——译者

首先，寻求一种与约定 T 一致的理论并不是（至少本身不是）要满足于模型 T 的逻辑或语义学。采取我所提出的那种基本形式的约定 T 并没提到外延性、真值函项性或一阶逻辑。它吸引我们使用任何一种我们能恰当地设计出来的手段来沟通被提到的语句与被使用的语句。根据目前的观点，只有在采纳约定 T 为检验标准，因而对本体论、观念形态或推理能力施加一些限制的情况下，这些限制才受到人们青睐。我想要为之辩护的是作为理论标准的这个约定，而不是任何一种已被证明在特定场合满足这个约定的特定理论或这些特定理论可能所限于的那些方法。

约定 T 规定出一个与当代在语义学领域里的许多工作无关的目标。那些表征或定义一种相对化的真理概念（在一种模型中的真理概念，在一种解释、一种评价或一个可能世界中的真理概念）的理论，从一开始就向着不同于约定 T 所提出的方向发展。因为这样一些理论用一种关系概念来代替 T-语句的一位真理谓词，所以，它们无法将关于真理或满足的递归方法的最后一步贯彻到底，而这一步对于 T-语句的消除引语（quotation-lifting）这一特征是必不可少的。塔尔斯基首创了这样一种传统，即把一种相对化的真理理论称作一般理论，而那种绝对的真理理论（它满足约定 T）是它的一种特殊情况。塔尔斯基说，“在一个个体域中正确或真的语句这个概念〔是〕关于一种相对性质的概念，这种概念发挥着比那种绝对的真理概念大得多的作用，并包括后者作为一种特殊情况”。[1] 这是正确的，这种看法的涵义当然是十分清楚的。另一方面，记住下面这一点很重要：T-语句并没有作为一种相对化

① 塔尔斯基："形式化语言中的真理概念"，第 199 页。

的真理理论的定理而出现，因此，这样一种理论不必具有与一种满足约定 T 的理论同样的哲学重要性。

这些说法的目的并非（我希望这是很清楚的）要表明那些不产生作为定理的 T-语句的语义学理论有错误、有缺点或是引人误解的。恰恰相反，这样一些理论显然阐释了一些重要概念（如完全性和逻辑后承）；在目前情况下，我不需要详细阐述这一主题。我的论题只是：在相对真理理论与绝对真理理论之间有一些重要差别，而这些差别使得这两种真理理论作为对不同问题的回答是适当的。特别是语言哲学家有理由关切满足约定 T 的理论。

以对量化作出代换解释为基础的真理理论一般来说并不产生约定 T 所要求的 T-语句。在能实际给出其真原子语句的对象语言的场合下有一些例外，但这些例外不可能包括那些在表达力上有趣地类似于自然语言的语言。代换性理论不同于相对真理理论，它们不具备可与其不满足约定 T 这一点相对照的明显优点。[①]

最后，我的论题并不是说：我们对一种语义学理论所要求的一切就是它要满足约定 T 这个标准。我将表明，满足约定 T 的理论能够比人们经常所认为的作出更多的解释。但是，可以根据进一步的标准在这些理论当中进行选择；当然，我们想要知道很多在那些标准范围之外的东西。

现在讨论一下那些与约定 T 相一致的理论的某些特征，这一连串的特征使这些理论受到语言哲学家的欢迎。

约定 T 的主要优点是，它用一项目标很明确的任务取代了一

---

① 尽管这些看法的一般结论可能是正确的，但这些看法是考虑不周的。特别是我没有考虑到既带有代换量词又带有实体量词（ontic quantifiers）的语言。（参看 44 页脚注③。）〔这个脚注是 1982 年加上的。〕

个虽很重要但又很模糊的难题。人们在作出这种取代之后便会更充分地意识到首先需要做什么，便会洞悉造成混乱的根源。原来所提出的那个问题并不是混乱的，只是很含糊。这个问题是：一个语句（表达或陈述）为真意味着什么？当把这个问题重新表述为什么东西使一个语句为真时，便预示要出现混乱。当这个问题本身又被认为暗示必须依据在一个作为整体的语句与某种实体（或许是一个事实或事态）之间的关系来解释真理概念时，真正的困难便出现了。约定 T 表明如何在不引出随后这些表述形式的情况下提出原来的那个问题。T-语句的形式已经暗示，一种真理理论可以在不必找出具有真理性质的语句有差别地相符合的种种实体的情况下表征真理这种性质。（我并不打算说，一种绝对真理理论并不是某种涵义上的真理"符合论"。但是，这种理论所引出的那些实体是一些不同于事实或事态的序列。①）

因此，一种满足约定 T 的理论便具有对一个真实问题作出回答的优点。就像我们发现 T-语句的真实性很有说服力一样，对那个问题的陈述也同样是很有说服力的（相对于关于真理的直觉概念而言）。无论是对那个问题的陈述还是这种陈述所允许作出的那些回答的性质都的确揭示出：凡是没有在相关方面（约定 T 从句法方面，它所接受的那些理论从实质内容方面）加以充分表征的语义概念都没有被使用。

约定 T 所要求的那种递归性的绝对真理理论，最初似乎是出于偶然而对另一个完全不同的问题作出回答。可以把这个问题表述为证明或解释语句的意义如何依赖于其组成部分的意义的问

① 参看戴维森："对事实为真"（"True to the Facts"）。

题。绝对真理理论是在下述涵义上作出一种回答的。既然存在无限多的有待解释的 T-语句，因此，这种理论必须通过挑选出一组数量有限的与真值有关的表达式和据以组成一切语句的一组数量有限的影响真值的句法结构来发挥作用。在这种情况下，这种理论便直接地给出某些基本表达式的语义特性，说出这些句法结构如何影响到那些表达式据以起作用的语义特性。

在前面这段话里，“语句的意义依赖于其组成部分的意义”这个口号中所求助的意义概念，当然不是那种使意义与指称相对的概念或一种假设意义是实体的概念。这个口号反映出这样一个重要真理，我认为，依据这个真理，一种真理理论要**给出**一种清楚的内容。这种真理理论的有益性质之一便是：它给出这种清楚的内容而又不引出作为实体的意义。

绝对真理理论必然会对与真理和推导有关的结构作出一种分析。因此，这样一些理论对什么东西算作语句的逻辑形式这个问题会提出一种并非无足轻重的回答。真理理论并不对逻辑后承或逻辑真理下定义，但是，显然会从真理理论中得出这样一个结论：某些语句仅仅根据指派给其逻辑常项的特性而为真。可以把逻辑常项认同为那种在表征真理或满足时提出递归要求的语言的那些被反复重述的特征。在这方面，逻辑形式当然会相对于（带有其自身逻辑的）元语言和真理理论的选择。

迄今我为捍卫约定 T 所说的一切可归结为下述内容：可以认为约定 T 清楚地表达出语言哲学中的某些很棘手的问题；如果按这种方式来理解约定 T，便可导致获得一些具有显著优点的解决办法。可是，我们为什么应当按这种方式来理解约定 T 呢？某种与之相对立的约定难道不能更出色地表述这些问题吗？下述构思内容便与这些问题有关。

语言哲学最终关注的主要的(倘若不是惟一的)内容便是理解自然语言。“语言”这个词仅限于现在或一直实际使用着的符号系统,对此要作重要说明:未经解释的形式系统由于缺乏意义因而不是语言,而业已经过解释的形式系统最好被看作是它们从中汲取生命力的自然语言的推广或组成部分。

语义学理论无法规避的目标是,提出一种以(相同的或不同的)自然语言表述的关于自然语言的理论。但是,正如塔尔斯基所指出的那样,根据某些显然的假设,追求这一目标会导致悖论。他写道:

> 口头语言所特有的一个特征……便是它的普遍性(universality)。如果在其他某种语言里出现的一个词不能被翻译成这种语言,这便与该种语言的精神不相协调;可以提出这样一个断言:“如果我们真能谈论任何事情,那么我们也能用口头语言来谈论它。”如果我们要在语义学研究方面坚持日常语言的这种普遍性,那么,为了相容,除了这种语言本身的语句和表达式之外,我们还必须把这些语句和表达式的名称、包含这些名称的语句以及诸如“真语句”……之类的语义表达式纳入这种语言。①

一旦允许所有这一切纳入这种语言,便造成语义上的自相矛盾。因此,如果我们受限于塔尔斯基的那些方法,就不能实现那种用自然语言表达的关于自然语言的真理理论的理想。在这种情况下所产生的问题是:如何尽可能少地放弃那种理想,而在这里,约定T所容许的理论似乎在一些很重要的方面是最理想的。这样一些理论能够把所需要的那些特性赋予一个真理谓词,而不求助于任何

---

① 塔尔斯基,“形式化语言中的真理概念”,第164页。

不在该谓词所适用的那种语言中的概念。不可能处于对象语言之中的仅仅是真理谓词本身(以及满足谓词)。这里不过是要求一种真理理论,这是实质所在;而超出这个范围进一步要求下明确的定义,这种做法则确实加大了在对象语言所求助的东西与元语言所求助的东西之间的差距。[①] 但是,如果我们所要求的不过是我们一直在讨论的那种真理理论,那么,元语言的本体论便能等同于对象语言的本体论,并且可以把观念形态上的增加限于那些语义概念。

我认为,塔尔斯基提出的下述看法是正确的,即我们把种种自然语言看作是在本质上可互译的(尽管我不明白这种看法为什么要求逐字翻译)。这个建议把自然语言的灵活性和扩展性理想化了,但可以通过一种先验论证来证明这个建议是有道理的(我在这里不作这种论证)。[②] 约定 T 要求:对象语言中的每个语句都具有在元语言中的翻译。来自相反方向的压力起源于这样一种愿望,即尽可能地对我们所拥有的语言资源作出一种解释。

有一些用完全外延性的元语言陈述的理论企图阐释内涵性对象语言的语义特征。这样一些理论的重要性依赖于下述假设,即这种对象语言反映自然语言的重要特征。但在这种情况下就产生一个问题:我们如何理解元语言。因为在一种很清楚的涵义上元语言在表达力上优于对象语言。对于对象语言中的每个"内涵性"语句,在元语言中都有一个相应的具有相同真值条件的(关于可能世界、对应体等等的)外延性语句;但是必定有一些从直觉上看论

① 关于这方面的一个很有教益的例子,参看蒯因(W. V. Quine):"论塔尔斯基真理理论的一个应用"("On an Application of Tarski's Theory of Truth")。

② 不过可以参看戴维森,"论概念图式这一观念"和"形而上学中的真理方法"。

及同样课题的元语言语句在对象语言中没有相应的语句。这样一些理论把内涵性作为缺乏表达力的东西来处理——我们被教会如何用这种理论本身来弥补这种缺憾。[①] 可是，如果我们理解我们的元语言，我们便是在使用一种概念系统和一种我们真正地想要为之提供真理理论的语言，因为我们的自然系统正是这种更丰富的概念系统。幸运的是，这种更丰富的概念系统并没有对满足约定 T 的真理理论造成任何困难，因为它是外延性的。（我在这里没有考虑我们是否真正理解这样一些元语言。）

倘若一种语义学理论声称适用于一种自然语言（无论是以多么系统的方式），那么，它必须在性质上是经验的，并且必须可检验。在结论性的这几页内容中，我想概略地谈一下我之所以认为满足约定 T 的理论可按一种有趣的方式证实的若干理由。

当然，如果一种真理理论的适当性仅依据它所衍推出的 T-语句来判断，而 T-语句又仅根据它们的形式来证实，那么，便不可认为这种真理理论是经验的；如果我们假定对象语言被包含在元语言之中，便出现这种情况。当放宽这一限制时，真理理论就能够变成经验的。一俟要求这种理论适用于某个特定的人或某一群特定的人，它就变成经验的了。对象语言被包含在元语言之中这个事实并没有阻止这种理论具有经验内容：确切地说，这个事实作为有待证实的事实是够格的。

因此，在那些值得考虑的场合下，我们不能假定被描述的语言与进行描述的语言是恰好重合的。确实，在不以尚待证明的关于经验应用的假定为论据的情况下，我们也不能运用翻译的形式标

① 我把这种见解归功于约翰·华莱士。

准。但另一方面约定 T 的情况又如何呢？应如何识别一个 T-语句（更不用说识别其为真）呢？

我的建议是，要求 T-语句为真这可能就够了。显然，这足以惟一地和正确地确定真理谓词的外延。如果我们考虑任何一个 T-语句，那么，这个建议只提出这样一种要求：倘若一个真语句被描述为真，则其真值条件由某个真语句给出。但是，当我们考虑使真理概念与整个语言的真理概念一致这个强制性需要时，我们便认识到，这个标准所接受的任何一种理论实际上都可以产生出一种从对象语言到元语言的适用的翻译手册。所期望的下述结果便是理论建构中的标准：通过把一种形式结构施加于足够多的具体证据（这里是指语句的真值）上而从这些不太充分的具体证据中引出一个充分的概念（这里是指合乎情理地接近于翻译的某个概念）。如果我们仅仅通过 T-语句的形式来表征 T-语句（正像塔尔斯基的做法那样），就有可能不使用任何语义概念而通过采用塔尔斯基的方法来给真理概念下定义。如果我们把 T-语句作为可证实的，那么一种真理理论就要表明我们如何能从真理概念转到某种类似于意义的概念上——这种概念须充分地类似于意义概念，以至于：如果某人具有关于一种语言的、按我所提出的那种方式加以证实的理论，他便能够在交流中使用那种语言。①

从直觉上看无价值的理论会被排除在按这种标准可接受的理论的范围之外，认为这一点合乎情理的根据何在呢？上述那种解决办法的主要优点之一（即仅仅在它论及语句的场合下它才涉及

① 对这个看法的详细说明和修改，参看戴维森："彻底的解释"（"Radical Interpretation"）、"信念与意义的基础"（"Belief and the Basis of Meanins"）、"思想与言谈"（"Thought and Talk"）、"对福斯特的答复"（"Reply to Foster"）。

可观察的东西)似乎使内在结构完全成为有待人们作出最有效的分析的东西。我们可以把语句解释成单称词项、量词、谓词、连词的结合,认为它们发挥使一些表达式与表征满足概念时所论及的实体连结起来的作用,但必须把这种解释在很大程度上看作是理论构造,只有通过它成功地预见语句的真值条件才可对之作出检验。[①]

在使一种真理理论成为可靠的解释理论时的一个重要因素(的确是必不可少的因素),是使这种理论相对于说话者和时间。当存在索引词或指示词时,具有真假的不能是语句,而只是相对于一个说话者或一个时间的语句。另一种可供选择的说法是,我们可以使真理作为表达(utterance)或言语行为(而不是语句)的特性。而这些表达和言语行为本身又能被认同于某些关于语句、时间和说话者的有序三元组。在这些说法之间作出选择时牵涉到一些很微妙的难题,但目前我必须暂且不管它们。现在的论点在于:一种使正确的语句在正确的时间对于正确的说话者而言为真的理论,会比可能忽略说话者和时间这些外在参数的理论更接近于正确地对这些语句作出解释的理论。当我们知道"那是一个 x 使得 Fx"的真值条件时,实际上就会给出某种与一个开语句"Fx"的外延直接有关的东西。

即使我们放弃对一种关于被描述的语句与被使用的语句之间关系的纯句法标准所提出的要求,那种给出一个带有索引词的语句的(相对化的)真值条件的元语言语句也不可能具有 T-语句的

① 戴维森在"无指称的实在"("Reality Without Reference")和"指称的不可理喻性"("The Inscrutability of Reference")这两篇文章中进一步讨论了这个论点。

形式。困难在于：那些涉及人和时间的变元（即那些被引入以适应相对化要求的变元）必须出现在对真值条件的陈述中。相对于某时和某人的真理似乎与在一种模型中的真理处于同样的境地。

因此，正如我一直所认为的那样，不可能通过下述说法来描述关于在一种模型中的真理的理论与关于“绝对的”真理的理论之间的那种有趣的差别：即在后者而不是在前者中，可以在不求助于处于每个语句 *S* 本身之外的任何东西来为 *S* 表征真理。正如我们刚才见到的那样，理由在于，“绝对的”真理在被应用于一种自然语言时变成相对的了。不过，仍然存在一种我认为很重要的差别。对 T-语句的实例（更确切地说，是 T-语句在一种相对于说话者和时间的理论中的替代者）的证实依然在相当大的程度上是经验的。毋庸置疑，某种关于在说话者、时间和对象之间的语用性的指示（demonstration）概念会开始发挥作用。但是，这样一种概念是我们可以在不求助于诸如真理、意义、同义或翻译之类概念的情况下想要加以解释的概念。同样的说法不可能对一种模型中的真理概念也成立。即使在使约定 T 转而适合自然语言的那种不大方便的形态的情况下，约定 T 也指点出通往彻底的解释理论的道路。

（牟博译）

3. 真理概念的结构与内容*①

倘若没有思考者，世界上的事物(无论是对象还是事件)之真假便无从谈起。约翰·杜威(John Dewey)——构成本文的系列讲演便是为纪念他而作——曾得出两个结论：获得真理并非哲学的特权；真理在本质上必须与人的利益息息相关。他对那种视真理为思想与实验研究和日常实践不可通达的实在之间之符合的哲学传统颇不以为然。他认为，对真理概念的这番描述旨在论证下述命题：哲学家们具有一种特技来获取那种不同于且优越于科学的知识。杜威②写道：

> ……在哲学中大量可见的是矢志于寻求真理，这颇为可疑。这是由于，断定哲学家具有一种通达终极最高真理的特定能力通常是一个初步的假设。但实际情况并非如此……真理是众多真理之集合，这些作为构成

* 本文首次发表于《哲学月刊》(*The Journal of Philosophy*)，第 LXXXVII 卷，第 6 期(1990 年 6 月)，第 279～328 页。——译者

① 本文是由 1989 年 11 月在哥伦比亚大学就“真理概念”这一论题所作的三次讲演汇集而成。11 月 9 日的第一次讲演题为“真理概念的结构”；11 月 16 日的第二次讲演题为“真理概念与知识”；11 月 20 日的第三次讲演题为“真理概念的内容”。由约翰·杜威基金会资助的这些讲演组成第 6 期约翰·杜威讲演系列；该讲演系列于 1967 年设立以纪念从 1905 年至 1930 年在哥伦比亚大学任教的已故哲学教授约翰·杜威。Akeel Bilgrami、Ernest LePore、Isaac Levi 和 W. V. Quine 提出过有益的建议和给予过友好的鼓励，为此我向他们表示感谢。

② 《经验与自然》(*Experience and Nature*, New York: Dover, 1958)。

成分之真理是通过可用到的最好的研究方法来获得的并业经事实检验的。这些方法本身便是科学。因此，对于寻求真理，哲学并无超群的地位。

杜威的目的是还真理(概念)之本来面目以消解哲学家在这一问题上的僭越。我们或许会不无公正地感到，杜威将何谓真理概念的(内涵)问题与有什么样的真理的(外延)问题混为一谈。但是十分清楚的是，这两个问题是相关的，因为什么样的东西隶属一个概念显然依赖于该概念是什么。并且，通过使真理概念消肿减肥来确保真理会令人信服地为人的力量所及这一想法并非为杜威所独有。杜威认为他本人在这一问题上与皮尔士(C. S. Peirce)和詹姆士(William James)看法一致；今天，同样的基本主题重现于帕特南(Hilary Putnam)、达米特(Michael Dummett)、罗蒂(Richard Rorty)以及其他很多人的论著之中。

这些希望为真理概念解蔽或对之实施纯化的人通常是首先拒斥任何符合论的苗头；但是，在对符合这一概念有适当理解的情况下，杜威[1]并不认为这一概念有何害处。他说，“真理事实上意味着观念回答与事实的一致或符合；”但他紧接着说，“但是，一致和符合又意味着什么呢?”(同上书，第 304 页)。他回答道：“当一个思想在引导我们达到它意指之处的过程中的确发挥作用时，它便是真的”(同上)，杜威并以赞许的口吻援引詹姆士[2]：

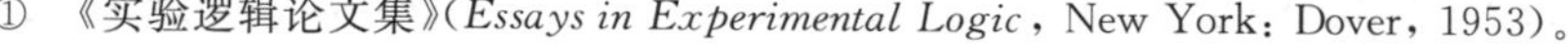

① 《实验逻辑论文集》(*Essays in Experimental Logic*, New York: Dover, 1953)。

② 《实用主义》(*Pragmatism*, New York: Longmans & Green, 1907)。在另一处[《逻辑：探索理论》(*Logic: The Theory of Inquiry*, New York: Holt, 1938)]，杜威说：“就我所知从逻辑观点看所下的最佳真理定义是皮尔士的定义：‘注定会最终为一切研究者所赞同的意见便是我们所谓的真理’”(第 58 页)。但是通常杜威接近于詹姆士的看法：“如果观念、理论有助于有效地重新组织给定的环境，有助于消除麻烦和困惑，那么，它们便是真的……起作用的假设便是真假设”[“哲学重构”(“*Reconstruction in Philosophy*”, New York: Holt, 1920)，第 156 页]。

>……只要一个思想会按有利的方式将我们从我们的一部分经验引导到其他部分而将事物令人满意地联系起来、很保险地发挥作用、化简理论、节省人力，那么，该思想便就此而论是真的（同上书，第58页）。

现在大概没有几个哲学家会为这些笼统含混的表述所诱导。但是，在我看来，实用论者所诉诸的问题本身，即真理如何与人的愿望、信念、意向和语言使用相关联这一问题，在思考真理概念时是应当关注的正确问题。并且，在我看来，这一问题并没有比杜威所在的时代更接近于解决这一问题。

将这一问题视为关于真理概念的主要难题（或无论如何的确是一个难题），这一做法假设真理概念的确以若干重要的方式与人的态度相关联；对这一点加以怀疑并非司空见惯。事实上，并非司空见惯的是，对于真理概念是否具有真正的哲学重要性加以怀疑。

杜威旨在将真理从只有哲学家企望抵达的高空拉回到其赖以生存的大地，罗蒂理会到这一点，在其《实用论的后果》[①]一书的导论中他写道：

>本书中的论文企图从真理实用论中得出若干结论。真理实用论认为，真理并不是那种人们应当期待会对之有一种哲学上有趣的理论的东西……在哲学中人们就真理问题并没有做出有趣的工作（见前引书，第xiii-xiv页）。

但是，在我看来，罗蒂误读了杜威对真理概念之态度的一半要点：杜威说真理（truths）一般来说并非哲学的特殊领地；但他也坚持认为真理概念的确在发挥作用。这一论点并不同于这样一种看法，即我们关于真理概念说不出什么哲学上有趣的观点。杜威本

---

① 《实用主义的后果》（*Consequences of Pragmatism*, Minneapolis: University of Minnesota Press, 1982）。

人认为就真理概念就所发挥作用而言有大量哲学上有趣的观点。

罗蒂[①]将我就真理概念性质的观点与杜威的观点进行比较。我认为他就此而作的很多讨论是适当和深入的。可是，在一点上罗蒂把我们两人都搞错了。按照我对他的理解，杜威认为，一旦还真理概念之本来面目，我们可就真理概念与人的态度之联系（这种联系部分地由真理概念所构成）进行哲学上重要且富有教益的探讨。这也是我本人的看法，尽管我认为杜威就这些联系究竟是什么的看法并非正确。

罗蒂正确地注意到，我认为塔尔斯基的工作在提供一种对理解语言的讨论方式这一方面发挥基础性作用；他也清楚地看到，对我来说，这相关于拒斥对语言的表象式描述以及认为真理概念在于对事实的精确镜式反映这一看法。这些是我现在就要讨论的问题。在本文中，我首先讨论这样一种经常与塔尔斯基的路数联系到一起的看法，即认为谈论真理概念是多余的，它并无超出这些在塔尔斯基的真理定义中所描述的那些性质之外的重要性质。第一节最终要捍卫这样一种看法：塔尔斯基的定义可以被合法地视为表达关于语言的实质性真理（substantive truths）；但在这种情形下，这种真理概念必定具备比塔尔斯基所描述的更多的性质。在本文第二节，我转而讨论各种旨在描述所涉及的这种更多内容的观点和理论：我将讨论符合论、融贯论，以及按某种方式使真理概念成为认识性概念的理论。我拒斥所有这些理论。在第三节，我提出一种不同于其他

① “实用主义、戴维森与真理”（“Pragmatism, Davidson and Truth”），载于利波尔（Le Pore）编：《真理与解释》（*Truth and Interpretation*, New York: Blackwell, 1986），第333～355页。并且参看他的“表象、社会实践与真理”（“Representation, Social Practice, and Truth”），《哲学研究》（*Philosophical Studies*），xxx (1988)：第215～228页。

理论的思路，它使真理概念成为我们所有人在理解、批评、解释和预测思想和行动时都必然要使用到的图式之必不可少的构成部分。

I

冗余论之观点最适合于借助诸如“[……]是真的(It is true that)”或“[……]是一个事实(It is a fact that)”这样的置于语句之前的词组来说明。这样的词组可被视为真值语句连接词：当它们被置于一个真语句之前时，便产生一个真语句；当它们被置于一个假语句之前时，便产生一个假语句。因此，这些连接词所起的作用恰恰类似于双重否定(在否定按传统方式理解的情形下)。至少就认知内容和真值条件而论，这样的真值语句连接词是多余的。

拉姆赛(Frank Ramsey)[①]似乎认为真理概念的所有用法都像是这样。他说：“‘凯撒被谋杀[这一命题]是真的(It is true that...)’这一语句的含义不过是凯撒被谋杀[这一命题]之含义”(见前引书，第 143 页)。他然后考虑像“他所说的每句话都是真的”这样的情形：其中很难消除提及真理；他提出，如果我们限于考虑其[深层]命题形式 *aRb*，我们便可以将这句话解释为“对于所有 a，R，b，如果他说 aRb，那么 aRb”。拉姆赛补充说，如果考虑所有命题形式，情形会变得更为复杂，“但并没有本质上的不同”(同上)。尽管拉姆赛并没有自始至终清楚地在命题与语句之间或在使用(use)语句与提到(mention)语句之间作出区分，但是人们会

---

① “事实与命题”(“Facts and Propositions”，1927)，重印于《数学基础》(*The Foundations of Mathematics*，New York：Humanities，1931)，第 138～155 页。

有这样的印象:如果拉姆赛进行“更为复杂的”分析,他可能会最终提出某种在很大程度上类似于塔尔斯基真理定义的理论。无论如何,拉姆赛认为他的讨论已足以说明,“并不真正存在单独的真理难题,而存在的仅仅是语言上的混乱”(见前引书,第 142 页)。[①]

如果拉姆赛认为对真理谓词的用法所作的真值函项连接词分析可以直接应用于像“他所说的每句话都是真的(Everything he says is true)”这样的语句,那么他是错了。这是因为,尽管在前一种情形中“It is true that”这一词组被视为一个连解词,而在后一种情形中“is true”这一词组则必须被当做一个谓词;并且,如果我们遵循塔尔斯基的观点,该词组必须隶属于与它作为其谓词的语句所在之语言所不同的一种语言。或许可以把像“……是真的”这样的词组视做命题的谓词而非语句连接词,但是,这里冗余性同样并不像拉姆赛所宣称的那样明显。

然而,很多哲学家把塔尔斯基的工作视为在本质上不过是对拉姆赛见解的清楚表征。例如,蒯因[②]写道:“说‘布鲁特斯杀了凯撒’这一陈述是真的实际上不过是说布鲁特斯杀了凯撒,”他还在脚注中告诉我们应把塔尔斯基视为这一思路的“经典性发展”(见前引书,第 24 页)。帕特南坚持认为,罗蒂和蒯因都持有对真理概念的这种见解。根据帕特南的看法,[③]罗蒂和蒯因认为,“把一个语句称为‘真的’并非把一种性质,即真这一性质,赋予一个语句;

---

① 斯特劳森在他与奥斯汀(J. L. Austin)的著名辩论中的说法大致相同,参看他的“真理”(“Truth”),《亚里士多德学会会刊》(*Proceedings of the Aristotelian Society*, *Supp*. Vol. xxiv, 1950):第 129～156 页。

② 《词与对象》(*Word and Object*, Cambridge: MIT, 1960)。

③ “对某物与其他物的比较”(“A Comparison of Something with Something Else”),《新文学史》(*New Literary History*, XVII, 1985):第 61～79 页。

那不过是断定该语句的另一种方式”(见前引书,第62页)。(他并补充说,“用持戴维森观点的语言哲学家的行话来说”,这便是所谓的“消解引号论”。或许他是对的,但在这种情形下我并不是一名戴维森论者;因为我并不倾向于把塔尔斯基的真理定义说成是“消解引号论”。)但不管怎么说帕特南并不赞同这种看法;他抨击这种看法为“纯形式上的”和“空洞的”。

我并未搞清楚的是,帕特南是否认为塔尔斯基在真理问题上的工作不过是对基本上是冗余论的思路所做的技术上的改进;但有些人的确采取这种看法。利兹(Stephen Leeds)[1]提出,真理概念的“用处”或重要性可能恰恰在于:它给予我们一种说出诸如“我们的大多数信念为真”这样的话的一种手段;在这种情形下,我们想要谈论(或许断定)无限多的但无法一一罗列的语句。拉姆赛并未解释如何做到这一点;塔尔斯基对此作了解释。霍维奇(Paul Horwich)[2]像利兹一样也把塔尔斯基视为一名冗余论者;霍维奇相信,尽管我们直觉地认为真理概念是一个重要的核心概念,“真理概念已由塔尔斯基完全阐述”(见前引书,第192页)。霍维奇把这样一种看法称之为真理冗余论:塔尔斯基业已完成对真理概念所能做的一切工作。

尽管索莫斯(Scott Soames)不赞同霍维奇的看法(即认为塔尔斯基所解释的真理概念阐述了可适当地解释语言使用者的知识的真值条件),他[3]赞成将塔尔斯基的思路称之为缩减式真理概念

---

① “指称理论与真理”(“Theories of Reference and Truth”),《认识》(*Erkenntnis*, XIII, 1978):第111～130页。

② “实在论的三种形式”(“Three Forms of Realism”),《综合》(*Synthese*, LI, 1982):第181～201页。

③ “真理理论是什么?”(“What is a Theory of Truth?”),《哲学月刊》(*The Journal of Philosophy*, LXXXI, August 1984):第411～429页。

的路数(deflationary);并且,如同霍维奇一样,他也认为,在解释真理概念时,除了将真理概念应用于命题等,我们实在不应当企望更多的东西了。

菲尔德(Hartry Field)[①]在一篇有价值的文章中探讨了缩减式真理概念的例证。他的讨论表明超乎缩减式真理概念之外有多么困难。他解释道,他基本上是按照与霍维奇相同的方式将一种真理理论称之为缩减式真理论的,即真理概念仅仅起消解引号作用;但他并不像霍维奇那样确信塔尔斯基应当(或必须)被视为一名消解引号论者,尽管他相信消解引号论者可以借用塔尔斯基的理论。维廉斯(Michael Williams)[②]最近以这样一种方式来阐述缩减论者的观点:他们

> ……认为,当我们注意到真理谓词的某些形式特征(其"消解引号"特征十分明显)并且解释为什么有这样一种谓词很有用时,我们恰恰已经说了关于真理概念的一切所该说的话(见前引书,第 424 页)。

他明确接受对于真理概念的缩减式态度。[③]

这些多种多样的真理缩减论的合理性又是如何呢?如果我们将冗余论的说法限于处理真理谓词作为真值函项语句连接词一部分的情形(如同"雪是白的这一语句是真的"这样的情形),那么很清楚的是:这样的用法在我们关于真理的谈论中仅仅起很小的作

① "缩减式真理概念"("The Delationary Conception of Truth"),载于莱特与麦克唐纳(in C. Wright and G. McDonald)编:《事实、科学与道德》(*Facts, Science and Morality*, New York: Blackwell, 1987),第 55～117 页。

② "认识化的实在论与怀疑论基础"("Epistemological Realism and the Basis of Skepticism"),《心智》(*Mind*, XCVII, 1988):第 415～439 页。

③ 参看"我们(认识论研究者)需要真理理论吗?"("Do We (Epistemologists) Need a Theory of Truth?"),《哲学论题》(*Philosophical Topics*, XIV, 1986):第 223～242 页。

用；这不可能是完全的阐述。消解引号论能提出更好的解释吗？塔尔斯基的真理定义在下述含义上是消解引号式的：给出定义（连同集合论和句法），并给出一个形如"'雪是白的'为真"的语句，我们便可以证明该语句与"雪是白的"这一语句等价。因此，在其中"雪是白的"这一语句仅被提到的（mentioned）那个语句是可证地（provably）等价于"雪是白的"这一语句本身；在前者中的"雪是白的"这一语句便被剥除掉其引号；而去除引号这一步骤可以说是消解真理谓词。甚至当我们因为不存在引号（例如在"他所说的每一句话都是真的"或"一有效的推理规则保证真前提导出真结论"这些情形下）而无从谈起去除引号时，塔尔斯基向我们表明如何消除真理谓词，这是由于真理谓词被明确地加以定义。[①] 这清楚地表明，塔尔斯基的真理定义并非是严格地消解引号式的。这是因为，为了消除真理谓词，塔尔斯基的真理定义并非依赖于从单个语句中剥除引号。它们更不依赖于通过使用被称之为真的实际语句来达到去除真理谓词的目的。当为一种语言的真理定义由另一种语言给出时，我们便可以清楚地看到这一点。人们无法仅仅通过将"'Schnee ist weiss'（在德语中）为真"这一英语语句中的"'Schnee ist weiss'"去除引号来得到上述语句的一个英语等价式。

然而，事实依然是：塔尔斯基的方法允许我们在任何语境中替换他所定义的真理谓词；这种替换并没有留下任何会随之而来的

---

① 这一论点是由塔尔斯基在"语义性真理概念"（"Semantic Conception of Truth"）[《哲学与现象学研究》（*Philosophy and Phenomenological Research*，IV，1944），第 359 页]中提出的（虽然经常认为是利兹提出的）。塔尔斯基还注意到，仅靠去除引号是无法将"true"这一词项从诸如"柏拉图所写的第一个语句是真的（The first sentence written by Plato is true）"这样的语句中消除的。（但是，除非塔尔斯基为柏拉图所用的语言下一个真理定义，他并没有表明如何消除真理谓词的这种用法。）

明确的语义谓词。在这一方面，他的真理谓词类似于可以完全删除的语句连接词“……［这一语句］为真（It is true that…）”。当然，引人注目的并不是“is true”这一词组可被替换；这是因为所谓定义的目的便在于此；引人注目的是，它并未由其他任何（语义上的或其他种类的）的词所替换。可以假定，这一特征使得帕特南认为，根据这类理论，“真”不是一种性质。（可是，这种说法在用来表征塔尔斯基的真理定义时不可能是十分确切的。塔尔斯基的真理谓词是合法谓词，它具有对象语言中任何谓词都不具有的外延。但是，人们会看到帕特南这种说法的要点所在。）帕特南得出的结论是，塔尔斯基真理定义与语义学或我们对真理概念的通常理解毫无关联：“作为对真理概念的一种哲学解释，塔尔斯基的理论是十足失败的”（见前引文，第 64 页）。

很清楚的是，塔尔斯基并没有为（哪怕是当其应用于语句时的）这样一种［通常］真理概念下定义，塔尔斯基表明如何为若干种合式语言中的任何一种来定义一个真理谓词，但是他的定义当然并没有告诉我们这些诸多［真理］谓词之间的共同之处。换一种略微不同的说法来表述这一点：他定义了诸多不同的形如“是真的”的谓词，每个可被应用于一种单一语言；但他没有定义一个对于任一变元“L”的、形如“在 L 中是真的”的谓词。布赖克（Max Black）[①]以及随后达米特[②]都指出并解释了这一点。但是，塔尔斯基从一开始便十分清楚地表明这一点：在他的若干关于真理谓词的假设下，他提出在一种融贯的语言中不可能定义这样一个单一谓词。在这些限制下，他没有任何机会能够

① 《语言与哲学》（*Language and Philosophy*, Ithaca: Cornell, 1949），第 104 页。

② “真理”（“Truth”），载于《亚里士多德学会会刊》（*Proceedings of the Aristotelian Society*, LIX, 1958～1959）：第 141～162 页。

(甚至是为语句)给真理概念下一个一般性定义。如果我们考虑将真理概念运用于信念及其相关的现象(如断言和论断),情形便更为明显:塔尔斯基并没有企图去下一个真正一般性的定义。考虑到塔尔斯基并没有给出一般性真理定义这一点是多么明显,以及考虑到他的最重要结果或许在于表明他所满意的处理方式不容给出一般性定义这一事实,下述情况是出乎意料的:某些批评者作出极大努力企图使我们相信塔尔斯基在提出这样一种定义时遭到失败。

达米特在对其《真理概念与其他难解之谜》一书[①]的“序言”中写道,他早期的一篇文章“论真理概念”之“根本论点”在于:任何一种形式的冗余论(他将塔尔斯基的真理定义纳入此类)必定为假,因为任何这样一种理论都无法把握引进真理谓词的要旨。他论证说,人们可以从下述事实中看到这一点:如果我们对于一种我们所不懂的语言有一种塔尔斯基式的真理定义,那么,

> 我们会全然不知引进[真理]谓词的要旨所在……除非……我们已经事先知道被如此定义的谓词的要旨理应如何。但是,如果我们的确事先知道引进谓词“真的”的要旨,那么,我们便知道关于该谓词所表达的真理概念的某种知识,而这种知识并未体现在那种……真理定义当中(前引书,第 xx～xxi 页)。

达米特补充道,“尽管这一论点在系统阐述时是如此明显,我认为它值得在此重申”(同上)。他是对的:这一论点是很明显,值得重申,至少对于我来说是如此。[②] 运用于意义理论是重要的;但这个

---

① London: Duckworth, 1978.

② 我在这一点上的混淆在“真理与意义”(“Truth and Meaning”)一文中清楚可见。我的错误在于这样一种看法:我们能够既认为塔尔斯基的真理定义会告诉我们一切我们所需要具备的关于真理概念的知识、又可使用该定义来描述实际语言。不过,甚至就在同一篇论文中,我(以一种不相容的方式)讨论了如何来辨别这样一种定义适用

问题更为一般性：塔尔斯基知道他无法给出一个一般性真理定义，因此，他没有形式上的手段来把握引进真理谓词的“要旨”，无论该要旨所涉及的是真理概念与意义概念之间的关联还是真理概念与其他某一或某些概念之间的关联。

达米特和其他一些人以诸多方式试图使我们当中的智力迟钝者意识到塔尔斯基的真理定义在完全把握真理概念方面是失败的。正如我们已经看到的那样，主要困难不过是在于这样一个事实：塔尔斯基的定义并没有告诉我们如何将所定义的概念运用于新事例，不管新事例究竟是指一种新语言还是指添加于一种语言上的一个新词项[两者说的实际上是一回事，达米特论及这两者（见前引文），而菲尔德只论及后者①]。塔尔斯基定义的这一特征可以轻而易举地追溯到这样一个事实：这些定义依赖于通过枚举给出基本谓词或名称的外延或指称；而按这种方式给出的定义无法为下一个或一般性事例提供线索。

针对塔尔斯基对真理概念的处理方式提出的若干批评或评论基于他的定义的枚举方面。其中之一断言，塔尔斯基的定义无法解释为什么在“雪”这个词项意指煤的情况下“雪是白的”这一语句为真当且仅当雪是黑的。帕特南和索莫斯都提出并解释这一点。但是，对于帕特南来说，这是一个批评，而对于索莫斯来说，这显示对关于真理定义或真理理论期望过多并非明智之举。另外一个抱怨是，塔尔斯基的定义并没有确立真与意义之间的联系；而很多哲学家认为这种联系是必不可少的。（再有，对于帕特南来说，这表

于一种语言。我很快便认识到这个错误。（参看 *Inquiries into Truth and Meaning* 中的“导论”，第 xiv～xv 页，以及其他论文。）

① “塔尔斯基的真理理论”（“Tarski's Theory of Truth”），《哲学学刊》（*The Journal of Philosophy*, LXIX, 13, July 13, 1972）：第 347～375 页。

明塔尔斯基的真理概念具有某种根本性错误；而对于索莫斯来说，这是塔尔斯基定义具有可加以赞美的缩减性质的又一个例证。）一个紧密相关的评论认为，塔尔斯基没有将真理概念与语言用法或其使用者联系起来（参看菲尔德、帕特南、索莫斯、达米特的相关讨论）。无论这些评论的价值如何，值得记住的是，它们恰恰全都追溯到塔尔斯基理论的同一特征：通过在为满足下定义（真理概念据此加以定义）的过程中运用一有限穷举的基础事例表列，塔尔斯基必定无法表征如何进而处理新事例。

尽管塔尔斯基在真理问题上的工作存在这些已被确认出或想象出的局限，有些哲学家（正如我们已看到的那样）则认为这种工作包容了真理概念的所有本质特征。这些哲学家包括罗蒂、利兹、维廉斯、霍维奇、索莫斯以及（根据帕特南）蒯因；并且，根据罗蒂，也包括我。[1]

可是，我并不属于这个名单。旨在揭示塔尔斯基为缩减论者的基本论证可以采取两种方式：一种方式是证明他并没有把握真理概念的本质特征；另外一种方式则是证明真理概念并非如很多人所以为的那样深刻和有趣。[2] 像达米特和帕特南那样，我认为我们必须在这两种方式中认定第一种方式。理由很明显：塔尔斯

---

① 并不令人感到惊讶的是，在究竟是在怎样一种含义上塔尔斯基是真理缩减论者的问题上，这一名单上的作者们的观点各自不同。例如，霍维奇在讨论塔尔斯基时引入“缩减论者”这一词项，但他认为塔尔斯基的“图式”给出语言表达式的真值条件，从而给出意义；他的这一观点本质上是我在“真理与意义”一文中的观点。其他多数人则认为，塔尔斯基的缩减论路数表明：他所定义的真理概念与意义无关。

② 第一种态度从帕特南的下述论述中清楚可见：他认为塔尔斯基所定义的性质“甚至不是令人疑惑地或将信将疑地‘接近于’真理性质”（见前引书，第 64 页）。索莫斯的观点则代表第二种方式：“塔尔斯基处理方式中的确看来正确的是其缩减性质”；但是，“塔尔斯基的真理概念则与语义解释或理解无关”（“真理理论是什么？”[“What is a Theory of Truth?”]，第 429，424 页。）。

基真理定义中没有任何东西暗示这些定义所共有的东西究竟是什么。除非我们准备说并不存在单一的真理概念(甚至在应用于语句的情况下),所存在的不过是同一词项表达的诸多不同概念,否则的话,我们不得不得出结论说,真理概念具有塔尔斯基的定义尚未触及的更多内容(事实上,某种绝对基本的内容)。令人有些迷惑不解的是,一些哲学家在求助于上述基本论证的一种说法来证明塔尔斯基的真理谓词是缩减性的同时却接受某种缩减论。但是,如果所论及的基本论证是可靠的,它便证明,塔尔斯基式的定义(或基于同样思路而建构的理论)无法把握真理概念。

还有一个关于塔尔斯基理论的进一步断言或假设,尽管它经常与刚才讨论的观点中的某些看法并驾齐驱,但它值得特别加以讨论。这种看法认为,如果接受塔尔斯基真理定义之一,那么,在恰当表征真理概念的情况下本应作为经验陈述的那些陈述会变成逻辑真理(truths of logic)。例如,根据帕特南的看法,一个诸如"'Schnee ist weiss'(在德语中)为真当且仅当雪是白的"这样的语句应当是一个关于德语的实质性真理;但是,如果我们用一个按照塔尔斯基的方式定义的谓词来替换"*S*(在德语中)为真"这一谓词,那么,本来明显是实质性的真理就会变成一个关于逻辑的真理。① 不难看出,不论该论证的要旨如何,它都依赖于我们刚才讨论过的塔尔斯基方法所具备的同一特征:如果一个谓词的外延是通过枚举它所适用的事项来下定义,那么,应用该谓词于表列上的一个事项便会产生一个等价于逻辑真理的陈述。(出于技术上的

① 关于这种论证的若干说法,参看帕特南的前引书以及"论真理"("On Truth"),载于考曼(Leigh Cauman)等人编:《存在有多少问题?》(*How Many Questions?* Indianapolis: Hackett, 1983),第35～56页。

理由，这是对塔尔斯基方法在这方面特征的一个过于简化的解释[在对象语言包括量词等的情况下]。但论点的力度并未减弱[①]。）这看来是帕特南之所以认为塔尔斯基在对真理概念作出哲学解释时“十足地”失败的主要理由。当索莫斯持有下述看法时，他可能是按照同样思路来考虑问题的：他坚持认为，捍卫塔尔斯基对其工作所作的哲学解释的惟一办法是拒斥那种主张应用塔尔斯基真理谓词和满足谓词应具备经验内容的要求。索莫斯说，满足这种要求是与塔尔斯基的工作“不相容的”（见前引书，第 425 页）。

艾彻曼蒂（John Etchemendy）详细阐述所论及的论证（见前引书）。根据艾彻曼蒂，塔尔斯基的目标是系统阐述带有两种性质的谓词：首先，它们应当按照一种特定方式与直觉性真理概念相联系；其次，它们应当尽可能地保证它们不会受到悖论和不相容性的威胁。第一个条件是通过建构这样一种概念来满足的：我们不难证明该概念适用于一种语言的所有真语句且仅适用于这些真语句。与直觉性真理概念的联系是通过约定 T 来表明的。约定 T 要求，对于一种语言 L 的真理谓词“*s* 为真$_L$”具有如此特性以致对于 L 的每个语句都蕴含一个形如“*s* 为真$_L$L 当且仅当 *p*”的定理（“*s*”由对于 *s* 的一个系统描述所替换，而 *p* 由 *s* 在理论语言中的翻译所替换）。让我们将这些定理称之为 T-语句。T-语句中的“*s* 为真$_L$”这一谓词是一位谓词，其中的下标[“$_L$”]并非变元而是某一特定语言的名称或描述式，它是该谓词的不可分割的部分。与日

① 关于这一论题的进一步讨论，参看前注中提及的帕特南的著作；并参看索莫斯（Soames）：前引书；以及艾彻曼蒂（John Etchemendy）：“塔尔斯基论真理和逻辑后承”（“Tarski on Truth and Logical Consequence”），《符号逻辑杂志》（*The Journal of Symbolic Logic*，LIII，1988）：第 51～79 页。

常真理概念的联系在下述事实中是显而易见的：如果我们用“*s* 在 L 中为真”这一英语谓词来替换塔尔斯基式真理谓词，T-语句依然为真。（“*s* 在 L 中为真”这一谓词是双位谓词：我们可以用关于其他语言的名称或描述式来替换“L”。）真理谓词不应带有将不相容性引进理论或语言的危险这一要求是通过在不使用语义概念的情况下给出谓词的明确定义这一方式而加以满足的；任何由使用语义概念可能会招致的对相容性的挑战都会因此而加以避免。如果元语言在引入真理谓词之前是相容的，那么，可以保证它在引入之后依然如此。

包含塔尔斯基式真理谓词的 T-语句似乎传达关于对象语言的实质性事实，即该语言中的语句在由 T-语句所描述的条件下为真；但事实上，艾彻曼蒂说，“它们并没有提供关于对象语言之语义特性，甚至关于其语句之真值条件的任何信息”（他本人施加的强调，见前引书，第 57 页）。理由在于：T-语句是逻辑真理，因此无法告诉我们任何仅仅逻辑本身所无法告诉我们的东西。T-语句是逻辑真理这一点是因为：它们是由塔尔斯基的定义所导出的，而这些定义仅仅是一些规定。我们被误导的原因在于：我们易于将实质性内容带入本来只是规定性的定义，我们易于用公理或定理性的“当且仅当”来替换定义性的“当且仅当”（见前引书，第 58 页）。如果我们想要陈述关于语言的实质性事实，我们必须在 T-语句和其他（相关的）场合用一个传递某种诸如直觉性真理概念那样的内容的谓词来进行替换。如果我们做到这一点，那么，“我们所作出的断言便会有时看来显著相似于”塔尔斯基定义中的“条款”，在它们为正确的情况下，它们会产生关于语言语义特性的真正信息。

但是（这是艾彻曼蒂的中心论点），根据塔尔斯基的目标来给

出真理定义与提出一种关于语言的形式化、但实质性的语义解释，这两件事情不仅是完全不同的，而且是“背道而驰的……这是因为，在没有撇开塔尔斯基的首要目标的情况下，在某种含义上我们简直是无法从事语义学”（见前引书，第52～53页）。两者之间的区别在于：前者所要求的是一种可从一切语境中毫无保留地消除的谓词，而后者所要求的是一种“确定的、元理论的”真理概念。使用第二种概念会直接使塔尔斯基方案的目标受挫。因此，塔尔斯基所想要获得、并成功地获得的成就这方面与提供一种方式来描述被解释语言的语义学这方面之间的关联“无非是一种偶然”（见前引书，第52～53页）。

帕特南、索莫斯和艾彻曼蒂都同意，塔尔斯基的T-语句仅仅表面上看来述说关于语言的经验真理；它们事实上是“一些重言式”（帕特南语）。他们的分歧在于如何评价他们所同意的论点：帕特南[1]认为，塔尔斯基所定义的“简直就不是（通常的）真理概念”；索莫斯和艾彻曼蒂则断言，塔尔斯基做了他本来要做的事情。索莫斯认为，塔尔斯基对于真理概念给出一种缩减式解释，这是正确的；而艾彻曼蒂则认为，经验语义学是一门合法的学问，但塔尔斯基并没有从事这方面的研究。

我们究竟应当如何看待这些断言呢？有一件事情是确定无疑的：塔尔斯基不会赞同这些对其研究成果的评价。在“语义性真理概念”这篇文章[2]中，有一节的标题是“语义性真理概念与其哲学上和日常上用法的一致性”。让我援引其中一段话：

---

① “对某物与其他物的比较”，第64页。

② 《哲学与现象学研究》（*Philosophy and Phenomenological Research*，IV，1944）：第341～375页。

> 就我本人的意见而论，我毫不怀疑地认为，我们的系统表述的确与亚里士多德真理概念的直觉内容相一致……有人怀疑语义真理概念是否反映出日常使用中的真理概念。我清楚地意识到……正如同日常语言中的其他任何语词一样，“真的”这个词的日常意义在某种程度上是含混的。……因此，……对这一难题的任何解决办法都必然意味着对日常语言实践的某种偏离。
>
> 尽管如此，我仍相信语义性真理概念的确在很大程度上与日常用法相一致……（见前引书，第360页）。

在提出这一难题时，塔尔斯基并没有使自己疏离描述那些能像通常语义概念那样来使用的概念这一任务；正如他所说的那样，那些概念表达的是“在语言表达式与这些表达式所指称的对象和事态之间的关联”。[①] 他说，他并非旨在给一个旧词赋予新的意义，而是要“把握住一个旧有概念的实际意义”。[②] 换言之，他相当明确地表示，他并非像艾彻曼蒂所坚持认为的那样想要使其定义成为纯规定性的。

塔尔斯基将他的方案描述为“建立科学语义学”。他并且说，“语义概念表达在所讨论的语言中被指称的对象和事态与指称这些对象的表达式之间的某些关系。”[③]他把一个语句的真实性视为其“符合于实在”（同上）。塔尔斯基将这些对语义概念的描述视为“含混的”，但是，如果语义概念没有经验应用，这些描述便会是全然错误的。当塔尔斯基提出其定义应当是“实质上恰当的、与日常用法相一致的”这一要求时，他论证道，约定T恰恰是向我们确保

---

① “科学语义学之建立”（“The Establishment of Scientific Semantics”），载于《逻辑、语义学、元数学》（*Logic*, *Semantics*, *Metamathematics*, New York: Oxford, 1956），第401页。

② “语义性真理概念”，第341页。

③ “科学语义学之建立”，第403～404页。

上述条件得到满足的东西。其论证如下：给定一种我们所理解的语言（一种像英语那样的被解释了的语言），我们将所有形如"'雪是白的'为真当且仅当雪是白的"的语句认作为真。塔尔斯基把这些语句称为对真的"部分定义"。很显然，一个蕴涵所有这样的语句的定义便会与我们起初的直觉性真理概念具有相同的外延。承认这一点便是视 T-语句为有经验内容的；否则的话，约定 T 便没有什么价值，塔尔斯基也不会坚持认为他对仅仅为被解释了的语言定义真理概念感兴趣。

我认为，我们必须得出这样的结论：如果艾彻曼蒂、索莫斯和帕特南是正确的，那么，塔尔斯基便完全搞错了他自己的目标和其成就的性质。然而，令人吃惊的是，只需做很少一点工作便可使塔尔斯基和艾彻曼蒂双方的观点相一致。艾彻曼蒂当然允许"塔尔斯基恰恰引进为阐明某些简单语言的语义特性所需要的数学技巧"，并且，"从塔尔斯基式真理定义转化到对于对象语言之语义特性的实质性解释可能涉及的不过是重新引进原初的真理概念"（同上，第 59～60 页）。所要做的技巧性的工作不过是在塔尔斯基为一种语言 L 的真理谓词（例如，"s 为真$_L$"）的所下的定义上添加这样一句陈述：塔尔斯基的谓词对于 L 的一切真语句成立，且仅对于 L 的真语句成立。当然，"真"这一词在此所表达的是为从事严肃认真的语义学所需要的那种实质性的、未被定义的日常（真理）概念。让我们称这一陈述为**真理概念公理**（*truth axiom*）。

首先要注意到的是：如果在我们添加真理概念公理之前所论及的语言是相容的，那么，只要我们不形式上赋予我们的新谓词以任何特性，真理概念公理本身不可能使该语言变成不相容的。如果所有各种有趣的特性没有被明确地纳入理论，那么，这个谓词可以具有这些特性而没有任何形式上的损害会由此产生；如果这些额外的特性没有导致矛盾，那么，也不会产生任何非形式上的损害。

从形式上的观点来看，添加真理概念公理是无害的，也是乏味的。这是因为，只要我们的日常真理谓词“在 L 中为真”的特性没有产生不相容的东西，我们就可以也认为塔尔斯基的真理谓词具有这些特性。对这种看法的反对意见认为，我们不再能够感到很有信心：如果我们要描述日常真理谓词的所有特性，不相容语句可能会产生；我们不知道我们的真理谓词究竟意味着什么。真理“定义”不再是纯规定性定义。

我们考虑像塔尔斯基在“形式化语言中的真理概念”[①]第 2 节和第 3 节中所描述的那样的形式化对象语言和元语言。现在，在那种元语言上添加塔尔斯基的定义，这些定义导致和纳入真理定义；但是不要称之为定义，而是把它们设想为经验上有意义的表达式，它们适于用来描述对象语言的语义学(塔尔斯基将之解释为关于类的演算)。根据艾彻曼蒂的看法，在这种新系统与塔尔斯基的原有系统之间的区别是极大的：新系统正确地描述了对象语言的语义学，而塔尔斯基的系统则仅仅定义了一种无法用来作出关于某种被解释了的特定语言的任何(真的或假的)论断。塔尔斯基的定义将所蕴涵的 T-语句转变为逻辑真理；而新系统则使之成为关于语句真值条件的有教益的陈述。但这一重大改变并未以任何方式触及形式系统；这是在我们如何描述系统上的改变，而非系统本身的改变。如果塔尔斯基系统是相容的，那么新系统依然

① 载于《逻辑、语义学、元数学》。

如此。

在这种情况下，整个问题有赖于我们如何看待定义。很清楚，有些定义旨在引入新词；另一些定义则旨在表达某种实质性真理(truths)。正如我们所看到的那样，塔尔斯基并不想要在一个旧有词项上妄自塞进新意义，而是要“把握住旧有概念的实际意义”。①

我们现在应当大致回顾一下不仅艾彻曼蒂而且帕特南和索莫斯也持有的这样一个论点：塔尔斯基的真理定义与关于实际语言的解释和语义学无关，这是因为，在给出其定义的情况下，相关定理(例如T语句)是逻辑真理。事实上，它们仅仅在塔尔斯基(枚举性)真理定义(truth definitions)是纯规定性的、这些定义告诉我们一切关于他所定义的谓词我们所应具备的知识这一假设下才是逻辑真理。但是，没有理由接受这一假设。一个简单的类比会清楚地表明这一点。假定我们提出下述陈述作为对“是太阳系的一个行星”这一谓词的定义：是太阳系的一个行星当且仅当恰恰是下述星球之一：水星、金星、地球、火星、土星、天王星、海王星和冥王星。这一定义蕴涵“海王星是太阳系的一个行星”这个P-语句。最后这句话是一个逻辑真理吗？如果我们的定义是纯规定性的，人们不妨作如是说；否则的话，它并非一个逻辑真理。所论及的定义是否为纯规定性的这一问题并不是人们通过研究形式系统本身

① 艾彻曼蒂建议说：一个定义中的“当且仅当”与一个实质性断言中的“当且仅当”含义不同。但是我认为我们无法认真看待这种说法，因为这种区别在所论及的系统中毫无区别；如果我们要通过引进不同的符号来标示所料想的那种区别，在该系统中的推导规则便不得不改变。艾彻曼蒂(在私下谈话中)说，他的建议并非旨在让他人认真看待。

可以回答的;它涉及作出定义者的意向。如果我们仅仅通过定义性语句来表示(我们自己的意向),我们很难不注意到这一点:如果我们按照或多或少通常的方式来解释定义中的语词,它所表达的便是一个实质性真理。通过求助于约定-T,塔尔斯基使我们注意到他的定义所具有的类似特征。

我们应当就塔尔斯基指望我们理解他的定义的方式得出什么样的结论呢?他的表示可能看来是含混的。一方面,我们看到他反复地明言:他希望,并且他认为,就有可能做到的而论,他已经做到了"把握住"直觉性真理概念的"实际意义";在另一方面,他清楚地依赖于这样一个事实:他的定义允许消除所有明确的语义词汇以确保他的概念不会将不相容语句引入相容的语言。但是,这是否表明塔尔斯基的含混呢?我认为不然。我在这里提出如何看待这个问题的一种方式。

塔尔斯基的定义赋予其真理谓词以这样一些特性:它们确保前者所定义的是语言中的真语句类。如果这些真理谓词没有进一步的特性,那么,我们便知道它们不会孕育不相容语句。这使这些谓词就某些目的而言是有用的。如果我们将真理谓词视为具有未确切说明的进一步特性,我们便无法确定这些性质在被明确表述的情况下不会带来麻烦。可是,我们可以在塔尔斯基系统中工作的同时承认真理谓词可能有进一步的本质特性(只要我们不使用这些未明确说明的特性)。用这种方式,我们便可以充分利用塔尔斯基的技术成就而并不将其理论之内容视为"空洞的"或"仅仅是"形式上的。

从这一观点来看待塔尔斯基的工作,便是承认在某种含义上塔尔斯基并没有甚至为特定语言定义真理概念。他通过给出真理谓词的外延而定义真语句类，但他并未给出其意义。一旦我们判定 T-语句具有经验内容，便会得出上述结论；这是因为 T-语句具有经验内容这一点蕴涵真理概念具有塔尔斯基定义所能告诉我们的更多内容。我的论点并不是认为塔尔斯基可能毕竟把握住了一个实质性真理概念，而是认为：如果我们将其形式系统解释为关于语言的经验理论，则并非必然地出现混乱。按这种方式看待问题，我们便避免了时下相当流行的两种关于真理概念的两难论点。一种观点认为，塔尔斯基的工作在很大程度上是与我们通常所理解的真理概念无关的；因此，如果我们想要研究关于被解释语言的语义学，我们必须选择其他途径。另外一种观点认为，尽管塔尔斯基关于真理概念的说法仅仅是消解引号式的，但它说出了关于真理概念理应说的一切话。

我本人的观点是，塔尔斯基告诉了我们很多我们想要知道的关于真理概念的内容，但必定还有更多内容。这是因为，塔尔斯基的形式工作并未表示他的各种不同的真理谓词所共有的东西是什么，而这必须是真理概念的部分内容。诉诸于约定 T 作为那种表示是不够的，因为这并没有回答我们如何知道关于一种语言的真理理论是正确的。真理概念与信念概念和意义概念有本质联系，但塔尔斯基的工作没有触及这些联系。正是在这里我们应当期望去揭示塔尔斯基对真理谓词的描述所忽略的内容。

塔尔斯基为我们所做的是详细表明如何描述真理概念（不论是在语言中还是在思想中）所构成的那种范型（pattern）。我们现在需要做的是说出如何辨识这样一种范型或结构存在于人们的行为之中。

II

如果没有关于真理概念我们所应知道的、比我们从塔尔斯基对真理谓词的定义所能学到的更多的东西，那么，由于塔尔斯基已表明如何在无语义残余弥留的情况下消除真理谓词，对于我们来说，真理概念便不会有除了其消除引号功能所带来的那种次要的便利之处之外的清楚用途。在这种情况下，真理概念与意义概念和信念概念的任何联系便化为乌有。如果我们认为塔尔斯基的定义是纯规定性的，那么，这样的谓词所允许我们证明的定理（特别是 T-语句）便等价于逻辑真理；因此，除非我们赋予这些真理谓词以比塔尔斯基定义所提供的更多内容，这些定理无法产生关于任一语言中的语句的经验真理，我们无法认为它们给出这些语句的真值条件。

塔尔斯基从未断定其真理谓词起着超出对特定语言中的真语句类加以甄别之外的作用。他当然并不认为他定义了一般性真理谓词，他也并不旨在超出外延性。把握区别于外延的意义并不是他的方案的目的之一。可能会有其他方式来描述这同一语句类（这些方式对于不同于他的其他目的来说可能会有更出色的启发作用），这对于塔尔斯基并不重要。

上述两个论点是相关联的，这是因为，在不引入与塔尔斯基所求助的相当不同的标准的情况下，没有给出关于真理概念的一般性描述的明显方式。真理缩减论的某些倡导者有时建议说，约定-T对什么构成塔尔斯基的各种不同真理谓词所共有的内容这一问题提出了适当的回答。但是，我们不应当满足于这样一种看法。原因在于，在元语言包含对象语言的情形下，所论及的要求仅仅是句法上的：它告诉我们关于这些谓词的某种信息，但并非关于真理概念的很多信息。在其他情形下，它的应用依赖于我们对翻译概念（一个远比真理概念模糊的概念）的先前理解。中心论点在于：除了我们对翻译概念的把握之外，约定-T 并未告诉我们在塔尔斯基的诸多真理谓词应用于特定语言时如何描述其共有的一般特征。他并没有为翻译概念下定义。①

在这种情况下，我们缺乏一种在塔尔斯基理论中我们无法找到的、对真理概念的（一些）一般特征所作出的令人满意的解释。不过，我们可以从塔尔斯基的理论中学到很多东西。例如，他的理论构造表明，对于任何一种具有像自然语言所具有那种表达力的语言，真语句类无法在不引入像满足（它将语词——单称词项、谓词——与对象相联系）那样的关系的情况下加以描述。如果我们把满足视为指称的一般化形式，塔尔斯基表明语句的真如何依赖于语句的某些组成部分的语义特征（即指称）。（当然，正如真理概念的情形一样，塔尔斯基也没有定义一般性的指称概念。）因此，甚至在没有对我们如何知道何时将一个真理定义应用于某一给定语言这一问题作出回答的情况下，塔尔斯基表明真理概念如何能够用来对语言给出一种清楚的描述。当然，为了给出这样一种描述，我们必须首先把握住真理概念；但是，我们可以在无法对语言作出

① 威廉斯（Michael Williams）说，缩减论者认为“语言彼此间都具备的是这样一种效用：每种语言都具备自己的去引号手段”（“怀疑论与宽容”[“Scepticism and Charity”]，《推理》[*Ratio*]，New Series，I，1988，第 180 页）。但是，撇开难于对一种手段的“效用”赋予清楚含义这一点不论，事实上，我们可以用一种语言谈论另一种语言中的真理概念；在此，威廉斯所暗示的普遍化并不强于约定-T，后者在本质上诉诸翻译。

系统描述的情况下把握住真理概念。约定-T 把我们对真理概念的未经雕琢的前理论把握与塔尔斯基的精致的形式系统相联系；它使我们相信这一形式系统与我们所了解的真理概念相一致。

这些是我们可以从塔尔斯基那里所学到有关真理概念的知识：既然他显然没有定义一般性的真理概念，我们可以忽略这样一种建议，即认为他的针对个别语言的规定性定义把握住了一般性的真理概念所应有的内容。但是，我们没有理由不对塔尔斯基定义的结构加以利用。为了做到这一点，我们不需要对塔尔斯基的形式系统做任何变动；一旦我们认识到这些形式系统并未反映（一般性）真理概念和指称概念的重要方面，我们便可以将真理谓词和指称（满足）谓词当作塔尔斯基对指称概念和真理概念的递归表征中的初始词项。如果我们感到“定义”这个词与谓词作为初始词这一想法不大协调，我们可以不用这个词；这样做并不会改变该形式系统。不过，为了尊重语义谓词是初始词这一认同，我们可以去掉塔尔斯基系统中将递归性表征转化成明确定义的最后一步，而将这样做的结果视为公理化真理理论。[①]

① 塔尔斯基意识到给出公理化真理理论的可能性；他说，“在这样一种公理化程序中并没有什么东西在本质上是错误的，而它可证明是对于各种不同目的而言很有用”（“语义性真理概念”，第 352 页）。塔尔斯基之所以偏好对真理概念下明确定义而非对其进行公理化处理，理由有以下几点：第一，他注意到，对公理的选择“带有相当的偶然性、依赖于一些非实质性因素（例如，我们现有知识的实际状况）”。第二，只有明确定义才能确保所产生的系统之相容性（假定系统的相容性先于引入新的初始概念）。第三，只有明确定义才能克服关于所定义的概念“是否与科学统一体和物理主义的设定相协调”这样的疑虑（“科学语义学之建立”，第 405～406 页）。如果所选择的公理限于表征满足概念所需要的递归项，则可避免第一种危险；只要不引入那些产生悖论的已知方式，则可回避第二种麻烦（尽管是以不那么确定的方式）；而对于结果可能是真理概念不可还原于物理概念这一威胁，我的看法是，这一威胁是我们既无法又不应当回避的一个威胁。

可以将公理化真理理论与柯尔莫哥拉夫对概率论的公理化相比较；后者对概率这一概念施加清楚的限定，但又将诸如概率究竟应被进一步表征为相对频率、信念的程度或是其他什么东西这样的问题悬置起来。拉姆塞对面临不确定性时特定当事人的偏爱性选择的公理化处理在另一方面类似于公理化真理理论：它对于每一个当事人均产生一个单独个别的理论，正如同塔尔斯基式真理理论是特定于一种语言或（如我将要提出的那样）特定于一个个体。

正如同塔尔斯基式理论并未告诉我们如何确定该理论适用于某一特定语言或说话者那样，拉姆塞的理论也没有告诉我们这样一种理论在什么情况下适用于某一特定当事人。在决定论的情况下，所论及的问题部分地在于阐明一个当事人旨在被说成偏爱某一对象或行为而非其他对象或行为所必须满足的条件。而在真理理论的情况下，我们想要知道的是如何表明 T-语句（因此作为整体的理论）在怎样一种情况下描述某一团体或某一个人的语言。这显然要求至少阐明真理概念当中的部分内容；而塔尔斯基的真理谓词并未把握住这部分内容。

在这种情况下，当我们运用直觉性真理概念时，我们要对塔尔斯基所刻画其轮廓的真理性质添加什么样的内容呢？除了我在本文第一节所讨论并加以拒斥的那种观点（即认为塔尔斯基已把关于真理性质所能说或所应当说的业已道出）以外，我认为，当代大多数在这一问题上的提议可宽泛地划分为两类：一类通过将真理概念弄成基本上认识性概念而将其人化；另一类则提倡某种形式的符合论。

特别是近来很多哲学家认为，真理概念是一个认识性概念；即使当他们并没有明确地持这种观点时,他们的看法常常蕴涵着这种观点。正如对真理性质的实用论表征那样,真理融贯论的内在动机通常是认识性的。达米特和莱特(Crispin Wright)的反实在论、皮尔士的观点(认为真理是科学经长期发展而最终抵达的东西)、鲍依德(Richard Boyd)的看法(认为真理性质是对科学理论的会聚性提供解释的东西)以及帕特南的内在实在论:所有这些理论或看法都包括或蕴涵某种对于真理性质的认识性解释。蒯因也(至少有时)坚持认为,真理性质内在于一种关于世界的理论,因此,它依赖于我们的认识态度。关于真理性的相对主义或许永远是感染上真理认识化这一病毒的征兆;无论如何,这一点看来对于蒯因、古德曼(Nelson Goodman)和帕特南的情形是成立的。

与这些观点明显对立的看法认为,除了若干特例之外,真理性完全独立于我们的信念。这一看法有时被表述为:我们的信念可能就是如此,而现实(因此关于现实的真理性)则可能是非常不同的。根据这一直觉上的看法,真理性是"彻底地非认识性的"(因此帕特南将这种看法表征为"超验实在论")或"超越证据的"(借用达米特表示实在论的字眼)。(当然,无论是帕特南还是达米特都反对这种看法。)如果我们要为这两种观点贴上标签的话,我们或许会想到用"认识化的"和"实在论的"这两个形容词。断定与认识论的本质联系使得真理性依赖于某种可以由有限的理性动物证实的东西,而否认真理性对于信念或人的其他态度之依赖性则限定了关于"实在论"这个词的一种哲学上的用法。

在本文下一节也就是最后一节,我概述一种拒斥这两种真理观的对真理概念的看法。我并非旨在调和这两种立场。我认为将真理性质认识化的观点是站不住脚的,而实在论观点则终归是不可理解的。毫无疑问，这两种观点均要把握有力的直觉性看法，但是它们都是错误的；这一点至少由两者均导致怀疑论这一事实所暗示。认识化理论是怀疑论的，正如同观念论和现象论是怀疑论的一样；它们是怀疑论的原因并不在于它们使现实不可知，而在于它们将现实缩减到远远小于我们相信其实际如此的程度。另一方面，实在论理论看来不仅怀疑我们关于那些“超越证据的”事物的知识，而且怀疑所有其他的那些我们认为我们的确具有的知识，因为这种理论否认真的东西在概念上不管怎样是与我们所相信的东西相联系的。

让我们来考虑如何给真理理论赋予内容这一研究项目。塔尔斯基的定义通常是通过几个步骤来达到的。首先，给出关于对象语言语句的定义；然后，对满足关系（满足关系是指称关系的一种高度概括化的说法）给出递归表征；之后，按照弗雷格和戴德金的方式将对满足关系的递归表征转化为明确定义；然后，在语句概念和满足概念的基础上给真下定义。我们去掉将对满足关系的递归表征转化为明确定义这一步骤，因而明确地将真理谓词和满足谓词视为初始谓词。

在满足概念或真理概念之间，我们究竟把哪一个语义概念作为基本概念，这从形式观点来看是可以自由选择的。如塔尔斯基所示，我们可以轻而易举地在满足基础上对真下定义；但是，另外一种可供选择的方案是把满足当作任何一种对真给出正确解释的关系。塔尔斯基的处理方式在这方面的暗示可能看来是不确定的。求助于语词的语义特性来给语句之真下定义这一事实暗示：如果我们能够对语词的语义特性（本质上是指称和满足）给出一个令人满意的解释，我们便会理解真理概念。另一方面，约定-T 在确定由理论所刻画的真具有与直觉上的真理概念相同的外延这方面发挥关键作用，这使得塔尔斯基的处理方式看来把真（而非指称）作为基本的初始概念。我认为，第二种选择是正确的。正如我们所看到的那样，塔尔斯基在求助于约定-T 时假定了对于真理概念的一种在先的（直觉上的）把握；然后他表明这种直觉如何可以针对特定语言而在细节上加以补充完备。这种补充完备要求引入作为语词和事物之间关系的一种指称概念，即某种类似满足那样的关系。对真理概念的描述产生某种语言范型，即关于逻辑形式（恰当理解的语法）和语义依赖性网络的范型。对于真理概念给出那样一种描述就需要给语句之组成部分赋予语义作用。可是，这样做并没有求助于关于指称概念的在先的理解。

这种看待真理理论的方式与传统做法背道而驰。根据传统看法，除非我们理解从构成语句的有限词汇中的语词，否则的话，我们便无法得以理解大量乃至无限多的语句；因此，我们必须在理解语句之前了解语词的语义特性；因为正是语词的语义特性解释语句的语义特性（首先是真值条件），与词的语义特性具有概念优先性。我认为这一论证思路尽管始于自明之理，却得出错误结论；因而它必定在某一步骤上出了错。错误在于搞混了两种解释的次序：一种解释的适当性以给定真理理论之适当性为条件，而另一种解释则旨在解释为什么该理论是正确的。真理理论的正确性的原因在于它蕴涵正确的 T-语句；其正确性经由我们对运用于语句的真理概念的把握得以检验。既然 T-语句无从提及指称、满足或并非语句的表达式，对理论正确性的检验独立于我们关于这些概念的直觉。不过，一旦我们获得该理论，我们便可以在其结构以及其组成部分的语义特性的基础上对语句的真理性作出解释。这与科学中的理论是完全相似的：为了组织和解释我们所直接观察到的事物，我们设定未被观察到的或间接观察到的对象或力；而理论本身是由直接观察到的对象来检验的。

我们所获得的关于语言和真理性质的见解如下：可被公开观察到的是对语句的语境性使用，真理概念是我们对之有着最好理解的语义概念。相形之下，指称概念和诸如满足之类的语义概念（如同单称词项、谓词、语句连接词等概念一样）是一些理论性概念。在回答是否这些理论性概念产生关于语句使用的令人满意的解释这一问题之前是无法回答它们是否正确的问题的。

这些反思的一个效果是关注于真理概念在理解语言时所发挥的中心作用；正是我们对真理概念的把握使得一种关于某一语言的真理理论是否正确这一问题对于我们来说是可理解的。没有理由去寻求一种关于某种指称关系的在前的或独立的解释。目前这种看法的其他主要结果是，它提供了一个机会来相当清晰地表明在塔尔斯基式的真理理论中就作为关于真理性的解释而言在哪些方面有所欠缺。

有所欠缺的是与语言使用者的联系。如果没有发出或写下语句记号而使用语句的人，则没有什么东西会算作是一个语句。任何一种关于真理概念的完全性解释都必须与实际语言交流相联系。更精确地说，仅当某一给定语言的语句具有独立于关于该语言的真理理论的意义的情况下，该真理理论是否对于该语言（也就是说，对于该语言的说话者或其一组说话者）成立这一问题才是讲得通的（否则的话，该理论便不是一种在通常含义上的理论、而是对于一种可能语言的描述）。或者就塔尔斯基所偏好的定义形式而论：如果我们能够提出一种真理定义是否真正关于某一给定语言对真下了一个定义这一问题，那么，该语言必定有其独立于该定义的存在形式（否则的话，该定义仅仅是规定性的：它并非对于一种语言成立，而是规定了一种语言）。

如果我们一般地知道是什么使得一种真理理论正确地运用于一个或一组说话者，我们便可以被合乎情理地说成是理解了真理概念；如果我们能够确切地说明是什么使得这样一种理论为真，我们便能够对于真理性质给出一个明确的解释（也许是一个定义）。关于一种真理理论的正确性而与一种标准相对的最终证据必定在于有关说话者使用语言之方式的可得到的事实。当我说“可得到的”时，我指的是公共地可得到的（不仅原则上可得到的，而且在实践上对于任何一个能够理解该语言的说话者的人都是可得到的）。既然我们所有人都理解持某种语言的某些人，我们所有人都必定对于将真值条件归属于某些说话者的表述具有适当的证据；因此，我们所有人都足以把握那种运用于其他人之言语行为的真理概念。

那么我们现在已经解决真理性究竟是非认识性的（如实在论者所主张的那样）还是基本上认识性的（如其他人所主张的那样）这一问题了吗？答案似乎是这样：这一问题按有利于将真理性认识化或主观化的观点这一方向来解决的，因为我们遵循的是导致下述结论的一种论证思路：正是语言的用法决定一种真理理论是否对于那种语言成立。但事实上问题并没有解决；因为实在论者会认为：真理理论是否对于某一种语言或某一组说话者成立这一问题的确是经验性的，但这仅仅是因为语词含义的问题是经验性的；他们会认为，无论是就真理理论本身而言还是就其他方式而言，真理问题依然没有得到回答。

真理理论本身包含了那种回答了吗？如果塔尔斯基式的真理理论真是一种真理符合论，对上述问题的答案则是肯定的；因为在那种情况下该理论必定实际上将真定义为符合于现实。塔尔斯基本人说过，他想让其真理定义"公正对待坚持古典真理概念的直觉看法"；于是他援引亚里士多德在《形而上学》第四章中的一段表述（"说是者是或非者非，即为真"），并对之提出一个可供替换的表达形式：

语句之为真在于它与现实相一致（或符合于现实）。（塔尔斯基[①]补充说，人们提出"符合论"这个词项作为表述这种看法的方式。）我本人过去论证说，塔尔斯基表明如何产生的那种理论是一种符合论。[②] 我的这种说法是基于这样一种看法：如果不使用像指称或满足这样的将表达式联系到世界中对象的概念，便无法给出这样一种（真理）理论。

现在在我看来，把这样的理论称为符合论是错误的。我之所以认为它是错误的有以下一些原因。通常对于符合论的抱怨认为，人们可以按某种方式将其话语或信念与世界比较这种看法本身是讲不通的，因为这种企图必定总是以获取更多的信念而告终。例如，纽拉特（Otto Neurath）[③]便提出这种抱怨，他因此而采取一

① "语义性真理概念"，第 342～343 页。塔尔斯基也谈到语句"描述""事态"，同上书，第 345 页。参看"形式化语言中的真理概念"，第 153 页，和"科学语义学之建立"，第 403 页。

② 参看"对事实为真"（"True to the Facts"）。我的论证如下。在满足概念的基础上对真理概念下定义：一个对象语言语句为真当且仅当它为对象语言量化变元辖域内的每个对象序列所满足。将"符合于"理解为"满足"，便可将真理概念定义为符合。这种看法从两方面来看显然都颇为古怪：一方面是语句所"符合于"的实体之反直觉性和人为造作性质；另一方面则是所有真语句都符合于相同的实体这一事实。

③ "记录语句"（"Protokollsätze"），《认知》（*Erkenntnis*，III，1932/33）：第 204～214 页。

种融贯论的观点；亨普尔(Carl Hempel)[①]用“陈述与事实的致命对抗”这样的字眼表示了同样的反对意见。罗蒂[②]声称同情杜威的看法而反复坚持认为真理符合论的观点使得真理概念变成毫无用处的概念。我本人则表示过大致相同的看法。[③]

这种反对符合论的抱怨是有欠稳妥的。它之所以有欠稳妥的一个理由是，它依赖于这样一种假定：某种形式的认识化理论是正确的；因此，仅当真理概念是一个认识化概念的条件下这种抱怨才是合法的。如果这是反对符合论的惟一理由，则实在论者可以回应道：实在论的立场并没有触及；实在论者始终坚持认为真理性独立于我们的信念或我们认知真理的能力。

对符合论的真正反驳更为简单。这种反驳认为，真语句可对之符合的东西既不令人感兴趣又无教益。刘易斯(C. I. Lewis)以前提出过这种论点；[④]他要求符合论者确定一个真语句对之符合的那件事实或那部分实在或世界。如果该语句恰好命名或描述个别对象，那么人们可以确定出这些个别对象；但是甚至这种确定也

① “论逻辑实证论者的真理理论”(“On the Logical Positivist's Theory of Truth”),《分析》(*Analysis*, II, 1935):第49～59页。

② 《实用主义的后果》,“导论”;亦参看“实用主义、戴维森与真理”,载于利波尔编:《真理与解释》。

③ 我在本文中所采取的立场受到罗蒂与我之间在美国哲学学会太平洋分会1982年年会上的一场对话的影响。罗蒂劝我不要将我的立场称之为符合论或融贯论；而我劝他放弃真理实用论。罗蒂的“实用主义、戴维森与真理”一文是他在上述太平洋分会年会上的发言的修改本。

对于我现在为之后悔的“correspondence”的那种用法的一个例子,参看我在《真理与解释》一书中的“关于真理与知识的融贯论”(“A Coherence Theory of Truth and Knowledge”)这篇文章。

④ 《关于知识与价值估定的分析》(*An Analysis of Knowledge and Valuation*, La Salle, IL: Open Court, 1946),第50～55页。

是仅仅相对于一个指称框架才讲得通，而指称框架总该包含于真语句对之相符合的东西之中。遵循这种思路导致刘易斯得出这样的结论：如果真语句符合于什么东西的话，那种东西必定是宇宙整体；因此，所有真语句符合于同样的东西。正如我们所知，弗雷格通过类似的推理得出相同结论。如果丘奇（Alonzo Church）①的看法是正确的话，弗雷格的论证可以被如下表述：首先，一个真语句不可能通过替换具有相同指称的单称词项或通过替换逻辑上等价的语句而使之符合于某种不同的东西；基于这样的假设，可以毫无困难地证明，如果真语句符合于什么东西的话，它们必定全部符合于相同的东西。但是，这样一来，符合论概念便完全是无足轻重的了；如果只有一种东西去符合，那么，符合关系便索然无趣；这是因为，正如在任何一种类似情形下，这种关系便不妨归结为一种简单性质：在这种情况下，"s 符合于宇宙"，如同"s 符合于（命名）真（the True）"或"s 符合于事实"那样，可以被不那么引人误解地解读为"s 为真"。斯特劳森（Peter Strawson）②注意到，一个语句的组成部分可以符合于世界的组成部分（即指称它们）。但他补充道：

> 显然，陈述本身并不关联世界里的其他什么东西……。显然，要求这种关联项应当存在的看法在逻辑上是荒谬的……。而要求世界里存在使得该陈述为真……，或该陈述在为真的情况下与之相符合的某种东西这样看法正是这样一种看法（见前引书，第 194～195 页）。

① 丘奇将其归之于弗雷格的这一论证，可在丘奇的《数理逻辑导论》（*Introduction to Mathematical Logic*, Vol. 1, Princeton Univesity Press, 1956），第 24～25 页中找到。弗雷格的这一论证在我的"对事实为真"一文中也予以重述。

② "真理"（"Truth"），载于《逻辑语言论文集》（*Logico-Linguistic Papers*, London: Methuen, 1971）。

他继续正确地断定,"尽管我们当然可以说一个陈述符合于(适合、一致于)事实(或后者证实前者)",但是这只不过是"说它为真的另一种说法"(见前引文)。

因此,对符合论的正确反驳并不在于这些理论使得某种人类无法合理追求的东西为真;真正的反驳在于这些理论没有提供人们可以将之说成是真理性质承担者(无论我们把它们当作陈述、语句还是表述)与之相符合的实体。如果这种判断是正确的(我确信如此),那么,我们也应当对这样一种时髦的假设质疑:即认为语句、或将之说出的标志(tokens)、或语句那样的实体、或我们头脑中的构造可被恰当地称为"表象(representations)",因为并不存在它们将之表象的东西。如果我们放弃作为使得语句为真之实体的事实,我们应当同时放弃表象,因为其中之一的合理性依赖于另外一个的合理性。

所以有很严肃的理由对我的下述说法表示懊悔,即认为塔尔斯基式真理理论是一种形式的符合论。我持这种说法的基本原因并不在于我错误地以为语句或语句之表述是以某种有趣的方式符合于事物的。其原因在于,我当时仍受这样一种看法的影响:即认为实在论真理观具有某种重要性;它认为真理性因而实在性独立于人们的信念或能够获取的知识(除了某些特殊情况之外)。因此,我把我的观点宣传为一种牌号的实在论,即关于"外部世界"、关于意义和关于真理性的实在论。①

选择使用"实在论"和"符合"这些词项是欠明智的,因为它们暗示肯定地提倡这样一种立场或假设:所采用的是一种清楚的肯定性

① "关于真理与知识的融贯论",第 307 页。

命题；而我有资格坚持的（我的立场就实在论和真理性所实际蕴涵的）不过是认为认识化观点是错误的这样一种否定性观点。关于真理性的实在论观点（如果有其实际内容的话）必须基于符合概念，即运用于语句、信念或表述（即命题性实体）的符合；而这样的符合是无法理解的。我错误地假定实在论和认识化理论是惟一可能的立场。我把我的立场称为一种实在论所具有的惟一合理理由是拒斥像达米特反实在论那样的立场；我关注于拒斥这样一种学说，即认为要么是实在性要么是真理性直接依赖于我们的认识能力。这样一种拒斥有其道理。可是，要么拒斥要么接受实在和真“独立于我们的信念”这一口号则是枉费心机的。我们能够使这一陈述有道理的惟一明显的肯定性含义，与褒奖这一陈述的那些人的意图相一致的惟一用法，起源于符合概念；而这是一个毫无内容的概念。[1]

当然，拒斥实在和真独立于我们信念这一学说并不是拒斥人们会错误地以为这一学说所表达的那种平凡的常识态度：相信某件事情并非一般地使其为真。这是因为，认可这种态度并没有使我们对信念与真理之间没有任何联系这种说法作出承诺；如果我们要将表述的真理性与其使用相联系，则信念与真理之间必然存在某种联系。问题在于这种联系是什么。

各种形式的主观论（即使真理概念成为认识化概念的观点）按照相当不同的方式将人类思想、愿望和意向与真理性相联系；我并

---

① 费因（Arthur Fine）出于我所持有的部分理由而放弃实在论；他进而在下述文章中对真理实在论对科学实践和发展予以理解这一论断给出一个出色的驳斥：“自然本体论态度”（“The Natural Ontological Attitude”），载于《靠不住的游戏：爱因斯坦、实在论与量子力学》（*The Shaky Game*：*Einstein*，*Realism and the Quantum Theory*，Chicago Univeristy Press，1986）。

不自命可以在这里公正地对待所有这些观点。我充其量可以做的是解释为什么我们有理由不满意所有这些不同立场。

我把真理融贯论归类为认识化理论，这需要作出解释。我假定，一种纯真理融贯论会认为一个相容语句集合中的所有语句均为真。或许没有人曾经持有这样一种理论，因为这是狂妄的看法。那些提出融贯论的人，例如纽拉特和卡尔那普（Rudolf Carnap）（曾经一度是持这种看法的人），通常清楚地表明：其相容性足以使之为真的是**信念**集合（或被当成真的语句之集合）；这便是我之所以把真理融贯论归类为认识化理论的理由：它们将真理性直接联系到信念。但是，除非作出某种进一步的补充，否则的话，这种观点看来正如石里克（Moritz Schlick）[①]所认为的那样是错误的（他称之为“令人震惊的错误”）；明显的反驳认为，有可能存在众多不同的相容信念集，而它们之间彼此是不相容的。[②]

一些以某些方式与融贯论类似的理论具有大致相同的欠缺。蒯因认为，某些语句（他称之为观察语句）的真理性直接与经验（更确切地说，被激励的神经末梢的范型）相联系；其他语句则是从其与观察语句的联系及其彼此之间的逻辑关系中推导出它们的经验内容。所产生的理论之真实性仅仅依赖于在多大程度上它可以成

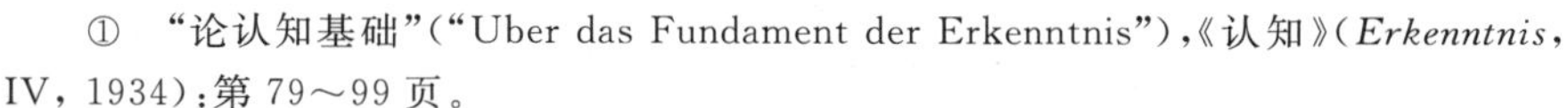

① “论认知基础”（“Uber das Fundament der Erkenntnis”），《认知》（*Erkenntnis*，IV，1934）：第 79～99 页。

② 并非每一个将真理概念联系于融贯信念组的理论都是错误的。必须向标准的融贯论所增添的是这样一种见解：不仅认识到信念如何在因果上和逻辑上彼此相联，而且认识到一个信念的内容如何依赖于它与世界的因果联系。我在下一节讨论这些问题。此外，参看我的“关于真理与知识的融贯论”和“经验内容”（“Empirical Content”）这两篇文章。现在在我看来，将我在“关于真理与知识的融贯论”这篇文章中的论题称之为融贯论这种做法还有另外一个术语上的错误。我在这篇文章的“1987 补记”中对此作出了详细解释。

功地用来解释或预测真的观察语句。蒯因似乎有理由坚持认为，可能会有两种理论能够在同样程度上解释所有真观察语句，然而两者之中任何一种理论都无法还原到另外那种理论上(每种理论都包含至少一个无法用其他那种理论中的资源来解释的谓词)。蒯因在不同时期对这种状况持有不同看法。根据其中一种看法，两种理论均为真。我不认为有理由反对这样一种看法，即认为经验上等价的理论(无论人们如何表征经验内容)要么同真、要么同假。根据蒯因的另外一种看法，一个说话者在某一特定时间运用一种理论；对于此时此刻的他来说，他所使用的理论为真，而其他理论为假。如果他转而采用替换理论，那么，该替换理论则变成真的，而先前所接受的理论为假。这一立场可以例示当蒯因说真是“内在的”(immanent)时其含义何在。[①] 这种关于真理性的内在性或相对性的概念不应当与一般所说的语句真理性相对于其所在语言这一说法。蒯因所说的两种理论可能隶属于同一种语言，并由同一种语言来陈述；的确，如果我们要理解该两种理论相冲突这一断定，它们便必定如此。同一个语句(不带索引词)在对之解释发生变化的情况下可以对于一个人为真而对另一个人为假，或对于某个特定人来说在此时为真而在彼时为假，要看到这一点并不容易。困难似乎是由于要把认识论考虑引入真理概念。

① 参看《论本体相对性及其他相关问题》(*Ontological Relativity and Other Essays*, New York: Columbia, 1969)。关于蒯因关于经验等价、但相互不可还原之理论的难题，参看蒯因：“论关于世界的经验等价系统”(“On Empirically Equivalent Systems of the World”),《认知》(*Erkenntnis*, IX, 1975)：第313～328页；《理论与事物》(*Theories and Things*, Cambridge: Harvard, 1981)，第29～30页；汉思和舍尔普(L. E. Hahn and P. A. Schilpp)编：《蒯因的哲学》(*The Philosophy of W. V. Quine*, La Salle, IL: Open Court, 1986)，第156～157页。

帕特南的“内在实在论”也使真理性内在化，尽管不像蒯因的观点那样使之相对于一种理论而是相对于语言整体和一个人所接受的概念图式。当然，如果所有这一切意味着语句或表述的真相对于一种语言，这种观点是人们所熟悉的和在平凡意义上是正确的。但是，帕特南似乎有更多考虑：例如，你的语句和我的语句可能彼此矛盾，然而都“对于说话者”为真。难以设想在怎样一种语言中这种立场可以融贯地(更不用说按有说服力的方式)表达。造成这种麻烦的起源又是那种力图使真理性可通达的需要。帕特南很清楚地表明，这是他所关注的考虑。他明确地将真理性认同为理想化的、被辩明的可断定性。他称之为实在论的一种形式，因为“在条件充分的情况下有关裁决内容(即在有理性的情形下我们的意见所‘会聚’的裁决)的事实”存在。[①] 他还补充说，他的看法是“一种显示人性的实在论，即认为存在有关我们可正确地作出的断定内容(与之相对的是古典形而上学实在论所珍视的神目观的正确断定内容)的事实存在这一信念”(见前引书)。人们会怀疑：倘若清楚地说明某人在其中理想化地辩明某一断定的条件，那么很明显，要么这些条件允许出错的可能性，要么它们十分理想化以至没有运用所期待的那种与人之能力的联系。同样引人注目的是，帕特南并没有对其立场作出论证而只是说那种替换理论(“形而上学实在论”，即符合论)是不可接受的。他并没有对不可能有其他立场这一点作出论证。

帕特南将其立场描述为在主要观点(真理性的认识性地位)上

① 《实在论与理性：哲学论文集》(*Realism and Reason*: *Philosophical Papers*)，第 3 卷(New York: Cambridge, 1983)，第 xviii 页。

接近于达米特的立场。一个区别在于：帕特南不像达米特那样确信真理性仅限于可确切查明的东西，因此，他不是那么确信必须要抛弃二价性原则；这或许解释了为什么帕特南将其看法称为实在论的一种形式、而达米特将其本人的看法称为反实在论。帕特南还认为，他不像达米特那样将真理性与被辩明的断定性相联系，而是将真理性与理想化的被辩明的断定性相联系；但是我认为仔细阅读达米特的有关论述会表明他在这一点上与帕特南有大致相同的看法。倘若达米特不坚持类似于帕特南的理想条件的某种看法，那么帕特南曾经提出的一种批评便适用于此：如果真理性仅仅依赖于被辩明的可断定性，真理性便会“丧失”，这也就是说，一个语句可以对于一个人来说在此时为真而彼时当辩明条件变化时为假。这种观点必定是错误的。[①] 达米特说他同意真理性不能丧失，但他没有清楚地说明有根据的可断定性如何才能既是一种确定性质又是一种依赖于人类说话者识别某些条件被满足这一实际能力的性质。实际能力有盛有衰，因人而异；而真理性则不然。

为什么达米特赞同这样一种真理观呢？这有若干理由，其中之一看来如下。我们已经看到，一种塔尔斯基式真理理论既没有给真理性下定义又没有对之加以充分表征；除非补充某种内容将其与人的语言使用相联系，否则的话，人们便无法表明这种理论是否适用于一个或一组说话者。达米特认为，为此可采用的惟一方式是使真理性成为可为人所识别的。人对语言的使用必须是人们理解语言的函项；倘若真理性要在对于理解语言是怎么一回事作

---

① 帕特南：“指称与理解”（“Reference and Understanding”）与“对达米特评论的答复”（“Reply to Dummett's Comment”），载于玛格立特（A. Margalit）编：《意义与用法》（*Meaning and Use*, Dordrecht: Reidel, 1979），第226～228页。

出解释中发挥作用，达米特认为，它就必须按某种方式涉及人具有关于某个陈述为真的“确证”。人们可以欣赏这一看法的而又感到它难以被接受。我已经给出拒斥这种观点的主要理由，即这种看法要么是空洞的，要么使真理性成为一种可丧失的性质。但是认识到下述这一点是很重要的：如果达米特的看法是正确的，那么我们的其他某些很强的直觉观念也会不得不牺牲掉。其中之一是真理性与意义的联系：根据达米特的看法，我们可以在对于语句为真是怎么一回事这一点毫无所知的情况下理解像“绝不会在这一地点兴建一座城市”这样一个语句(因为对于达米特来说语句或其表述没有真值)。另外一个直觉观念便是真理性与信念的联系：根据达米特的看法，我可以理解和相信一座城市绝不会在这一地点兴建，但我的不会有真值。看来，对于达米特来说，具有由某一给定语句表达的信念并不一定意味着相信该语句为真。

倘若我认为我们必须在帕特南称之为先验实在论的观点(即认为真理性是“彻底非认识化的”、我们的一切作为最出色研究成果的和业已确立的信念可能是假的这一观点)与达米特将真理性等同于有根据的可断定性这一看法之间作一抉择，那么我可能会倾向于达米特的看法；因为我感到前者(本质上是符合论的看法)是不可理解的，而达米特的看法在我看来则仅仅是假的。但是，我没有理由假定，(分别依据彻底非认识化的真理性和彻底认识化的真理性来解释的)实在论和反实在论是赋予真理理论或意义理论实质内容的惟一方式。

让我们作一个简短回顾。在本文第一节，我拒斥真理缩减论，即认为真理概念所应包含的不过就是塔尔斯基所表明的如何对于特定语言所定义的那些东西。在本节，我所论证的观点是：某些所熟悉的刻画真理性的尝试（它们所作所为超出赋予塔尔斯基教导我们如何描述的那种结构以经验内容）是空洞的、错误的或被混乱的。我们不应当接受下述任何说法：真理性是符合、融贯、有根据的可断定性、理想化的被辩明的可断定性、理智健全者的对话中所接受的东西、科学终归坚持的东西、对于科学里的单个理论上的汇聚、或我们日常信念的成功。实在论和反实在论相互依赖，就此而论，我们应当拒绝赞同其中任何一种真理观。实在论坚持彻底非认识性的符合，对真理性的要求超出我们所能理解的范围；而反实在论把真理性限于可被查明的东西，把真理性所发挥的作为主观际标准的作用给剥夺了。我们必须找到另一种方式来处理这一问题。

III

与规定性真理定义相对，真理理论是一种关于某种语句集合中的每一个语句之真值条件的经验理论。当然，语句是抽象对象（譬如说，某些形状）；除了体现在说话者的声音中和书写者的笔迹中，它们本身并无真值条件。真理理论所必须处理的终归是语言使用者的表述和书写；语句在理论中所发挥的作用仅仅是使之有可能处理表述和书写的类型（types），无论特定类型是否实现。因此，引入语句服务于两个目的是：它允许我们可以一口气地讨论相同类型的所有表述和书写；它允许我们规定当某个给定类型得以表述时其表述或书写的真值条件会是什么。（为简明起见，我在以下讨论中仅提及书写表述行为而实际上兼顾语音表述行为。）

尽管我们有时说一组说话者异口同声，但是，表述本质上是个人化的言语行为；每个表述均有其当事人和表述时间。一个表述是特殊种类的一个事件、一个意向行动。真理理论的首要关注是语句表述，即无论其表层语法如何而必须视为语句表述的那些表述。语句或语句表述之首要性基于下述事实：真理理论为之提供真值条件、真理性为之论断的东西正是在特定场合、由特定说话者表述的语句。撇开话语巧妙性不论，没有理由不将一个语句之表述（在使该语句为真的条件下）称为一个真表述。

真理理论不仅仅描述当事人的言语行为的一方面；因为它不仅给出当事人的实际表述的真值条件，而且阐明一个语句在对之加以表述的情况下据以为真的条件。这既适用于实际表述出的语句（通过告诉我们倘若这些语句在其他时间或在其他场合被表述会是什么样的情形）又适用于从未表述过的语句。因而，真理理论描述某种复杂的能力。

仅当说话者有意让一个语句被解释为具备某些真值条件，该表述才具备这些真值条件。道德上的、社会上的或法律上的考虑有时会使我们否认这一点，但是我并不认为解释这些例外情形的理由揭示出任何对于交流的基本原则有重要价值的考量。某人可能会说出某句在一种他认为其听众不理解的语言中在通常情况下是冒犯或侮辱性的话语；但是，在这种情况下，他的听众出于解释的目的显然正是说话者本人。用词错误或口误（倘若它有某种含义的话）意谓其当事人想用它来表示的含义。有些人满意于认为语词意义魔术般地独立于说话者的意向；例如，它们依赖于该说话者所在的语言共同体中大多数人（或最有知识的人，或最佳出生者）的说话方式或他们在充分关注的情况下会采取的说话方式。[①] 这种学说蕴涵这样一种境况：一个说话者可能对于其听者来说是完全可理解的、可能被恰恰解释为他想要被解释的那样，然而他可能不知道通过他的话语所意谓的东西。尽管这种观点被详尽和巧妙地加以辩护，我认为它并没有揭示任何关于真或意义的性质、在哲学上真正有趣的东西（尽管这种观点可能与良好的或可接受的举止有很大关系，可能代表说话者方面的一种意向乃至某种社会责任）。[②] 对于当前所关注问题之目的（即理解真和意义）而言，我认为我们应当尽可能紧密地坚持那种由说话者直接提供给听众的东西；这便是说话者的相关心智状态。对于成功的语言交流至关重要的一方面是将要按某种方式解释的说话者意向，另一方面是通过解释者识别说话者的意向按照说话者的思路而对于说话者的语词所作的实际解释。[③]

① 克里普克（Saul Kripke）在其《维特根斯坦论规则与私人语言》（*Wittgenstein on Rules and Private Language*, New York: Blackwell, 1982）一书中将这样一种观点归之于维特根斯坦并暂时对之持赞成态度。关于对维特根斯坦观点的另外一种不同的解释，参看伯格（Tyler Burge）关于反个体论的众多讨论，例如，"个体论与精神事物"（"Individualism and the Mental"），载于弗伦奇等人（P. French, T. Uehling, H. Wettstein）编：《中西部哲学研究论文集》（*Midwest Studies in Philosophy*, *Volume 4*, Minneapolis: University of Minnesota Press, 1979），第73～121页；"个体论与心理学"（"Individualism and Psychology"），《哲学评论》（*Philosophical Review*, XCV, 1986）：第3～46页；"语言的社会性何在？"（"Wherein is Language Social?"），载于乔治（A. George）编：《反思乔姆斯基》（*Reflections on Chomsky*, New York: Blackwell, 1989），第176～191页。

② 参看我的"认识自己的心智"（"Knowing One's Own Mind"）。

③ 格赖斯（H. P. Grice）的"意义"（"Meaning"），载于《哲学评论》（*The Philosophical Review*, LXVI [1957]：第377～388页）这篇文章的影响这里明显可见。

我对成功交流的表征容许对说话者随时通过在其语词意味着什么这一问题有若干不同的可能回答。既然说话者必须有按某种方式被加以解释的意向，他/她也就必须相信他/她的听者对于按那种方式对其语词加以解释的有所准备。可是，这一信念必须如何充分地加以辩明，它究竟在多大程度上是正确的？我认为，我们用来确定某人在某一特定场合所讲的话语之含义的标准，并不足以让我们确定无疑地在企望他人的语词具有某种意义这一意向遭到失败与伴随这种被正确加以解释之意向的失败而在推测意义上获得成功这两者之间划一道明显界线。

我采取的处理方式并非首要地强调关于一种作为由说话者和解释者(或由说话者和语言共同体)所共享的语言的概念,只是在下述含义上有例外:尽管就我所知言语交流要求任何两个说话者按同样方式说话,但是,这当然的确要求在说话者想要如何被解释与其解释者如何理解它们之间的符合。毫无疑问,这种要求有助于话语交流者之间在言语行为上的趋向一致(其实际程度则有赖于诸如所共有的社会经济地位、教育和族裔背景等等)。这种一致性的存在具有十分广泛的实践重要性以至于我们可能既夸大其程度又夸大其哲学意义。但我认为我们不妨在构造意义理论、真理理论和语言交流理论时忽略这一实践问题。① 因此,我将把真理理论视为首先适用于个别说话者(在其一生中的各个不同时期乃至不同时候)。

一种真理理论将说话者与解释者相联系:它同时既描述说话者的语言能力和语言实践,又赋予一个有认知能力的解释者的知识以实际内容从而使得他能够把握说话者表述的意义。这并不是说要么说话者要么解释者意识到这样一种理论的内容或对此具有命题性知识。该理论描述说话者的表述据以为真的条件,因此它并未对说话者的知识加以直接说明。然而,该理论的确蕴涵关于说话者某些意向之命题内容的某种东西,即该说话者的表述按某种方式加以解释这样的意向。尽管解释者当然无需具备关于这种理论的明确知识,但是,这种理论的确是详细说明解释者的关于说话者的大量知识内容(即说话者无限多语句中的每一个在得以表述的情况下据以为真的条件)的惟一方式。

① 参看我的“交流与约定”(“Communication and Convention”)。

当然，说话者和解释者必定在某种含义上使一种理论内在化；但是这不过是归结于下述事实：说话者似乎能够按这样一种方式讲话，即他相信解释者会按照该理论所描述的方式来解释他。我们应当针对关于一个说话者的真理理论所要求的不过是：倘若一个解释者具备关于该理论的明确命题知识，那么他便会知道该说话者之表述的真值条件。[①]

关于一个说话者的真理理论在这样一种含义上是一种意义理论：关于该理论的明确知识足以理解该说话者的表述。它通过描述说话者的潜在的和实际的语言行为的关键性核心内容（这实际上是指说话者如何想要他的表述被解释）而做到这一点。所涉及的那种理解限于我们不妨称之为语词字面含义的那种东西（所谓字面含义，我指的是说话者想让解释者把握的那种意义而不论说话者想要解释者就其进一步的语力或意义作何种推测）。[②]

① 当然，这远远超出了任何人迄今能为任何一种自然语言提供的任何理论所能提供的东西。因此，该条件并非就我们所知所能满足的条件。另一方面，我们确实知道如何为英语和其他自然语言中有很大表现力的（或许自足的）一部分内容提出这样一种理论；这足以对将真理概念融汇入一种理论会使我们理解真理概念的性质这样一种看法予以实质性支持。我们可能最终不得不满足于在一种比塔尔斯基所设想的远为松散的含义上的“理论”。

我删略了讨论许多已经有很好讨论的难题，例如如何为虚拟条件句、祈使句、疑问句、伦理陈述句等等提供真值条件的诸多难题。我在其他文章中讨论了（当然并非解决了）其中大部分难题。

② 真理理论没有接触到说话者必须想要其解释者领会到的这样一种意向，即表述的语力（*force*）。如果一个解释者要理解说话者，他必须能够辩明一个表述是被意向为一个笑话、一个论断、一道命令还是一个问题等等。我并不相信存在有统辖语言这一本质方面的规则或约定。这是语言使用者能够向听者传递、而听者（足以经常地）能够察觉的某种东西；但是这并没有表明这些能力可以（通过规则）加以严格管辖。我认为有充分理由来认定不可能存在关于语言这一方面的严肃理论；更不用提存在有关于创造或理解隐喻、讽刺、幽默等语言形式的约定或规则了。参看我的“隐喻的含意”（“What Metaphors Mean”）和“交流与约定”。

当然，真值条件理论给出关于理解表述字面含义所需东西的适当解释这一论点是有很大争论的；但是，既然我在其他地方对这一论点作了详细论证，我在很大程度上不在这里视之为假设。如果这一假设是错误的，那么我关于应用真理概念所说的很多细节便会受到威胁；但我认为这一论点的基本路数依然是正确的。

一种被视为经验理论的真理理论由其相关后果来检验，这些后果便是该理论所蕴涵的 T-语句。就某一特定说话者而言，一个 T-语句说的是：每当他表述某一给定语句，该表述为真当且仅当某些条件被满足。因此，T-语句具备自然规律的形式和功能；它们是全称量化的双向条件式，其本身被理解为按反事实的方式来应用并由其实例加以确证。[①] 因此，真理理论是一种对话语行为的基本方面加以描述、解释、理解和预测的理论。既然真理概念在该理论中占据中心地位，因而，我们有理由说真理概念是至关重要的解释性概念。

问题依然是：我们如何确证 T-语句的真理性？这个问题是一种在很多理论（既在自然科学又在心理学）中都产生的问题。例如，一种关于重量的基本测度的理论以公理形式给出当 x 至少与 y 具有同样重量时在 x 与 y 之间所存在的关系之性质；这种关系尤其必须具有传递性、反身性和不对称性。一种关于优先的理论可以规定：弱优先关系具有同样的形式特性。但在这两种理论中公理都既没有给主要关系（即 x 至少与 y 具有同样重量，x 弱优先于 y）下定义又没有告诉我们如何决定该关系在怎样一种条件下

① 这有助于回答对于将真理理论作为意义理论这一思路经常提出的一个批评。例如，在给出两个具有相同外延的非结构性谓词这一（非同寻常的）情况下，真理理论可以就从未出现、其中真值条件会有所不同的那些境况作出区别。

成立。在检验或使用理论之前，必须对未被定义的概念之解释作出某种说明。同样考虑也适用于真理概念。[①]

对真理概念寻求行为论的定义（的确，或是其他任何一种明确定义或彻底还原）这一做法是错误的。真理概念是我们所具有的最清楚、最基本的概念之一，因此，梦想用某种更简单、更基本的概念来取而代之是徒劳的。我们的做法是这样：我们探究在真理概念应用于我们对之有相对清楚理解的结构（即语言）时其形式特性是什么。塔尔斯基的工作在这方面对我们很有启发。依然要表明的是，真理理论如何应用于特定说话者或特定说话者团体。我们可以借助于真理概念来描述语言结构的复杂性；由此，应用于潜在无穷点上的相对贫乏的证据便能够产生很有教益的丰富结果。但是，人们不应期待可以完全形式化地表述在关于理论的证据与理论本身这两者之间的关系。

然而，我们应当要求的是：关于理论的证据在原则上是可公共地通达的；这种证据不应事先假设有待阐明的概念。论证应在原则上是可公共地通达的这一要求并不是出于对行为论或证实论基础的返祖性渴望，而是基于这样一件事实：有待解释的对象是社会现象。精神现象一般来说可能是，也可能不是私人的，但是，由另外一个人对一个人的言语所作的正确解释必须在原则上是可能的。当然，即便是对于最有技能、最知识渊博的听者来说，一个说话者关于他/她的语词应按某种方式来理解的意向可能依然是难

① 我在上一节解释了我之所以认为我们无需分别地为指称概念或满足概念而焦虑的理由。简而言之，理由在于T-语句不包含指称概念。既然该理论的可予以检验的蕴含是应用于具体事例的T-语句，那么，任何一种产生可确证T-语句的对于满足概念加以表征的方式都同样适用。

以获知的，但是，有关正确解释、意义和真值条件的阐述必须要基于可获得的证据。正如维特根斯坦(Ludwig Wittgenstein)(更不用提杜威、米德[G. H. Mead]、蒯因和其他很多人)所坚持认为的那样，语言本质上是社会性的。这种说法并不蕴涵真和意义可以(或"只能")依据可观察的行为来下定义；但是，这种说法的确蕴涵意义是由可观察的行为(或可易于观察的行为)来完全决定的。意义可被辨识，这并不是什么需要碰运气的事情；公共可获得性是语言的构成方面。

用来表达证据的概念必须避免那些未经确证而假定的概念；它们应当与理论所最终产生的结果保持充分距离。最后这个条件仅仅是我们对于任何一种起揭示作用的理论分析所要求的一个条件，但至少就所讨论的这种情况而言它难以被满足。任何旨在理解言语交流的尝试都必须将自然环境中的言语交流视为更广泛活动中的一部分。最初看来，这种尝试对于语言来说正像对于说话者与解释者之间的公共交流(人们有进行这种交流的自然倾向)一样不会很困难。然而，这一任务使我们困惑。这是因为，语言现象只是用意义、指称、真、论断等等外来词汇加以描述的行为上的、生物上的和物理上的现象(一种事实或描述仅仅伴随另外一种事实或描述)；上述事实没有保证概念还原的可能性(甚至没有予以这种希望)。

这便是我们的困难所在。我现在要概述在我看来至少是正确的解决思路。语言倾向和语言才能的直接心理环境可以通过用意向性概念(意向性行动、愿望、信念及其密切相关的概念如希望、恐惧、渴望和企图)来描述的态度、状态和事件加以确定。这些各种不同的命题态度及其伴随概念不仅形成言语发生的环境，而且，在没有所伴随的一种将这些重要认知性和意向性态度予以连锁解释的情况下，人们无法获得对于语言事实的深入理解。

企图将意向性概念还原为其他某种概念（例如，某种与行为论、神经病学或生理学更接近的概念），这种要求颇为过分。在信念、愿望和意义这三个基本概念之间，我们无法用其他一者或两者来分析其中一者；我认为如此并在别处加以论证。[①] 但是，即使我们可以在这基础性的三者之中进行某种还原性解释，结果会不是那么令人满意：因为这种（譬如说关于言语的）解释的终点会过于接近其起点（信念和愿望，或作为信念和愿望之结果的意向）。一种关于这三种概念之一的基本解释必须起始于所有三者之外，或在某一点上与所有三者保持同等距离。

倘若情况如此，那么，一种预先假定非语言性目的或意向的关于语言意义的分析便会是十分不完全的。求助于明确的或隐含的规则或约定也无济于事，因为这些规则和约定必须依据意向和信念来理解。约定和规则不解释语言，而是语言解释约定和规则。当然，表明意义与意向的联系方式毫无疑问是重要的。这些联系赋予命题态度以结构并使之适合于系统处理。但是，这些基本的意向性态度之间的相互依赖性是如此完全以至于在独立于其他态度的情况下理解其中之一这种企图是毫无益处的。在这种情况下，所需要的是这样一种解决方案：它在提供把信念和愿望归于一个说话者的基础的同时对该说话者的语词给出一种解释。这样一种解决方案旨在为命题态度的个体化提供基础，而不是对之作出

① 对于支持这些论断的若干考虑，参看我的“信念与意义的基础”（“Belief and the Basis of Meaning”）、“彻底的解释”（“Radical Interpretation”）与“思想与言谈”（“Thought and Talk”）。

假设。

拉姆塞[①]发展出的贝耶斯决定论论述理性的三个意向性方面中看来非常基本的两方面，即信念和愿望。选择一个行动而不是另一个行动（或一个事态而不是另一个事态所获取的偏好）是两种考虑的结果：赋予各种不同结果的值和这些结果被认为会实现的可能性如何（假定所论及的行动或事态被履行或实现）。因此，在选择行动或事态时，一个理性当事人会选择这样的行动或事态：其可能结果的相对值在综合考虑当事人赋予这些结果的概率的情况下具有最大值。采取行动永远是一种赌博，因为一个当事人永远不会确凿地了解事情究竟会是如何。因而，在当事人是有理性的这种程度上，他会采取他相信是可采取的最佳行动（他“将所期望的效用扩展到最大限度”）。

这种理论的一个特征是：按设计被解释的对象（诸多待选项中的有序优先偏好者或所选者）是相对地可公共观察的，而（涉及信念程度和有序值的）解释机能则并非作为可观察的。因此，所出现的问题是：如何述说一个人在怎样一种情况下对某一命题具备某种程度的信念，或他的优先偏好的相对强度是什么。明显的困难在于：已知项是两个未知项（即信念程度和优先偏好的相对强度）的结果。倘若一个人对结果的有序优先偏好是已知的，那么，他对行动的选择便会揭示其信念程度；倘若其信念程度是已知的，那么，其选择便会显示他赋予结果的比较值。然而，两个未知项如何能仅仅依据简单选择或优先偏好而确定呢？拉姆塞通过这样一种

① “真理与概率”（“Truth and Probability”），载于《数学基础》（*The Foundations of Mathematics*, New York: Humanities, 1950），第156～198页。

办法来解决上述的困难：他表明如何有可能仅仅基于简单选择而发现一个其真假具有相同可能性的命题。这个单一命题于是可以用来构造一系列无穷尽的赌博，在其中的选择产生对于所有的可能抉择和不测事件的测量值。在这种情况下，对所有命题之信念度的计算便成为可按机械程序处理的事情。

拉姆赛能够通过详细说明对简单偏好选择的可允许范型所施加的限制来运用这种手法。这些限制不是任意的而是对一个人的偏好选择行为之理由所作的令人满意的说明的一部分。这些限制详细说明当事人应有理性这一要求（并不是就当事人在这方面的特定最终值而论，而是就这些值相互间形成的范型并协同当事人信念而论）。因此，该理论具有一种很强的规范因素；如果要应用偏好、信念和意向行动这些概念的话，这种规范因素是必不可少的。

被观察者的范型对于当事人之选择行为的可理解性十分重要：它决定我们把行动理解成出于某种理由而完成的能力。相同范型对于该理论的这样一种推导能力十分重要，即从那些单独地看相对直接地联系到被观察到的事实到那些更复杂的事实（涉及信念度、值差的比较）的推导能力。从该理论的观点来看，复杂事实解释更可被观察的简单事实，而可被观察事实构成检验和应用该理论的证据基础。

贝耶斯决定论并没有在非意向性概念基础上给信念概念和偏好概念下定义，而是利用了一个意向性概念（即赌博或后果之间的偏好选择）来给两个进一步的概念（即信念度和值差比较）赋予内容。因此，认为该理论把内涵概念还原到其他某种概念这种看法是错误的。不过，贝耶斯决定论的做法向着将相对理论化的复杂概念还原到其应用更接近于公共可观察行为的内涵概念这一方向迈出了重要一步。该理论毕竟表明了如何有可能给两个连锁在一起的基本命题态度赋予内容而无需假设其中之一事先已被理解。

作为一种说明人类行为的理论，我所描述的那种贝耶斯决定论易于受到这样一种批评，即它预设我们能够确认诸如信念和愿望(或偏好选择)之类的态度所指向的命题并将其个体化。但是，正如几页之前所强调的那样，我们确认和区分一个当事人持有的命题的能力是与我们理解他的话语含义的能力不可分割的。一般来说，我们仅仅是通过解释某人的言语来搞清楚他所想要、所偏好或所相信的东西。这在决定论的情形下特别明显：所选择或偏好的对象必定经常是复杂的赌博，其结果被描述为随着某些特定事件的出现而定。很清楚，一种试图给出对偏好或选择作出解释的态度和信念的理论在不作出使基础不稳固之假定的情况下必须包容一种关于话语解释的理论。

我们必须对决定论加以补充(或使之与决定论结合)的是一种关于话语解释的理论，即一种说明当事人用其语词所表达的含义是什么的方式。然而，这种增添必须要在缺乏关于信念、愿望和意向之命题内容的详细知识的情况下得以完成。

在若干重要方面，蒯因对意义的处理方式明显类似于拉姆赛对决策的处理方式。蒯因注意到，尽管无法直接观察到说话者所意指的东西，所有要求用来完成交流的证据必须是可公共获得的；他概述了相关的可获得的证据而探究这种证据如何能够用来引出意义。当然，可被观察到的东西是与环境相关的言语行为，由此可相当直接地推导出对语句的某些态度，正如可从选择中推导出偏好一样。对于蒯因来说，可观察到的关键对象是由说话者所及范围内的事件所引起的赞同和不赞同这样的行为。从这样的行为中，有可能推导出某些种类的事件使得说话者认为一个语句为真。[①]

恰恰是在这里一个基本的挑战出现了。一个说话者认为一个语句为真，这是两种考虑的结果：他所认为的语句含义和他所相信的事实所在。困难在于：一个解释者所相对地直接观察到的东西是两种不可被观察到的东西（即信念和意义）的结果。如何能够从证据当中区别出和推断出这两种说明性因素所起的作用呢？这一困难令人好奇地类似于分清信念和偏好在确定选择和偏好时所起的作用这一困难。

蒯因的解决方案在原则上（如果不是在细节上的话）类似于拉姆赛的解决方案 。在这两种解决方案中的至关重要的一步是要找到一种办法来使其中一种因素在某些境况下稳定从而确定另外一种因素。蒯因的关键想法是这样：另外一个人对当事人的正确解释无法按可理解的方式容纳在解释者信念与被解释者信念之间某些种类和某些程度的差异。结果是，一个解释者有理由在给出解释之前便作出有关当事人信念的某些假设。作为一种对解释的限制，这种做法经常按照威尔森（Neil Wilson）[②]的说法被称为“宽容原则”。作为在不事先假定意义和信念两者之一的情况下区分识别这两者的一种手段，这是一种十分出色的解决方案以替代任何把意义作为理所当然的东西来认定或假设分析-综合区别来说

① 我认为，从被观察的赞同到所推测出的持真态度这一步骤并没有在蒯因那里得到明确阐述。

② “无质料的物质”（“Substances Without Substrata”），《形而上学评论》（*Review of Metaphysics*，XII，1959）：第 521～539 页。

明意义的做法。

在下述讨论中，我运用蒯因所激励的方法，而我的用法与他的方法有所偏离（有时是实质性偏离）。一个与目前所讨论的题目有关的差别是这样。蒯因关注将说话者语言成功地翻译为解释者语言的条件，而我则强调解释者所需要了解的关于说话者语言之语义学的知识，即由一种真理理论蕴涵的 T-语句所传达的东西。这两种（蒯因的和我的）方案之间的关系是明显的；给定关于说话者语言 L、由解释者语言 M 所述说的一种真理理论，相当直截了当地便会制定出将 L（至少大致地）译成 M 的翻译指南。[①] 但是反之则不然，存在很多这样的语句：我们可以在对如何将其纳入一种真理理论毫无所知的情况下对之进行翻译。一种解释理论要满足真理理论的限制这一要求意味着必须显示比翻译所需要的更多的结构。

倘若我们假定（如同宽容原则认为我们不可避免地必定如此）一个说话者所赞同的语句范型反映出关于逻辑常项的语义，这便有可能觉察出和解释这些常项。正如决定论中的情形一样，这里的指导原则是从规范考虑中推导出来的。信念之间的关系发挥决定性的构成作用；一个解释者不可能在没有破坏所有解释赖以存在的可理解性基础的情况下接受与他本人的理性标准不同的重大或明显偏离。理解一个当事人的言语或行动之可能性依赖于一种基础理性范型，即一切有理性者都必须（就一般轮廓而论）共有的范型。在这种情况下我们别无选择而不得不将我们自己的逻辑投射到另外一个人的语言和信念之上。这意味着，被认作真的语句

① 这种联系可能并非完全直截了当的；不难想象这样一种语言：它不包含英语词项“now”的翻译但能够给出包含词项“now”的英语语句的真值条件。

(在理性范围内)是逻辑上彼此相容的这一点是对这些语句施加可能解释的一种限制。

然而,逻辑相容性所产生的不过是对逻辑常项的解释(不管我们把什么东西当作逻辑的限制和逻辑常项的表列)。进一步的解释要求说话者与解释者之间进一步的赞同形式。假设已完成一阶量化结构所要求的确定逻辑常项这一工作,我们因此能够确定单称词项和谓词。这提出了应如何解释这些词的问题。在这一问题上的进展取决于我们不仅关注一个当事人把哪些语句当作真的,而且关注使得他将这些语句认作真的世界中的那些事件和对象。可被说话者和解释者双方观察到的、使得一个当事人接受诸如“天在下雨”、“那是一匹马”或“我的脚疼痛”这样的语句为真的那些境况提供了解释这些语句和其中谓词的最明显证据。当解释者注意到该当事人在咖啡准备好了或咖啡尚未准备好的情况下有规律地接受或拒绝“咖啡准备好了”这一语句时,他会(无论在获取相关结果之前带有多大程度的尝试性)致力于提出这样一种真理理论:它断言该当事人对“咖啡准备好了”这一语句的表述是真的当且仅当在作出这一表述的时候该当事人观察到咖啡准备好了。

对普通谓词和通名的解释在很大程度上依赖于言语中的索引因素(譬如指示词和时态),因为正是这些词十分直接地使得谓词和单称词项与世界中的对象和事件相联系。(为了容纳索引因素,就必须扩充塔尔斯基提出的那种真理理论;这些修改的性质已在其他文章里讨论。[①])我对解释那些较具有可观察性的语句和谓词

① 我在《对真理与解释的探究》(*Inquiries into Truth and Interpretation*)中讨论了所需要的那种修改。

所提出的方法在某些方面类似于蒯因的《词与对象》一书中的方法(第 7～10 章),但是在其他方面则不同。最重要的区别涉及决定可交流内容的那些对象和事件。对于蒯因来说,这是激起对语句赞同的神经末梢;如果一个说话者和一个解释者被近侧刺激(proximal stimulus)的相同范型激起对各自语句的接受态度或拒绝态度,那么,该说话者的观察语句"在刺激上等价"于该解释者的观察语句。蒯因的看法是要以科学上所尊重的形式把握经验论的下述看法:意义依赖于每个说话者均可直接获得的证据。相形之下,我的路数则是外延论的:我的建议是,解释依赖于对于说话者和解释者双方都显著的外部对象和事件(解释者认为说话者的语词以其作为题材的正是这些对象和事件)。对于解释至关重要的是远侧刺激(distal stimulus)。现在我们来评估一下这一论点的重要性。[①]

我们可以称之为"关于指称的远侧论"(distal theory of reference)的那种观点的困难在于:它使错误难以说明,而错误起因于在被相信为真与事实上为真之间有至关重要的区别;因为远侧论将真基于信念,因此这是至关重要的困难。解决办法依赖于两种紧密相关的解释手段。一个专心致力于搞清说话者意义的解释者不仅是注意到什么东西造成赞同和不赞同态度;他也注意到说话者如何安排其观察位置、使用什么观察工具来观察其环境的诸方面;因而,他更重视某些(而不是其他)话语反应。这种做法向他提供说明像下述这样的偏差事例的基本素材:因为说话者把绵羊错

① 我在"意义、真理与证据"("Meaning, Truth and Evidence",载于吉伯森[R. Gibson]编:*Perspectives on Quine*,New York: Blackwell, 1989)这篇文章中讨论了蒯因意义理论的这一方面。在那里我提到蒯因似乎有时也赞同"远侧"论,特别是在《指称的根源》(*The Roots of Reference*, La Salle, IL: Open Court, 1973)这部论著中。

当成山羊而不是由于他搞错了语词含义，他把绵羊称作山羊。更微妙和更重要的手段依赖于语句的相互赋予活力。我用这一说法来表示说话者把一个语句之真当作支持其他语句之真的程度。我们已经看到这类依赖性如何导致解释逻辑常项的一个例子。但是，起证据支持作用的材料也可通过有助于说明错误来有助于解释所谓的观察词项。

对于不那么直接地向未经开导的观察提供线索的词项的解释也必须主要地依赖于条件概率，这显示当事人把什么东西当作应用他的更加理论性的谓词的证据。如果我们想要确认因而解释一个理论概念或其语言表达式所发挥的作用，我们就必须知道它如何与其他概念和语词相联系。这些关系一般来说是整体性的和概率性的。因此，我们只有在能够觉察在多大程度上一个当事人把语句当作真（他的主观概率）这样一种条件下才能够发现这些关系。简单的赞同和不赞同是在一个尺度上相反的两极；我们需要能够确定在强度上处于两极之间的态度。可是，信念度不能由解释者直接诊断；正如我们在讨论决定论时所看到的那样，信念度是基于更基本的态度而构造出来的。

话语解释理论和贝耶斯决定论很明显地是相互促进的。决定论必须要摆脱可独立通达意义这一假设；意义理论要求一种关于信念度的理论以便认真运用证据支持关系。但是，仅仅述说这些相互依赖关系是不够的，因为无法首先发展其中一种理论来作为另外那种理论的基础。也无法把其中一种理论简单地附加在另外那种理论上，因为每个理论都需要某种来自对方的因素来使自身启动。所需要的是这样一种统一的理论，它给出信念度、在区间尺度上的愿望以及对言语的一种解释；这种理论并没有假设愿望或信念已事先个体化(更谈不上它们的量化了)。

这样一种理论必须基于一个解释者在给出关于当事人之命题态度的详细知识之前可以从当事人那里辨识出来的某种简单态度。下述态度会起这种作用:当事人在他偏好的一个语句的真实性而非另外一个语句的真实性时对这两个语句所持的态度。当然,语句必须被说话者赋予意义,但是解释语句正是解释者的部分任务。在这种情况下,解释者不得不依靠的是关于世界中究竟什么事件和境况使得当事人宁愿认定那个语句(而非另外一个语句)为真的知识。很清楚,解释者能够在不知道语句含义、当事人所重视的事态或他的信念的情况下知道上述情况。但是,同样清楚的是,当事人对语句真实性的偏好是下述因素的函项:语句在当事人看来所具有的含义、他赋予世界里各种不同的可能的或实际的状态的价值,以及他赋予这些依相关语句真实性而定的状态的概率。所以,认为当事人的所有这三种态度都能从当事人的对语句的偏好范型中提取出来。

人们也许会提出异议说,对一个语句而不是另外一个语句之真实性的偏好本身是一种意向状态,而只有基于很多心理因素存在这一假设才能知道持有这种意向状态。这是正确的(正如这一点对于赞同一个语句或认为一个语句为真这种态度也成立一样)。但是,这里的目的并不是要避免意向状态、而是要避免个体化的意向状态(*individuative* intentional states),即内涵状态(*intensional* states),(如同人们所说的)带有命题对象的状态。对一个语句(而非另外一个语句)之真实性的偏好是一种将一个当事人与两个语句(以及某一时间)联系在一起的外延关系。因为这种关系能够在不知道语句含义的情况下察觉出来,所以,一种基于这种关系的解释理论有希望迈出从非命题的对象到命题对象这关键的一步。

这里所概述的论点是我认为如何能够满足这种希望的所在。我们已经看到(也是以概述形式)如何基于有关语句据以为真之程度的知识来获得一种关于意义和信念的理论。因此,倘若我们能够通过求助于有关对于某些语句为真之偏好的知识而推导出关于这些语句的信念度,我们便会具有一种成功的统一理论。

拉姆赛式的贝耶斯决定论在本质上利用了赌博概念;而这对于我的方案造成困难。这是因为,在我们深入解释当事人语言之前,我们怎能断定该当事人把一个语句视为表达一场赌博呢?一场赌博毕竟指定了在出现某一事件(一枚硬币以正面出现)与某一特定结果(你赢得一匹马)之间的一种联系(大概是因果联系)。即使假定我们能够断定一个当事人何时接受这样一种联系,直接应用决定论还依赖于起原因作用的事件(硬币以正面出现)本身不具有值(无论是负值还是正值)。同时也必须假设:当事人赋予硬币以正面出现的概率没有受到其关于赢得一匹马之可能性的想法的沾染。在决定论的实验性检验中,人们试图提供这些假设在其中可能为真的环境;但是,我们现在所设想的一般应用不可能如此挑剔。

我们把下述这样一种贝耶斯决定论的提出归功于杰弗瑞(Richard Jeffrey)[①]:这种理论没有直接利用赌博概念,而是将偏

① 杰弗瑞的理论并没有像标准理论那样由同一组转换来确定概率和效用。在杰弗瑞的理论中,效用函项并非由一个线性转换决定,而是仅由部分线性转换来惟一确定;而概率赋值并非一旦衡量确定性的一个数值(始终是一个数值)选定则惟一确定、而是仅仅在一定量化范围内惟一确定。这些在确定性上的起缩减作用的因素在概念上和实践上都是适当的:尤其是,它们相当于在决定论中容许我们在语言解释理论中所期待的那种多少有些相同的不确定性。正如你可以在决定论中通过在概率函项中作出相应改变而使用各种不同效用函项来解释相同资料那样,你可以在对你赋予一个人的信念作出补偿性改变的情况下对你赋予他的语词的意义作出改变。

好选择的对象、被赋予主观概率的对象以及被赋予相对值的对象全都当作命题来处理。杰弗瑞详细地表明如何从有关命题为真的偏好选择中推导出主观概率和确定值。

依然有一个明显的困难。杰弗瑞表明如何通过以命题之间的偏好选择代替赌博之间的偏好选择来获得与拉姆赛的结果大致相同的结果。但是,命题是意义(或带有意义的语句);倘若我们知道当事人所选择的命题,那么,我们最初的关于解释语言和将命题态度个体化的难题便假定从一开始就已经获得解决。我们所想要的是杰弗瑞的结果,但起点是在尚未解释的语句(而非命题)中间所作的偏好选择。

结果表明这是一个可获得解决的难题。杰弗瑞用以发现主观概率和关于命题的相对愿望值的方法仅依赖于命题的真值函项结构,即依赖于命题如何通过反复应用合取、析取、否定以及由它们所定义的其他操作而从简单命题中构造而成。如果我们始于语句而非命题,那么,假定真值函项连接词可以被确认,关键的困难便会被克服。这是因为,一旦真值函项连接词被确认,杰弗瑞便表明如何在所期望的程度上确定所有语句的主观愿望值和主观概率;而我已加以论证的是,这足以产生一种解释语句的理论。知道一个当事人对于被解释语句的评价性态度和认知性态度(至少在采取目前这种处理方案的语境下)无异于知道该当事人的信念和愿望。这一过程(特别是从有关偏好选择的事实中引出关于真值函项连接词之解释的过程)中必不可少的步骤在本文附录部分加以描述。

有一点我确信是清楚的:我所概述的对关于意义、信念和愿望的难题的解决方案既不是要阐明我们在实际生活中如何得以相互理解，也不是要阐明我们如何掌握我们的第一概念和我们的第一语言。① 我所从事的是一种概念分析，它旨在充分揭示我们的基本命题态度之间在基本层次上的相互依赖性，从而避免这样一种假设：我们能够逐一地把握它们（或可理解地把它们归因于其他东西）。进行这种概念分析要求说明如何在原则上能够一次同时地把握所有这些命题态度。这种说明相当于对下述论点提出一种非正式的证明：我们赋予思想、愿望和言语以一种使解释成为可能的结构。当然，我们事先知道这是可能的。而哲学问题是：究竟是什么使之成为可能？

使这一任务完全切实可行的是这样一种结构：思想、愿望、言语和行动的规范性将这种结构赋予我们对于他人的理解，因此，要正确地将命题态度归属于他人从而解释他们的言语和说明他们的行动，就必须具备这种结构。我对支配我们关于内涵归属的理论的那些规范所作的说明是粗糙的、含混和不完全的。改进我们关于这种理解的理解所应采取的方式是改进我们对隐含在所有关于思想和行动的解释之中的理性之标准的理解。

认为观察语句的命题内容（在大多数情况下）是由说话者和解释者这两者所共有、并对两者均显著者所决定；这种看法与关于语

① 在假定任何一种关于思想和语言的可被解释系统所具有的错综复杂性的情况下，我假设必定存在诸多可供替换的解释路数。我概述了其中之一的基本要点；其他路数完全有可能不那么学究气或更接近于我们关于解释实践的直觉性看法。但是，不应当理所当然地认为我所概述的过程完全不是切实可行的。首先人们可以观察到，每个能被当作诚挚的恳求或要求的表述可以用来表达表述者的关于某一语句而非其否定句为真的偏好。决定论中的多数实验性工作把主体在通过书面或口头加以描述的可供选择项间所作的选择作为资料。通常假设，主体如同实验者那样理解这些描述。而放弃这一假设则产生恰恰是这里提出的解释路数所要求的那种资料。

言学习的常识看法直接关联。这种看法对于(理解)思想与意义之间的关系以及对于我们关于真理概念所发挥作用的观点都具有深刻的重要性;这是因为,它不仅使我们确信存在说话者享有共同看法的基础,而且使我们认识到,他们所共享的看法在很大程度上是对共有世界的正确描述。客观性与交流的最终源泉是将说话者、解释者与世界联系在一起,确定思想和言语之内容的三角关系。有了这种源泉,相对化的真理概念便无立锥之地。

我们认识到,真理概念必定按某种方式与有理性的人之态度相联系;这种关系现在被揭示为来自人们相互之间理解的性质。语言交流(即人们之间精致的相互理解所必不可少的工具)依赖于相互理解的表述,而这种表述的内容则最终由被当作真的语句之范型及其引发的原因所确定。解释的概念基础是真理理论;因此,最终信念,乃至最终感情态度都由真理概念来解释。*

(牟博译)

* 原文正文后附有一个关于杰弗瑞方法的介绍性附录,这里从略。——译者

第二部分

意义理论应用：命题态度问题与隐喻问题

4. 论说出(that)*

“要是我说那话(said that)就好了”,奥斯卡·王尔德** 在称赞惠斯勒*** 的隽言妙语之一时说。对王尔德的创作力持悲观态度的惠斯勒回敬道:“你会的,奥斯卡;你会的。”①这个传说使我们想到,像“惠斯勒说过那话(said that)”这样的表达式有时可以被用作语法上完整的句子。我的建议是,我们在这里找到了对间接表述(indirect discourse)**** 作出一种正确分析的线索,而这种分析会导致对一般的心理语句(即关于所谓的命题态度的语句)作出分

* 本文首次发表于《综合》(*Synthèse*)杂志第 19 卷(1968～1969 年),第 130～146 页。在对该篇论文标题(On Saying That)的翻译上,我颇感踌躇,因为汉语中并没有像 that 这样的起特殊语法作用的连接词(它在英语中引导宾语从句或间接引语,这时一般来说它本身并无词汇意义,但有时具有本文中要谈到的那种微妙的指代作用)。若直译,实在找不到恰当的字眼;若忽略不译,恐怕“论说出”这个汉译标题会令人不知所云;若意译为“论说出(引语)”或“论说出(表述)”也不太好,因为这样译没有表现出在戴维森阐释下“that”所起的指代作用,更何况本文中在严格涵义上使用的“引语”指一种特定的解释方式。所以,姑且将标题译为“论说出(that)”,这样尽管不完全达意,但也不致造成更多误解。——译者

** 王尔德(Oscar Wilde,1854～1900 年),英国唯美主义作家。——译者

*** 惠斯勒(James Whistler,1834～1903 年),美国画家和雕刻家。——译者

① 取自杰克逊(H. Jackson):《19 世纪 90 年代》(*The Eighteen-Nineties*),第 73 页。

**** “indirect discourse”通常被译为“间接引语”,但在本文中,“引语”(quotation)表示对“indirect discourse”的一种特定解释,故将后者译为“间接表述”;但在本文选中的其他译文中,为通俗起见,仍将它译为“间接引语”。——译者

析;我们在这里甚至发现了如何使心理概念区别于其他概念的线索,尽管这一点看来超出了本文的讨论范围。

我们不妨首先讨论那些人们通常认为是更有代表性的间接引语(oratio obliqua),例如,“伽利略说(that)地球运动”或“斯科特说(that)金星是一颗在地球轨道内侧的行星”。在分析这类语句时所碰到的一个难题是,我们不知道它们的逻辑形式。而承认这一点也就等于承认,无论我们可能具有关于这类语句的其他任何知识,我们却不知道关于它们的首要知识。如果我们把表层语法看作是逻辑形式的指南,那么,我们就会认为“伽利略说(that)地球运动”这个句子包含另一个句子“地球运动”,而后面这个句子本身又是由“地球”这个单称词项和一个谓词“运动”所构成的。但是,倘若“地球”在这个语境中是一个单称词项,那么,就所包含的那个句子的真或假而论,这个单称词项便可以由其他任何一个指称相同事物的单称词项所替换。然而,看来好像是适当的替换却能改变原先那个语句的真实性。

众所周知,采取作出替换这一步骤显然是无效的,但这种无效性只能是表面上的,因为采取这一步骤所依据的规则不过是清楚地说明了关于(逻辑上的)单称词项的观念所包括的内容。因此,只能按照两条思路来作出说明:要么是我们关于逻辑形式的看法有错,要么是我们关于单称词项的指称的看法有错。

在看来是单称词项的那些词方面所出现的那种似乎异常的情况,使对间接表述作出有条理的解释时所遇到的困难在单称词项那里表现得很突出,不过,这种困难的出现是较为普遍的。因为单称词项所碰到的这种困难也为其他每一种词项碰到了,即量词、变元、谓词、连词也碰到了这种困难。单称词项指称(或冒充指称)量化变元的值域中的那些实体,而谓词对之成立或不成立的也正是这些实体。因此,我们不应当对下述这一点感到吃惊:如果我们能通过用"暮星"替换"金星"来给"斯科特说过金星是一颗在地球轨道内侧的行星"这个语句出难题,那么,我们也同样能通过用"是与金星或水星相同一"替换"是一颗在地球轨道内侧的行星"来给上述语句出难题。我们无法仅仅通过取消单称词项来解决间接表述所遇到的那些困难。

我们应当对关于语句逻辑形式的适当解释提出什么样的要求呢?首先,我想说,这样一种解释必须使我们把语句的语义特征(它的真或假)看作是被归之于语句的构成方式,而语句是通过有限次地应用某些有限多的手段(它们足以满足作为一个整体的语言的需要),由取自有限多的词汇(它们同样足以满足作为一个整体的语言的需要)之中的构成成分所组成的。按照这种眼光看待一个语句,也就是按照这样一种关于包含该语句的语言的理论来看待它,这种理论给出在那种语言中的每一个语句的形式。提出这样一种理论的方式便是按照塔尔斯基所建议的那种思路递归地表征真理谓词。①

两种密切相关的考虑支持下述看法,即塔尔斯基式的真理理论赋予一个语句的结构理应被称之为该语句的逻辑形式。通过给出这样一种理论,我们便以一种有说服力的方式说明:尽管语言有无限多的语句,但它可被一个具备有限能力的人所领会。可以把

① 塔尔斯基(A. Tarski):"形式化语言中的真理概念"("The Concept of Truth in Formalized Languages")。参看戴维森:"真理与意义"("Truth and Meaning")、"自然语言的语义学"("Semantics for Natural Languages")和"为约定 T 辩护"("In Defence of Convention T")。

真理理论说成是对每个有意思的表达式在其任何一次出现中的语义作用提出了一种有效的说明。我们在这种真理理论的武装下，就始终能通过下述说明对“这些为人们所熟悉的语词在这里起什么样的作用”这个问题作出回答，即说明这些语词是如何对它们所构成的语句的真值条件作出贡献的。（这并不是向每一个有意思的表达式指派一个“意义”，更不用说是向它指派一个“所指”了。）

人们常常是出于另外一种兴趣（即有益于推导）来看待关于语句逻辑形式的研究的。从这一观点看来，给出一个语句的逻辑形式也就是给那些与该语句在逻辑背景中的地位相关的特征分门别类，这些特征确定该语句是什么样的语句的逻辑后承，以及它以什么样的语句作为逻辑后承。一种规范的标记法以文字为相关的知识编码，以便尽可能地使推导理论简单化，使推导实践程序化。

显然，对逻辑形式的这两种看法不可能得出一些完全独立的结果，因为逻辑后承是依据真理概念来定义的。说第二个语句是第一个语句的逻辑后承，这也就大致等于说：无论对非逻辑常项作出什么样的解释，若第一个语句为真，则第二个语句也为真。既然我们所说的逻辑常项能独立于一组真理发生变化，因此，尽管关于逻辑形式的这两种说法是相关的，但它们不必是同一的。简而言之，这种关系似乎是这样的：任何一种满足塔尔斯基的那些标准的真理理论都必须对语言中的那些影响真值的重复手段作出解释。在那些我们知道如何为之定义真理的很熟悉的语言中，基本的重复手段可归约为语句连词、量化手段以及描述算子（倘若描述算子是初始的）。在一个语句仅根据量化结构而作为另外一个语句的逻辑后承的场合下，便会由此从一种真理理论中衍推出：若第一个语句为真，则第二个语句也为真。因此，不把那些确定量化结构的表达式纳入逻辑常项之列是没有道理的，因为，当我们表征真理概念（任何一种对逻辑后承的解释都依赖于这个概念）时，我们就已经对所有这样一些东西作出承诺，即把这类表达式称为逻辑常项时能使我们对之作出承诺的东西。增添逻辑常项就会增加逻辑真理和后承关系（除了真理定义所要求的东西之外），因而就会提出更加丰富多彩的关于逻辑形式的说法。然而，对于本文来说，我们只能坚持对逻辑后承和逻辑形式作出最严格的解释，因为当我们提出真理理论时我们便被迫采取这样一些解释。①

现在我们便能够对我们在间接表述问题上的困惑作出说明：所出现的情况在于，刚才所概述的那种在真理与后承之间的关系看来被打破了。在一个像"伽利略说（that）地球运动"这样的语句中，我们通过眼睛和心智可以感知到在"地球运动"这些语词中的为人们所熟悉的结构。如果我们的确会有一种真理理论，那么就必定会有这样一种结构，因为有无限多的语句（所有的陈述句，倘若不考虑在时态上所碰到的某种困难的话）在插入"伽利略说（that）——"中的空位后会有涵义。因而，如果我们要对所有如此形成的语句提出真值条件，我们就不可能逐句地、而只能通过发现这样一种具有表达力的结构来做到这一点，这种结构使我们把每个语句看成是由有限多的语词所组成，而这些语词对该语句的真值条件作出一定贡献。然而，一俟我们指派了人们所熟悉的结构，我们就必须接受这种指派所得出的结论；而在间接表述的情况下，正如我们所知，这些结论正是我们拒绝接受的结论。在某种涵义

① 关于对基于真理理论的逻辑形式概念的进一步辩护，参看戴维森：《论行动与事件》（*Essays on Actions and Events*），第137～146页。

上,事情甚至比这还要奇怪。不仅人们所熟悉的那些结论没有从那种所熟悉的结构中得出,而且,我们关于语言的常识在根据接在间接表述的“说出(that)”后面的语词所作出的任何推导中都感到没有什么保证。

因此便出现这样一个悖论:一方面,我们的直觉暗示(并且理论也要求),我们在间接表述的“内容语句”(content-sentence)[我将这样来称呼接在“说出(that)”后面的语句]中会发现具有语义重要性的结构。另一方面,后承关系的丧失使我们把被包含的语句看作是语义上无效用的。然而,无法以这种方式使逻辑形式和后承关系彼此分离。

在这方面可以提出的一个建议是,把接在“说出(that)”后面的那些语词看作是在隐匿的引号里发挥作用的,这些语词的惟一作用便是帮助指称一个语句,而它们在语义上的无效用性是由关于引语的解释加以说明的。这个建议有一个缺点,这就是,甚至根据我们对关于逻辑形式的解释所提出的最低标准来衡量,任何一种关于引语的通常解释都是不可接受的。这是因为,根据大多数说法,引语是不具有重要语义结构的单称词项;并且,既然必定存在无限多的不同引语,因此,任何一种包含引语的语言都不可能具有以递归方式所定义的真理谓词。人们可以认为这表明:被普遍接受的那些关于引语的解释必定是错误的——我认为的确如此。而在这种情况下我们就不能自称通过求助于引语来解决了关于间接表述的难题。[①]

或许不难发明一种适用的引语理论:蒯因几乎是明确提出了

① 参看戴维森:“意义理论与可学会的语言”(“Theories of Meaning and Learnable Languages”)和“引语”(“Quotation”)。

下述理论。完全把引语看作是按照下述说明所得到的东西的缩写：在左边具有起首引号的第一个字母的右边写上右引号，然后在这个右引号的右边标上一个连字符，再在这个连字符的右边标上左引号；在每个字母（把标点符号也作为字母）后面都采取这些步骤，一直做到整个引语的右引号。现在所得到的便是一个复杂单称词项，即塔尔斯基所谓的关于一个表达式的结构描述语。这样，便适度地增加了一些词汇，即字母名称和标点符号的名称以及连字符。相应地在本体论上也增加了一些东西，即字母和标点符号。最后，倘若我们对间接表述中的语句应用这种处理办法，便会存在由新的结构所支配的逻辑后承。举两个例子来说明，下述例子中的每个例子都是由"伽利略说地球运动"衍推出来的：

(∃x)（伽利略说(that) "the ea"⌢x⌢"th moves"）

以及（前提是"r＝字母表中的第 18 个字母"）：

伽利略说(that) "the ea"⌢字母表中的第 18 个字母⌢"th moves"（我已尽可能地坚持采取缩写。）这些推导本身并不构成对引语理论的批评；它们只是对后者的阐明。

蒯因在《词与对象》①一书中讨论了把间接表述作为引语来处理的做法，并且出于在我看来是错误的理由抛弃了这种做法。并不是没有一个充分的理由来这样做，而是在于（正如我将试图表明的那样），正确评价**这种做法**几乎是找到了一种解决办法。

让我们考察一番使蒯因放弃从引语角度来处理问题的那些步骤。蒯因所考虑的那种理论的说法不同于卡尔纳普曾提出的下述

① 蒯因(W. V. Quine)：《词与对象》(*Word and Object*)，第六章。以下在括号里的页码表示这本书的页码。

说法,即"说出(that)"是一个对关于人和语句的有序对适用的二位谓词。[①] 卡尔纳普的这种看法碰到的困难并不在于它迫使我们把间接表述类化为直接表述(因为它并没有如此)。间接表述的"said that"就像直接表述的"said"一样可以把说话人同语句联系起来,但前者所表示的关系可以是一种不同的关系。前者不同于后者,它可以适用于一个人和一个此人从未用一种他从来就不知道的语言讲过的语句。倒不如说困难在于相同的语句在不同的语言中可能具有不同意义的或然性——如果我们把个人方言(ideolects)也算作语言,这种或然性也不是很大。举一个例子,"Empedokles liebt"这个音既完全可以充当一个德语句子又完全可以充当一个英语句子*:在德语中它说的是恩培多克勒堕入情网,而在英语中它告诉我们他从埃特纳火山顶上跳了下去。如果我们把"伽利略说(that)地球运动"这句话分析为断定伽利略与"地球运动"这个语句之间的一种关系,那么,我们便不必假定伽利略讲的是英语,但是我们无法避免这样一个假定,即应当把表述"地球运动"这个内容语句的语词理解为一个英语语句。[②]

把对英语的相对性称作一个假定,这种做法可能会引人误解;对英语的参照或许是像下面这样明确给出的。对我们特别喜欢用

---

① 卡尔纳普(R. Carnap):《语言的逻辑句法》(*The Logical Syntax of Language*),第 248 页。实际上吉奇(P. T. Geach)在《精神行为》(*Mental Acts*)一书中也提出了同样的看法。

* "liebt"作为德语动词"lieben"(意为"爱")的现在时单数第三人称形式发音为[li:pt](按国际音标),同于英语动词"leap"(意为"跳")的过去时形式之一"leaped"的发音。——译者

② 这个论点归功于丘奇(A. Church):"论卡尔纳普对关于论断和信念的陈述的分析"("On Carnap's Analysis of Statements of Assertion and Belief")。

的那个例句的一个又长又绕嘴的表述也许是“伽利略讲过这样一句话,这句话在他所用的语言中的含意是‘The earth moves’这个句子在英语中的含意”。既然在这种表述中需要用除了“伽利略”和“地球运动”以外的所有其他语词来起到“说(that)”所起的作用,因此,我们必须把对英语的参照算作是在“说(that)”中明确给出的。然而,为了看出这是多么奇怪,只需考虑一下所造成的这样一种结果:由于英语语词“说(that)”内在地参照英语,因此,它们不再是(甚至根据最不精确的外延标准)对法语语词“dit que”的翻译。

我们可以把“说(that)”和“dit que”这些表达式看作是将一个说话者、一个语句和一种语言联系在一起的三位谓词,借此便能排除在翻译上碰到的上述困难。而对一种语言的参照,要么是由我们的关于被援引的材料据认为所属的那种语言的(实际上几乎不可能出错的)知识所提供,要么是由对那种关于整个语句的语言的指示性参照(demonstrative reference)所提供。其中每个建议都有各自的长处,但这两个建议都没有导致一种会经受得住翻译检验的分析。以那种关于指示性参照的建议为例:翻译成法语也就会把“说(that)”译成“dit que”,这样,指示性参照便会自动地(因而或许仍然是在严格翻译的界限范围内)从英语转移到法语上。但是,当我们翻译最后那个命名一个英语句子的单称词项时,我们便造成一个明显的错误结果。

考察这些步骤有助于显示那种从引语角度来处理问题的方式的若干重要特征。但现在是讨论在下述立场中大概会出现的一种异常情况的时候了,这种立场就像我们所考虑的那种看法一样,支持对语言的参照而放弃对命题的参照。因为语言(正如蒯因在《词与对象》的类似语境中所说的那样)至少像命题一样被以拙劣的方式个体化，并且是出于一些大致相同的理由。的确，将语言与命题联系在一起的明显建议就是：若同一的语句表达同一的命题，则所论及的语言是同一的。因此，我们看到，关于间接表述的引语理论（至少是那些我们已讨论过的那些引语理论）无法声称自己优越于那些从一开始就坦率地引入内涵实体的理论；因此，让我们简要地考察一番后面那种理论。

人们可能会认为（或许是常常这样认为），倘若我们情愿不加限制地引入内涵实体（性质、命题、个体化概念以及其他任何东西），那么，便没有任何进一步的困难阻碍对间接引语中的语句的逻辑形式作出解释。但情况并非如此。无论是弗雷格建议作为自然语言的模型的那些语言还是丘奇所描述的那些语言，都在满足塔尔斯基所提出的那些标准的真理定义的涵义上经不起理论的检验。[①] 在弗雷格那里起阻碍作用的是：每一个指称表达式都依赖于语境可能指称无限多的实体；不存在依据较简单语境中的指称给出较复杂语境中的指称的规则。而在丘奇所描述的那些语言中，则有无限多的初始表达式，这直接阻碍了对满足塔尔斯基所提出的那些必要条件的真理谓词作出递归表征的可能性。

也许可以通过遵循卡尔纳普在《意义与必然性》一书中的主导思想，把语义层次限制在外延和（作为第一层次的）内涵这两个层次上而克服这些困难。[②] 因此，一种很有吸引力的对策也许是，通

① 弗雷格(G. Frege)：“论涵义和所指”(“On Sense and Reference”)；丘奇(A. Church)：“对关于涵义和所指的逻辑的系统阐明”(“A Formulation of the Logic of Sense and Denotation”)。参看戴维森：“意义理论与可学会的语言”。

② 那种关于被限制在两个语义层次上的、在本质上是弗雷格式的思路的看法，是由达米特(M. Dummett)在《弗雷格：语言哲学》(*Frege: Philosophy of Language*)一书第九章中提出的。

过使每个单称词项指称其涵义或内涵，并提供一个把内涵映射到外延的实体函项（reality function）（类似于丘奇的戴尔塔函项〔delta-function〕）而将（被如此简化的）弗雷格的思路倒转过来。经过这样的处理，我们的样本语句便会以如下的形式出现："伽利略的实体说（that）地球运动。"在此我们必须假定，"地球"命名一个个体概念，由"运动"所指称的函项把这个个体概念映射到地球运动这个命题；而由"说（that）"所指称的函项本身又把伽利略和地球运动这个命题映射到一个真值。最后，"伽利略"这个名称指称一个个体概念，由"……的实体"所指称的函项则把这个个体概念映射到伽利略。或许能使这种理论十分巧妙地纳入量词，这些量词对诸如"说"和"相信"之类的动词所造成的语境之内和之外的变元产生约束作用。为这样一种语言定义真理概念没有什么特殊的困难，这也就是说，每一件事情都办得干净利落，从纯外延的角度来看，做到了本体论上的节约。这种理论似乎是一种能满足我们的一切要求的理论。除了唯名论的疑虑不安之外，我们有什么理由不接受这种理论呢？

我反对这一路线的理由在本质上是蒯因的。找到我自己的恰当语词来传达另外一个人的言语，这是翻译中的一个难题（第216～217页）。我在特定翻译场合下用的语词也许被看作是我的关于那个起初的说话者所说的任何话的含意的全部理论（无论它是多么含糊和易于出错）的产物，也就是说，这样一种理论很难区别于对真理谓词的表征（把那个说话者的语言作为对象语言，把我的语言作为元语言）。极为重要的一点在于，会存在一些同样可接受的可供选择的理论，而这些理论之所以不同，乃是由于它们把我的一些显然不同义的语句指派为对那个说话者的同一个表达的翻译。这正是蒯因关于翻译不确定性的论题(第 218～221 页)。[1]举一个例子会有助于阐明下述事实,即翻译不确定性论题不仅适用于使用显然不同的语言的说话者之间的翻译,而且适用于使用更接近于本民族语言的说话者之间的翻译。

假设某人说(现在用的是直接表述),“冰箱里有一头河马”,那么,当我把他的话报道为冰箱里有一头河马时,我必然地正确吗?或许是这样;然而在这种怀疑下他继续说,“它长得圆圆胖胖,表皮起皱,不在乎人们触摸它。它的味道吃起来很可口,至少把它榨成汁液后是这样,买一个花一角钱。我吃早饭时榨两三个吃。”这样的谈话说到一定程度以后,我们的思路便会滑到这样一个方向上,即,他说冰箱里有一头河马,这个说法的正确性是合乎情理的,乃至是可能的,因为,他至少用他的某些言语来意指不同于我所意指的另外某个东西,这一点已经变得很清楚了。到目前为止最简单的假设是:我所用的“河马”这个词不再是他所用的“河马”这个词的翻译;而我采用的“橘子”这个词也许是较好的翻译。但是,在我们远没有达到必须放弃同音翻译(homophonic translation)的程度之前,我们无论如何都要以宽容性作为出发点。对究竟用我的各种各样的不同义的语句中的哪一个来翻译另外一个人的话语犹疑不定,这不一定反映出知识不足,而只是反映出这样一种情况,即在达到一定程度之外,无法在下述两种看法之间作出抉择(甚至无法在原则上作出抉择):一种看法认为,他人就像我们这样使用

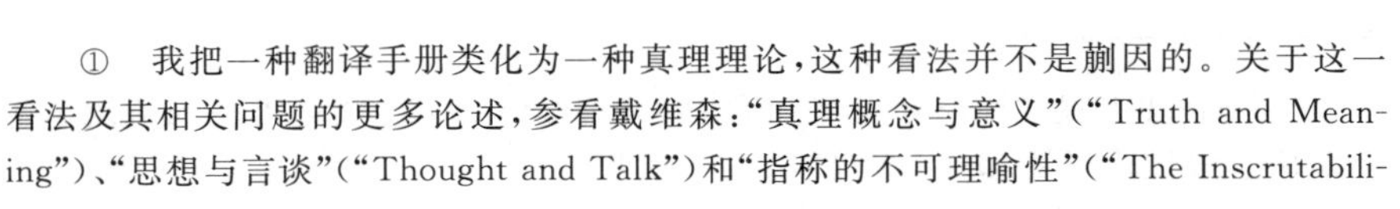

① 我把一种翻译手册类化为一种真理理论,这种看法并不是蒯因的。关于这一看法及其相关问题的更多论述,参看戴维森:“真理概念与意义”(“Truth and Meaning”)、“思想与言谈”(“Thought and Talk”)和“指称的不可理喻性”(“The Inscrutability of Reference”)。

语词,但具有一些或多或少让人感到离奇古怪的信念;另外一种看法认为,我们对这个人的话语作出了错误的翻译。我们一方面需要了解一个说话者的话语的涵义,另一方面又需要了解他的信念范型的涵义;由于处于这种进退两难的境地,因此,我们所能作出的最好选择便是选择一种使我们彼此之间达到最大程度一致的翻译理论。作出下述假定确实是没有什么前途的,即在他人认真地说出"冰箱里有一头河马"这些语词时,他人与我们在冰箱里可能有什么东西的问题上意见不一致,而我们也必须与他人在河马的体积、形状、颜色、制造者、马力和轴距的问题*上意见不一致。

这丝毫不表明无法通过间接表述对另外一个人的话语作出正确报道。这种不确定性所表明的不过是:如果有一种正确报道的方式,那么便会因为在"说(that)"之后采用非同义的语句而存在具有实际差别的其他正确报道方式。这足以证明我们的下述看法是正确的:如果意义是实体的话,那么,便存在某种关于意义问题必须在原则上所具有的明确性的虚假说法。

这一教益隐含于几年前梅茨(Benson Mates)发起的一场讨论之中。梅茨断言,"任何人都不怀疑,凡是相信马里厄斯**担任第七任执政官的时间不足两星期的人都相信马里厄斯担当第七任执政官的时间不足两星期"这句话是真的,然而,倘若这句话的最后那个语词为(假定同义的)"十四天的时间"这些语词所替换,那么,这句话便完全有可能变成假的;并且,无论我们采取什么样的同义性标准(除了"可在凡是不改变真值的场合下被替换"这一以尚待

* 这里与其说是在谈论河马,不如说是在谈论汽车,联系上文可知,戴维森用这些说法不过是用来说明指称的不确定性。——译者

** 马里厄斯(Gaius Marius,前 155～前 86 年),罗马将军。——译者

证明的假定为论据的说法之外),上述情况都会发生。[①] 丘奇和塞拉斯以下述说法来回答梅茨的问题,即上述困难可以通过在以说话者对语言的使用为基础的替换与以归之于他人的语言使用来表征的替换之间作出牢固的区别来解决。[②] 但这种做法仅仅在下述场合下才是一个解决办法,即我们认为存在某种方式使我们可以在另外一个人的话语中辨别哪些东西属于他赋予其语词的意义,哪些东西属于他关于世界的信念。根据蒯因的看法,这是一种我们无法作出的区别。

刚才我们走了一条长长的弯路,现在我回过头来考察一番蒯因在《词与对象》一书中关于引语式的处理方法的讨论。如上所述,蒯因反对相对于语言这种做法,因为语言个体化原理(principle of the individuation of languages)是难解的,语言在什么情况下同一这个问题与间接表述无关(第 214 页)。他现在提出的建议是,我们不要把关于间接表述的内容语句解释为出现在一种语言中,而把它解释为是由一个说话者在某个时间所说出的。理解内容语句需要相对于说话者和时间,当然,说话者是指说出那个语句的说话者,他由此间接地把一个说法归之于另外一个人。因此,"伽利略说(that)地球运动"这个语句便会具有诸如下述语句所表达的某种含意:"伽利略讲过这样一个语句,这个语句在他嘴里说出时具有'地球运动'这句话现在在我嘴里说出时所具有的含意。"蒯因并不反对这个建议,因为他认为他保留有某个更简单、至少是

① 梅茨(B. Mates):"同义性"("Synonymity")。例子是丘奇所举的。

② 丘奇(A. Church):"内涵同构与信念同一"("Intensional Isomorphism and Identity of Belief");塞拉斯(W. Sellars):"帕特南论同义性与信念"("Putnam on Synonymity and Belief")。

同样出色的解决办法。但在我看来,目前提出的这个建议值得给予更认真的考虑,因为我认为这个建议几乎是正确的,而蒯因所偏爱的那些选择具有严重的缺陷。

这些选择中的第一种是谢夫勒(I. Scheffler)的题写理论(inscriptional theory)。[①] 谢夫勒建议说,间接表述中的语句使一个说话者和一个表达联系在一起:内容语句的作用是帮助传递这个表达是怎样一种表达。我们按这种方式所获得的是这样一种解释:“Galileo spoke a that-the-earth-moves utterance”。就真理理论和推导理论而论,“x is-a-that-the-earth-moves-utterance”这个谓词具有未赋予结构的一位谓词的形式。蒯因并没有完全以这种方式来表述问题,他可能会由于“逻辑形式”和“结构”这些术语不适用于谢夫勒的谓词而反对我采用这些术语。蒯因把所论及的那个谓词称作“复合的”,把它描述为由一个算子和一个语句所组成(第214、215页)。这些不过是术语问题;问题的实质在于(人们对之的看法可能不同),根据谢夫勒的理论,间接引语中的语句不具有依赖于谓词结构的逻辑关系,一个适用于所有这些无结构语句的真理谓词无法用塔尔斯基的方式来表征。理由很明显:存在无限多的具有“x is-a-______-utterance”这种句法形式的谓词,而从语义理论的眼光看来,其中每个谓词都与其余谓词没有联系。

蒯因在进退维谷之境执其一端。既然把语义结构归之于间接表述中的内容语句显然迫使我们认可一些我们并不打算接受的逻辑关系,蒯因便放弃了语义结构。结果忽略了另外一个理论要素,

① 谢夫勒(I. Scheffler):“对间接引语的一种题写式的解决办法”(“An Inscriptional Approach to Indirect Quotation”)。

即对真理概念下定义。

抛弃结构便意味着无需进行推导，与这种做法相一致，蒯因进而考虑下一步。他说："……我认为最打动人的最后一个选择是，干脆不要命题态度的对象。"(第 216 页)在谢夫勒还把"说(that)"看作是一个把说话者和表达联系起来的二位谓词(尽管把内容语句结合成一个对表达为真的一位谓词)的场合下，蒯因现在则把内容语句和"说(that)"设想为直接结合而形成"x said-that-the-earth-moves"这个对人为真的一位谓词。当然，谢夫勒图式所固有的某些推导现在消失了，这也就是说，我们不再能从我们的那个样本语句中推导出"伽利略说(that)某件事情"，我们也不能从那个样本语句和"某人否认地球运动"中推导出"某人否认伽利略说的那句话"这个语句。然而，正如蒯因提醒我们的那样，当谢夫勒的分析按照那条明显的思路被推广到信念和其他命题态度上时，像上面那样的推导根据谢夫勒的分析也可能会失败，因为所需要的表达可能没有被具体化(第 215 页)。因此，谢夫勒的理论与蒯因的那个"最后的选择"相比所具有的优点是很少的，并且是不确定的；这便是蒯因之所以得出下述结论的原因，即引出最少推导的观点是"最打动人的"。

这种取消不打算要的推导的方式也不幸地取消了真理理论所需要的大部分结构。因此，值得再重新考察一下原先提出的那个建议，即依据把原初的说话者、语句和讲出间接表述中的语句的现在的说话者联系在一起的谓词来分析间接表述。因为这个建议并没有割掉我们一直在讨论的任何简单的衍推关系，在最近提出的那些建议中只有它在与一种可行的引语理论相结合时有望得到标准的语义学方法的处理。不过有一个细微的缺点。

我们力图通过下述办法来显示我们又回过头来讨论的那种分析所具有的特点,即通过把我们所最喜欢用的那个语句重新表述为"伽利略表达了(that)这样一个语句,这个语句经他嘴里说出时具有'地球运动'这句话经我嘴里说出时所具有的含意"。我们不应当因为"伽利略说(that)地球运动"这句话的这种很啰唆的说法明显参照了意义(即"'地球运动'这句话所具有的涵义")而把这种说法往坏里想。不要把"地球运动"这个表达式看作是那种理论中的一个单称词项。我们的确被要求弄懂一种关于表达之间的同义性的判断,但不是要把这种判断作为一种语言理论的基础,而仅仅作为间接表述的为我们所熟悉的习语的未经分析的部分内容。构成我们的这种使人感觉麻烦的释义方法之基础的看法,是关于说出同样内容(samesaying)的看法,这也就是说,当我说伽利略说(that)地球转动这句话时,我把伽利略和我本人看作是同样的说话者(samesayers)。[①]

上面所提到的那个缺点是指这样一个缺点。如果我仅仅说我们是相同的说话者(即伽利略和我),我还没有使我们是相同的说话者;我将如何做到这一点呢?显然,是通过说出他所说出的内容;并不是(并非必须)通过使用他所使用的语词,而是通过使用在

---

① 严格地说,"说"这个动词在这里被分析为一个可适用于说话者(即伽利略)、该说话者的一个表达(即"Eppur si muove")和归属者的一个表达(即"地球运动")的三位谓词。这个谓词从语义学观点来看是初始的。对这个谓词的一种非形式的释义求助于表达之间的内容相同性关系,这一事实并没有引入任何意向性实体或意向语义学。有人把这看作是一种欺骗形式,但是,这种对策是审慎的和原则上的。关于逻辑形式的问题(现在所论及的正是这类问题)与对个体谓词的分析之间的区别的讨论,请参看戴维森:"真理与意义"。还值得注意的是,彻底的解释(如果它成功的话)会产生一个适当的关于表达之间的同义性的概念。参看戴维森:"对福斯特的答复"一文的结尾部分。〔这个脚注是在 1982 年加上的。〕

此时此地具有与他的语词在彼时彼地所具有的相同含意的语词。然而,这恰恰是根据那种理论我无法办到的事情。因为那种理论把内容语句纳入被引号封闭住的言语行为,而根据任何一种标准的引语理论,这都意味着内容语句是被提到(mentioned)而不是被使用(used)。根据这种解释,当我说出“地球运动”这些语词时,我并没有间接地说出任何像伽利略被断言说出的事情那样的内容;我实际上并没有说出任何内容。我说出的那些被纳入由“伽利略说(that)——”所提供的框架中的语词只是有助于指称一个语句。倘若我们用我们近来所考虑的那种方式来扩充引语,我们就会领会要点。在下述这种说法中,任何表示伽利略和我是同样的说话者的暗示都消失了:

伽利略说(that)‘T’⌢‘h’⌢‘e’⌢‘ ’⌢‘e’⌢‘a’⌢‘r’⌢‘t’⌢‘h’⌢‘ ’⌢‘m’⌢‘o’⌢‘v’⌢‘e’⌢‘s’

我们似乎已陷入一种符号表示的偶然事件的束缚之中了,这种符号表示的偶然事件是一种指称下述这些表达式的方式,这些表达式在被缩略的情况下便产生出关于那些被指称的语词的构造性描述。这个困难是很奇特的,让我们看一下我们是否能设法克服这个困难。设想一个有所改动的事例,即伽利略说出“Eppur si muove”这些语词,而我则说出“地球运动”这些语词。在识别我们是同样的说话者上现在还没有什么困难,我的一个表述在意义上相应于他的一个表述。我现在并没有使用我的语词来帮助指称一个语句;我是为我本人而说的,我的语词以其通常方式指称地球和它的运动。倘若伽利略的表达“Eppur si muove”使我们成为同样的说话者,那么伽利略的其他某个表达也使我们成为同样的说话者。因此,假定我找到一种以指称我的一个适当表达的词或词组来替换“y”的方式，那么，“$(\exists x)$（伽利略的表达 x 和我的表达 y 使我们成为同样的说话者）”这一形式便是一种把我愿意采用的任何说法归之于伽利略的方式。并且，确实存在一种我能据以做到这一点的方式：我只需说出所必要的表达，并用对它的指称来替换“y”。步骤如下：

> 地球运动
> $(\exists x)$（伽利略的表达 x 和我的最后那个表达使我们成为同样的说话者）。

为把这两段话归结为下述两段话只需作出定义性缩略：

> 地球运动。
> 伽利略说出 that。

“that”在这里是指称一个表达（而不是一个语句）的指示性单称词项。

这种处理形式有一个小缺点，因为它使听者对于说出“地球运动”这句话所用于的目的不知所云，直到说出后面那句话后才了解。譬如说，就好像我先讲一个故事，然后才加上一句：“这便是从前发生过的一件故事的始末。”在这方面有某种乐趣，并且，说出我们的表达所具有的那种以言行事的语力（illocutionary force）是什么，这无论如何都不会确保这些表达具有那种语力。但在目前场合下没有什么东西阻碍我们把事物的次序颠倒过来，因此：

> 伽利略说 that。
> 地球运动。

现在便可稳妥地进行拼字法上的微小改变，这种改变不具有什么语义学上的重要性，但从表面看来却表明引入者和被引入者

的关系:我们可以去掉“that”后面的句号并将后面那句话的第一个字母的大写改为小写,便得到:

伽利略说地球运动(Calileo said that the earth moves)。

或许人们应当毫不惊奇地了解到,英语中心理语句的形式显然是以与这些思考结果所表明的大致相同的方式演化的。根据《牛津英语词典》的说法,

> 一般认为,that的用法是从指向它所引入的子句的指示代词的用法中所产生出来的。参看:(1)他曾经住在这里:我们所有人都知道这一点(that);(2)这一点(that,现在用this)我们所有人都知道:他曾经住在这里;(3)我们所有人都知道这一点(that,或用this):他曾经住在这里;(4)我们所有人都知道(that)他曾经住在这里……①

因此可以提出如下建议:间接表述中的语句恰巧具有一目了然的逻辑形式(除了在一个很小的方面之外)。这些语句是由一个指称说话者的表达式、二位谓词“说出”和一个指称一个表达的指示词所组成。事情就是如此。接在指示词后面的东西给出主语说话的内容,但这种内容与一个说法的原初归属没有任何逻辑上的或语义上的联系。毫无疑问,最后这一点是新论点,每样东西都有赖于这一点,也就是说,从语义学观点来看,间接表述中的内容语句并不包含在要考虑其真实性的语句(即以“that”结尾的语句)之中。

在处理这一课题时,我们谈论题写、表达和言语行为,避免提

① 默里(J. A. H. Murray)等编:《牛津英语词典》(*The Oxford English Dictionary*),第253页。参看奥尼恩斯(C. T. Onions):《高级英语句法》(*An Advanced English Syntax*),第154~156页。我首先从欣蒂卡(J. Hintikka)的《知识与信念》(*Knowledge and Belief*)一书第13页上获知,在这样一种语境中的“that”是从一个明确的指示词那里演化而来的。欣蒂卡说,在德语和芬兰语中都出现过类似的发展。查阅《牛津英语词典》上的出处的工作归功于斯蒂泽尔(Eric Stiezel)。

及语句,这种做法会使我们的工作做得更出色。[①] 因为,一个关于"伽利略说(that)"的表达所起的作用是预示一个进一步的表达。就像其他任何表达一样,这第一个表达可能是当真的,也可能是愚蠢的,可能是论断性的,也可能是开玩笑的;但是,倘若它是真的,那么它后面就必须接上一个与另外某个表达同义的表达。第二个表达(被引入的言语行为)也可能或真或假,可能是以论断的方式引入的,也可能是以开玩笑的方式引入的。但是,如果它是像所预示的那样,那么,它就必须至少可以用来传递某人的说话内容。起引入作用的表达所起的作用是为我们所熟悉的:我们用下述语词来完成同样的任务,如"这是一场玩笑"、"这是一道命令"、"他下了一道这样的命令"(He commanded that)、"现在请注意听这句话"(Now hear this)等等。这样一些表达式也许会被称作完成行为式话语(performatives),因为它们被用来在说话者这一方引进一些行为。当完成行为式话语以第一人称现在时出现时,就会造成某种有趣的反身效果,因为在那种情况下,如果说话者说出的话语为真,那么,这些话语是由接在后面的那种行为的内容和样式所惟一决定的,而这种行为的样式又完全有可能是由那同一个起引导作用的完成行为式话语所部分决定的。下面我举一个例子,我也利用这个例子来对间接表述作出最后一个评论。

倘若我们要与对间接表述的分析相一致,那么,"琼斯断定恩德培位于赤道上"这句话便会具有如下的某种含意:"琼斯以断定的方

---

① 我假定,关于一种包含指示词的语言的真理理论必须严格地适用于表达而不是语句,或者说,这种真理理论将把真理视为语句、说话者和时间之间的一种关系。参看戴维森:"真理与意义"("Truth and Meaning")和"自然语言的语义学"("Semantics of Natural Languages")。

式作出的一个表达具有我的这个表达的内容。恩德培位于赤道上。”这种分析并不因为两个说话者的表达方式可能不同而失效;完成行为式话语的真实性所要求的不过是,以任何一种方式(无论是否以断定的方式)作出的第二个表达在内容上与琼斯的一个论断性表达一致。这样一种对称性在间接表述中是否恰当,依赖于我们在多大程度上把论断纳入对说(saying)这个概念的理解中去。现在假定我尝试说:“我断定恩德培位于赤道上。”当然,我通过这种说法可能并没有断定任何东西;语词的语气无法保证表达的方式。但是,如果我的关于完成行为式话语的表达是真的,那么,我便以断定的方式说出了某种具有我的第二个表达的内容的话语——这也就是说,我的确断定恩德培位于赤道上。如果我的确做出了这个论断,那么,我的成功要素之一无疑是我的关于完成行为式话语的表达,它预示一个论断;因此,完成行为式话语趋向于自我完成。或许正是完成行为式话语的这个特征,诱使有些哲学家错误地认为完成行为式话语(或关于它们的表达)既不真也不假。

根据这里提出的对间接表述的分析,一些标准的难题似乎找到了一个公正的解决办法。外延替换律之所以失败被解释为是由于我们把实际上的两个语句错当成一个语句了,这也就是说,我们在一个语句里作出替换,而真实性发生变化的却是关于另外那个语句(的表达)。既然一个关于“伽利略说(that)”的表达和接在它后面的任何表达在语义上都是独立的,因此,就没有理由仅仅根据形式,就从第二个表达中的变化来预言对第一个表达的真实性所产生的任何特定效果。另一方面,假如第二个表达在任一方面有所不同的话,那么,第一个表达可能会有不同的真值,因为“that”的指称会发生变化。

如果要对真理概念下定义,间接引语中的语句(表达)便不具有逻辑后承,这是一个悖论,现在这个悖论解决了。接在动词"说"之后的东西仅仅具有一个单称词项(通常是指示词"that")的结构。假定"that"有指称,我们便能从"伽利略说(that)"中推导出伽利略说出某件事情;而这是受欢迎的。根据我的解释,伴随间接表述中的完成行为式话语而来的那些为人们所熟悉的语词的确具有结构,而这种结构是为人们所熟悉的,它并没有给真理理论造成任何在间接表述成为我们的话题之前并不存在的难题。

自从弗雷格以来,哲学家们便坚定不移地持有下述看法的态度变得强硬起来,即认为在谈论命题态度时所论及的内容语句可以奇怪地指称诸如内涵、命题、语句、表达和题写之类的实体。奇怪的并不是这些实体(如果它们确有其位,它们的确是各得其所),而是下述这样一种看法:间接表述中表示星辰、人、桌子与河马的普通语词可能会由于奇异替换词的出现而放弃这些平凡的指称。如果我们能恢复我们的那种弗雷格之前的语义学上的单纯状态,那么,我认为下述论题在我们看来完全是难以置信的,即在"伽利略说(that)"之后表述出的"地球运动"这些语词,与它们出现在其他语境中时所惯常具有的含意和所指相比,具有不同的含意或指称另外的东西。毫无疑问,它们在间接引语中的作用在某种涵义上是特殊的,但那是另一回事。语言本身是工具,因为同一个表达式(其语义特征〔意义〕没有发生变化)可用于无数的目的。我已力图表明,我们关于间接表述的理解如何没有歪曲这个基本见解。

（牟博译）

5. 隐喻的含意*

隐喻(metaphor)是语言之梦的产物,就像人们所做的一切梦那样,对隐喻的解释既是对梦者一方的反映,又在同样程度上是对解释者一方的反映。对梦的解释需要梦者和醒者之间合作(即使这两者是同一个人);并且,作出解释这一行为本身便是想象的产物。理解一个隐喻也如此,它既是在作出一个隐喻,又在同样程度上是一项努力作出的有创造性的工作,这项工作很少为规则所左右。

除了在程度上有所不同以外,这些说法并没有使隐喻区别于那些更普通的言语行为,这也就是说,一切通过言语所完成的交流活动都假设了创造性的建构与创造性的解释之间的相互作用。隐喻不同于通常的话语,前者为后者增色,但前者并未使用超乎后者所依赖的手段之外的语义手段。并没有设计隐喻的指令规则;并没有确定一个隐喻的"含意"或"述说的内容"的可资对照的手册;并没有对于不对口味的隐喻的检验办法。[1] 一个隐喻蕴涵着某种程度上的艺术成功;不存在不成功的隐喻,正如不存在不好笑的笑

---

* 本文首次发表于《批判性的探究》(*Critical Inquiry*),第 5 卷(1978 年),第 31～47 页。——译者

① 我认为布莱克(Max Black)的下述说法是错误的:"我们语言的规则确定某些表达式必定被当作隐喻。"["隐喻"("Metaphor"),第 29 页]并不存在这类规则。

话一样。存在一些没有味道的隐喻,但是,这些隐喻总还算是隐喻,即使它们所述说的某种内容不值得被搞成隐喻或能够被搞成更好的隐喻。

本论文所关注的是隐喻的含意;本论文的论题是,隐喻的含意无非就是其所涉及的那些语词的含意(按照对这些语词的最严格的字面上的解释)。既然这个论题公然违背我所熟悉的一些当代的看法,因此,我所要说的很多内容是批判性的。但我认为,在消除了错误和混乱之后对隐喻的描述会使隐喻成为一种更有趣的(而不是不那么有趣的)现象。

我将猛烈抨击的主要错误是这样一种看法,即隐喻除了其字面上的涵义或意义之外还有另外的涵义或意义。这种看法为很多撰写过关于隐喻的论著的人所共有:这种看法可以在下述这些人的论著中找到,即像理查兹(I. A. Richards)、恩普森(W. Empson)和温特(I. Winter)这样的文学批评家,从亚里士多德到马克斯·布莱克的哲学家,从弗洛伊德等早期心理学家到斯金纳(B. F. Skinner)等后期心理学家,以及从柏拉图到乌列尔·魏因赖希(Uriel Weinreich)和乔治·拉科夫(Lakoff)的语言学家。这种看法具有多种表现形式(从亚里士多德的比较简单的形式到布莱克的比较复杂的形式)。这种看法出现在坚持认为可以对隐喻作出精确的字面上的释义的论著之中,但那些认为通常无法对隐喻作出精确的字面释义的人也具有这种看法。有些人强调隐喻所能引发的特殊见识,他们重视这样一件事实,即日常语言在其通常发挥的作用中没有产生这样的见识。不过,这种观点也把隐喻看作是一种与普通的交流活动并行不悖的交流形式;隐喻差不多就像较清楚明白的语言那样传递关于世界的真理或谬误,尽管所传递的信息可以被认为是更异乎寻常的、更深刻的或被更精巧地装扮过的。

在我看来，认为隐喻主要是一种传递思想（即使是异乎寻常的思想）的手段这种看法，就如同认为一个隐喻具有某种特殊意义的母看法（parent idea）一样是错误的。我赞同这样一种看法，即无法对隐喻作出释义（paraphrase）；但我认为，这并不是因为隐喻说出了某种就字面上的表达而言过于新奇的内容，而是因为隐喻中根本就没有要去进行释义的东西。无论是否可能，释义对于**已被说出**（said）的内容来说是适当的，这也就是说，在释义中，我们试图用另外一种方式把这个内容说出来。但是，倘若我的看法是正确的话，那么，一个隐喻并没有说出超乎其字面意义之外的任何内容（作出这个隐喻的人在使用这个隐喻时也没有说出超乎其字面涵义之外的任何内容）。当然，这并不是要否认隐喻具有寓意，也并不是要否认能够通过进一步使用其他语词把这种寓意显示出来。

以往，那些否认隐喻除了具有字面涵义之外还具有认识内容的人常常力图表明，隐喻造成混乱，它们仅仅具有情感上的涵义，它们不适用于严肃的、科学的或哲学上的谈话。不应当把我的看法与这种传统联系在一起。隐喻不仅在文学中，而且在科学、哲学以及法学中都是一种合法的表达手段；它在褒贬中，在祈祷和推销中，在描述和法规中都在有效地发挥作用。除了我也认为隐喻比起通常的话语起着更多的作用，而这些更多的作用在性质上是不同的之外，我在大多数问题上不同意马克斯·布莱克、保罗·亨勒（Paul Henle）、纳尔逊·古德曼（Nelson Goodman）、门罗·比尔兹利（Monroe Beardsley）等人对隐喻所起作用的解释。

我不赞同对隐喻如何取得惊人效果的那种说明。需要预先指出的一点是：我的讨论依赖于语词的含意与使用语词来做的事情之间的区别。我认为，隐喻仅仅属于语言使用的范围。隐喻是通过对语词和语句的富于想象力的运用而造就出的某种东西，隐喻完全依赖于这些语词的通常意义，从而完全依赖于由这些语词所组成的语句的通常意义。

为语词设定一些隐喻的或比喻的意义，或者设定一些特殊种类的关于诗的或隐喻的真理，这种做法对于说明语词在隐喻中的作用是无济于事的。这些看法并没有对隐喻作出说明，它们反而要由隐喻来说明。一旦我们理解了一个隐喻，我们可以把我们所把握住的内容称作“隐喻的真理”，（这时）我们才能说“隐喻的意义”是什么。可是，简单地把这种意义纳入隐喻，这种做法就如同是通过说一粒药丸具有催眠作用来说明这粒药丸之所以使你入睡的原因。可以脱离语言使用的特定语境向语词和语句指派字面意义和字面上的真值条件，这便是论及这些字面意义和字面上的真值条件这种做法之所以具有说明力的原因。

我试图确立我的关于隐喻含意的否定性看法，并通过考察某些关于隐喻性质的错误理论来引入我的一些有限定的肯定性断言。

一个隐喻使我们注意到在两个或更多个事物之间的某种相似性（常常是新奇的或令人惊奇的相似性）。这个司空见惯的正确观察结果导致（或者说似乎导致）一种关于隐喻意义的结论。试考虑通常的相似性或类似性：两朵玫瑰花是类似的，因为它们都具有是玫瑰花这个特性；两个婴儿是类似的，因为他们都具有婴儿这种性质（infanthood）。或者更简单地说，因为每朵玫瑰花都是一朵玫瑰花，所以玫瑰花都是类似的；因为每个婴儿都是一个婴儿，所以婴儿都是类似的。

假定某人说“托尔斯泰曾经是一个婴儿”。作为婴儿的托尔斯泰以怎样一种方式相似于其他婴儿呢？合适的回答是：依据他对婴儿性质的展示，这也就是说，依据他是一个婴儿这一点而忽略某些无关的东西。倘若我们对“依据”这个字眼感到厌烦，我们似乎仍然可以通过下述说法而使上述说法更清楚明白一些，即作为婴儿的托尔斯泰同其他婴儿一样也享有这样一个事实：“是一个婴儿”这个谓词适用于他。假定给出了“婴儿”这个词，我们就可以毫无困难地精确说明作为婴儿的托尔斯泰是如何类似于其他婴儿的。我们不用“婴儿”这个词也能做到这一点；我们所需要的只是其他的与“婴儿”具有相同含意的语词。最终结果是相同的。通常的类似性依赖于通过词语的通常意义所确立的编组分类。这样的类似性在下述涵义上是自然的和不令人惊奇的，即人们所熟悉的那些对于对象进行分门别类的方式是与通常语词的通常意义相联系着的。

一个著名的批评家说过，托尔斯泰是“一个伟大的进行道德说教的婴儿”。这里所指称的那个托尔斯泰显然不是作为婴儿的托尔斯泰，而是作为成年作家的托尔斯泰；这便是隐喻。那么，托尔斯泰在什么样的涵义上是类似于一个婴儿的作家呢？或许，我们要做的事情是考虑那类包括一切普通婴儿的对象，此外再考虑作为成年人的托尔斯泰，然后再反躬自问那个对象类中的成员具有什么样的令人惊奇的共同特性。颇能打动人心的想法是这样，只要有足够的耐心，我们就能根据需要尽可能具体地确定出那种适当的特性。如果我们找到的语词恰恰具有隐喻性的词“婴儿”的所具有的含意,那么,我们无论如何都能完成这项任务。从我的观点看来,问题的要害并不是我们是否能找到其他的完美的词,而在于这样一个假定:存在某种期望得到的东西,即一种要使之一致的隐喻意义。到现在为止,我所做的事情不过是粗略地概述一下意义概念是如何逐渐地被纳入对隐喻的分析的,而我暗示出的回答是,既然在我们看来通常的多种多样的类似性与在我们看来通常的多种多样的意义是一致的,那么,为了有助于说明隐喻所引起的类似性而设定一些不通常的或隐喻的意义,这是很自然的。

因此,顺理成章的看法便是:在隐喻中,某些语词呈现出新的(或人们常说的"扩展出的")意义。例如,当我们读到"上帝的圣灵逼近水面(face)"这段话时,我们会把"face"(脸面)这个词看作具有一种扩展出的意义(我且先忽略这段话里所包含的其他进一步的隐喻)。这种扩展出的意义凑巧适用于哲学家所谓的这个词的外延,即这个词所指称的那类实体。"face"这个词在这里可用于指通常所说的脸面,此外还可用于指水。

这种解释无论如何都不可能是完全的,这是因为,如果"脸面"和"婴儿"这些词在这些语境中可正确地用于水和成年托尔斯泰,那么,水便确实具有脸面,托尔斯泰便确实是一个婴儿,而隐喻的一切意思便都消失了。倘若我们要把隐喻中的语词看作是直接在完成这样一项工作,即被应用于它们确实可恰当地适用于的那些东西,那么,隐喻和把一个新词项引入我们的词汇之间便没有任何差别了,这也就是说,做出一个隐喻便是在扼杀这个隐喻。

没有考虑到的是求助于隐喻中的语词的原有意义。不论隐喻是否依赖于新的或扩展出的意义,隐喻都无疑以某种方式依赖于其中语词的原有意义;对隐喻的适当解释必须使语词的最初意义或原有意义依然在其隐喻环境中发挥积极作用。

因此，我们或许能把隐喻解释为一种含混性，这也就是说，在隐喻的语境中，某些词语既具有新的意义又具有原有的意义，而隐喻的力量则依赖于我们在这两种意义之间犹疑不定的不确定性。例如，当梅尔维尔*写道“基督是一座天文钟(chronometer)”时，隐喻的效果便是出自下述事实：我们首先按其通常涵义来理解“chronometer”，然后又按某种异乎寻常的或隐喻的涵义来理解它。

难以看出这种理论如何能是正确的。因为语词的含混性(倘若有这种含混性的话)是出于下述事实：在通常的语境中，语词有一种意思，而在隐喻的语境中，它又有另外某种意思；可是，在隐喻的语境中，我们却并非必然要对语词的意义犹疑不定。当我们确实犹豫时，这通常是要判定在若干种对隐喻的解释中，我们将接受其中哪一种解释；我们很少对我们所面临的是一个隐喻这一点表示怀疑。而在对于对一段隐喻作隐喻性解释这一点确信无疑的情况下，隐喻依然易于发挥其效力。因此，不能把隐喻的效力归结为这种含混性。①

另外一种牌号的含混性看来也许会提供一个更好的建议。有

* 梅尔维尔(Herman Melville，1819～1891)，美国作家。——译者

① 纳尔逊·古德曼说，隐喻与含混性的主要不同在于，“一个仅仅是含混的词项的若干用法是共时性的又是相互独立的”，而在隐喻中，“一个具有由习惯确立的外延的词项在那种习惯的影响下被应用于其他场合”；他提出，随着我们对隐喻中的“两种用法”的历史的意识逐渐消失，隐喻词就变成仅仅是含混的了(《艺术语言》〔*Languages of Art*〕，第71页)。实际上在很多出现含混性的场合下，一种用法是从另外一种用法中产生出来的(正如古德曼所说)，因此这种用法不可能是共时性的。但是，古德曼和其他人都犯了这样一个基本错误，即认为在隐喻中涉及的两种“用法”与在含混性中涉及的两种“用法”完全一样。

时，一个语词在单一语境中会具有两种我们都打算记住并使用的意义。或者说，如果我们把语词这种东西本身看作是蕴涵着意义的相同性，那么，我们就可以把所论及的那种情况描述为：在这种情况下，看来是单一的一个词实际上是两个词。当莎士比亚的剧*中人物克瑞西达像妓女一样被迎入希腊营地中时，涅斯托说，“我们的将军（our general）要用一个吻来向您致敬。”在此，我们能以两种方式来理解“general”：这个词既可以适用于作为将军（general）的阿伽门农，又可一般地（in general）适用于每一个人，而不限于某个特定的人。我们实际上得到的是下述两个语句的合取：我们的将军（general）阿伽门农要用一个吻来向您致敬；大家（everyone in general）都要用一个吻来向您致敬。

这是一种合法的表达手段，即双关语，但这种表达手段不同于隐喻。因为在隐喻中没有必要作出重复；不管我们向语词指派什么样的意义，只要我们正确理解所论及的那段隐喻，这些意义便被保留下来。

可以对上一个建议作出一种似乎合乎情理的限定，即把一个隐喻中的那个关键词（或一些关键词）看作是同时具有两种不同的意义，即一种字面意义和一种比喻意义。试把那种字面意义想象为潜在的，即某种为我们意识到的、能够对我们起作用而又不在语境中起作用的东西，而那种比喻意义则直接发挥作用。最后，还必

* 指莎士比亚的剧作《特洛伊罗斯与克瑞西达》。克瑞西达（Cressida）是特洛亚祭司卡尔卡斯之女，阿伽门农（Agamemnon）是希腊将军，涅斯托（Nestor）是希腊将领。下面所引用的涅斯托的那句话孤立地看可以作戴维森所说的那两种理解，但在剧中情节的上下文里只能作第一种理解。参看西森（C. J. Sisson）编：《莎士比亚全集》（*William Shakespeare—The Complete Works*），奥德汉斯出版有限公司版，第791页。——译者

须有一种规则把这两种意义联系起来，因为否则的话，所论及的那种解释便会陷入一种含混性理论的形式。这种规则（至少对于隐喻的很多典型情况而言）说的是，语词在发挥其隐喻作用时适用于它在发挥其照字面解释的作用时所适用的每个东西，然后才适用于另外的某种东西。[①]

尽管这种理论看起来可能会很复杂，但它却惊人地类似于由弗雷格提出的、用以解释在模态语句和关于命题态度（如信念和愿望）的语句中的指称词项之行为的理论。根据弗雷格的看法，每个指称词项都有两种（或更多种）意义，一种意义在通常的语境中确定该词项的指称，另一种意义在由模态算子或心理动词所造成的特殊语境中确定该词项的指称。可以把联系这两种意义的规则作如下表述：语词在特殊语境中的意义使得在特殊语境中的指称同一于在通常语境中的意义。

这里是完整的描述（表述弗雷格的看法以及一种弗雷格式的关于隐喻的看法）：我们应把语词看作是具有两种特殊的或超世俗的应用领域（除了其世俗的应用领域之外），一种是关于隐喻的应用领域，另外一种是关于模态语境等等的应用领域。在这两种场合下，原有意义依据一条把各种不同的意义联系在一起的规则依然发挥其作用。

在强调过在隐喻意义与弗雷格的那种关于间接语境的意义之间可能具有的相似关系之后，我转而讨论一种在坚持这种相似关系时所碰到的给人深刻印象的困难。假定你正在接待一名来自土

---

① 所描述的这种理论在本质上是保罗·亨勒在“隐喻”（“Metaphor”）一文中所提出的理论。

星的来访者，试图教会他使用“地板”这个词。你试图通过那些为人们所熟悉的窍门来教会他这个词，即领着他从地板走到地板，指向地板，用脚踩踏地板，同时嘴里反复说“地板”这个词。你促使他实验一下，即让他用手尝试性地轻拍这个词所指的对象，同时对他的正确和错误的尝试予以奖罚回报。你想要让他最终不仅知道这些特定对象或表面是地板，而且知道如何在他看到或接触到地板时辨别出地板。你所上演的这出滑稽剧并没有告诉他他需要知道什么，而是靠碰运气帮助他获知这一点。

我们是否应当把这个过程称作学到关于世界的某件事情或学到关于语言的某件事情的过程？这是一个奇怪的问题，因为所学到的东西不过是：所论及的那一点语言指称所论及的那一点世界。然而，不难在学会一个词的意义这项活动与在学会这种意义之后使用这个词这两者之间作出区别。对这两种活动进行比较之后，采取下述说法是很自然的，即第一种活动涉及学习关于语言的某件事情，而第二种活动则通常是学习关于世界的某件事情。如果你所接待的那位土星人已学会如何使用“地板”这个词，你便可以试图告诉他某件新的事情，即这里是地板。倘若他已经掌握了关于这个词的窍门，你便已经告诉了他关于世界的某件事情。

现在，你的来自土星的朋友穿过宇宙把你运到他的故土，他回首遥望你对他说过的地球，对着地球点头说“地板”。或许他会认为这仍然是教他学会这个词的课堂教学的一部分，并假定“地板”这个词可恰当地应用于地球（至少从土星的角度看来）。可是，假如你本以为他已经知道“floor”的意义，而你又想起但丁*是如何

* 但丁（Dante Alighieri，1265～1321），意大利诗人及教士。——译者

从天空中某个类似的地方把人们居住的地球看作是“使我们热情洋溢的小圆场(floor)”,那将怎么办呢?你的意图旨在作出隐喻,而不是训练语言使用。你的土星朋友以何种方式来理解“floor”这个词会对他产生什么影响呢?就所考虑的那种隐喻理论而论,这只会造成微乎其微的影响,这是因为,根据这种理论,一个语词在一种隐喻语境中具有新的意义;因此,隐喻的场合将是学习新的意义的场合。我们应当同意的是:在某个给定的语境中我们究竟是认为一个语词以隐喻的方式被使用还是认为它是以一种先前未知的,但又是严格的方式被使用,这在某些方面只造成相对小的差别。恩普森在《关于田园诗的一些看法》一书中援引了约翰顿*的这样几行诗句:“当我们的血液竭力分娩出/精灵的时候,就如同它能产生灵魂一样,……/纯洁无瑕的情人的灵魂也必定如此降生。……”恩普森指出,现代的读者差不多一定会从隐喻的角度来理解这段诗中的“spirits”这个词,尽管就外延而论,这个词只适用于某种精神上的东西。但是,对于约翰顿来说却毫无隐喻可言。他在其《训诫》一书中写道,“圣灵(the Spirits)……是血液中有活力的精细部分,它们是介于灵魂和肉体之间的一种中间物。”知道这一点并没有多大重要性;恩普森的下述说法是正确的:“语词的变化(即在我们看来语词所意谓的东西的变化)不致影响诗意,这是难以理解的。”①

至少在有些场合下,这种变化可能是难以意识到的,但是,除非有某种变化,否则的话,大部分被认为是隐喻之趣味所在的东西

---

* 约翰顿(John Dunne,约1572～1631),英国诗人。——译者

① 恩普森(W. Empson):《关于田园诗的一些看法》(*Some Versions of Pastoral*),第133页。

便会丧失殆尽。我一直通过把学习一个旧词的新用法这一点与使用一个已被理解的语词这一点进行对比来证明上述论点的正确性。我说过,在前一种情形下,我们的注意力指向语言;而在另外那种情形下,我们的注意力则指向语言所论述的东西。我提出过这样一个建议,即隐喻属于第二个范畴。通过对亡隐喻(dead metaphors)的考察也可以看到这一点。我假定,从前河流和瓶子不像现在这样,严格地说,它们都没有口(mouth)。再考虑"mouth"这个词现在的用法,我们是否把这个词看作是含混的,这无关紧要,因为它不仅适用于动物的口,而且适用于河口和瓶子口,或者说,我们认为存在一个单一的宽广的应用领域,它包括上述两者。重要的在于,当"mouth"这个词仅仅以隐喻的方式应用于瓶子时,这种应用便使听者注意到动物的口与瓶子的口之间的相似性。(试考虑荷马[*]把伤口说成是 mouths。)一旦人们按现在的用法来使用这个词(即可以根据其字面涵义把这个词应用于瓶子),那么便没有什么要注意的东西了。不存在要去寻求的类似性,因为它仅在于由相同的语词所指称。

新奇性并不是要争论的问题。一个语词在其语境中一旦被当作一个隐喻,它在第一百次被听到的时候依然是一个隐喻,而在一个语词按照它的一种新的字面涵义来发挥作用时,即使是第一次碰到这种新的字面涵义,人们也可以轻而易举地辨别出来它。我们在隐喻中称之为新奇或令人惊奇的因素的东西是指我们能再三体验到的一种内在的美学特征,就像在海顿[**]的第 94 号交响曲中

---

* 荷马(Homer,公元前 9 世纪左右),古希腊诗人。——译者

** 海顿(Franz Joseph Haydn,1732~1809),奥地利作曲家。——译者

所蕴涵的那种令人惊异的感染力或一种为人们熟悉的、但易于使人误解的节奏一样。

倘若隐喻涉及另外一种意义(正像出现含混性时那样),我们也许会期望能够通过等到所论及的隐喻变成亡隐喻来详细说明一个语词在隐喻语境中的特殊意义。应当在亡隐喻的字面意义中使活隐喻(living metaphor)的比喻意义得以延续。不过,尽管有些哲学家提出过这种看法,但它似乎是完全错误的。“他被火烧着了”(He was burned up)这句话具有名副其实的含混性(因为这句话可以在一种涵义上为真,在另一种涵义上为假),可是,尽管“burned up”这个俚语式的成语毫无疑问是一个亡隐喻,但“他被火烧着了”现在仅仅是暗示他十分愤怒。当这个隐喻尚有活力时,我们会生动地想象出所论及的那个人眼中冒火,耳里冒烟。

我们可以通过把隐喻与明喻(similes)进行比较而学到很多有关隐喻含意的知识,因为一个明喻部分地告诉我们一个隐喻仅仅要引起我们注意到的东西。假定戈内丽尔想到李尔王*时说,“老傻瓜又像婴儿一样要孩子气了”,那么,她便使用这些语词断定了老傻瓜与婴儿之间的类似性。当然,她实际上说的是“老傻瓜又变成婴儿要孩子气了”,她是如此使用这些语词来提示所论及的那个明喻所断言的类似性。按照这些思路来思考可以导致另一种关于隐喻的比喻意义或特殊意义的理论,这种理论认为,一个隐喻的比喻意义是与之相应的明喻的那种字面意义。例如,“基督是一座天文钟”这句话就其比喻意义而言与“基督就像一座天文钟一样”这

* 戈内丽尔(Goneril)和李尔王(King Lear)是莎士比亚剧作《李尔王》(1605 年)中的两个人物,戈内丽尔是李尔王的大女儿。——译者

句话同义,而“他被火烧着了”这句话曾隐含的隐喻意义是在“他就像是某个被火烧着了的人一样”(或许是“他就像是被火烧着了一样”)这句话中表现出来的。

诚然,在识别出与某个给定的隐喻相应的明喻上存在困难。弗吉尼亚·伍尔夫*说过,一个有高度文化修养的人是指“这样一个具有严格训练过的智力水平的男人或女人,他或她驾驭着其心智飞驰在田野上去追逐一个思想”。什么样的明喻相应于这个隐喻呢?或许是一个如下的明喻:“一个有高度文化修养的人是指这样一个男人或女人,其智力就像是一匹受过严格训练的马,他或她坚持不懈地思考一个思想,就像是一个飞驰在田野上去追逐……某个东西的骑手一样。”

一个隐喻的特殊意义等同于一个相应的明喻(无论怎样对“相应的”作出详细说明)这种看法不应当与这样一种普通理论相混淆,即认为一个隐喻也就是一个省略了的明喻。[①] 这种理论没有在隐喻与某种相关的明喻之间从意义上作出区别,没有提出谈论比喻意义、隐喻意义或特殊意义的任何根据。就简单性而论,这种理论轻而易举地占了上风,但它看来也过于简单,以至于发挥不了作用。因为,如果我们使隐喻的字面意义成为与之一致的一个明喻的字面意义,那么,我们便否认了我们可以了解我们原来当作隐喻的字面意义的东西,而我们从一开始就差不多同意这样一种看

* 伍尔夫(Virginia Woolf,1882～1941),英国女作家。——译者

① J. 米德尔顿·默里(J. Middleton Murray)说,一个隐喻也就是一个“被简缩的明喻”〔《心智的领域》(*Countries of the Mind*),第3页〕。马克斯·布莱克则把一种类似的观点归之于亚历山大·贝恩(Alexander Bain):《英语作文与修辞学》(*English Composition and Rhetoric*)。

法:不管可以在非字面意义方面必须引入其他的什么样的东西,这种意义对于隐喻的作用方式来说是必不可少的。

无论是那种把隐喻看作省略了的明喻的理论还是它的更精致的说法(这种说法把隐喻的比喻意义等同于一个明喻的字面意义),都有一个共同的致命缺点。它们都使隐喻的隐含意义变得太明显和太便于理解了。在每种情形下,这种隐含意义都可以简单地通过注意到一个通常是十分平凡的明喻的字面意义而寻求到,即这个东西像那个东西一样,如托尔斯泰像一个婴儿一样,地球像一块地板一样。它之所以是平凡的原因在于:每一个东西都像每一个东西一样(并且是以无穷无尽的方式)。隐喻经常是非常难以被解释的,因此人们说隐喻经常是不可能被释义的。但是就这种理论而论,解释和释义通常在最不精于此道的人那里都是唾手可得的。

我认为,这些明喻理论之所以让人感到是可接受的原因仅仅在于,有的人把它们与一种完全不同的理论混为一谈了。试考虑马克斯·布莱克的这样一种说法:

> 当斯宾塞把几何学证明称作捕鼠器时,根据这样一种看法,他实际上是在说(尽管没有明确地说):"一个几何学证明就像是一个捕鼠器,因为两者都先提供一种欺骗性的好处,然后逐渐地引诱它们的牺牲品,最后导致意想不到的不愉快结局,如此等等。"这是一种把隐喻视为一种被缩聚了的或省略了的明喻的看法。①

在此我要区别两个结论。第一,倘若隐喻是省略了的明喻,那么前者便明确地说出了明喻所要说出的内容,因为省略是一种简缩形

① 布莱克(M. Black):"隐喻",第35页。

式，而不是释义形式或间接表述形式。可是（这是更重要的问题），布莱克关于隐喻述说的内容的陈述大大超出了相应的明喻所给出的内容的范围。所论及的那个明喻仅仅说一个几何学证明就像是一个捕鼠器。它没有进一步告诉我们应注意所论及的那个隐喻所给出的是什么样的类似性。布莱克提到三种类似性，当然，我们总是能向这个列举各种类似性的一览表上继续添加新项目。但是，在以正确的方式对之修改和补充之后，难道可以把这个表列设想为给出了明喻的字面意义吗？当然不行，因为明喻所断言的仅仅是类似性。如果把这个表列设想为提供了明喻的比喻意义，那么，我们从与明喻的比较中学不到任何关于隐喻的知识，而仅仅获知两者都具有同样的比喻意义。纳尔逊・古德曼的确作出过这样一种断言，即"明喻与隐喻的差别是微不足道的"。他继续说道，"无论所用的措词是'就像是……一样'还是'是'，比喻都是通过挑选出某种共同特征而把图片比做人。……"[①]古德曼所考虑的是，在说一张图片是悲哀的与说这张图片就像是一个悲哀的人这两种说法之间的差别。显然，这两种说法都的确把图片比做人，但在我看来，认为这两种说法都"挑选出"一种共同特征，这是一个错误的断言。明喻说的是存在一种相似性，并把挑选出某种或某些共同特征的工作留给我们；虽然隐喻并没有明确断定一种相似性，可是，倘若我们把它接受为一种隐喻，我们就又被诱使去寻求一些共同特征（它们未必同于与之相关的明喻所表明的特征；不过这是另外一个问题）。

恰恰是因为一个明喻十分明显地表明一种类似，因此，在我看来，坚持认为存在另外一种隐含的意义，这种看法在明喻的场合下

---

① 古德曼（N. Goodman）：《艺术语言》（*Languages of Art*），第77～78页。

远不如在隐喻的场合下合乎情理。在明喻的场合下，我们注意到它在字面涵义上所述说的内容，即两个事物彼此相像；在这种场合下，我们注意到所论及的那些对象，并考虑在所论及的语境中恰好是什么样的类似性。判定出是什么样的类似性之后，我们也许会说明作出该明喻的人想要使我们（即有意让我们）注意到那种类似性。但是，在意识到所论及的那些语词的含意与作出明喻的人通过使用这些语词所完成的行为之间的差别之后，我们就会感到，几乎没有什么东西会诱使我们通过赋予那些语词本身以另外一种意义或比喻意义来说明所发生的东西。语言意义这个概念的目的在于解释能够用语词所做出的事情。可是，明喻的那种被假定出的比喻意义却解释不了任何事情。那种比喻意义并不是语词先于并且独立于语言使用的语境而具有的一种语词特征；它并不是建立于任何语言习俗（除了那些支配通常的意义的语言习俗之外）的基础之上的。

语词以其字面意义在明喻中确实做出的事情，它们也必定能在隐喻中做出。一个隐喻使注意力指向与之相应的明喻所表明的同一种类的类似性（如果不是指向相同的类似之处的话）。但在这种情况下，隐喻旨在引发的那些出乎预料的或微妙的相似之处或类似之处，则不必依赖于（就引发这些相似之处而论）超出语词的字面意义之外的其他什么意义。

隐喻和明喻仅仅是无数多的用来（通过使我们作出比较）提醒我们注意到世界的诸多方面的手段中的两种。我从 T. S. 艾略特*的“河马”这首诗中援引以下几节诗：

* 艾略特（Thomas Stearns Eliot，1888～1965），生于美国的英国诗人及文学评论家，曾获 1948 年诺贝尔文学奖。——译者

那只肩背宽厚的河马
把肚皮贴在泥淖上休息;
虽然他显得坚不可摧,
却也仅仅是血肉之躯。

血肉之躯可又弱又脆,
经受不起神经上的震荡;
而真正的教会永不倾颓,
因为它建筑在岩石之上。

为了把物质的目的达到,
河马无力的脚步也许偏离,
而真正的教会从不需要
动一动来收进它的红利。

河马永远也不能够
吃到芒果树上的芒果,
但来自海外的梨子和石榴
使教会生机勃勃、精神振作。[①]*

在这里,我们既没被告知那座教堂与一匹河马相像(正如在明喻中那样),也没被迫使作出这种比较(正如在隐喻中那样),但毫无疑问的是,可以通过使用这些语词把我们的注意力指向在那座教堂与河马之间的相似之处。在这种场合下,我们也不应当抱有很多

① 艾略特(T. S. Eliot):《诗选》(*Selected Poems*)。

* 这四节诗的译文取自裘小龙译文,见艾略特:《四个四重奏》,中文版裘小龙译,漓江出版社,1985 年,第 54 页。诗中把世俗生活比作河马,以与教会形成对照;诗中所谓的“真正的教会”是指罗马天主教教会,因为后者自称为“真正的教会”。——译者

要设定比喻意义的期望，因为，我们要把这些比喻意义纳入什么样的语词或语句之中呢？河马确实把肚皮贴在泥淖上休息；诚如诗中照字面解释而说，真正的教会永不倾颓。当然，这首诗的确暗示出很多超出诗中的语词的字面意义的东西。但是，暗示并不是意义。

上述论证到目前为止导致这样一个结论，即凡是能够依据意义来解释的隐喻都可以、并且的确是必须通过求助于语词的字面意义来解释。还可得出这样一个推断，即出现隐喻的语句是以通常的、严格的方式而为真或假的，这是因为，如果语句中的语词没有特殊意义，那么语句也就没有特殊的真。这并没有否认存在诸如隐喻真理之类的东西，只是否认语句有这类东西。隐喻的确使我们注意到在其他场合下可能会注意不到的事情，并且，在我看来，有理由说这些由隐喻引发出的想象、思想和情感是有真假的。

如果一个以隐喻的方式来使用的语句是在通常涵义上有真假的，那么，它通常是假的，这一点是清晰的。明喻与隐喻之间最明显的差别是，一切明喻都是真的，而大多数隐喻是假的。地球像是一块地板，亚述人（Assyrian）就像狼一样袭击羊群，因为每个东西都像是每个东西一样。可是，一旦把这些语句转变成隐喻，也就使它们变成假的了，因为地球像是一块地板，但它并不是一块地板；长大成人的托尔斯泰像是一个婴儿，但他并不是一个婴儿。我们通常只是在我们知道相应的隐喻为假的情况下才使用明喻。我们说S先生像是一头猪，因为我们知道他不是一头猪。假如我们使用隐喻，说他是一头猪，那么，这并不是因为我们对所论及的事实改变了想法，而是因为我们选择用另一种不同的方式来理解“他是一头猪”这一看法。

重要的并不在于我们以隐喻方式来使用的那个语句实际上是假的,而在于我们把那个语句看作假的。请注意在下述场合下所发生的情况,即我们用作隐喻的一个语句(我们认为它为假)由于据认为是关于世界的事实的变化而被认为是真的。当据报道海明威*所乘坐的飞机被目击在非洲失事后,纽约《镜报》用大字标题写道,"海明威在非洲遇难(lost,作为隐喻取其暗示。——译者)","lost"这个词被用来暗示海明威已去世。当结果表明海明威还活着时,《镜报》仍用这个大字标题,不过是从其字面涵义上(即"失踪"这个涵义。——译者)来理解它。或者考虑这样一个事例:一个女人梦见她穿着一件漂亮的衣服,便说"真是一件梦幻中的衣服!"然后就醒了。这个隐喻的要点在于,那件衣服像是一件人们会梦见的衣服,因此,它并不是一件梦幻中的衣服。** 亨勒从《安东尼与克莉奥佩特拉》(2.2)这个剧作中找到了一个很好的例子:

> 她坐的那艘画舫就像一尊在水上
> 燃烧的发光的宝座。***

这里,明喻和隐喻以奇怪的方式相互作用,可是,如果人们想象以字面涵义来理解燃烧,其中的隐喻便会消失。如果人们过于认真

---

* 海明威(Ernest Heminway,1899～1961),美国小说家,曾获1954年诺贝尔文学奖。——译者

** 戴维森用这个例子来说明,被用作隐喻的、被认为假的语句可能会由于事实而变成真的。在这个例子中,所梦见的那件漂亮衣服事实上也正是一件梦幻中的衣服,"真是一件梦幻中的衣服"这个当时被认为假的语句现在变成真的了。——译者

*** 《安东尼与克莉奥佩特拉》(*Anthony and Cleopatra*)系莎士比亚剧作。这段译文取自朱生豪译文,见《莎士比亚全集》(十),人民文学出版社出版,1978年,第35页。——译者

地看待其中所论及的那个比较，就能以大致相同的方式破坏明喻的效果。伍迪·艾伦*写道，“发生在随后几周的审判就像是一场马戏表演，尽管让大象走进审判室有某种困难”。①

一般来说，仅仅在一个语句被看作是假的情况下我们才可以把它看作是一个隐喻，才开始去搜寻那种隐含的暗示。大概是出于这个理由，大多数隐喻语句都显然是假的，正如一切明喻都以平凡的方式为真一样。一个隐喻语句中的荒谬和矛盾保证了我们不会相信它，并且使我们（在一些恰当的场合下）以隐喻的方式来理解这个语句。

隐喻通常显然是假的，但有时也会显然为真。“交易就是交易”这句话就其字面意义而论是太显然了，以致不能把它看作是被说出来传递知识的，因此我们寻求另外一种使用；特德·科恩(Ted Cohen)在这同一方面提醒我们说，任何人都不是一座孤岛。② 这里所论及的要点是同样的。在语言使用的语境中的通常意义很奇特，足以促使我们漠视关于严格照字面解释的真理的问题。

现在让我通过把作出一个隐喻与撒一个谎进行比较来提出一个有点柏拉图式的问题。这种比较是很易于作出的，因为撒谎就像作出一个隐喻一样，也与语词意义无关而与语词的使用有关。有时人们说，撒谎可以衍推出假话；但这个看法是错误的。撒谎并

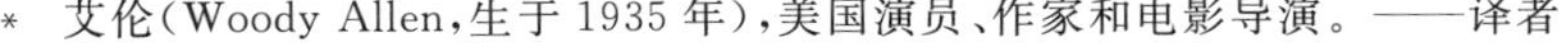

* 艾伦(Woody Allen，生于 1935 年)，美国演员、作家和电影导演。——译者

① 艾伦(Woody Allen)：“被定罪者”(“Condemned”)。

② 科恩(T. Cohen)：“比喻的言语和比喻的行为”(“Figurative Speech and Figurative Acts”)，第 671 页。既然一个隐喻的否定似乎始终是一个潜在的隐喻，因此，在潜在的隐喻中可能有和在实际的隐喻中的荒谬同样多的老生常谈。

不要求你说的话是假的，而要求你认为它是假的。既然我们通常相信真语句，不相信假语句，那么，大多数谎言是假的；但在任何一个特定场合下，这都是一件偶然事件。同一个语句在不改变意义的情况下既可用于作出隐喻又可用于撒谎，这个事实便强调了作出隐喻与撒谎之间的一致性。因此，一个信任女巫但认为她的邻居不是女巫的女人可能会说，"她是一个女巫"，并以隐喻的方式来解释这句话；但这同一个女人会在对女巫和她的邻居持同样看法的情况下有意骗人，她可能会使用同样的话语来达到十分不同的效果。既然语句和意义在这两种场合下都是同样的，因此，有时便难以证明哪一个意向隐藏在上述说法的后面。例如，一个说"拉铁摩尔是一名共产党员"这句话并有意撒谎的人始终能以是在作出一个隐喻为理由来试图为自己开脱罪责。

造成谎言与隐喻之间的差别的东西并不是在所使用的语词或这些语词的含意（就意义的严格涵义而论）上的差别，而是在如何使用这些语词上的差别。当然，使用一个语句来说谎和使用它来作出隐喻是完全不同的用法，以至于它们互不干扰，正像（譬如说）完成一个行动和说谎这两者互不干扰一样。在说谎时，一个人必须作出一个论断以便表示他本人相信他并不相信的事情；在完成一个行动时，则要把论断排除在外。隐喻不顾及这种差别。对一个人说"你是一头猪"可能是一句骂人的话，因而是一个论断。可是，当（我们不妨这样假定）奥德修斯对他的在西尔斯宫中的伙伴们说出同样的话语时，便不涉及任何隐喻；的确，这是一种描述，因而并不是论断——但所论及的那个语词至少有一次是按照其字面解释来说到人的。

任何一种关于隐喻意义或隐喻真理的理论都无法帮助说明隐

喻是如何发挥作用的。隐喻是沿着那条与最清楚明白的语句所走的同一条为人们所熟悉的语言轨道而行进的；从对明喻的考察中我们看到了这一点。区别出隐喻的东西并不是意义而是使用——就此而论，隐喻像是论断、暗示、说谎、允诺或批评。我们在隐喻中对语言的特殊使用并不是(不可能是)“说出某种特殊的东西”(无论多么间接)。因为一个隐喻说出来的仅仅是表面看来所表明的东西，这种东西通常显然是假的或是荒谬的真理。并且，这种人们都很明白的真或假无需释义——它的意义是按照所论及的语词的字面意义给出的。

我们在用于描述隐喻内容的方法和手段上已经花费和正在花费大量精力，我们要由此达到什么样的目的呢？心理学家罗伯特·维布拉格(Robert Verbrugge)和南希·麦卡雷尔(Nancy Mc-Carell)告诉我们：

> 很多隐喻所注意的是共同的关系系统或共同的变换，在这些隐喻中，参与者的同一性是次要的。例如，试考虑下述语句：一辆汽车像是一个动物，树干是干渴的树叶和树枝的麦秆。第一个语句把注意力指向能量消耗、呼吸机能、自我诱导运动、感觉系统之间的关系系统。在第二个语句中，类似之处则是一种更受约束的变换类型：从液体源中通过一个垂直取向的圆柱体吸收液体送至目的地。①

维布拉格和麦卡雷尔认为在语词的严格照字面解释的使用与隐喻性使用之间没有明确的界限；他们认为，很多语词都具有一种要由语境确定(倘若确实可被确定的话)的“模糊”意义。可是，无论对这种模糊性作出怎样的例示和说明，这种模糊性都确实无法消除

① 维布拉格和麦卡雷尔：“隐喻性理解：对回想和类似的研究”(“Metaphoric Comprehension: Studies in Reminding and Resembling”)，第499页。

在一个语句的字面涵义（假定给出了它的语境）与它“把我们的注意力所引向的”东西（假定给出了它的由语境确定的字面涵义）之间的界限。我援引的那段话并没有使用这样一种区别，这也就是说，在它看来样本语句把我们的注意力引向由这些语句的释义所表达的事实。维布拉格和麦卡雷尔仅仅想要坚持这样一种看法，即一种正确的释义可能强调的是“关系系统”，而不是对象之间的类似。

根据布莱克的相互作用理论，一个隐喻使我们把一个与隐喻词联系在一起的“老生常谈的系统”应用于隐喻论及者，例如，在“人是一只狼”这句话中，我们把狼的一些通常属性（老一套的属性）归之于人。布莱克说，隐喻便是这样“通过蕴涵着一些通常适用于辅助论及者的关于主要论及者的陈述而选择、强调、抑制和组织主要论题的种种特征”。[①] 根据布莱克的看法，如果释义失败，这并不是因为隐喻没有特殊的认识内容，而是因为释义“不会有与原有意义相同的阐释力。……我很想要强调的几个论点之一是，在这类场合下的损失便是认识内容上的损失；严格的字面释义的相关弱点并不在于它可能会是冗长得令人不耐烦或明确得使人厌烦；它未成为一种翻译的原因在于它没有给出隐喻所给出的那种见识。”[②]

这种看法怎能是正确的呢？倘若一个隐喻具有一种特殊认识内容，为什么把它表述出来竟会如此困难或不可能呢？如果（正如欧文·巴菲尔德所断言的那样）一个隐喻“说的是一回事，它的含

① 布莱克：“隐喻”（“Metaphor”），第44～45页。

② 同上文，第46页。

意又是另一回事”，为什么在我们试图把它的含意弄得明确起来的情况下所取得的效果竟会如此弱(“用那种方式表述之”，巴菲尔德说，“几乎所有的使隐喻带有一半诗意的光彩照人之处都消失了。”)?[①] 为什么布莱克认为一种严格的字面释义“不可避免地作了过多的说明(并且作了错误的强调)”? 为什么是不可避免的? 倘若我们更聪明，我们为什么就不能随心所欲地接近隐喻的本义?

就此而论，明喻是如何在没有一种特殊的中介意义的情况下发挥作用的? 一般来说，批评者们并没有暗示明喻说的是一回事，其含意又是另一回事——他们并没有假定明喻具有除了语词的表层意义之外的任何意义。正像隐喻一样，明喻也可以使我们思考深刻的思想；在这种情况下，人们怎么会不求助于明喻的“特殊认识内容”呢? 并且，请记住艾略特的“河马”一诗，尽管在诗中既没有明喻也没有隐喻，但是，该诗似乎达到的效果恰如明喻和隐喻所达到的效果。难道有人提出艾略特的诗中所用的语词具有特殊意义吗?

最后，倘若隐喻所用的语词带有被编码的意义，那么，这种意义如何能区别于这些同样的语词在所论及的隐喻消亡的情况下(即当它最终变成语言的一部分时)所带有的意义呢? 为什么现在有意使用的“He was burned up”这句话的含意不恰好是这个隐喻开始使用时曾具有的含意? 不过，这个亡隐喻的含意不过就是他十分愤怒——这是一个不难弄清的概念。

因此，在关于隐喻的通常看法中存在一种不融洽的状态。这

① 巴菲尔德(O. Barfield)：“诗的用语和正当的虚构”(“Poetic Diction and Legal Fiction”)，第55页。

是因为，一方面，这种通常看法想要坚持这样一种观点，即隐喻做出了平铺直叙的话语无法做出的事情；另一方面，它想要通过求助于认识内容来说明隐喻的所作所为，而这种认识内容恰恰是平铺直叙的话语旨在表达的那种东西。只要我们处于这种心智框架之中，我们就必须至少在某种程度上对能够通过求助于认识内容来说明隐喻这一点表示怀疑。

有一条走出这个死胡同的简单出路。我们必须放弃这样一种看法，即认为隐喻带有一种信息，它具有一种内容或意义（当然，这是指除了它的字面意义之外的某种意义）。我们一直在考虑的那些各种不同的理论误解了它们的目标。在它们认为它们为译解被编码的内容提供出一种方法的场合，它们告诉我们（或试图告诉我们）的实际上是某种关于隐喻对我们所造成的效果的东西。普遍的错误在于把注意力集中到了隐喻引出的思想的内容上，并把这些内容理解成隐喻本身。毫无疑问，隐喻常常使我们注意到我们以前没有注意到的事物的诸多方面；毫无疑问，隐喻使我们注意到惊人的相似之处和类似之处；正如布莱克所说，隐喻的确提供了一种透镜或框架，我们可以通过它来考察相关现象。问题并不在于此，而在于隐喻是如何与它使我们见到的东西相联系的。

可以公正地说，断言一个隐喻诱发或引起某种关于其论及者的观点，而不是直接把它说出来，这种说法不过是一个老生常谈；实际上也正是这么一回事。例如，亚里士多德说隐喻导致“对相似之处的领悟”。布莱克仿效理查兹的看法说，一个隐喻“唤起”某种反应：“一个适当的听者会被一个隐喻引导去建构一个……系统。”[①]这种

① 布莱克：“隐喻”（“Metaphor”），第 41 页。

看法由赫拉克利特关于特尔斐的神谕的说明简洁地概括为:“它既没有说出也没有隐藏,它作出暗示。”[1]

我对于这些关于隐喻效果的描述没有什么异议,我只对那些与之相联系的、论及隐喻理应如何产生这些效果的看法提出异议。我所否认的是:隐喻通过具有一种特殊意义、一种特殊的认识内容而发挥作用。我不像理查兹那样认为,隐喻是通过具有一种由两种想法的相互作用引起的意义而产生其效果的;在我看来,欧文·巴菲尔德的下述说法是错误的,即一个隐喻“说的是一回事,其含意又是另一回事”;布莱克的下述说法也是错误的,即一个隐喻凭借一种特殊意义来断定或蕴涵某些复杂事情,并由此来完成其产生一种“见识”的任务。一个隐喻是通过其他中介来发挥作用的——假定它能仅仅通过传递一种被编码的信息来发挥效力,这就像是认为一个玩笑或一个梦会作出某种可以由聪明的解释者用大白话重新表述的陈述。玩笑、梦或隐喻就像是一幅图画或是当头一棒,使我们意识到某个事实——但并不是通过代表(或表达)这个事实来做到这一点的。

如果这是正确的,那么,我们在对一个隐喻“进行释义”时设法做到的就不可能是给出该隐喻的意义,因为那依赖于其表层意义;倒不如说,我们设法唤起隐喻使我们注意的东西。我可以想象有人会姑且承认这一点,但又会不以为然地认为这不过是要坚持对“意义”这个词的使用施加限制。这种看法是错误的。当在隐喻问题上的主要错误采取关于隐喻意义的理论这种形式时它最易于受

① 我用的是汉纳·阿伦特(Hannah Arendt)对“σημαίνει”的有趣的翻译;在这种语境中,显然不应当把它译成“means”(意谓)。

到人们抨击,但隐藏在这种理论之后的则是这样一个可独立地加以表述的论题:与一个隐喻相联系的是作出这个隐喻的人想要传递的一种确定的认识内容,倘若解释者要得到有关信息的话,他就必须掌握这种认识内容。无论我们是否把这种所谓的认识内容叫作意义,这种理论作为一种关于隐喻的完整解释都是错误的。

甚至在最简单的隐喻的场合下,都十分难以判定那种认识内容恰恰应当是什么,这应该使我们对这种理论产生怀疑。我认为,常常十分难以作出上述判定的原因在于,当我们实际上始终把精力集中在隐喻使我们所注意的东西上时,我们便想象存在一种有待捕获的内容。倘若隐喻使我们注意到的东西在范围上是有限的、在性质上是命题性的,那么,这就其本身而言不会造成麻烦;我们不过是把隐喻使我们想到的内容投射到隐喻上去。但实际上对一个隐喻使我们注意到的东西并没有什么限制,并且,促使我们注意到的那些东西的大部分并不是命题性的。当我们试图说明一个隐喻的"含意"时,我们很快就会认识到我们想要提到的东西是无穷尽的。[①] 如果有人用手指沿着一张地图上的海岸线画或提到毕加索的一张蚀刻画上的一条线搞得很漂亮巧妙,那么,究竟有多少事物引起你的注意呢?你也许会罗列出很多很多事物,但你不可

① 斯坦利·卡维尔(Stanley Cavell)提到这样一个事实:多数人试图以"如此等等"来结束释义;他还引用恩普森的下述说法:隐喻是"意味深长的"〔"现代哲学中的美学问题"("Aesthetic Problems of Modern Philosophy"),第79页〕。但是卡维尔并没有像我那样说明释义的无穷性,这一点从下述事实中可见:他认为这种无穷性使隐喻区别于某些("但或许并非全部")照字面解释的话语。我认为,我们所谓的关于一个隐喻的释义的无穷性是由这样一个事实造成的,即这种释义试图详细说明隐喻使我们注意到的东西,而对此并没有什么清楚的限度。我对于语言的任何一种用法都会采取同样的说法。

能完成这一表列，因为人们不会清楚地应用关于完成的概念。一张照片传递出多少事实或命题？究竟是没传递出任何事实，还是无穷多事实，或是一个不可表述的异乎寻常的事实？这是一个不适当的问题。一幅图画的价值不是一千个词或任何其他数量的词。语词不是用来交换一幅图画的正当货币。

我们在被引向从一种新的角度来看待某件事物时，不仅无法提供关于被注意到的东西的一个详尽无遗的目录，而且所碰到的是更为根本的困难。一般来说，我们注意到或看到的东西并不是命题性的。当然，这种东西也许是命题性的，而在这种场合下，通常可以用相当清楚明白的词语把它表述出来。但是，倘若我向你展示维特根斯坦的鸭兔图，并且说“这是一只鸭子”，那么，碰巧你把它看成是一只鸭子；如果我说“它是一只兔子”，那么你会把它看成是一只兔子。可是，任何命题都没有表达出我引导你所看到的东西。或许你已意识到，那幅图可以被看作是一只鸭子，也可以被看作是一只兔子。但是人们能在从没有把那幅图看作是一只鸭子或看作是一只兔子的情况下最终认识到这一点。把某个东西看作是某个东西并不意味着我们所看到的就是那个东西(Seeing as is not seeing that)。隐喻通过作出某个引发或促成所论及的那种见识的陈述来使我们把一个东西看作是另外一个东西。既然在大多数场合下隐喻促成或引发的东西并不完全是(乃至完全不是)要识别出某个真理或某件事实，所以，企图对隐喻内容给予照严格字面解释的表述，这乃是完全误入歧途的。

因此，试图求助于一种隐匿的信息来说明隐喻的理论家(就像企图陈述这种隐匿信息的批评家一样)从根本上陷入了混乱。无法得到任何这类说明或陈述，因为这种信息根本不存在。

当然，这并不是说对隐喻的解释或阐释是杂乱无章的。如果我们要看到作出隐喻的人想要使我们看到的东西，要看到更灵敏的或有知识的读者所领会到的东西，那么我们当中的很多人都需要得到某种帮助。所谓释义的合法功能乃是使懒惰的或无知的读者像有技能的批评家一样具有一种想象力。可以这么说，批评家同作出隐喻的人进行有益的竞争。批评家力图使他本人的艺术创造在某些方面比原作更易于理解或更具有透明度，但同时他又力图在原作对他造成的那些影响的其他某些方面进行再创造。在做这项工作的时候，批评家还（或许是通过他所掌握的最佳方法）关注隐喻本身的美或恰当性（即它本身所蕴涵的力量）。

（牟博译）

第三部分

关于理解的理论：解释与翻译

6. 彻底的解释*

库特说出"Es regnet"这些语词，我们在正确条件下知道他说天在下雨。把他说出的话辨识为意向性的和语言的，我们就能继之以解释他说出的那些语词：我们能够说明他的那些语词在那种场合下的含意。我们能够具备什么样的知识以便能使我们做到这一点？我们如何能够得以了解这种知识？其中第一个问题不等同于我们确实具备什么样的知识以便能使我们解释他人的语词这个问题。因为很可能有某种这样的知识，即我们能够具有、但并不实际具有这种知识，而这种知识足以用来作出解释；另一方面，下述这一点并不十分明显，即我们实际具有某种在解释中发挥一种必不可少的作用的知识。第二个问题（即我们如何得以具有会用于作出解释的知识）当然不涉及语言获得的实际历史。因此，它是一个双重假设的问题，这就是说，假定有了一种会使解释成为可能的理论，一个潜在的解释者可合乎情理地获得什么样的证据来在合理的程度上支持这种理论？在下述行文中，我将试图把这些问题更尖锐地提出来，并作出回答。

解释的难题不仅是对另外一种语言而言的，而且是对同一种

* 本文首次发表于《辩证法》(*Dialectica*)杂志第27卷(1973年)，第313～328页。——译者

语言而言的:对于讲同一种语言的人来说,这个难题便以下述问题的形式出现,即如何能确定语言是相同的?讲同一种语言的人可以依赖于这么一种假设:对于他们来说,要以相同的方式来解释相同的表达式。但这并没指出那种证明上述假设之合理性的东西。而对另外一个人的言语的一切理解都牵涉到彻底的解释(radical interpretation)。而彻底的解释会帮助人们不至于忽视种种假设而只专注于那些很显然地要求作出解释的场合(即用另一种话语来解释一种话语的场合)。[①]

什么样的知识会起到解释的作用呢?一个信手拈来的回答是:关于每个有意义的表达式的含意的知识。在德语里,库特讲的那些语词的含意是天在下雨,而库特在讲德语。所以,库特在讲出"Es regnet"这些语词时说的是天在下雨。人们可能首先会认为,这个回答不只是重述了问题。因为它暗示,在从一个没有作出解释的描述表达式(即他讲出"Es regnet"这些语词)过渡到作出解释的描述表达式(即他说天在下雨)时,我们必须引入一种语词或表达式的手段(它可能在话语的实际表达中被例示,也可能没有被例示)。而这一暗示是很重要的。但是这个回答对我们没有更进一步的帮助,因为它并没有说明,知道一个表达式的含意意味着什么。

这个回答确实还暗示,相应于每个有意义的表达式的是一个实体,即它的意义。这种想法即使没错也已证明实在是没多大帮助的:它充其量是把那个难题实体化了。

---

① 采用"彻底的解释"这个术语旨在表明与蒯因的"彻底的翻译"有十分密切的关系。不过,这种密切关系并非等同关系,用"解释"取代"翻译",它表明的差别之一是:更加强调前者中明确的语义性质。

不再着迷于把意义用于对交流或解释作出一种切实可行的说明,这有助于说明为什么有的哲学家设法在不仅不求助于意义,而且根本不求助于任何正规的意义理论的情况下开展工作。当我们用来试图说明解释这个概念的其他那些概念结果表明比被解释项更令人惑然不解时,这便诱使人们考虑:说到底,词语交流不过在于对那些形成当事人的非语言活动之间因果联系的悬而未决的纷乱事物作出详细说明。可是,尽管可解释的言语不过是(即等同于)在各式各样的非语言的意向(如警告、控制、娱乐、使人分心、侮辱)下所完成的行为,而这些行为本身又不过是(等同于)嘴和喉的有意向的活动,但这种观察结果使我们接近于对我们可能具有的知识作出一种可理解的一般性解释,而这种一般性解释允许我们把未经解释的表达重新描述为已经解释的正确表达。

求助于意义这种做法,使我们比起从那些必须为解释提供证据基础的非语言的行为出发时进一步陷入困境。"只不过是"(nothing but)这种态度并没有为解决证据如何相关于它确实加以证明的东西这个问题提供线索。

弥合这种差距的其他一些建议不是在这方面就是在另外的方面行不通。奥格登(C. K. Ogden)和理查兹(I. A. Richards)的"因果"理论,以及查尔斯·莫里斯(Charles Morris)的"因果"理论企图根据行为主义的论据来逐个地分析语句的意义。即便就算是这些理论对最简单的语句奏效(但显然不是这样),它们也没有触及把这种方法推广到更复杂、更抽象的语句时所碰到的难题。另外一类理论的出发点是试图把语词而不是语句与非语言的事实联系在一起。这种做法倒还有指望,这是因为,语词在数量上有限,语句则不然,而每个语句不过是把一些语词联系在一起而已:这便提供了建构这样一种理论的机会，这种理论只用有限事物来解释无限多的语句中的每个语句。但是，这样一类理论获得不了证据，因为似乎显然无法根据非语言现象来直接解释语词的语义特征。理由很简单：我们必须借助的现象是语言为之服务的那些超出语言之外的利益和活动，而仅仅在语词被结合进（间或恰巧就是）语句的情况下，这些语词才服务于这些现象。而在这种情况下，便无缘在给出一个语句之前对语词作出一种基本的解释。

出于一些完全不同的理由，彻底的解释不能希望把对典型地说出一个语句时所带有的那些被细致区分的复杂意向的一种解释作为对那个语句之意义的证据。很难看出这样一种方法如何能处理语言结构上的递归特征，而了解这种特征对于解释如何能理解新语句是必不可少的。但是主要的困难在于，我们不能希望独立于对言语作出解释来有意义地归属被细致区分的意向。理由并不在于我们不能提出一些必要的问题，而在于对一个当事者的意向、信念和语词作出解释是一项单一计划的几部分内容，而这项计划的任何一部分内容都不能在其余内容完成之前就假定已完成。倘若这一看法是正确的，那么我们就无法在对意向和信念作出充分解释之后使之成为一种关于彻底解释的理论的证据基础。

我们现在便能对会被用来使解释成为可能的东西作出更详细的说明。解释者必须能理解说话者可能会说出的无限多的语句中的任何一个。如果我们要明确陈述解释者可能具有的那些能使他做到这一点的知识，我们就必须以有限的形式来表述它。[1] 如果

---

① 参看戴维森："意义理论与可学会的语言"（"Theories of Meaning and Learnable Languages"）。

要满足这个要求,就必须抛弃任何一种关于普遍的解释方法的企图。我们充其量可以期待的是:说明一个解释者如何能够对讲一种单一语言(或讲数量有限的语言)的人的表达作出解释,这也就是说,寻求一种会对用任何一种(可能的)语言说出的任何表达作出明确解释的理论是行不通的。

当然,一种理论对一个表达作出明确解释意味着什么,这一点还不清楚。对这个问题的系统表述似乎使我们把这种理论看作是对这么一种函项的详细说明,这种函项把表达作为主目,把解释作为函项值。但在这种情况下,解释简直无异于意义,确实就像某种神秘的实体。因此,在不明显涉及意义或解释的情况下来描述这种理论需要做到的事情,这似乎是明智的;而这种理论需要做到的是,使某个了解这种理论的人能够对该理论所适用的那些表达作出解释。

对解释理论的第二个一般性要求是,一个解释者可以合乎情理地获得的证据能够支持或证实它。既然这种理论是一般性的(即它必须适用于潜在无限多的表达),因而就会很自然地把证据本身看作是被辨认为正确的特定解释的实例。而对于处理一种已经了解的语言的解释者来说,这种情况当然确实出现。讲某种语言的人通常无法为他自己的语言提出一种明确的有限理论,但他能检验所提出的一种理论,因为他 能分辨这种理论在应用于特定表达时是否提出正确的解释。

然而,在彻底的解释中,这种理论理应提供一种事先没有给出的关于特定表达的理解,因此,对这种理论的最终证据不可能是正确的样本解释(sample interpretation)。为了讨论一般的情况,这种证据必须是一种可为这样的人所获得的证据,这个人还不知道如何解释那种理论旨在论及的表达，这也就是说，这种证据必须能够在不必使用诸如意义、解释、同义之类的语言学概念的情况下被表述。

在说明我认为怎样一种理论会达到预期目的之前，我想讨论一下最后一种可供选择的建议，即认为一种关于翻译（即从有待解释的语言译成解释者的语言）的方法便是所需要的全部理论。这样一种理论在于陈述一种把相异语言里的任意一个句子转换成所熟悉的语言里的一个句子的有效方法；因此，它会满足对一种可适用于任何一个语句的、被有限地加以陈述的方法的需要。但我认为，一种翻译手册并不是解释理论所应采取的最佳形式。[①]

当我们的目的是作出解释时，翻译方法所处理的是一个错误的论题，即两种语言之间的关系；在这个论题中，所需要的是对其中一种语言作出解释（当然，是用另一种语言作出这种解释，不过这是不言而喻的，因为任何一种理论都是采用某种语言）。我们不能混乱地把陈述那种理论所用的语言当作那种理论的一部分课题，除非我们明确地要这样做。在一般情况下，翻译理论涉及三种语言：对象语言、主题语言和元语言（即那种讨论翻译过程的语言，也就是关于翻译理论的语言，它说明主题语言中什么样的表达式翻译对象语言里的哪一个表达式）。而在这种一般情况下，我们能够在不知道主题语言或对象语言中的任一语句的含义的情况下知

① 把带有恰当的经验限制的翻译手册作为研究语言哲学中的问题的一个手段，这当然是蒯因的一个看法。这种看法激发起了我在目前这个问题上的很多想法，并且，我提出的建议在一些重要方面十分接近于蒯因的看法。既然蒯因并不打算回答我所提出的那些问题，因此，断言翻译方法并不是对彻底的解释这个难题的一种恰当的解决办法，这并没有批评蒯因的任何学说。

道主题语言中的哪一些语句翻译对象语言中的哪一些语句（这至少是就这样一种涵义而言的，即某个理解这种理论的人便会解释对象语言中的语句）。如果主题语言恰好等同于理论语言，那么，某个理解这种理论的人无疑便能使用翻译手册来解释另一种语言的表达；不过这是因为，他实现了他所知道的、但这种理论没有陈述的两件事情：即主题语言就是他自己所采用的语言这个事实和他的关于如何用他自己的语言来解释表达的知识。

试图使下述假设变得明确是很不便的，即被提到的一个语句属于一个人自己的语言。例如，我们可以作这样的尝试，即“把库特的语言中‘Es regnet’这个句子译成我的语言中‘天在下雨’这个句子”，但自指索引词（the indexical self-reference）出现在一种应当对任何解释者都奏效的理论中是很碍事的。如果我们决定认可了这个困难，那么仍然还有这样一个事实，即这种翻译方法对我们为解释我们自己的语言所需要具备的知识保持沉默，把它置于理论所涉及的范围之外。翻译理论必须把某种结构置入对语句的理解中去，但是没有理由期望它会对语句的意义依赖于其结构的方式提出什么见解。

用于解释一种语言（包括我们自己的语言）之表达的令人满意的理论会揭示重要的语义结构。例如，对复杂语句之表达的解释便系统地依赖于对较简单的语句之表达的解释。假定我们要给翻译理论附加上一种关于我们自己的语言的令人满意的解释理论，那么，我们就会恰恰具备了我们所想要的东西，但却是以一种不必要的笨拙形式来达到目的的。翻译手册艰辛地把有待翻译的那种语言里的每个语句译成翻译者所用的那种语言里的语句；然后，解释理论再对这些所熟悉的语句作出解释。显然，参照本国语言是多余的；这种语言是解释与另一种语言之间的一个不必要的中介。解释理论必须提到的惟一一种表达式便是那些隶属于有待解释的语言的表达式。

因此，可以把关于一种对象语言的解释理论看作是把一种起揭示结构作用的关于已知语言的解释理论与一种从未知语言译为已知语言的翻译系统这两者合并的结果。这种合并使得一切对已知语言的参照成为多余。当抛弃这种参照时，所剩下的便是一种起揭示结构作用的关于对象语言的解释理论——当然，这种理论本身是用我们所熟悉的词语来表达的。我提出的建议是，我们在塔尔斯基首先表明其构成方式的那类真理理论中获得这样一类理论。①

以塔尔斯基的方式来表征真理理论是这样的：对于对象语言中的每一个语句 *s* 来说，都可以从真理理论中衍推出一个具有如下形式的语句：

s（在对象语言中）是真的当且仅当 *p*。

这种形式的语句（我们称之为 T-语句）的实例可通过用一个关于 *s* 的规范描述表达式来替换"*s*"、用 *s* 的一个翻译来替换 *p* 而获得。在这种真理理论中的那个很重要的未作定义的语义概念是**满足**概念，这个概念把（开的或闭的）语句与对象的无限序列（可以把这些对象视作属于对象语言的变元范围）联系起来。数量有限的公理分为两种：有些公理给出对象序列在满足较简单的语句的那些条件的基础上据以满足复杂语句的条件，其他的公理则给出据以满

① 塔尔斯基（A. Tarski）："形式化语言中的真理概念"（"The Concept of Truth in Formalized Languages"）。

足最简单的(开的)语句的条件。这样，便依据满足概念为闭语句定义出真理概念。正如塔尔斯基所表明的那样，假如理论语言包含足够的集合论，像这样的递归理论就能按照人们所熟悉的思路变成一种明确的定义；但我们将不涉及这额外的步骤。

如果具有专名和函项表达式是对象语言中不可还原的特征，那么就会产生进一步的复杂情况。一个更棘手的问题涉及索引手段。塔尔斯基感兴趣的是不包含索引词和指示词的形式化语言。因此他能够把语句看作是表达真理的工具；在这种情况下把真理理论推广到表达(utterances)是很平凡的。但是自然语言则必不可少地充满诸如时态之类的索引特征，因此，其中的语句的真实性可能会随着时间和说话者的不同而发生变化。补救办法是相对于具体的时间和具体的说话者来为一种语言表征真理概念。这样，就又可以直截了当地把真理理论推广到表达。①

下述内容是为这样一个断言辩护，即业经修改以便适用于自然语言的真理理论可以被用作解释理论。这种辩护将试图回答三个问题：

(1)认为能为自然语言提出所描述的那种真理理论，这种看法有道理吗？

(2)一个先前没有关于有待解释的那种语言的知识的解释者似乎可以合乎情理地获得某种证据；而根据这种证据来断定一种真理理论是正确的，这可能吗？

(3)如果这种真理理论被认为是正确的，有可能对讲那种语言

① 关于真理理论如何处理指示词以及必须如何修改约定 T 的讨论，参看温斯坦(S. Weinstein)："真理与指示词"("Truth and Demonstratives")。

的人所作的表达作出解释吗？

第一个问题是对能为自然语言提出一种真理理论这个假设提出的；第二个问题和第三个问题是问这样一种理论是否会满足我们对解释理论所提出的那些进一步的要求。

(1)能为自然语言提出一种真理理论吗？

简要地考虑一下这样一种场合会有助于我们正确评价这个问题，即使用一种语言中的一部分有意义的语词(加上一两个语义谓词)来表达这种语言本身的真理理论的场合。根据塔尔斯基的约定 T，可从一种理论中衍推出全部 T-语句，这便是对这种理论的适当性的检验。在不给这种语言中的语句指派某种类似于标准量化形式的东西、不在这种理论中求助于一种关于满足的关系概念的情况下，显然无法满足那种检验。[①] 但有关 T-语句的一个引人注目的情况是，无论必须采用什么样的方法来生成 T-语句，无论运转什么样的本体论车轮，一个 T-语句终归采用下述办法来表达一个语句的真值条件，即不过是求助于与那个语句本身所求助于的一样平凡的东西，因为这两者所求助的东西是相同的。除非原初的语句提到可能世界、内涵实体、特性或命题，否则的话，对该语句的真值条件的陈述并不提及这些东西。

倘若不像塔尔斯基那样求助于未加分析的翻译概念，就没有同样简单的方法来证明关于另一种不同语言的类似论点。但是，我们应当也能为另一种语言来做我们能为我们自己的语言所做的

① 参看华莱士(J. Wallace)："论指称框架"("On the Frame of Reference")和戴维森："对事实为真"("True to Facts")。

事情。可以表明，难题在于要知道我们正在做这种事情。

似乎可以考虑通过要求一种满足约定T的理论来施加某种限制，也就是说，没有一种现在已知的并被普遍接受的方法来处理（在这种限制的范围内）大量难题，例如，关于归属态度的语句的问题、关于模态的问题、关于一般因果陈述的问题、关于反事实条件句的问题、关于归属性形容词的问题、关于诸如"大多数"之类的量词的问题等等。另一方面，在我看来对自然语言的研究取得了令人印象相当深刻的进展。例如，有泰勒·伯奇关于专名的研究工作①，有吉尔伯特·哈曼关于"应当"（ought）这个情态词的研究工作②，有约翰·华莱士关于物质名词与比较词的研究工作③，以及我本人关于态度的归属与完成行为词的研究工作④，关于副词、事件与单称因果陈述的研究工作⑤和关于引语（quotation）的研究工作⑥。

如果我们倾向于对仍然有待去做的工作（或某些已经完成的工作！）持悲观态度，那么我们就应当想到弗雷格在驾驭达米特所谓的"多重一般性"（multiple generality）时所取得的辉煌成就。⑦尽管弗雷格在心目中并没考虑在塔尔斯基的那种涵义上的真理理论，但他显然寻求并发现了一种能为之提出真理理论的结构。

---

① 伯奇（T. Burge）："指称与专名"（"Reference and Proper Names"）。

② 哈曼（G. Harman）："被辩护的道德相对主义"（"Moral Relativism Defended"）。

③ 华莱士（J. Wallace）："原级、比较级与最高级"（"Positive, Comparative, Superlative"）。

④ 参看戴维森："论说出（that）"（"On Saying That"）和"语气和履行"（"Moods and Performances"）。

⑤ 参看戴维森：《论行动与事件》（*Essays on Actions and Events*）中第6～10篇论文。

⑥ 参看戴维森："引语"（"Quotation"）。

⑦ 达米特（M. Dummett）：《弗雷格：语言哲学》（*Frege: Philosophy of Language*）。

把一种真理理论详细地应用于自然语言这项工作实际上几乎毫无疑问地会被分为两个阶段。在第一个阶段里，不是为整个语言，而是为仔细划分出的一部分语言来表征真理。这一部分语言尽管毫无疑问在语法上是简陋的，但却包含无限多的语句，它们可详尽无遗地体现整个语言的表达力。第二个阶段的工作是把剩下来的每个语句与已为之表征真理的那些语句中的一个或(在具有含混性的场合下)多个语句相匹配。我们可以把真理理论在第一个阶段的工作所适用于的那些语句看作是给出了一切语句的逻辑形式或深层结构。

(2)能够在开始进行解释之前通过求助于可获得的证据来证实一种真理理论吗？

约定 T 断言：如果一种真理理论为对象语言里的每个语句生成一个 T-语句，那么它就是令人满意的。因此，证实那些 T-语句是真的，这便足以证明一种真理理论在经验上是正确的(实际上，一个适当的样本便会在合乎情理的程度上确证那种真理理论)。由于 T-语句只提到对象语言里的闭语句，因而，相关的证据可以完全由一些关于说话者的那些与语句有关的行为和态度(无疑是通过说出的话语)的事实所组成。当然，一种切实可行的理论必须把语句看作是由一些在语句层次以下的表达式联结而成的，它必须引入像满足和指称这样的语义概念，并且必须求助于一种关于序列和由这些序列排定次序的对象的本体论。所有这些东西都要被看作是在直接证实的范围之外的理论构造。假如这种理论只衍推出采取 T-语句形式的可检验的结果，而这些结果并未提到所采取的那种方法，那么，这种理论便发挥了它的作用。因此，一种真理理论要使对一种明确表达出语法结构的理论的要求与对一种只能通过它对语句的说明来检验的理论的要求一致起来。

在塔尔斯基的研究工作中，T-语句被当作真的，因为据假定双向条件式的右边是对所给出的语句真值条件的翻译。但是我们不能在不预先具有彻底解释的情况下就事先假定能够认识到正确的翻译；在经验性的应用中，我们必须抛弃这个假定。我提出的建议是，把解释的方向颠倒过来：塔尔斯基是先假定翻译概念，之后便能以此定义真理概念；而现在的想法是把真理概念作为基本概念，并由此引出关于翻译或解释的说明。从彻底的解释的观点来看，这种做法的优点很明显。真理性是诸多表达要么具有、要么不具有的单一特性，而每个表达都具有属于它自己的解释；并且，真理性更加易于同说话者的相当简单的态度联系在一起。

在不求助于翻译概念的情况下重新表述约定 T 是毫无困难的：对于对象语言中的每一个语句，一种可接受的真理理论必须衍推出一个具有下述形式的语句：*S* 是真的当且仅当 *P*，其中“*P*”为任何一个这样的语句所替换，即这个语句为真当且仅当 *S* 为真。假定有了这种系统表述，真理理论便可由 T-语句的确为真这种证据来检验；我们便放弃了这么一种看法，即我们还必须说出替换“*P*”的语句是否对 *S* 作出翻译。如果我们对 T-语句的要求如此之少，那么似乎不大可能会形成一种解释理论。当然，倘若我们孤立地看待 T-语句，情况便会如此。但是希望在于，通过对作为一个整体的真理理论施加一些恰当的形式限制和经验限制，个别的 T-语句事实上便会起到作出解释的作用。①

---

① 关于一些必要的限定，参看本书第 27 页注②。

我们还必须说出解释者可获得什么样的证据——我们现在看到，证据在于：T-语句是真的。这种证据不可能是对说话者的信念和意向的详细描述，因为对态度作出归属（至少在这种场合下需要精细的描述）要求有这样一种理论，这种理论必须依赖于几乎同解释一样的证据。信念和意义的相互依赖性在下述这方面是很明显的：一个说话者认为一个语句为真，是因为这个语句（在他的语言里）所具有的含意，是因为他所具有的信念。在知道他认为该语句为真的情况下，知道其意义，我们就能推断出他的信念；而假定有了关于他的信念的足够知识，我们或许能推断出意义。但是彻底的解释应当依赖于这么一种证据，这种证据既不采取关于意义的知识的形式也不采取关于信念的详细知识的形式。

讨论这种可获得的证据的一个恰当起点是那种认为语句为真、接受语句为真的态度。当然，这种态度是一个信念，但它是可适用于一切语句的单一态度，因而它并不要求我们能够在信念之间作出很细致的区分。它是解释者在能作出解释之前就可以合乎情理地采取的一个态度，因为解释者可以知道一个人打算在说出一个语句时表达一个真理而又不了解这是什么样的真理。真诚的论断并不是作出一个人认为一个语句为真这个假定的惟一理由。谎言、命令、故事、讽刺在被觉察为态度的情况下也能揭示一个说话者是否认为他的语句为真。尽管没有任何理由排除掉对语句的其他一些态度（如希望其为真、想要使之为真、相信一个人将要使之为真等等），但我倾向于认为：所有这类证据都可以用认为语句为真这种说法来概括。

因此，可以假定，那种可获得的证据恰恰是：讲有待解释的语言的人认为各种各样的语句在某些时间和某些特定场合为真。这种证据如何能用来支持真理理论呢？一方面，我们具有下述形式的 T-语句：

(T)当"Es regnet"这句话由 x 在时间 t 讲出时它在德语中为真，当且仅当于 t 时在 x 附近天下雨。

另一方面，我们具有下述形式的证据：

(E)库特属于讲德语的语言共同体，库特认为"Es regnet"这句话在星期六中午为真，并且星期六中午在库特附近天下雨。

我认为，我们应当把(E)看作是表明(T)为真的证据。既然(T)是一个以全称的方式加以量化的条件句，因此，第一步是收集更多的证据来支持下述断言：

(GE)$(x)(t)$(如果 x 属于讲德语的语言共同体，那么，x 在 t 时认为"Es regnet"是真的当且仅当于 t 时在 x 附近天下雨)。

求助于一个语言共同体，这种做法最简捷，但却没有以尚待证明的假定为论据：如果对说话者起作用的是相同的解释理论，那么他们就属于同一个语言共同体。

对此提出的明显异议是，库特(或其他任何人)可能在是否在他附近天下雨这个问题上出错。而这当然构成不把(E)作为对(GE)或(T)的确定性证据的一个理由；这是认为像(GE)这样的概括不过是一般真的一个理由。上述那种获得证据的方法倒不如说是一种获得最合适的证据的方法。我们想要有这样一种理论，它满足对真理理论的形式上的限制条件，并获得人们最大程度上的一致同意，这也就是说，就我们所能告知的而论，使库特(以及其他人)所说的话尽可能经常地是正确的。在此不能从严格字面涵义上来理解最大化（maximization）这个概念，因为语句在数量上是无限的，并且，一旦那种理论开始形成，那么，承认会犯可理解的错误以及估计到犯各种不同错误的相对可能性，这些做法至少是讲得通的。[①]

为一种未知的母语设计真理理论的过程可能大致如下。首先，我们寻求最佳方式使我们的逻辑（在获得一种满足约定 T 的理论所需要的程度上）适合于那种新语言；这可能意味着把一阶量化理论的逻辑结构（加上同一式）纳入对那种语言的理解中去，不是逐个地理解那些逻辑常项，而是把这种逻辑的大部分内容视为一下子就罩住那种语言的一张网。这里的证据便是推理范型和那些被几乎每一个人在几乎一切时间都始终认为是真或始终认为是假的语句类（它们是潜在的逻辑真理）。第一步是识别谓词、单称词项、量词、联结词和同一式；这一步在理论上是解决逻辑形式的问题。第二步集中精力来处理带有索引词的语句，人们根据世界上的可发现的变化而认为这些语句有时真有时假。这一步连同第一步便对解释单个谓词的可能性作出一些限制。最后一步便是处理剩下的那些语句，人们对这些语句没有一致的意见，这些语句所具有的真值并非系统地依赖于环境的变化。[②]

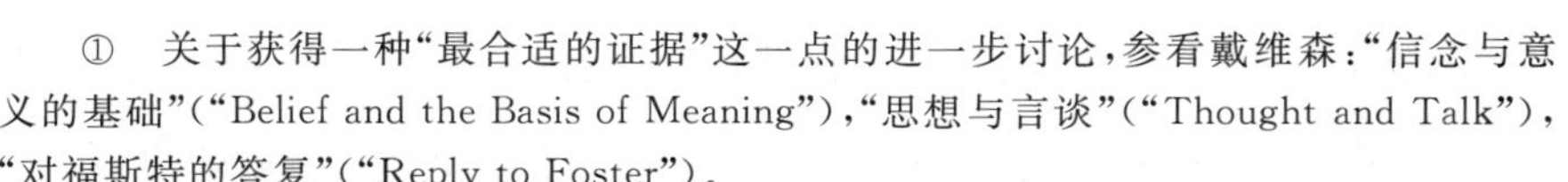

① 关于获得一种"最合适的证据"这一点的进一步讨论，参看戴维森："信念与意义的基础"（"Belief and the Basis of Meaning"），"思想与言谈"（"Thought and Talk"），"对福斯特的答复"（"Reply to Foster"）。

② 了解这里的解释与蒯因在《词与对象》（*Word and Object*）一书第二章里对彻底翻译的解释这两者的类似程度的读者还会注意到下述这些差别：我的方法里的语义限制条件迫使要对那种语言的量化结构作出解释，这很可能没有为逻辑形式的不确定性留下余地；刺激意义这个概念不在我的方法里起作用，而取代它的参照物是世界的客观特征，对语句真实性的态度与这些特征一起发生变化；蒯因仅仅在识别（纯粹的）语句联结词时才加以强调的宽容原则，在我这里则全面加以应用。

这种方法旨在通过尽可能认为信念是永恒不变的而从解决意义问题入手来解决信念与意义的相互依赖性问题。这是通过下述做法来完成的,即在有合乎情理的可能性的情况下向这种不同语言中的语句指派使讲这种母语的人正确(当然,何谓正确是根据我们自己的观点)的真值条件。证明这种做法的合理性的事实在于:只有在意见大量一致的背景下,意见不一致才同意见一致一样是可理解的。这个原则在被应用于语言时则被解释为:我们共同地接受或否定的语句越多(无论是否通过一种解释手段),我们对其余语句的理解就越透彻(无论我们是否对它们有一致的意见)。

这种旨在以一种对意见一致持乐观态度的方式来解释的方法论上的意见不应当被设想为有赖于一种可能最终表明是错误的关于人类理解力的假设。如果我们无法找到这样一种解释方式,它把一个人的表达和其他行为解释为揭示一组在很大程度上是相容的、并按照我们的标准为真的信念,那么我们就没有理由认为那个人是有理性的、有信念的或说出了任何有实际内容的话。

我想在这里插一段关于我的建议之方法论的话。在哲学中我们习惯于下定义、作出分析和进行还原。这些做法很典型地旨在使我们从一些人们对之有较充分理解的、清晰的、在认识论上或本体论上更基本的概念过渡到其他一些我们想要加以理解的概念。我所建议的方法不适合于其中任何一个范畴。我所提出的是一种在有待阐述的概念与那些相对地讲更基本的概念之间的比较松散的关系。处于核心地位的是一种形式理论,即这样一种真理理论:它把一种复杂结构赋予包含真理和满足这两个初始概念的语句。

根据这种理论的形式和证据的性质而应用这两个概念。结果便造成一种被部分地作出解释的理论。这种方法的优点并不在于它以无拘束的方式求助于证据支持(evidential support)这一概念,而在于它考虑到一种从最有利的方面加以解释的有力理论。这便允许我们使对一种从语义上表达的结构的需要与一种仅仅可在语句层次上加以检验的理论这两者一致起来。所获得的更妙的结果是:恰恰是那种支持潜在无限多的论点中的每个论点的难以使人信服的证据能够产生丰富的结果,即使是就那些论点而言也是如此。假定有了一种令人满意的理论,那么我们只要知道说话者据以认为语句为真的那些条件,就能对每个语句提出一种解释。最后这个断言仍然有待证明。因为那种理论充其量只给出了真值条件。我们需要证明的是:如果这样一种理论满足我们所规定的那些限制条件,那么就可以用它来作出解释。

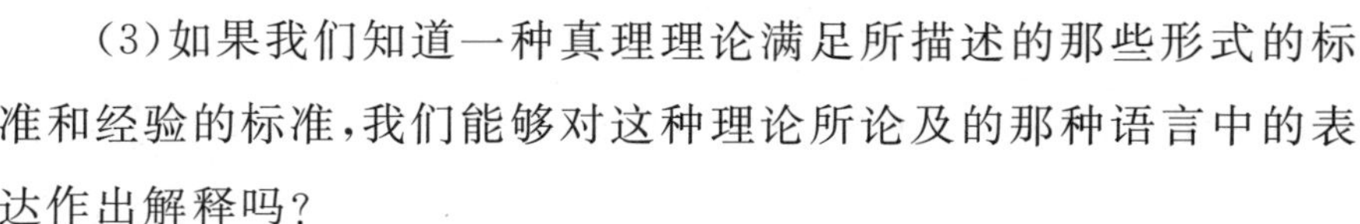

(3)如果我们知道一种真理理论满足所描述的那些形式的标准和经验的标准,我们能够对这种理论所论及的那种语言中的表达作出解释吗?

一种真理理论为对象语言中的每个语句都衍推出一个 T-语句,而一个 T-语句给出真值条件。因此,简单地断定一个 T-语句"给出一个语句的意义",这种做法是很诱人的。当然,并不是通过命名或描述一个作为意义的实体,而仅仅是通过说出在什么样的条件下对该语句的一个表达为真,来作出这种断定的。

可是经过再三考虑就会发现,一个 T-语句很显然并没给出它所论及的那个语句的意义:T-语句确实确定出相对于某些条件的真值,但这并不是说对象语言语句之所以为真是**因为**这些条件成立。然而,倘若重要的不过就是真值,那么,关于"雪是白的"这个语句的T-语句可以说成是"雪是白的"是真的当且仅当雪是白的一样,也完全可以说成是"雪是白的"是真的当且仅当草是绿的或2+2=4。我们或许会很有信心地认为没有任何一种令人满意的真理理论会产生出这类异常的T-语句,但是这种信心并不允许我们过分渲染T-语句的作用。

似乎会对我们很有帮助的一个步骤是作出下述断言:允许我们对另一种语言中的语句作出解释的不只是T-语句,还有对T-语句的规范证明。假定有了一种真理理论,便很易于构造出一种规范的证明,这种规范证明实际上是通过一连串的双向条件句来实现的,它出于惟一性的要求仅仅需要一些有针对性的判定,这些判定支配纳入双向条件句左边和右边的那些语句的优先次序。这个证明的确反映出那种真理理论赋予那个语句的逻辑形式,因而可能会被认为是揭示出某种有关意义的东西。但是,如果我们所知道的不过是:某一序列的语句根据某种真的理论是某个特定的T-语句的证明,那么,我们实际上会同以前一样只了解如何作出解释。

按照这些思路所提出的最后一个建议是:假定我们知道一种处理关于某个特定语句的语言的真理理论,我们便能对这个语句作出解释。因为在那种情况下,我们不仅知道关于这个有待解释的语句的T-语句,而且"知道"关于其他一切语句的T-语句;当然也就知道一切证据。因此,我们便会看到这个语句在作为一个整体的语言中的地位,我们便会知道这个语句中的每个有意义的组成部分所起的作用,并且我们便会了解到这个语句与其他语句之间的逻辑联系。

假定我们知道一个T-语句满足塔尔斯基的约定T,我们便会知道它是真的，我们就能用它来解释一个语句，因为我们会知道那个双向条件式的右边部分对有待解释的那个语句作出了翻译。我们现在遇到的困难是由这样一件事实造成的：在彻底的解释中，我们无法假定一个 T-语句满足翻译标准。然而，我们一直忽略了这样一点，即我们已经提出了一条可供选择的标准，这条标准是：T-语句的全体应当（在如上所描述的涵义上）最圆满地适合关于那些在讲母语的人看来为真的语句的证据。现在的看法是这样：塔尔斯基直接为每个 T-语句所作出的假设可以由一种整体论的限制条件间接地引出。如果这种限制条件是适当的，那么，每个 T-语句实际上都会作出一个可接受的解释。

因此，假定我们不仅知道一个 T-语句，还知道那种衍推出它的关于真理的经验理论，知道它是一种满足那些形式的标准和经验的标准的理论，那么这个 T-语句就能被用来解释一个语句。[①] 因为如果那些限制是适当的，那么，那一系列可接受的理论就会使得其中任何一种理论都对每个潜在的表达作出某种正确的解释。为了看出这种理论可能会如何发挥作用，不妨暂且接受这样一个荒谬的假设：那些限制条件使那些可能的理论缩减到一种理论，而这一种理论蕴涵前面讨论过的那个 T-语句（T）。因此，我们便有理由使用这个 T-语句来解释库特在说天在下雨时所说出的“Es regnet”这句话。假定给出了那些限制条件的可变通性质，一切可接受的理论便不见得是同一的。在所有的证据都已取得的情况下，正如蒯因已强调过的那样，依然要在我们归之于一个说话者的信念与我们对他的词语所作出的解释之间进行权衡。但是，所造

① 参看本书第 27 页注②。

成的不确定性不可能十分严重，这便使得任何一种通过了那些检验的理论都会被用来作出解释。

（牟博译）

7. 信念与意义的基础*

意义与信念在对言语作出解释时发挥着相互连结和相互补充的作用。我想通过强调下述两个方面之间的联系来解释信念和意义这两者的某些尚有疑问的特征：一方面是我们据以把信念归诸于说话者的理由，另一方面是我们据以把意义指派给说话者的话语的理由。

当我们说出一个说话者在某个使用场合所用的语词的含意时，我们便对一个语言行为作出解释。我们可以把对话语作出解释的任务看作是重新作出描述的任务。我们知道"Es schneit"这些语词在某个特定场合被说出，并且我们想要把说出的这句话重新描述为一个说(saying that)天在下雪的言语行为。[①] 如果我们要想能够以这种方式来重新描述言语(即对一个说话者的表达作出解释)，我们需要具备什么样的知识呢？既然一个能胜任的解释者能解释潜在无限多的话语中的任何一个(或者我们不妨这样说)，我们便无法通过一一列举实例的办法来详细说明他所具备的

* 本文首次发表于《综合》(*Synthese*)杂志第27卷(1974年)，第309～323页。——译者

① 我在目前场合下是按这样一种方式来使用"说(that)"这个表述式的：一个说话者在某个特定场合说(that)天在下雪，当且仅当他说出的语词(在那个场合)的含意是天在下雪。因此，一个说话者可以在他并非意指(或断定)天在下雪的情况下说天在下雪。

知识。例如，他知道，卡尔在某些条件下说出“Es schneit”时是带着某种意向说天在下雪的；但是还有无穷无尽的进一步的实例。在这种情况下我们必须做的事情是陈述一种从中得出特定解释的有限理论，这种理论可以被用来描述解释者在理解说话内容时的一方面的能力。倘若我们愿意，我们还可以坚持认为，解释者有一种与该理论一致的机能。如果这仅仅意味着总有一种实现上述那个任务的机能，便难以看出上述断言如何会是不正确的。

解释理论是要由语言学家、心理学家和哲学家协力完成的一项工作。它的研究课题是一个或多个说话者的语言行为，它告诉我们这个或这些说话者的某些表达的含意是什么。最后，解释理论能被用来描述每一个解释者所具备的知识，即关于这种理论的真理的一个可详细说明的有限子集。在下述内容中，我将对一种解释理论所能采取的形式作一点说明，并对之作出很多假设。但我想要集中讨论这样一个问题，即我们如何能断定任何一种这样的理论是真的。

有一个现成的回答。若解释理论的经验含义为真，则该理论为真。我们可以通过从这种理论关于真理的经验含义中进行取样检验来对这种理论作出检验。在目前这种场合下，这意味着要注意到一种理论对一个说话者的话语作出的典型解释是否是正确的。我们同意这样一种看法，即任何一个能胜任的解释者都知道那些相关的经验含义是否为真；因此，任何一个能胜任的解释者都能以这种方式检验一种理论。当然，这并不意味着找到一种真实的理论是无足轻重的；它的确意味着，假定有了一种理论，那么，对它的检验可能并不需要任何神秘的东西。

然而，起初的那个问题是问我们如何知道某个特定的解释是正确的，而我们的上述现成回答并不是就这个问题而言的。毫无疑问，一个话语能够由一种正确的理论来解释，但是，倘若困难在于确定一个解释在什么样的场合下是正确的，那么，通过给出关于正确解释的样本来支持作出这种解释的理论，这种做法是无济于事的。有一种明显的困境；我们在能认出对解释理论本身的证据之前就需要这种理论。

这种困难是很明显的，因为未被解释的话语似乎是意义理论的恰当的证据基础。如果一种可接受的理论能够得到这样一种证据的支持，那便会构成概念上的进步，因为这种理论实际上是可详细说明的语义性理论，而那种证据会被非语义性的词项来描述。企图指望更基本的证据（譬如说行为主义的证据），这只能使理论构造的任务更加难以完成，尽管这也许会使之更加令人满意。不论怎样，我们能在不感到为难的情况下承担起那项困难较少的研究工作。

这个问题的主要麻烦起源于信念和意义用以共同地解释表达的那种方式。说话者之所以认为某个语句在某个场合下为真，这部分地根据他通过说出那句话所表达（或想表达）的某种意思，部分地根据他的某种信念。如果我们必须进行的一切实际上都是作出诚实的表达，那么，我们在不知道说话者的话语的意义的情况下，不能由此推出他的信念，并且，我们在不知道说话者的信念的情况下，不能推出他的话语的意义。

为了突破这个循环，人们提出了各种不同的对策。其中的一个办法是寻找关于语词的含义的证据，而这种证据是不取决于信念的。这种证据还必须独立于意向、愿望、懊悔、希望、赞同和约定，因为所有这一切都含有信念成分。或许有些人认为，有可能在不用知道（或确定）说话者的大量与信念有关的东西的情况下去确定解释理论的正确性。但难以想象如何能做到这一点。

似乎更合乎情理的一种看法是，从关于说话者（或解释者，或这两者）的意向、愿望和信念的详细资料中推导出解释理论。我认为这是属于米德（G. H. Mead）和杜威（J. Dewey）的传统以及维特根斯坦和格赖斯（P. Grice）的传统的那些人所采取的办法，他们根据意向、用途、目的、功能等等非语言的东西来给语言的意义下定义或作出说明。我认为，这种办法也不会满足目前的需要。

当然，下述方法论准则不会有错，即当出现关于意义、指称、同义等等的令人惑然不解的难题时，我们应当记住，这些概念就像那些关于语词、语句和语言本身的概念一样，是从赋予其内容的社会交往和社会环境中抽象出来的。由于日常的语言学概念和语义概念是那种旨在对更初始的资料起组织作用的直觉性理论的一部分，因此，所出现的混乱只能起因于这样一种做法，即把这些概念及其假定的对象看作是好像它们具有独自的生命力一样。但这一观察结果无法回答我们如何知道对一个表达的解释在怎样一种场合是正确的这个问题。如果我们的日常概念暗示一种混乱的理论，我们就应当寻求一种更好的理论，而不是放弃建立理论。

人们也不会对下述做法提出异议，即详细说明在说话者的话语的含义与他的非语言的意向和信念之间的复杂的重要关系。我很怀疑依据非语言的意向和信念来给语言的意义**下定义**的可能性，但是，这些怀疑与目前的讨论主题无关（如果并不是产生这些怀疑的根源的话）。

目前的讨论主题是为解释理论的适当性所提供的那种证据的性质。如果这种证据要能回答我们所提出的那个问题，它就必须是可以用非语义学的、非语言学的词项来描述;它还必须是这样一种证据,即我们可以想象一个刚开始从事工作的研究者可在不事先掌握这种证据要支持的那种理论的情况下拥有这种证据。这便是我发现有困难的地方。要证实存在详细的、一般的和抽象的信念与意向而又同时能够说出说话者的话语的含义,这不仅有实践上的障碍,而且有原则上的障碍。我们充分意识到下述企图的荒谬性,即试图在不询问某人的情况下获知他是否相信有一个最大的素数,或他是否打算通过做出某些声响来使另一个人在认识到这些声响所带有的意向后停止吸烟。这种荒谬性并不在于非常难以在不借助于语言的情况下发现这些信念、意向等这个事实,而在于我们不充分了解在无法交流的情况下如何着手证实这类态度的存在这个事实。

下述说法并没有恰当地表述出这一点,即认为我们的极为复杂的信念、意向和思想就跟未说出的表达一样。我所作出的只是如下断言:详细了解一个人的意向和信念不可能独立于了解他的话语的意义。如果情况如此,那么,罗列出的一系列说话者的复杂的信念和意向便不可能为一种旨在解释其言语行为的理论之真实性提供证据。

既然我们在不了解一个说话者的信念的情况下无法指望对这个人的语言活动作出解释,并且,我们也无法在事先发现这个人的信念和意向的基础上建立关于他的话语的含义的理论,因此我得出的结论是:在从根本上对话语作出解释时,即在彻底的解释时,我们必须以某种方式同时提出信念理论和意义理论。这种做法的可能性如何呢?

为了使这个问题对于比较简短的讨论来说充分地简单明了,

我们不妨改变一下对为解释理论提供的证据基础所作的描述。我想要考虑的不是对表达式的表达，而是对表达式的某种态度，即在实际说出表达式时可能显示出也可能不显示出的一种态度。这种态度是指相对于某个时间认为某句话为真这一态度。我们不妨假定我们可以了解到过去、现在和将来关于这类态度所能知道的一切事情。最后，我想要作出这样一番想象：我们能够描述这些态度成立或不成立的那些外部状况。在这种情况下，可获得的那种典型证据如下所述：一个说话者认为“Es schneit”为真当且仅当天在下雪。我希望人们会姑且承认下述说法是合乎情理的：我们能够说出一个说话者在什么样的场合下认为一个语句为真而不知道他用那个语句表达什么含义，或不知道他对那个语句的未知主题持有什么样的信念，或不知道什么样的详细意向促使（或可能促使）他说出那个语句。常常可以作出这样的论证，我们必须假定一个说话者的大多数表达是关于他认为其为真的语句的表达：如果这是正确的，便确保了可独立地获得的证据基础。不过较弱的假定也行，因为甚至可以发现有被强迫说谎的人和一贯的欺骗者。

因此难题在于：我们假定我们知道一个说话者认为什么样的语句为真、在什么样的场合下为真，而我们想要知道他的话语的含义和他的信念是什么。如果我们具有关于他的信念和意向的充分知识，我们或许能解开这个难题，但在不事先获得解释理论的情况下是不可能做到这一点的。假定有了那些解释，我们便能从证据基础中获知信念，但这就假定了我们想要知道的东西。

在我看来，这个难题类似于决策论中的一个众所周知的难题。假定一个当事人在下述两种选择之间并不偏好某一种选择：一种选择是得到 5 美元；另一种选择是进行一场赌博，如果投硬币出现的是正面，则给他 11 美元，如果出现的是背面，则不给他钱。我们也许会通过下述假定来对他的无所偏好作出说明（即“作出解释”），即假定钱具有一种递减性的边际效用，这也就是说，5 美元在他的主观值尺度上处于 0 美元与 11 美元之间的中点。我们是通过下述假设得到这一结论的，即这场赌博的价值是由其似然性所平均化了的可能结果的值的总和。在这种情况下，我们假定，投硬币出现正面和背面的概率是同样的。遗憾的是，还有另外一种看来同样合理的说明：既然 5 美元在效用上显然不是处于 0 美元与 11 美元之间的中点，因此，那个当事人必须相信背面比正面更有可能出现；如果他以为正面和背面各自出现的可能性一样，那么他无疑会偏好进行那场赌博，因为在这种情况下那场赌博直接相当于提供 5.5 美元。

要点是很显然的。在赌博方式之间的选择是选择者赋予那些结果的相对值与他指派给那些结果的概率（这决定于他的选择）这两种心理因素的结果。假定有了当事人的信念（他的主观或然性），便易于从他作出的选择中计算出他所赋予的相对值；假定有了他的这些相对值，我们便能推断出他的信念。但是，假定只给出了他的选择，我们如何能够既得出他的信念又得出他的相对值呢？

这个难题很类似于关于解释的难题。决策论中的解决办法是很利落的和令人满意的；而在意义理论中则无法获得同样出色的解决办法。但是，我认为，人们可以看到有可能采用一种类似的对策。简单一点说，弗兰克·拉姆赛提出的用以解决决策论中的上述难题的建议便是这种对策。[①] 假定有两种可供选择的赌博结

① 拉姆赛（F. P. Ramsev）：“真理与或然性”（“Truth and Probability”）。

果，即得到 11 美元和得到 0 美元，又假定有一个事件 E，使得当事人在下述两种赌博方式中并不偏好任何一方。第一种赌博方式是：若 E 发生，则当事人获得 11 美元；若 E 不发生，则他未获分文。第二种赌博方式是：若 E 发生，则他未获分文；若 E 不发生，则他获得 11 美元。当事人在这两种赌博方式之间无所偏好表明，他必定作出了 E 发生的可能程度与 E 不发生的可能程度相等的判断。因为如果他认为 E 更有可能发生，他便会宁愿选择使他在 E 发生的情况下得到 11 美元的第一种赌博方式；如果他认为 E 更有可能不发生，他便会宁愿选择使他在 E 不发生的情况下得到 11 美元的第二种赌博方式。对于决策论来说，这种办法解决了如何把主观的或然性与主观的效益分开的难题，因为，一旦找到了 E 这样的事件，就有可能估计其他的值，从而确定一切事件的主观或然性。

在决策论的这种说法中，证据基础在于对那两种可供选择的不同赌博方式究竟偏好哪一种，在于对两者之一下赌注。这种偏好相应于解释时人们认为某句话为真的态度。决策论中的实际选择相应于解释中的实际表达。对某种特定偏好作出说明包括完成对各种值的比较和对或然性的估计这个任务。对这种解释的支持不是来自于对当事人的态度和信念有什么新看法，而是来自于对所要说明的那种偏好进行更多的观察。简而言之，为了说明（即解释）某种特定的选择或偏好，我们便观察**其他的**选择或偏好；而这些其他的选择或偏好便会支持一种我们据以对原来的选择或偏好作出说明的理论。对主观的值和主观的或然性作出归属是理论结构的一部分，是概括有关基本偏好之结构的事实的便利手段；无法独立地检验那些基本的偏好。总而言之，我的论点是，我们应当把意义和信念看作同一个理论的两个相互衔接的构成物，正如我们已经把主观值和主观或然性看作决策论的两个相互衔接的构成物一样。

一种关于决策的理论引出某些关于选择行为的说明性事实，对这些事实的表示方式之一是，把一些旨在衡量那些主观的结果值的数字指派给某个特定的当事人。因而，我们可以把衡量那些主观值的数字0、1和2分别指派给获得0美元、5美元和11美元的人。在粗心的人看来，这可能暗示，对于那个当事人来说，11美元的价值差不多是5美元的两倍。只有通过研究潜在的理论才会了解真相，即只有旨在衡量效益的数字指派才适于线性变换，其他的数字指派则不适于线性变换。例如，尽管数字2、4和6也能用来记录事实，但6并不是4的两倍。在这种理论看来，有意义的是对差别作出比较，而不是对绝对量作出比较。当我们通过指派数字来表示关于偏好、效益和主观或然性的事实时，只有某些数字特性被用来把握从经验上得到辩明的范型。因而，所使用的其他数字特性可以被任意选择，例如在衡量效益或温度时所用的零点和单位。

完全不同的数字指派也可以表示同样的事实。在对言语作出解释时，引入这样一些假定实体即命题作为语句的意义或信念的对象，这种做法可能会使我们误认为这类证据辩明(或应当辩明)一种它并没有辩明的惟一性。倘若有了决策论，我们就能精确地确定哪些数字特性与衡量效益有关，哪些数字特性与衡量或然性有关。由于命题比数字含混得多，因此还弄不清命题在多大程度上胜任人们期待它们去完成的工作。

决策论与解释理论之间不只是类似，还有联系。从决策论这方面来看，存在着这样一个难题，沃德·爱德华兹（Ward Edwards）曾称之为关于决策论的经验应用的“描述难题”（presentation problem）。为了获知一个当事人的偏好（尤其是在一些复杂的赌博中），显然有必要用话语来描述那些选择。可是，试验者如何能知道这些话语对于这个主体所具有的含义呢？这个难题不仅仅是理论上的：众所周知，对于被这个试验者当作同一个选择的东西所作的两个描述可能会从一个主体中引出完全不同的反应。我们面临着一个我们刚才讨论过的与解释有关的难题：假定我们在不具备关于信念和意向的精确知识的情况下就能解释言语行为，这是不合乎情理的；除非我们能解释言语行为，否则，设想我们能证明在一些复杂选择中偏好某些选择的正当性，这也是不合乎情理的。一种彻底的关于决策的理论必须包括解释理论，而不能预设解释理论。

从解释理论这方面来看，当断定一个人在什么场合下接受一个语句为真时也存在明显的困难。决策论（以及隐藏在它后面的那些常识的看法）有助于说明下述看法，即最好通过信念在使选择或偏好合理化上的作用来理解信念。我们在此只考虑一种特殊的信念，即关于一个语句为真的信念。不过，甚至在这种情况下，我们也最好能在这种信念后找到也许会在选择中显示出来的偏好。我此刻提不出关于可能（或应当）如何做到这一点的详细建议。而理查德·杰弗瑞迈出了首要的一步。[①] 他把拉姆赛理论中的那种论及事件、选择和命题的相当难懂的本体论归约为一种只论及命题的本体论，并以此来消除拉姆赛理论中的某些令人烦恼的混乱。

---

① 杰弗瑞（R. Jeffrey）：《决策的逻辑》（*The Logic of Decision*）。

在这种情况下，在那些成真的命题之间的偏好就变成了证据基础，因此，我们就能用这种修正过的理论来谈论对命题的真实性的信念的程度以及那些要求命题为真的愿望的相对强度。正如杰弗瑞所指出的那样，对于他的理论来说，不妨把这些不同的态度的对象当成语句。倘若作出这种改变，我们就能把决策论与解释理论的题材统一起来。当然，杰弗瑞有这样一个假定，即当事人和理论建构者以同样方式来理解语句。但是，可以通过放弃这个假定来使这两种理论统一。我们应当最终追求这样一种理论，它把语句之间的偏好（即认为一个语句，而不是另一个语句为真的偏好）作为证据基础。因此，这种理论会通过把信念和值归于当事人、把意义归于这个当事人的话语来对这种个别偏好作出说明。[①]

在本文中，我将不再进一步思考是否有可能提出一种关于决策和解释的一体化理论的问题，所以我转而重新讨论这样一个问题，即根据关于表达所例释的语句在何时以及在什么样的外部境况下被认为真的知识来解释这些表达的问题。在我迄今说过的那些话中的主要看法可以概括如下：某些行为的或倾向的事实必然是意义和信念的一个向量，我们可以用一些不对解释作出假定、而解释理论却能引以为据的方式来描述这些事实。其结果是，要解释一个特定的表达，就必须构造一种对潜在无限多的表达作出解释的详尽理论。因此，对特定表达所作的解释的证据，必须是对一个说话者的或语言共同体的全部表达所作的解释的证据。最后，像意义、命题和信念对象这样的实体之所以在对言语行为作出的

① 关于发展这样一种理论的情况，请参看我的“走向关于意义和行动的统一理论”（“Toward a Unified Theory of Meaning and Action”）一文。

解释中占有合法地位,这仅仅是因为我们可以表明它们在构造一种适当的理论中发挥着有益的作用。没有理由预先就相信这些实体会有任何助益,因此,识别表达式的意义或信念的对象,不可能是一种理论或分析的独立目标。

对这些看法(我们在很大程度上将其归功于蒯因)的重视代表着语言研究中的少数几个真正突破之一。尽管我按自己的方式表述我的看法,但我认为蒯因与我之间的差别更多地在于各自强调的重点不同,而不在于实质方面。蒯因的论述大部分集中在否定人们对于分析性、同义性和意义等概念的有用性或可理解性所持的那种错误的信任,我则力图强调它们的积极方面。就像我们中的其他人一样,蒯因也想要提出一种解释理论。他之所以对意义提出责难,旨在使人们不要从一些错误的起点出发;而他对这种责难所作的论证则为一种可接受的理论提供了基础。

我接受那种在我看来实质上是蒯因对关于解释的难题所作的描述,而我想提出的对这个难题的解决方案显然在很大程度上也归功于他。不过我们之间还有某些差别。其中一个差别涉及解释理论应当采取的形式。蒯因主张我们应制定一种翻译手册(即按递归方式给出的一个函项),这种手册用解释者的语言为说话者的每个语句提出一个相应的语句(或在说话者的语句具有含混性的情况下提出不止一个相应的语句)。要解释某个特定的表达,人们要给出起翻译作用的语句,并制定翻译手册。此外,还必须确切地知道一种满足那些经验限制条件的翻译手册保留了什么样的知识:可以这么说,要确切知道不同的可接受的翻译手册之间的不变因素是什么。

为使解释理论具有明确的语义性质,我实际上提出这样的建议,即解释理论应当采取塔尔斯基式的真理理论的形式。[①] 尽管采取的是塔尔斯基式的真理理论的形式,但作了一些变动以适于解决目前的问题。首先,我们所寻求的是一种真理理论,而塔尔斯基感兴趣的是这种真理理论中的明确的真理定义。我现在将不讨论这个变动,这个变动主要涉及用那种据以提出真理理论的语言可以在多大程度上获得一种本体论的问题。第二,为了容纳自然语言中的指示(demonstrative)因素,必须使这种真理理论相对于时间和说话者(还可能相对于其他某些事物)。第三个变动较重大,触及所讨论问题的核心。塔尔斯基的约定 T 要求这样一种真理理论,它对某些谓语(譬如说"是真的")施加一些条件,以便可以从中衍推出具有某种形式的全部语句。这些语句恰恰是那些具有下面这种为我们所熟悉的形式的语句:"'雪是白的'是真的当且仅当雪是白的。"对于塔尔斯基所讨论的形式化语言来说,可以根据T-语句的句法来了解这些语句(我们可以把这些语句称为定理);即使在对象语言与元语言不同的情况下,即使在我们用某种更易于处理的东西代替引号的情况下,这一点依然是正确的。但在彻底的解释中,从句法上对 T-语句进行检验是不可取的,因为这样一种检验预设了人们希望获得的关于对象语言的理解。理由很简单:句法检验只是把同义关系或翻译关系形式化,而在塔尔斯基的真理理论中这种关系被当作是不成问题的。我们的看法是把塔尔斯基的看法颠倒过来:我们想要通过预先把握真理概念这一假定来获得对意义或翻译的理解。因此,我们需要的是对 T-语句的可

① 塔尔斯基(A. Tarski):"形式化语言中的真理概念"("The Concept of Truth in Formalized Languages")。

接受性作出判断的方式,这种方式不是句法的,没有利用翻译、意义或同义这些概念,而是使得可接受的 T-语句事实上会作出解释。

一种真理理论在内容上会是适当的,这也就是说,它会在下述假定下正确地确定真理谓词的外延:对于对象语言中的每个语句 *S* 来说,都可从这种理论中衍推出一个形如"*S* 是真的当且仅当 *P*"的定理,其中,"*S*"为 *S* 的描述表达式替换,"*P*"为这样一个语句替换,即这个语句为真当且仅当 *S* 为真。然而,对于作出解释来说,仅有 T-语句中的真还是不够的。只有在一种真理理论的 T-语句用可以被看作是"给出"对象语言的语句的"意义"的词语来陈述真值条件的情况下,这种真理理论才会作出解释。我们的困难是要找到施加于真理理论上的一些限制条件,这些条件强到足以保证能用这种理论来作出解释。

还有一些关于形式上的性质的限制条件,这些条件起因于下述要求:真理理论应当被有限地公理化;它应当满足(被适当地修改过的)约定 T。[①] 如果元语言被认为包含普通的量化理论,那么,要在对象语言中发现任何不同于标准量化结构的东西,这即使不是不可能的,也是很困难的。这并不意味着:无论任何东西都能仅仅通过假定它在元语言中而被理解为对象语言中的东西。例如,模态算子在元语言中存在并不一定导致一种关于模态对象语言的真理理论。

一种令人满意的理论似乎不可能过分偏离标准量化结构或关

① 参看戴维森:"为约定 T 辩护"("In Defence of Convention T")和"彻底的解释"("Radical Interpretation")。

于这些结构的通常的语义学。我们必须期望这种理论有赖于某种非常类似于塔尔斯基那种对满足的递归性表征，期望这种理论依据通过量化与复指(cross-reference)、谓语句、真值函项关系等等所造成的一些为人们熟悉的范型来描述对象语言中的语句。当然，在这些语义上易于处理的范型和语句的表层语法之间的关系可能是非常复杂的。

因此，应用这些形式上的限制所造成的结果是，使作为一个整体的对象语言适应于那种强求一致的量化理论。毫无疑问，如果能做到这一点的话，可以通过很多方式做到这一点；尽管如此，就逻辑形式而论，那些可接受的理论之间的差别未必会很大。因此，对一个语法的语义特征的识别方法基本上是不变的，这也就是说，正确的理论对于被指派给一个特定语句的量化结构的看法大体上是一致的。

由于解决了逻辑形式的问题，因而就必然地会在对象语言(这种对象语言很可能完全隐匿在其表面形式之下)中发现量化理论(包含同一式)的逻辑常项。还存在一些有待解释的更进一步的初始表达式。主要困难是，要找到一种系统的方式使元语言中的谓词与对象语言中的初始谓词相匹配以便生成可接受的 T-语句。倘若元语言谓词是对象语言谓词的翻译，这显然是一种正确的匹配方式；如果元语言谓词与对象语言谓词有相同的外延，这也许就够了。但是，在表述那些限制条件时使用这些概念，这与我们的纲领无关，因为那些限制条件必须论及的东西只是语句和真理概念。不过，不难看到，关于具有索引特征的语句的 T-语句是如何明确地对起解释作用的谓词的选择作出限制的。例如，关于“Das ist weiss”这个德语语句的 T-语句就必须具有如下形式：“对于讲德

语的所有说话者 x 和所有时间 t 来说，由 x 在 t 时说出的‘Das ist weiss’这句话是真的当且仅当 x 在 t 时所指示的那个对象是白的”。正如蒯因在他讨论本体论的相对性时曾指出过的那样，可能依然有选择另外一些本体论的余地，从而有选择另外一些对于对象语言中的谓词作出解释的系统的余地。我认为，通过施加一些合理的、并非循环论证的进一步限制，就能把可接受的真理理论的范围缩减到这样一种程度，即一切可接受的真理理论都会产生我们能视之为提出正确解释的 T-语句。不过，其细节必须留待另外一个场合来讨论。

显然，必须对那些施加于这种理论的经验限制条件（即那些可以据以接受 T-语句为正确的条件）作出更多的说明。我们已同意这一点，即这种理论的证据基础是由一些关于说话者据以认为他们的语言中的语句为真的境况的事实所构成的。我已论证过，这样的证据是中立于意义和信念的，它并不对其中任何一个作出假设。现在需要表明的是，这样的证据材料能对 T-语句的可接受性作出检验。

我建议，我们应把一种语言的说话者（在所观察到的境况下）认为一个语句为真这一事实作为该语句在那些境况下为真的证据。例如，不仅应当把“（讲德语的）说话者认为‘Es schneit’为真当且仅当天在下雪”的一些确定无疑的事例当作对上述概括作出确证，而且应当把它们当作对“‘Es schneit’（在德语中）对于一个说话者 x 在 t 时是真的当且仅当在 t 时（x 的附近）天在下雪”这一 T-语句作出确证。

不能期望所有的证据都采用同样的方式。就一个语句据以被视为真的那些境况而论，证据因人而异；对于同一个说话者来说，证据因时而异。然而，一般的对策是选择这样一些真值条件，它们尽可能充分地使说话者在（根据所论及的那种理论以及该理论的建构者关于事实的看法）语句为真时认为这些语句为真。这就是一般的对策（显然在很多方面要对之进行修改）。可以允许说话者对于某些语句比起对于其他一些语句更经常地有不同意见和有更根本不同的意见；没有理由不注意到那些被观察到的或推导出的个别差别，可以把这些差别看作是造成异常（在所论及的那种理论看来）的原因。①

建构真理理论不可能是这样一个问题，即为对象语言中的在某个时间说出的一个语句选定一个适当的 T-语句；不仅可以而且必须建构一种保持上面讨论过的那些形式限制条件而又适合于证据的范型。当然，一种真理理论并没有使说话者成为普遍持有真理者，这个事实并不是这种理论的一个缺陷；这种理论的目标并不是要使意见不一致和错误消失，因为这是荒谬的。倒不如说要点在于：广泛的意见一致是能据以对争论和错误作出解释的惟一可能的背景。要了解他人的话语和行为（哪怕是他们的最异常的行为）的意义，就要求我们在这些话语和行为中发现大量理由和真理。认为在他人话语中有过分多的荒唐和悖理，这只会破坏我们理解那些他们对之表示出如此不合理的看法的事物的能力。倘若没有注意到在种种清楚明白的问题上人们在交流时假设有大量的一致意见，那么，这是因为那些为人们所共有的真理太多，太习以为常，以致被忽视了。我们想要讨论的问题是一个令人惊奇的或

① 关于这些修改的更多说明，参看戴维森："思想与言谈"（"Thought and Talk"），特别是参看路易斯（D. Lewis）："彻底的解释"（"Radical Interpretation"）。

有争论的新问题。

我们可以确信,一种仅依据一个说话者对语句的态度来对这单独一个说话者的表达作出解释的理论会遇到许多同样够格的、可与之竞争的理论,因为在所归属的那些信念上的适当差别能抵消解释上的差别。然而,假定有一个说话者共同体,其中的说话者显然都讲同一种语言,那么,理论家就会寻求一种单一的解释理论:这会极大地缩小他为每个个别的说话者选择一些初步理论的实际选择范围。(在一种持续的对话中,人们不得不从一种可适用于社会的理论着手,并随着其他说话者所特有的证据的积累而使这种理论越来越精致。)

使一种关于解释的社会理论成为可能的原因在于,我们能构造众多的私人信念结构,这也就是说,我们通过建构信念来建立在个人认为是真的语句与按公共标准衡量为真(或假)的语句这两者之间的紧密联系。信念的私人性并不在于信念仅通达于一个人,而在于信念可能是特异的(idiosyncratic)。对信念作出的归属就像作出的解释一样是可公共地加以证实的,它们基于同样的证据:如果我们能够理解一个人所说出的话,那么我们也就能够知道他所具有的信念。

倘若按照我一直在讨论的那种方式来看待解释,那么,就不大可能只会发现一种理论是令人满意的。所产生的那种解释不确定性在语义上对应于蒯因的翻译不确定性。我认为,在我的那种处理方式中,不确定性的程度不会像蒯因所期望的那么严重。部分原因是:我在一种总揽一切的基础上提倡施行宽容原则;另外的部分原因是:倘若满足约定T,显然就确保了量化结构的惟一性。不过,不确定性问题无论如何不是本文所关注的中心问题。意义或翻译的不确定性并非表示我们无法把握一些重要区别；它所标志的是这样一个事实：某些明显的区别并不是重要的。倘若存在不确定性，那是因为：当取得了所有证据之后，依然存在用可供选择的不同方式来陈述那些事实的余地。上面已提到过与决策论的类似之处：如果1、2、3这三个数字可用来把握三个不同的选择之间在主观值上的有意义的关系，那么，－17、－2、＋13这三个数字也可用来起到同样作用。这种不确定性不可能是我们真正关注的问题。

重要的在于，如果意义和信念像我所提出的那样是相互联结的，那么，就不能在描述一种成功的理论的目标时求助于下述两种看法，即：每个信念都有一个确定的对象；每个语词和语句都有一种确定的意义。这是因为，即使（与人们可能会合乎情理地所期望的那种情况相反）根本就没有不确定性，诸如意义和信念对象之类的实体也不会具有独立的重要性。当然，如果我们确信各种不同的理论都是不合格的，那么，我们就可以问心无愧地发明出这样一些实体。但是，倘若我们知道这一点，我们就会知道如何在无需提到这些对象的情况下陈述我们的理论了。

信念理论和意义理论都可以不需要外来的对象，但它们又确实使用一些使这类理论有别于物理科学和其他非心理的科学的概念，这也就是说，像意义和信念这类概念就其根本而论不可还原为物理学概念、神经病学概念乃至行为主义的概念。然而，这种不可还原性并不是由于意义或翻译的不确定性而造成的，因为（如果我的看法是正确的话），这种不确定性之所以重要仅仅在于它使人们注意到，对言语的解释为什么必须一般地与对行动的解释、从而必须与对愿望和信念的归属相结合。倒不如说正是我们在构造信念理论和意义理论时所必须求助的那些方法确保了这些理论所必不可少的那些概念的不可还原性。所作出的每个解释和对态度的归属都是在一种整体论的理论范围内所采取的一个步骤,这种整体论的理论必然地是由对真理概念的相容性和一般融贯性的关注所支配的,正是这一点使信念理论和意义理论永远有别于那些描述与心智无关的对象或把对象描述为与心智无关的理论。[①]

（牟博译）

① 参看《论行动与事件》(*Essays on Actions and Events*)中的第11篇论文:"心理事件"("Mental Events")。

8. 对福斯特的答复*

福斯特先生的论文中有很多看法是我所同意的，还有更多的看法是我所赞赏的。我同他一样偏好外延性的一阶语言；我很乐于在对这样一种具有明确语义性质的理论的探索中与他为伍：这种语义理论依据语句结构以递归的方式解释语句的意义。并且，我很高兴他赞同下述看法，即可以在整体论的限制的基础上判断一种语义理论是否适当。我对他没有对这种看法提出批评尤感赞佩：正如《李尔王》一剧是由于科迪莉亚的出走而获得其打动人心的魅力的，我认为，语言理论的成功有赖于它们避免不加批判地引入约定、语言规则、语言实践或语言游戏这些概念。

仍然是就积极方面而论，我认为，福斯特正确地提出了这样一个问题，即所提出的一种理论是否明确地表达出某种知识：这种知识足以解释讲该理论所适用的那种语言的人所作出的表述。（出于一些我认为不会影响我们的讨论的理由，我避免使用"掌握"〔mastery〕这个字眼，避免提及一个说话者对语言的特殊运用能力〔如果有这种能力的话〕。）我不轻易抬高这种系统阐明意义理论之一般目标的方式的重要性，尽管这种看法的一些基本原理已在我

* 本文首次发表于埃文斯（G. Evans）和麦克道尔（J. McDowell）编：《真理与意义》（*Truth and Meaning*: *Essays in Semantics*, Oxford University Press, 1976）。——译者

早期的几篇论文里出现过。[①] 我感谢牛津大学的一些朋友促使我设法澄清我在这个主题上的观点——我在此应当特别提到迈克尔·达米特(Michael Dummett)、加雷思·埃文斯(Gareth Evans)、约翰·麦克道尔(John McDowell)以及约翰·福斯特(John Foster)。

我在 1973 年 5 月于瑞士的比尔首次宣读的一篇论文里,批评了我本人早期试图确切说明真理理论与意义理论之间关系的那种做法,并设法把这种说明做得更好一些。[②] 我在温莎(1973 年 11 月)又再次宣读了这篇论文。1974 年在牛津大学,该论文成了达米特和我在第三学期(Trinity Term)的一次讨论班上所展开的大部分讨论的基础。我在那里针对我的早期表述所提出的批评,(我认为)基本上就是福斯特在他现在的这篇论文的第二部分里详尽阐述的那些批评,而我尝试作出的补充说明则在其论文的第三部分里所抨击的那些看法之列。

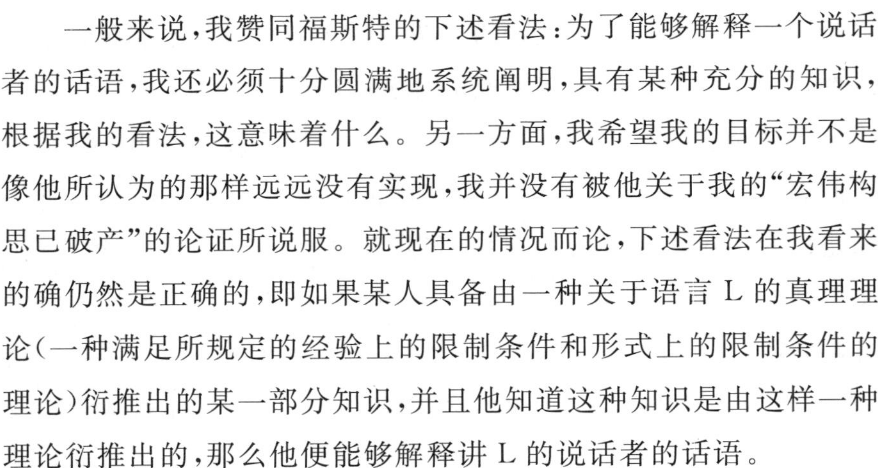

一般来说,我赞同福斯特的下述看法:为了能够解释一个说话者的话语,我还必须十分圆满地系统阐明,具有某种充分的知识,根据我的看法,这意味着什么。另一方面,我希望我的目标并不是像他所认为的那样远远没有实现,我并没有被他关于我的"宏伟构思已破产"的论证所说服。就现在的情况而论,下述看法在我看来的确仍然是正确的,即如果某人具备由一种关于语言 L 的真理理论(一种满足所规定的经验上的限制条件和形式上的限制条件的理论)衍推出的某一部分知识,并且他知道这种知识是由这样一种理论衍推出的,那么他便能够解释讲 L 的说话者的话语。

① 例如,"意义理论与可学会的语言"("Theories of Meaning and Learnable Languages")和"真理与意义"("Truth and Meaning")。

② 所提到的这篇论文是"彻底的解释"("Radical Interpretation")。

塔尔斯基认为(他的这种看法对于我们的目的来说差不多是足够了),一种关于语言 L 的真理理论是圆满的,假定它(通过一组有限的非逻辑公理以及标准逻辑)对 L 中的每个语句 *S* 衍推出一个下述形式的定理:

S 在 L 中是真的当且仅当 *P*

其中"*S*"由一个关于 *S* 的标准化描述所替换,"*P*"由 *S* 在那种关于真理理论的语言里的翻译所替换。倘若我们知道这样一种理论,并且认识到,所知道的正是这样一种理论,那么,我们就能翻译 L 中的每个语句,就会知道这是所作出的翻译。我们还会有更多的知识,因为我们会详细地知道,L 中语句的真值如何有赖于它们的结构,某些语句为什么衍推出其他一些语句,以及语词如何凭借与世界中的对象的关系来完成其功能。

既然塔尔斯基的兴趣在于定义真理概念,他一直致力于能以规定取代阐释的人工语言,因此他就可以把翻译概念当作是理所当然的。但是在彻底的解释中,这恰恰是无法假定的东西。所以,我对接受这样一种真理理论提出某些经验的限制,这种真理理论可以在不求助于诸如意义、翻译或同义这样一些概念的情况下(尽管还要求助于对真理概念的某种理解)来表述。我试图通过推理来表明:倘若一种真理理论满足这些限制条件,那么,从这种理论中推出的 T-语句便会在实际上具有 *S* 的旨在替换"*P*"的翻译。

接受在观点上的这种改变并非放弃约定 T,而是以新的方式来理解它。与塔尔斯基一样,我也要求有一种满足约定 T 的真理理论,不过,塔尔斯基为了说明真理概念而假定翻译概念,而我则想通过假定对真理的局部理解来阐释翻译概念。

甚至当我写“真理概念与意义”一文时我就清楚地认识到,如果可接受的真理理论仅仅包括那些会发挥解释作用的理论,那么,不仅要有形式的限制,还必须再加上经验的限制。我的错误并不像福斯特似乎暗示的那样是这么一种假定,即任何一种正确地给出真值条件的理论都会发挥解释的作用;我的错误在于忽略了下述事实:某人也许知道一种充分独特的理论,但并不知道它是充分独特的。我过去很易于忽略这种区别,因为在我的想象中,如果这种理论为某个根据证据来建构它的人所知,那么这样一个人不可能没有认识到他的理论满足那些限制条件。

福斯特注意到可能会对我的建议所提出的两个问题之间的差别。一个问题是,我对一种可接受的真理理论所施加的那些限制条件是否适当以便确保该理论满足约定 T(即确保在其 T-语句中,双向条件式的右边确实是对它给出其真值的语句的翻译)。另外一个问题是,我是否能成功地说出一个具备语言运用能力的解释者所知道的内容(或他会充分知道的内容)。福斯特在此所关心的只是第二个问题;为论证篇幅所限,他愿意姑且承认那些限制条件对于达到它们的目的来说是适当的。

我们必须从这个角度来理解福斯特对那些正确地给出真理谓词的外延(其全部 T-语句都为真),但不满足约定 T 的真理理论的讨论。因此,福斯特在这么一种假定上与我(暂且)是一致的,即我所提出的标准不承认包含下述语句为 T-语句的真理理论:

“ a 是 b 的一部分”是真的当且仅当 a 是 b 的一部分,并且地球是转动的。

福斯特的论点确切地说是这样:尽管我所说的解释者具有一种满足约定 T 的理论,但这种理论本身并没有告诉他这一点。

同样的论点出现在福斯特的下述说法中：

> 正如通常所理解的那样，述说一个语句的真值条件便是说出该语句为真的充分必要条件，便是在一切可能的境况范围内划分出语句与其一致的那个子集。但T-语句并不是在这种涵义上述说真值条件的。T-语句并没有说：在所有的并且仅仅那些……是(was)*事实的境况中，如此这般的一种结构类型会是(would be)真的；而仅仅是说：由于实际情况就如此，故这种结构类型是(is)真的当且仅当……

实际上，可以对比一些没有观察到的和反事实的情况来表明一种通过经验检验的理论的特点，这在任何一个知道证据是什么以及如何使用证据来支持该理论的人看来是很明显的。困难在于，这种理论本身并没有说明它具有它实际上所具有的特性。

如果我们问某人要成为一名物理学家必须知道什么，我们便得到一种恰恰相同的结果。马上就可给出的一个回答也许是：物理学定律。但是福斯特会说这还不够(我同意他的这个看法)。物理学家还必须知道(这是我的个人看法)，这些定律确实是定律——即它们被其实例所确证，并支持反事实的和虚拟的断言。为了获得这种描述，你会作出这么一种想象：一个刚学科学的孩子被告知一个物体的质量对它在真空中降落一段特定距离的时间没有任何影响。然后他被问道："假定伽利略从帝国大厦上投下一根羽毛和一颗炮弹，并且假定地球上没有空气。哪一样东西先落到地面，羽毛还是炮弹？"那个聪明的孩子回答说："我不知道，你只告诉过我在实际情况下确实发生的事情；你没有说在事情假定是另外一种样子的情况下会发生的事情。"

* 请注意，这里用的是虚拟语气以表示假设情况。——译者

福斯特提出如下论题(他认为我"试图表达"这一论题但没有做对):"为了掌握 L,我们既需要知道〔一种 T-理论〕所陈述的那些事实,又需要知道我们所知道的这些事实是 T-理论的。"然后他一言以蔽之曰,某人需要知道:某种关于 L 的 T-理论所陈述的内容是……(这里的省略部分要由一种 T-理论替换)。我很乐于接受这种说法,因为它相当于我本人的说法。据我所知,我从来没持有他归之于我的这样一种看法,这种看法使关于一种真理理论所陈述的内容的知识与关于该理论是 T-理论的知识这两者无关。

现在让我们考虑福斯特认为我应当持有(而我知道我确实持有)的那种看法。不能这样认为:根据这种看法,关于一种语言的知识归结为知道如何把这种语言翻译成另外一种语言。解释者确实知道,他的知识就是一种 T-理论(一种翻译性的 T-理论,它满足约定 T)所陈述的内容。但是没有理由假定这个解释者能以任何一种特定的语言形式(更不用说以任何一种特殊语言)来表达他的知识。

我们或许应当坚持认为,一种理论是某种语言的一个语句或一组语句。但是,知道一种理论对于知道这些语句为真既不是必要的又不是充分的。说它不是充分的是由于,某个知道这种理论的人可能并不知道这些语句的含义;说它不是必要的是由于,知道那些关于该理论的语句所表达的真理就够了,这并不要求对关于该理论的语言具有知识。

例如,某个能解释英语的人知道,所说出的"雪是白的"这句话是真的当且仅当雪是白的。这个人还知道这个事实是由一种翻译理论衍推出的,这也就是说,这不是关于那个英语句子的偶然事实,而是一个对该语句**作出解释**的事实。一旦弄清了这种表述方式的要点,在我看来不妨以一种更加熟悉的方式把这个解释者在这种情况下所知道的内容重新表述为：他知道"雪是白的"在英语中意谓(means that)雪是白的。

因此，很清楚，我的看法并没有使解释一种语言的能力依赖于能够把那种语言翻译成一种所熟悉的语言。或许值得通过澄清一个迄今所忽略的问题来强调这一点。在自然语言中存在着像指示词和时态这样的索引要素，这意味着必须使很多语句的真值条件相对于表达它们的场合。当采取这种做法时，一个 T-语句的双向条件式的右边绝没有对它给出其真值条件的那个语句作出翻译。一般来说，一种适当的真理理论不采用任何索引手段，从而可以不包含非常大量的、多种多样的语句之翻译。就这些语句而论，甚至就连解释依赖于翻译能力这种错觉都没有。(这里用"意谓"〔means that〕这个说法同样不大令人满意。)

福斯特认为我的宏伟计划破产了，因为我在利用关于 T-理论性质的断言来获得解释时，必须使用一种像在"这个解释者知道某种 T-理论所陈述的内容是……"中的"陈述"这样的内涵概念。但在这里他把一个我从未具有的目标强加于我。我设法对语言和意义作出解释的方式必须利用诸如信念和意向这样的概念，我认为，这些概念不可能还原为任何更加科学的或行为主义的概念。我设法做到的是对意义作出一种说明(解释)，这种说明不必利用一些未作解释的语言学概念。(这种说法甚至比我认为可能出现的情况还略微强一些。)如果在说明一个解释者所知道的内容时，有必要使用所谓的内涵概念(它与信念和意向等相一致)，那么我的计划就不会破产。

当然，我的计划的确要求自然语言里的一切语句都能按照一种 T-理论来处理，因此，倘若无法对内涵性习语实施这样的处理，我的计划便行不通。一种满足诸如约定 T 这类条件的真理理论似乎不能容许内涵语义学，不过问题并不是完全简单或完全清楚的；这促使我设法表明一种外延语义学如何处理关于信念语句、间接引语和其他这类语句的特殊情况。福斯特认为我的分析行不通，但难以看出这与我们的辩论有何相干。如果他的论点是：没有任何一种 T-理论能够为归属态度的语句提出令人满意的语义学，那么，关于如何确切描述说话者的语言运用能力的全部讨论便都是完全无关的。但是，如果有可能作出某种（我的或其他人的）分析，那么，对间接引语和关于信念和意向的语句奏效的分析，大概也会对困扰着福斯特的那种"陈述"关系奏效。

福斯特的下述看法无疑是正确的，即"一种 T-理论所陈述的内容是……"这个表达式通常会被称为一个非真值函项的语句算子，因为放在其后的实质等值的语句可能会造成带有不同真值的结果。这给我们留下两个难题（福斯特或许没有对这两者作出充分区别）。第一个难题是，对间接引语的并列结构式分析（paratactic analysis）是否能恰当地应用于目前的场合；另外的那个难题是，如果相关的陈述（stating）概念（无论它的语义学是什么）隐匿了一个未经分析的语言学概念，那么我对彻底的解释所作出的说明是否受到威胁。我刚才已表明，前一个问题仅仅勉强地与我们的讨论有关；后一个问题显然是极为重要的。然而，我希望对这两个问题都作出某种说明，因为除非证明这样一种分析有缺点，否则，我的确要对"陈述"（state that）提出一种并列结构式语义学。

对间接引语的并列结构式的语义分析告诉我们，把对"伽利略说（that）地球运动"的一个表述（utterance）看作是由"伽利略说（that）"和"地球运动"这两个语句的表述所构成的。"that"指称第二个表述，而第一个表述为真当且仅当伽利略的表述在内容上同于（“翻译”）“that”所指称的那个表述。（福斯特错误地认为我对“伽利略说〔that〕”的分析是“伽利略的某个表述和我在上面的表述使伽利略和我成为同样的说话者〔same-sayers〕”。但那并不是一种分析，而是旨在使读者感受到这种语义学的一个重新构思出的表述；它是一个阐述性的启发手段。）

福斯特试图通过表明我的语义分析经不起翻译检验而证明它是错误的。这种检验要求，对一个表述的翻译（使之被分析）必须陈述与原来的表述所陈述的相同事实或命题（我借用福斯特的字眼）。因此，他指出，（根据我的分析）把“伽利略说（that）”翻译成保持“that”之指称的法语，并没有转达给一个讲法语的听者任何有关伽利略说话的内容的知识。他以此表明，根据我的分析，一个关于像“伽利略说地球运动”这样的语句的日常表述并没有陈述伽利略说话的内容；因此，我的解释理论需要的一种关于“陈述（that）”的类似分析也会遭到同样失败。

但是，福斯特心目中的那两个述说相同的事实或命题的表述之间的这种关系是什么呢？他告诉我们的不过是必须保持指称。然而，这无疑是不够的，因为如果任何两个表述在保持指称的情况下陈述相同的事实，那么就很难阻止作出这样一个人们很熟悉的证明，即一切真表述都陈述相同的事实。使用“命题”这个词则表明，不仅必须保持指称，还必须保持意义。可是，如果指称和意义这两者都必须被保持，那么就很容易看到，在表述包含索引词的情况下，只有很少的几对表述可以陈述相同的事实。且不论那些能使用两种语言的人，没有任何法语表述能陈述我用“我”所陈述的事实，并且，我无法通过说两次“我现在感到暖和”来两次陈述相同的事实。根据这些标准来判定我的分析是错误的，这不过是因为它假定间接引语包含着索引成分来判定它是错误的。如果不作进一步的论证，那么，所得出的结论使人怀疑的倒不是我的那种分析，而是那些标准。

我同福斯特一样当然也假设：一个翻译者会以通常的方式把英语间接引语翻译成法语。在我看来，他会通过指称他将必须提供的一个新表述来做到这一点。（如果我两次说出“伽利略说地球运动”这句话，也会发生同样的事情。）承认这一点并不是像福斯特所论证的那样，“要把关于间接引语的那种并列结构式描述解释为那种内涵性说法的一个以符号表示的变种”。符号表示法与它无关；无论是研究可能世界语义学的学者还是我，都接受同样的符号表示法。我们的分歧在那种语义分析上。要点在于：翻译者并不是在福斯特的那种涵义上，而是在某种更通常的涵义上陈述相同的事实，在后面这种涵义上，我们常常允许，乃至要求在所指是由（借用莱欣巴赫的用语）标志性反身词（token reflexive）指称时翻译会改变那个所指。

我们再回过头来讨论对那个令人烦恼的词“陈述”所进行的并列结构式分析的前景，我们首先应当注意到，一个更恰当一些的词是“衍推”（entails）。我们想获得的是关于像“理论 T 衍推‘雪是白的’在英语中为真当且仅当雪是白的”这样的语句之表述的语义学。并且必须提出这样一种要求，即为了语义学理论的目的，要把对这个语句的表述看作是对这么两个语句的表述，其中对第一个语句的表述以指称对第二个语句的表述的指示词来结尾。因此，（这种）衍推被理解为在一种理论与主张这种衍推的说话者的表述之间的一种关系。这种关系是什么？一个合乎情理的建议认为，这种关系是在语句与那种语句和(或许是另外一种语言的)表述之间的同义关系这两者之间的逻辑后承关系的相关产物。如果可从一种理论 T 衍推出"雪是白的"在英语中为真当且仅当雪是白的,那么,T 便有一个与我对"'雪是白的'在英语中为真当且仅当雪是白的"的表述同义的语句作为逻辑后承。

上述假言推理的第二部分难道没有求助于一个特定的语言概念——同义概念吗?确实是这样,这也就是说,它恰恰是我们通过对一种真理理论施加一些条件而试图引出的翻译概念。这并没有造成循环解释,因为我们一直作出这样的假定,即这些条件是在不求助于我们想要解释的那类语言学概念的情况下按照一种并非以尚待证明的假定为论据的方式而被陈述的。所以,当我们开始陈述一个解释者所具备的知识时,就能以非循环的方式来使用隐匿在衍推概念中的同义概念或翻译概念。当把关于一种翻译理论的概念归之于一个解释者时,我们的确已经作出了这一假定。

我认为福斯特有一点很重要的看法是正确的。即使我为捍卫我对那种足以用来作出解释的东西所作出的系统说明而采取的每一种说法都是对的,也依然没有一种理论严格地构成意义理论。无论作出多么妥善的选择,真理理论也不是意义理论,而可从一种翻译理论衍推出一些事实这个陈述并不是在那种规范涵义上的一种理论,因为那些表达它的语句包含不可还原的索引成分。然而,这并没有使人们无法说明一个解释者具有知识意味着什么,因此也就使人们能够对语言哲学中的主要问题之一作出一个令人满意的回答。

(牟博译)

9. 墓志铭的完全错乱*

古德曼·艾思(Goodman Ace)写了许多广播喜剧。根据马克·辛格(Mark Singer)的说法,艾思经常谈到他的写作方式:

> Rather than take for grantie that Ace talks straight, a listener must be on guard for an occasional entre nous and me... or a long face no see. In a roustabout way, he will maneuver until he selects the ideal phrases for the situation, hitting the nail right on the thumb. The careful conversationalist might try to mix it up with him in a baffle of wits. In quest of this pinochle of success, I have often wrecked my brain for a clowning achievement, but Ace's chickens always come home to roast. From time to time, Ace will, in a jerksome way, monotonize the conversation with witticisms too humorous to mention. It's high noon someone beat him at his own game, but I have never done it; cross my eyes and hope to die, he always wins thumb down. ①**

---

* 译自理查德·格兰迪(Richard Grandy)和理查德·瓦纳尔(Richard Warner)编:《理性的哲学基础》(*Philosophical Grounds of Rationality*, Oxford: Clarendon Press, 1986),第157～174页。——译者

① 《纽约人》(*The New Yorker*),1977年4月4日,第56页。

** 这段引语旨在例示英语中某种特定幽默用法,从而利用其在下文中阐释相关的语言哲学观点。由于将之译成中文不仅无法反映英语中这种特定的幽默用法,而且会造成误解。因此,这里所采取的处理方式为:一方面引用原文以便于参照语境,另一方面在校者注中对某些相关的用法加以解释。在这段引文中有几例是有意误用与应该用的词发音相近的词而造成这样的用法:一方面所表达的基本意义是所应该用的那些词的通常或标准含义;而另一方面又造成这些近音词所引发的特定幽默效果。例如,

我之所以引述这么长，因为哲学家倾向于忽略或贬低这段话所表明的这种语言用法。例如，乔纳森·本尼特写道，

> 我怀疑在这种情况下我是否在场：说话者做了一件事，比如叫道“水！”以警告有火，并且知道“水！”的意思，也知道听到的人会知道这个意思，但认为他们会希望他用“水！”来指通常意义的“火！”①

本尼特补充道，“虽然这种事情可能发生，但却很少发生。”我认为这种事情一直都在发生；事实上，如果以一种自然的方式来概括这些条件，那么这种现象就是无所不在的。

辛格的例子在某些方面是很特别的。一个可笑的用词错误不一定有趣或令人惊讶。这并不一定是基于某个陈腔滥调，当然也不一定是有意的。这不必是玩弄辞藻或暗示有意使用双关语。我们会微笑对待某个向我们说这样一些话的人：“请在前面带路，我们在前面走”，或用阿尔奇·伯克的话说，“我们需要用几下笑声来打破一夫一妻制”，* 这是因为，给定这些词的通常意义，这个人说了一些荒唐或有趣的话。但这种幽默不是偶然的。

艾思的用词错误一般会在以通常方式理解它们时产生某种意

在“this pinochle of success”这一词组中，实际上应该用的词是“pinnacle”（“pinnacle of success”）而非“pinochle”，但后者与前者发音相近，并且用在该特定语境下具有某种幽默效果。又如，在“Ace’s chickens always come home to roast”这一成语中，实际上应该用的词是“roost”而非“roast”；同样，后者与前者发音相近，并且用在该特定语境下具有某种幽默效果。——校者

① 乔纳森·本尼特（Jonathan Bennett）：《语言行为》（*Linguistic Behavior*）（Cambridge，1976），第 186 页。

* 这里是使用‘monotony’的近音词‘monogamy’从而使得通常所说的“我们需要用几下笑声来打破单调乏味（的气氛）”（“We need a few laughs to break up the monotony”）这句话变成“我们需要用几下笑声来打破一夫一妻制”（“We need a few laughs to break up the monogamy”）这句在英语中幽默的话；但这里并非一语双关。——校者

义,比如"亲近孕育(别有)企图"* 或"我们大家都(死后)平等地进入焚尸炉被烧成灰"**,但在本质上这并非必不可少(例如"the pinochle of success"这一词组的使用)。有趣的是,在所有这些情况中,听者并不难按照说话者所意想的方式来理解说话者说出的这些话。

很容易解释听者方面的这种能力:听者意识到"标准的"解释无法成为所意想的解释;说话者以忽略、漫不经心或有意的方式,使用那个在声音上类似于可能"正确"表达他意义的词。说话者表达意义的这种荒诞性或不恰当性,使得他的话提醒了听者,这是一个按照"标准"用法去理解的诡计或错误;声音上的相似也使他被引向了正确的解释。当然还有听者可以把握的其他许多方面;声音的相似对这个用词错误并不重要。这也不是说,就此而言,一般情况都需要说话者使用真正的词:大多数"无意义的话"在刚听到时都是可以理解的。

就理解而言,是谁出了错或是否有错似乎并不重要。当我最初读到辛格论述古德曼·艾思的文章时,我以为"用词错误"("malaprop",音译为"马拉普罗")这个词虽然是谢里登小说人物的名字,但它并不是可以用在"可笑的用词错误"("malapropism")之处的普通名词。后来证明是我错了。这无关紧要:我知道辛格

* 这里是使用'contempt'的近音词'attempt'从而使得通常所说的"亲近孕育轻视"("Familiarity breeds contempt")这句多少有些人生哲理的话变成"亲近孕育(别有)企图"("Familiarity breeds attempt")这样一句话。——校者

** 这里是使用'create'的近音词'cremate'从而使得通常所说的"我们大家都生来平等"("We are all created equal")这句庄重的政治宣示变成"我们大家都(死后)平等地进入焚尸炉被烧成灰"("We are all cremated equal")这样一句多少有些黑色幽默的话。——校者

的意思，即使我对这个词理解错了。假若出错的不是我而是他，那么我也会以同样的方式理解他的意义。我们两个都会出错，所以事情就变得平和多了。

这里所谈的出错并不费解或在哲学上存疑。我在一些词语用法上出过错，而这些错误可以通过查阅权威字典或请教我所信任或欣赏的专家予以纠正。但这种错误或出错与正确用法的概念有关，在哲学上并没有什么意义。我们需要的是关于语境中说出的话语意义的更深刻概念；就像正确用法的肤浅概念一样，我们需要的是更深刻的概念，它能够区分说话者在特定场合中说话的意义和他的话语意义。普遍存在的诸如此类的可笑的用词错误就威胁着这个区分，因为这种有意的意义似乎来自标准的意义。

然而，我保证，没有什么东西能够取消或抹杀说话者的意义和字面意义之间的区别。我将论证，为了维护这种区别，我们必须修正某些公认的关于"知道一种语言"或关于自然语言是什么的观点。特别是，我们必须使语言的字面意义脱离约定的或已有的意义。

这是刻画我所称作的字面意义的最初努力。由于字面意义这个词已经具有太多的哲学含义和其他额外的含义，无法起到多大的作用，所以我就把我感兴趣的这个词称作第一意义。这个词可以应用于由具体的说话者在具体的场合说出的词和句子。但如果这个场合、说话者和听众都是"规范的"或"标准的"（在某种这里不作进一步解释的含义上），那么，话语的第一意义就应当是在参考基于实际用法而构成的辞典（诸如《威伯斯特（Webster）辞典》第三版）时所得到的。大致地说，第一意义处于解释序列的首位。例如，我们没有机会去解释下面几行诗中的想象，除非我们知道在莎士比亚时代“精力”(foison)一词是什么意思：

> 说到今年的活跃与精力，
> 一个遮掩了你那美丽的身影，
> 另一个则展露了你的慷慨无际……①

这几乎无法从字面上加以理解，但除非我们知道这些话的字面意义或第一意义，否则我们就不能理解，也无法解释这个意象。

但“解释的顺序”也并不完全清楚。因为在某些情况中，我们可能先是猜测这个意象，进而推敲出第一意义。这就像出现在同一首诗中的“头饰”(tires)这个词：

> 美轮美奂尽现于海伦的颊上，
> 而佩带希腊头饰的你就是新的图画。

当然经常出现这样的情况：我们可以首先察觉到说话者的目的，进而发现一个词或词组的字面意义。

辨别第一意义的更好方式是通过分析说话者的意图。履行某个行为所根据的意图，通常是由手段与目的的关系(这种关系可能是，也可能不是因果关系)而得以清楚规定的。所以，诗人是想(我们可以说)赞美这个保护神的美丽和慷慨。他所用的方法是使用意象，认为要赞美的这个人穿着世间或人间最美丽的外衣。他通过使用“头饰”这个词去指“盛装”，用“精力”去指“丰收”而做到了这一点。这里用“通过”(by)所展现的顺序可以通过使用“为了”(in order to)这个短语而颠倒过来。在“为了”这个序列中，第一意义就是所指的第一意义。(“以某某意图”加上动词以“ing”形式这一词组起同样作用。)

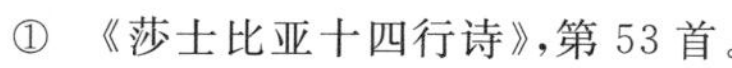

① 《莎士比亚十四行诗》，第53首。

假定第奥根尼说了这样的话:"我想让你不要站在我和太阳之间"(或者说同样的希腊语),他的意思是想让亚历山大解释这句话是真的当且仅当第奥根尼想让他不要站在第奥根尼和太阳之间,这个意思是请求亚历山大从他和太阳之间移开,意思是让亚历山大能够从他和太阳之间移开,是想给子孙后代留下好的印象。当然,这些并不是这里所包含的仅有的意图;还会有其他一些想要通过亚历山大认识到这里所包含的意图,从而达到某些目的的格赖斯式(Gricean)意图。要以某种方式去解释第奥根尼的意图,就需要这样一种自我指涉的意图,就像他意图让亚历山大移开一样。一般来说,在这个序列中需要这种特征的第一意图,就规定了第一意义。

因为说话者必然会意图让听众理解第一意义,而且一旦这个意义得到了理解,交流就成功了,那么,只要我们关注听者在解释说话者的话语时必须具备的知识或能力,那么我们就不会失去对第一意义的研究。如果说话者要得到理解,那么他所知道的就一定要对应于解释者所知道的东西,因为一旦说话者得到了理解,他就会被解释为意图得到的那种理解。说话者具有的超出解释者所要求的能力——如发明能力和机械控制能力,并不是我在这里要讨论的内容。

这里所说的一切都没有把第一意义限于语言;我们一直刻画的(大致地)是格赖斯的非自然意义,这可以应用于具有意向解释的任何符号或记号。但如果我们要把第一意义限制在语言的意义中,那么应当增加些什么呢?我想,通常的回答可能会是这样:在语言的情况中,听者和说话者共同具有一个复杂的系统或理论,这个系统可以清楚地表达各个话语之间的逻辑关系,并可以解释以有机的方式翻译新话语的能力。

这个回答一直为许多哲学家和语言学家以不同的方式所提出，我认为，其在某种意义上必定是正确的。难处在于弄清这种意义究竟是什么。我在本文要讨论的特定困难（因为还有很多其他困难），可以表述为三个关于语言中的第一意义的貌似合理的原则。我们可以给它们贴上标签，认为它们需要的第一意义是系统的、共享的和准备好的。

（1）第一意义是系统的。能干的说话者或解释者能够根据话语中各个部分的或语词的系统特征和话语结构，解释他自己的或其他人的话语。要使这一点成为可能，就必须在话语意义之间存在系统的关系。

（2）第一意义是共享的。对于经常成功交流的说话者和解释者来说，他们必须共享（1）中所描述的那种解释方法。

（3）第一意义是由习得的约定或规则支配的。说话者或解释者的系统知识或能力是先于解释场合而习得的，因而在本性上是约定的。

大概没有人会怀疑，实现这些条件存在着困难。例如，一些语词具有模糊性："相同"这个词常常具有不止一个语义作用，而且，对出现了这个词的话语的解释，也并不是仅由这里提到的解释者的能力特征所确定的。虽然说话语境的语词特征或其他特征常常决定了正确的解释，但这也并不容易（或也许不可能）给出对清晰性的明确规则。关于对胜任的解释者所要求的东西，还存在更多的问题。似乎没有理由可以表明，存在着确定这种场合的严格规则，在这种场合中，我们应当把意义赋予被结合的句子据以出现在一个合取句中的顺序：比较一下"他们结了婚并且（然后〔and〕）有了一个孩子”和“他们有了一个孩子并且(然后〔and〕)结了婚”之间的区别。解释者当然可以区分出这一点。但本文要表明的是,他们所能做的大多数事情,都不应当算做他们的基本语言能力。对比使用“但是”而不使用“并且”所指的东西或所蕴涵的东西,在我看来是另一回事,因为没有语言学专业支持的大多数常识,都不会使解释者做到这一点。

保罗·格赖斯(Paul Grice)比其他人做得更多的是使我们注意到这些问题,并把它们加以分类。特别是,他表明了,为什么这对于区分字面意义(也许就是我所谓的第一意义)和使用这些词的人经常蕴涵(或包含)的意义至关重要。他还阐述了在我们这种蕴涵能力的背后起作用的一般原则,当然,这些原则是必须为希望以此为基础的说话者知道的。关于这些原则的知识是否应当包括在对语言能力的描述中,可能还没有确定:一方面,这些东西是聪明人无需事先训练或启发就常常可以构想出来的,它们也不是我们所必需的。另一方面,它们代表了我们期望解释者应当具有的一种技能,没有它们,交流就无法得到极大的推进。

我深究这些问题,只是要把它们与可笑的用词错误所提出的难题区分开来。我们在前面两段中所接触到的难题,都涉及对于语词和由我们的(1)至(3)条件所涵盖的那种结构作出解释的能力问题;问题在于这种解释所要求的东西是什么以及所涉及的各种能力应当在多大程度上被视为语言学问题。可笑的用词错误所产生的表达式并不是先前习得的,或是无法用我们所讨论过的能力加以解释的熟悉表达式。可笑的用词错误属于不同的范畴,这可能包括:当一句话没有说完,或在语法上颠三倒四时,我们可以感觉到正确构成句子的能力;或者是我们可以解释从未听到过的句子,纠正说漏了嘴的口误,或处理新的个人言语方式的能力。这些现象威胁到对语言能力所作出的标准描述(包括我要为之负责的描述)。

我们应当如何理解或修正原则(1)至(3)以便适合可笑的用词错误呢?原则(1)需要能胜任的解释者有所准备,去解释他或她以前从未听人说过的句子。这是可能的,因为解释者可以学习有限量的语词或短语的语义作用,可以学习有限量的构成方式的语义后承。这就足以说明解释新句子的能力。而且,由于构成方式是可以重复的,所以对可以解释的句子数量,也不存在任何明确的上限。因而,解释者就有了解释他所听到的或说出的东西的系统。你可以把这个系统看作是一部机器,随意给它一个句子(和由说话场合提供的某些参数),它就会产生一个解释。这种机器的一个模式就是真理论,多少有些像塔尔斯基真理定义的线索。它提供了对说话者一切可能话语的真值条件的循环描述,这就是用从有限的词汇和有限的构成方式构造的句子来分析话语。我始终认为,对解释来说,要求这样一种理论就足够了。[①] 然而,这里没有理由可以关注那种能恰当地对解释者能力提供模型的理论之细节。所有与眼前讨论有关的只是,这个理论具有一个有限的基础,而且是递归的,这些是大多数哲学家和语言学家所一致赞同的特征。

认为对解释说话者的一种明确理论便是关于解释者语言能力的模型这样一种说法并不是说解释者知道这种理论。当然,大多

① 参见收录在我的《对真理与解释的探究》(*Inquiries into Truth and Interpretation*, Oxford, 1984)一书中关于彻底解释的若干论文。

数解释者最终可能会承认，他们知道真理理论的某些公理。比如，当且仅当合取支是真的，一个合取式才是真的。或许他们还知道这种形式的定理："'火星上存在生命'这个句子的一个表述是真的，当且仅当在对这个句子作出这个表述时火星上存在生命。"另一方面，迄今为止还没有人明确地知道对解释自然语言说话者的一种令人充分满意的理论。

无论如何，关于令人满意的理论之构成的论断，在我看来，并不是关于解释者的命题知识的论断，也不是关于大脑某个部分内部工作细节的论断。它们是关于要给出一个令人满意地描述解释者能力而必须作出哪些说明的论断。除了求助于某种递归理论，我们无法描述解释者能够做什么。以下这种说法对这个讨论也无帮助：如果这种理论正确地描述了解释者的能力，那么解释者中的某种机制就一定对应于这个理论。

原则(2)说，成功的交流必须共享一种系统的解释方法。(我随后假设，将这样一种方法称为一种理论并无害处，就好像解释者在使用我们用以描述他的能力的那种理论。)这种共享出自于：解释者使用他的理论去理解说话者；说话者使用同样的(或相等的)理论去引导他的讲话。对说话者来说，这是关于解释者如何去解释他的理论。显然，这个原则并没有要求说话者和解释者都使用同一种语言。更多的情况是，许多人以相似的方式说话，因而能够以多少有些相同的方式得到解释。但原则上，交流并不要求两个人必须说同一种语言。必须共享的是解释者和说话者对说话者的话语的理解。

由于下面要提到的理由，我并不认为原则(1)和(2)是与可笑的用词错误相矛盾的；只有当它们与原则(3)结合起来的时候才会有麻烦。然而，在直接讨论原则(3)之前，我想稍微转换一下话题。

我要讨论的这个令人困惑的问题可以独立于某些相关的问题，只需考虑一下基思·唐纳兰(Keith Donnellan)提出的区分和他对这个区分的捍卫。唐纳兰提出了对限定摹状词两种用法的著名区分。指称的用法说明如下：琼斯说"杀害斯密斯的凶手是个精神病"，这是指，某个被他(琼斯)认定为杀害了斯密斯的人是个精神病。唐纳兰说，即使琼斯相信杀害了斯密斯的这个人并没有杀害斯密斯，琼斯也在心中指向了这个人；如果这个人是个精神病，琼斯就说对了。同一个句子也可以归属地使用，即某人要断定，杀害斯密斯的凶手无论是谁，他都一定是精神病。在这种情况中，如果没有人杀害了斯密斯，说话者也没有指向任何人，那么说话者就没有说对。

在反驳这个观点时，阿尔弗雷德·麦凯(Alfred MacKay)指出，唐纳兰的理论是与汉伯逖·达伯提(Humpty Dumpty)的意义理论一致的："'当我用一个词的时候，'汉伯逖·达伯提说，'……只是指我选用来指的东西。'"在前面的对话中，他用了"光荣"这个词去指"有力击败对手的论证"。唐纳兰在回答中解释道，意向是与期望相互关联的，你无法意图用某个手段去完成某件事情，除非你相信或期望这个手段将会或至少可能导致所期望的结果。所以，说话者无法意图用他所说的东西去指某个东西，除非他相信他的听众会像他所希望的那样去解释他的话(格赖斯的循环)。唐纳兰说，

> 如果我要用"存在对于你的光荣"这个句子去结束对麦凯的回答，我就会显得傲慢无礼，而且无疑是过高估计自己的说法。但在这个背景之

> 下，我认为我并不会被指责说了些无法理解的东西。我会得到理解的，但我难道不会用“光荣”去指“有力击败对手的论证”吗？①

我喜欢这个回答，我采纳了唐纳兰对摹状词两个用法的最初区分（有不止两个用法）。但显然，我不同意唐纳兰的某种观点，因为与他不同，我看不出在对麦凯意见的回答与对指称的评论之间有什么联系。理由是这样。麦凯是说，你无法仅仅通过意想某件事情就去改变语词的意义（以及相关的指称）；而回答是说，这是真的，但你可以改变这个意义，假定你相信（也许有根据相信）解释者有恰当的线索提供新的解释。你可以有意地提供这些线索，就像唐纳兰对他最后的“存在对于你的光荣”所做的一样。

麻烦的是，唐纳兰最初的区分与改变了意义或指称的语词无关。在指称的用法中，如果琼斯用“杀害斯密斯的凶手”这个摹状词是指某个并没有杀害斯密斯的人，那么仍然可以通过这些词的通常意义而得到它的指称。因而这些词就一定具有通常的指称。如果我们采纳了描述这种情况的方式，那么，所需的一切就只是在词的意义或指称与说话者所意谓或指称的东西之间差别地确定含义。琼斯用来指杀害斯密斯的凶手的词可能是指其他人；他这样做可能是无意的，也可能是故意的。这对唐纳兰的下面这一说法也是如此：假定琼斯（错误地）相信杀害了斯密斯的这个人是精神病，那么当他说“杀害斯密斯的凶手是精神病”时，他说的就是真

① 基思·唐纳兰（Keith Donnellan）：“再论汉伯逖·达伯提”（“Putting Humpty Dumpty Together Again”），《哲学评论》（*The Philosophical Review*），第77卷，1968年，第213页；阿尔弗雷德·麦凯（Alfred MacKay）的文章“唐纳兰先生和汉伯逖·达伯提论指称”（“Mr. Donnellan and Humpty Dumpty on Referring”）载同一卷的《哲学评论》，第197～202页。

的。琼斯用一个假的句子说了真的东西。人们一直在有意地这样做,比如用讽刺或隐喻。前后一贯的理论不会要求在这种条件下琼斯的句子是真的;如果琼斯知道了事实,他也不会这样做。琼斯相信是谁杀害了斯密斯,这也无法改变他所使用的这个句子的真(同样也无法改变这个句子中的语词的指称)。

汉伯逖·达伯提并没有这样认为。他不可能意谓他想要说的东西,因为他知道,“存在对于你的光荣”不可能被艾丽丝解释为“存在你有力击败对手的论证”。我们知道他了解这个,因为艾丽丝说,“我并不知道你所说的‘光荣’是什么意思。”而汉伯逖·达伯提则反驳道,“你当然不知道,除非我告诉你。”这就是我感兴趣的马拉普罗(即用词错误)太太和唐纳兰;马拉普罗太太是由于没有努力或不知道而侥幸成功;唐纳兰则是因为有意而侥幸成功。

我这里所说的“侥幸成功”是指:解释者最终是根据某个理论去说话,而这个理论则告诉他(或他因而相信)说话者随意说的话是什么意思。于是,说话者就有意地说一些需要用某种方式去解释的东西,说出一些可以这样去解释的期望。事实上,这种方式并不是由解释者的理论所提供的。但说话者仍然可以得到理解;解释者调整了他的理论,使得这个理论能够产生说话者所意图得到的解释。说话者已然“侥幸成功”。说话者(唐纳兰、马拉普罗太太)可能知道,也可能不知道他已然“侥幸成功”;解释者可能知道,也可能不知道说话者意图侥幸成功。所有这些情况中共同的是,说话者希望(并且事实上也是)像他所意图的那样得到解释,尽管解释者事先并没有正确的理论。

我们并不需要奇闻逸事或仙境之类的东西去证明这一点。我们一直是侥幸成功的;理解他人的讲话就取决于这一点。就以专名为例。在孤立的小团体中，每个人都可能知道其他人所知道的名字，因而也就事先准备好了讲话要面对的一个理论，而这个理论无需校正就可以处理所应用的名字。但即使如此，这个语义模型也会被新的别名、来访者或新生儿所破坏。如果一个禁忌禁止了一个名字，那么讲话者的理论就是错的，除非他从这个事实中学到了东西；同样，如果命名了一只装有舷外支架的小舟，也是如此。

就我所知，还没有哪个名称理论能够解决这个问题。如果某个限定的摹状词给出了一个名称的意义，那么，解释者仍然必须给他的理论补充这样一个事实，即对他来说，新的名称必须与恰当的描述相匹配。如果理解一个名称就是衡量某些恰当的描述对所命名的对象为真，那么更为明显的是，给某人解释说话者的方式补充一个名称，完全不依赖于事先清楚陈述的规则。各种理论都在名称中发现了主要的指示成分，这些理论至少为补充新的名称提供了一个局部的规则。但这个补充仍然是对解释方法的补充——我们可以把它看作是解释者对说话者目前使用语言的观点。在名称中或者在自然种类的数量名词或语词中发现指示成分，并不会把这些词还原为纯粹的指示词；这就说明为什么这些范畴中的新词需要改变解释者的理论，因而也需要改变我们对他理解说话者的描述。

马拉普罗太太和唐纳兰使这种情况变得更为普遍了。没有什么词或词的构成不能由聪明的或无知的说话者转换为新的用法。这种转换很容易解释，因为它仅涉及替换，但这个转换并不是惟一的。纯粹的发明同样是可能的，我们可以很好地解释它(比如说在乔依斯或刘易斯·卡罗尔的作品中)，就像我们在解释错误的或歪曲的替换一样。从最终说明如何获得新概念的观点看,学会解释一个表达了我们从未有过的概念的词,相比解释一个旧瓶装新酒的词,是一个更为深刻有趣的现象。但这两者都需要人们改变对他人话语的解释方式,或改变对使用这个词的人的说话方式。

倘若我关心的是在如何学习第一语言这个问题上的无限多的困难,那么在概念与语词问题上的新瓶装新酒与旧瓶装新酒之间的对比就会很明显。通过比较,我的问题很简单。我想知道的是,已然拥有一种语言(无论这究竟是指什么)的人如何设法把他们的技术或知识应用于解释的实际情况。我认为,解释者所知的或能做的一切,取决于他拥有一套成熟的概念,并能熟练地处理语言交流问题。我的问题是要描述在“拥有一种语言”或熟练地处理语言交流这种观点中所涉及的内容。

这里是对所谈问题的高度简单化和理想化的表述。解释者在进行任何语言交流的时候,都有一种我坚持称其为理论的东西。(如前所述,我之所以称其为理论,只是因为对解释者能力的描述需要循环的说明。)我认为,解释者的理论始终被调整以适应对他适用的证据:关于说话者的个性、穿着、角色、性别以及其他东西的知识始终是通过观察说话者的语言行为或其他行为而得到的。在说话者说话的时候,解释者就在引入关于新名称的假设,改变对所熟悉的论断的解释,根据新的证据去修正过去对具体话语的解释。通过这些,解释者就改变了他的理论。

随着证据基础的扩大,某些正在发生的事情可能被描述为在改进解释的方法。但大多数情况并不是这样。唐纳兰用“存在你的光荣”结束他对麦凯的反驳时,不仅是他,而且是这句话,被正确地解释为“存在你有力击败对手的论证”。这就是他希望让我们对他的话作出的解释，我们也知道这一点，因为我们具有（而且他知道我们具有，我们也知道他知道我们具有，等等）为提供这个解释所需要的背景。但在某一点上（在麦凯出现之前），这种对唐纳兰先前所说过的同一句话的解释可能一直是错的。换句话说：我们实际用于解释话语的理论是取决于场合的。我们可以随后决定我们在那个场合中会做得更好些，但这并不（必然）意谓着，我们现在就为下一个场合提供了一个更好的理论。正如我们所见，其理由是非常明显的：说话者会在说出某句话的过程中，向我们提供了与解释这句话有关的信息。

让我们从说话者这方面看一下这个过程。说话者想要得到理解，所以他意图以可以得到理解的某种方式说话。为了判断他是否得到了理解，他可以构成或使用解释者用于解释某些话的现有图像。这个图像的关键是，说话者所相信的东西就是解释者对他开始采用的解释理论。说话者的话语没有必要促使解释者去使用这个在先的理论；他可以有意地安排解释者去调整他的在先理论。但说话者对解释者在先理论的观点并不是与他所说的东西毫无关系，也不是与他的话语所意谓的东西毫无关系；如果他想得到理解，这就正是需要他去做的重要事情。

我区分了我所谓的**在先的理论**（prior theory）和我随后要说的**目前的理论**（passing theory）。对听者而言，在先的理论表达了他如何事先做好准备去解释说话者的话语，而目前的理论则是关于他**实际上**如何解释这个话语的。对说话者而言，在先的理论是他所**相信的**解释者的在先理论，而他的目前的理论则是他**意图**解释者去使用的理论。

我现在的位置是要陈述这种情况中出现的问题：我们接受了

在先的理论与目前的理论之间的区分，也接受原则(1)～(2)假定的对语言能力的说明。根据这种说明，每个解释者(也包括说话者，因为说话者一定也是解释者)最终达到了由“理论”所提供的成功的语言交流，这个理论构成了他的基本语言能力，并与和他交流的人共享。因为每人都有这种共享的理论，并知道他人也共享他的理论，知道他人也知道他知道(等等)，某些人就会说，构成这个理论的知识或能力就可能被称作约定。

我认为，认真地说，在先的理论和目前的理论之间的区别削弱了这种对语言能力和交流的公认说明。这里要说明为什么。交流要获得成功而必须共享的东西是目前的理论。因为目前的理论是解释者实际用来解释话语的理论，也是说话者想要解释者去使用的理论。只有当这些都符合，理解才得以实现。(当然，交流的成功是有程度的；虽然有些错了，但大多数可能都是对的。程度问题与我的论证无关。)

抛开偶然因素不谈，目前的理论得到了最大的认同。当说话者和解释者在交谈时，他们先前的理论就变得更为相似了；他们目前的理论也同样如此。认同和理解达到接近之处，就是目前的理论获得符合之时。但目前的理论一般无法对应解释者的语言能力。它不仅包含了变化的专名和随意分配的词汇，而且包含了对其他词汇或短语的每种成功的(即得到正确解释的)用法，无论与通常的用法有多大的差别。每一个与通常不同的用法，就其在这个场合得到了认同而言(公认在某个方面或在两个方面都是不同的，或完全不一样)，在目前的理论中，就是语词在这个场合中所指的内容。这种意义尽管可能瞬息变化，但都是字面上的，它们就是我所谓的第一意义。目前的理论并不是人们(也许除了哲学家之外)所谓的实际自然语言的理论。"掌握"这样一种理论没有用处,因为知道一种目前的理论,只是知道如何去解释某个具体场合中的具体话语。这样一种语言(如果我们还想这样称它的话)并没有被说成是习得而来的,也不是由约定支配的。当然,先前习得的东西对达到目前的理论至关重要,但习得的东西本身并不是目前的理论。

目前的理论究竟为什么应当被称为一种理论呢?因为我们心中所想到的理论,就其形式结构来说,应当是适合整个语言的理论,即使它所期望的应用领域逐渐减少。回答是,当一个词或短语暂时地或局部地替换了其他某个词或短语的作用(也许就像在在先的理论中那样),那么这种作用的整个负担及其与其他的词、短语和句子的逻辑关系所具有的全部含义一定是由目前的理论所完成的。当一个人掌握了马拉普罗太太说"墓志铭"时是指"绰号",那么他就一定会把"绰号"赋予其他许多人使用"墓志铭"时的情况。只有完整的循环理论才能够证明这种情况。这种看法并不是取决于假定马拉普罗太太总会犯这种"错误";只需一次就足以使目前的理论赋予"墓志铭"以新的作用。

解释者的在先的理论有更好的机会去描述我们可能认为是自然语言的东西,特别是,在先的理论带来了第一个谈话。我们对说话者知道的越少,假定我们知道他属于我们的语言共同体,那么,我们在先的理论就会更多地是这样一个理论,即我们期望某人听到我们毫无防备的谈话时去使用的理论。如果我们要一杯咖啡,给出租车司机指路,或者要一个装货箱或柠檬,那么,我们对所意向的解释者可能会知之甚少,以至于我们只能断定,他会按照我们所认为的标准方式去解释我们的话语。但所有这些都是相对的。

事实上,我们心中总是有个解释者;不存在我们希望如何抽象地得到解释这回事。我们栖居于自己的大量词汇中,或者出于最为一般的考虑,努力地造就这种词汇,我们不可能没有预感到,我们所知的哪些专名容易得到正确的理解。

无论如何,我的观点是:在先的理论在大多数情况下都没有成为共享的,没有理由可以解释它们为什么会是这样。的确,共享在先的理论并不是成功交流的条件:考虑一下由于无知而造成的用词错误。马拉普罗太太的理论,即在先的和目前的理论是,"墓志铭的完全错乱"意谓着"绰号的合理安排"。我们说,懂英语但并不知道马拉普罗太太语言习惯的解释者,有一种在先的理论,根据这种理论,"墓志铭的完全错乱"就意谓着墓志铭的完全错乱;但如果他理解了马拉普罗太太的话,他的目前的理论则会同意她。

显然,一般而言,在先的理论既不为说话者和解释者所共享,也不是我们通常称作的语言。因为在先的理论自身就有着针对说话者个人言语方式的所有特征,解释者在说话者说出话之前就必须考虑到说话者的这些特征。要鉴别在先的理论与我们通常关于个人语言的观念之间的差别,方法之一是要反思这样一个事实:解释者必须对不同的说话者具有完全不同的在先的理论——通常不是像他的目前的理论那样的不同;但这些取决于解释者对他的说话者了解多少。

在先的理论和目前的理论都没有描述我们所谓的某人所知的语言,而且这两个理论也都没有刻画说话者或解释者的语言能力。有能做得更好一些的理论吗?

人们或许会说,掌握语言的关键不是关于具体词汇的知识或详尽的语法,而是关于说话者易于成功地赋予他的话语和句子以意义的内容。关键在于范畴和规则的基本构架，在于可以构成英语（或其他语言）语法的方式，加上适合这个基本构架的被解释话语的粗略列表。如果我说的这些还不清楚的话，只是因为我想一蹴而就地考虑更多实际的或可能的建议。因为我认为，它们都没有解决我们的问题。同样，更为复杂精细的在先的理论也没有解决这些问题：它们都没有满足这样的要求，即描述说话者和解释者共享的能力和恰当解释的能力。

首先，任何一般的构架，无论是被看作英语的语法、接受语法的规则或基本语法加上修正或扩充这个语法的规则——任何这种一般的构架，由于其自身的一般性特征，对于解释具体的话语都是不充分的。无论何种一般的构架或理论，都可能是解释所需要的关键成分，但这不可能是所需要的一切，因为它没有提供对具体说话者所说的具体话语和句子的解释。在这方面，它就像是在先的理论，只是更为糟糕，因为它并不完整。

其次，这种构架理论一定会被看作对不同的说话者来说是不同的。它越是一般和抽象，没有它而从事的交流就越是不同。显然，这种分歧在理论上是可能的；然而，一旦人们试图想象一个构架非常丰富，足以实现自己的目的，那么，这种差别显然也一定是现实的。当然，这不可能给出例子，除非决定了这个构架考虑的内容：仅仅一个用词错误，就会使人怀疑足够清晰的构架。有一种更为明显的证据表明，内在的语法在使用“相同语言”的说话者那里也是不同的。詹姆斯·麦考利指出，哈伯的最新研究表明，

> 关于不同说话者的复数构成规则存在着可以感觉到的变化，这个变化体现在掌握新词的情形中。研究者把这些新词用作他的主词，目的是要迫使它们使用这个词的复数形式……哈伯认为，她的主词，而不是具

> 有统一适用的复数构成过程,每个都具有一个“核心的”系统,涵盖了广泛的情况,但对掌握并非由“核心”系统所涵盖的情况而言,这并不一定是所有的情况,加上各种策略……哈伯的数据表明,最为详细描述“相同方言”的说话者,常常得到的语法在许多方面都比它们的话语更为不同。①

我一直在试图怀疑“说相同方言”这个看法的清晰程度,但我们这里可以假定,它至少蕴涵着时常共享着的目前的理论。

提出比在先的理论更为一般的和先于这种理论的语法、理论或构架,只是强调了我最初用在先的理论与目前的理论之间的对比所提出的问题。更宽泛地说,这个问题就是:解释者和说话者为交流得以成功而共享的东西并不是习得的,所以也就不是由说话者和解释者事先已知的规则或约定所支配的语言;但说话者和解释者事先已知的东西并不(必然地)是共享的,因而由共享的规则或约定所支配的语言也并非如此。他们所共享的东西,如前所述,就是目前的理论;事先给出的东西就是在先的理论,或其他一切都以此为基础的东西。

我直到现在始终没有说明的是哈伯所谓的“策略”,这是对这个神秘过程的最好表达,说话者或听者用这个词说明了他事先知道的加上目前掌握的材料,最后带来了一个目前的理论。如果两个人要通过语言相互了解,他们所需要的就是能够一句话一句话地趋向目前的理论。他们的起点无论在我们看来有多么远,通常

---

① 詹姆斯·麦考利(James McCawley):“某些靠不住的观念”(“Some Ideas Not to Live By”),载《新语言》(*Die Neuern Sprachen* ,1976),第 75 卷,第 157 页。这些结论受到了某些人的质疑,他们相信有关的隐藏规则和结构是事先确定的。我的观点显然并不取决于这些例子,或并不是停留在这样的水平上,即这种分离在经验上是可能的。

都会是极为不同的——正如他们获得语言技巧的方式一样不同。于是，产生这种趋向的策略和计谋也是不同的。

也许我们可以赋予两个人“拥有相同的语言”这个观点以内容，比如说，他们都想趋向目前的理论；这种趋向的程度或相关频率就会是语言相似性的尺度。然而，我们可以为语言概念发现什么样的用法呢？我们可能会认为，说话者和解释者所趋向的理论是一种语言；但这样就会有适用于谈话中每次意外转折的一种新语言，而且，各种语言都不可能是习得的，没有人想要掌握大多数语言。

我们只是提到了两个人“拥有相同的语言”的某种意义，虽然我们并没有解释这个语言究竟是什么。如果某人要求一种语言，那么，要刻画他必须具备的能力或才能，这个计划就会有麻烦，显而易见的是，“知道”一种语言这个看法也会有同样的麻烦。但我们可以尝试地说构成某人的解释能力或向其他人说话的能力的东西：正是这种能力使他能够构造一个正确的（即趋向的）目前的理论，以便与他人进行语言交往。再说一遍，概念允许各种程度的应用。

对语言能力的这种刻画完全近似一个循环，以至于它不可能出错：它相当于说，语言交流的能力就在于使自己能够被理解和自己去理解的能力。只有当我们看到了这种能力的结构，我们才意识到，我们已经离掌握语言的标准看法有多么远了。因为我们没有看到前后一致的行为中可以习得的共同核心，也没有共享的语法或规则，没有为得到任意话语的意义所设计的可随身携带的解释机器。我们可以说，语言能力是一种不时地会趋于一种当前理论的能力——这就是我的意见，我没有更好的建议了。但是，如果我们的确采取这种说法的话，那么我们就应当意识到，我们不仅放弃了日常的语言概念，而且消除了在知道一种语言与知道我们在这个世界上的一般生活方式之间的界限。这是因为，并不存在达到当前理论的规则，并不存在严格意义上的规则，即与大致的准则和方法论上的概括相反的规则。一种当前理论实际上至少就像是这样的理论，即它是从来自个人词汇和语法的机智、运气和智慧中取得的，它是关于人们为使自己的观点得到理解之方式的知识，它是为想出什么是最有可能出现的那些偏离词典标准的用法的而遵循的经验性方法。调整或教授这些过程的机会就等同于调整或教授创造新理论以处理任何领域中的新材料的过程——因为这就是这个过程所包含的内容。

我们始终紧抓不放的问题取决于这样一个假定，即语言交流需要说话者和解释者已经学会或按某种方式获得一种共同的方法或解释理论，它能够根据共享的约定、规则或规定来发挥作用。当我们意识到并不存在满足这种条件的方法或理论时，难题便出现了。对这个难题的解决是清楚的。在语言交流中并没有像通常描述的那种语言能力，即像原则（1）～（3）所概括的那种语言能力。解决办法便是放弃这些原则。当按照非同寻常的方式来理解原则（1）和（2）时，两者可以保留。但原则（3）却无法成立；究竟什么可以取代它尚不清楚。我的结论是，并不存在语言这种东西，并不存在像许多哲学家和语言学家所假设的那种语言。因而也就不存在需要学习、掌握或与生俱有的那种东西。我们必须放弃这样一种看法，即认为存在语言使用者获得然后应用于语言实践的一种清晰确定的共享结构。我们应当试图再次说明，在任何一种重要含义上的约定是如何被卷入语言之中的;或者说,正如我所认为的那样,我们应当放弃试图阐明我们如何求助于约定而达到交流这种努力。

(江怡译,牟博校)

第四部分

语言、思想与实在

10. 论概念图式这一观念*

很多派别的哲学家倾向于谈论概念图式。人们告诉我们，概念图式是组织经验的方式；它们是对感觉材料赋予形式的范畴体系；它们是个人、文化或时代据以检测所发生事件的观测点。或许在这些概念图式之间无法通过翻译来沟通，因为对于企图进行这种翻译的人来说，在一种概念图式里表征一个人的那些信念、愿望、希望和点点滴滴的知识，在另外一种概念图式里没有真正的对应体。实在本身是相对于一种概念图式而言的，这也就是说，在一种概念体系里算作实在的东西在另外一种概念体系里可能并不是实在的。

甚至那些确信只有一种概念图式的思想家也受图式概念的支配；甚至一神论者也有他们的宗教。并且，当某人打算描述“我们的概念图式”时，倘若我们从字面涵义上来理解他，那么他的这个引为己任的任务便作出这样一种假定，即可能存在一些对立的概念体系。

概念相对主义是一种很令人神往和兴奋的学说，或者说，倘若我们能充分了解它，它便会是这样一种学说。但麻烦（在哲学中常

---

* 本文首次发表于《美国哲学学会会刊及演讲汇编》（*Proceedings and Addresses of the American Philosophical Association*），第47卷（1974年）。——译者

常会出现这样的麻烦)在于,难以在保持这种兴奋的同时又增进可理解性。这正是我所要论证的一点。

我们被促使作出这么一种想象:我们可以通过我们所熟悉的那种正当例子来理解大量的概念变化或概念上的深刻差别。有时,一个概念(如在相对论里所定义的同时性概念)十分重要,以至于整个一门科学为之而改观。有时,对在一门学科里为真的一系列语句所作出的修改甚为关键,以至于我们可能会感到,所涉及的那些词项改变了其意义。在彼此相距很遥远的不同时间或地点演化的不同语言,在处理某一范围内的现象时可能采取极为不同的对策。在一种语言里轻易就出现的东西在另外一种语言里可能难以出现,而这种差别也许反映出在风格和价值上的重大差异。

可是,像这样的一些例子尽管有时给人以深刻的印象,但还不至于极端到人们无法借助于单独一种语言来解释和描述那些变化和差别。沃夫想要证明,霍皮人* 表现出一种十分不同于我们的形而上学,以至于霍皮语和英语(正像他所表述的那样)无法“被校准”(be calibrated),但他却使用英语来传达霍皮语里的典型语句的内容。① 库恩杰出地使用我们的科学革命后的术语(难道还有什么别的方式吗?)来说明科学革命前事物是如何如何。② 蒯因则使我们对“概念图式演变中的前个体性用语”抱有同情。③ 而柏格森告诉我们在哪里能眺望到一座未被某种褊狭的视角所歪曲的

* 霍皮人(Hopi)是北美印第安人的一个部落,现居住在美国亚利桑那州东北部。——译者

① 沃夫(B. L. Whorf):“霍皮语动词的点体与段体”(“The Punctual and Segmentative Aspects of Verbs in Hopi”)。

② 库恩(T. S. Kuhn):《科学革命的结构》(*The Structure of Scientific Revolution*)。

③ 蒯因(W. V. Quine):“论说对象”(“Speaking of Objects”),第 24 页。

山。

概念相对主义的主要隐喻(即关于不同观点的隐喻)似乎暴露出一个潜在的悖论。不同的观点仅当有一个可在上面描绘它们的共同坐标系时才是有意义的;而一种共同坐标系的存在又与那种关于显著的不可比性的断言不符。在我看来,我们需要考虑对概念上的差别设定某些界线。有一些极端的假定陷入悖论或自相矛盾;而对一些不太过分的例子我们则可以毫无困难地加以理解。什么东西决定着那条我们由此会从仅仅是奇怪或新奇的看法跨向荒谬的看法的界线呢?

我们可以接受这样一种学说,它把具有一种语言与具有一种概念图式联系起来。可以对这种关系作出这样的假设:概念图式有什么不同,语言也就有什么不同。但是,假定在不同语言之间有一种翻译方式,那么讲不同语言的人就可以共有一种概念图式。因此,对翻译标准的研究便成为集中心思研究概念图式的同一标准的一种方式。倘若概念图式不以这种方式与语言相联系,那么原来的那个难题便毫无必要地变成了两个难题,因为在这种情况下我们会不得不想象由心智及其普通范畴与一种带有其组织结构的语言一起发挥作用。既然如此,我们肯定要问谁是主宰者。

另外一种看法认为,任何一种语言都曲解实在,这暗示只有在根本不用语言的情况下心智才得以按照事物的本来面目来把握事物。这种看法把语言构想为与使用它的人的能动作用无关的一种惰性的(尽管它必定具有歪曲作用)媒介。这是一种确实无法加以维护的语言观。然而,如果心智能毫不歪曲地把握实在,那么心智本身便必定是不具备任何范畴和概念的。这种无特征的自我是人们在一些完全不同的哲学分支中的理论里所熟悉的。例如,有一些理论使自由成为与当事人的一切愿望、习惯和意向无关的决定;而一些知识理论则提出,心智能观察到它自己的感觉和观念的整体。在每种情况下,心智都脱离了作为其构成部分的特性;正如我所说过的那样,这是从某些推理思路中得出的一个无法回避的结论,而这样一种结论应当始终使我们确信应拒斥导致这种结论的那些前提。

我们可以把概念图式认同为语言,这样(或者说更进一步地)我们便可以考虑这样一种可能性:一种以上的语言可以表达同一种概念图式(即几套可互译的语言)。我们不会把语言看作是一种可与心智分离的东西;人能讲一种语言,这并不是一种人能够在丧失它的同时又保持思维能力的特性。因此便不存在这样的可能性,即某人能够占据一个制高点,通过暂时摆脱他自己的语言而对不同的概念图式进行比较。那么,我们是否能够认为,在两个人讲两种不可互译的语言的情况下他们具有不同的概念图式?

在下文中我将考察预计可能会提出的两种情况:一是完全不可翻译,一是部分不可翻译。倘若在一种语言里任何范围内的有意义语句都不能被翻译成另外一种语言,那么便是完全不可翻译;倘若某一范围内的语句可被翻译而另外某一范围内的语句不可被翻译(我忽略掉可能会出现的不对称情况),那么便是部分不可翻译。我的对策是,首先论证我们无法理解完全不可翻译这个说法的意义;然后较简要地考察部分不可翻译的情况。

那么,首先讨论所要谈的完全不可翻译的情况。采取下述抄近路的办法确实是很诱人的:人们可能会说,能证明某种活动形式不能用我们的语言来解释,也就同时证明了那种活动形式不是言语行为。倘若这是正确的,那么我们大概就应当认为,一种无法用我们的语言解释成语言的活动形式便不是言语行为。可是，用这种方式来表述问题是无法令人满意的，因为这不过是把可翻译成一种我们所熟悉的语言作为一种语言标准。人们所认可的是，可翻译性论题缺乏自明性的感染力；如果该论题是一个真理（正如我所认为的那样），它便应当作为论证的结论而出现。

要增加这种看法的可信性，就要思考语言与信念、愿望和意向这些态度的归属之间的密切关系。一方面，言语显然需要众多加以细致区别的意向和信念。例如，一个断定坚毅使荣誉生辉的人必须也使自己相信这一点，他必须打算使自己相信这一点。另一方面，除非我们能把他的话语翻译成我们的话语，否则，我们似乎未必能把像上述那些说法那样复杂的态度清晰地归属于一个说话者。下面这一点可能是毫无疑义的：能够翻译某人的语言与能够描述他的态度这两者之间的关系是非常紧密的。不过，在我们能对这种关系是什么作出更多的说明之前，反对语言不可被翻译这一说法的论题依然是令人难懂的。

人们有时认为，根据可翻译性关系不是传递的这个理由，可被翻译成一种所熟悉的语言（譬如说英语）这一点不能作为一种语言标准。这种看法认为，某种语言（如土星人的语言）也许可以被译成英语，并且某种未来的语言（如冥王星人的语言）也许可以被译成土星人的语言，而冥王星人的语言不可被译成英语。足够多的可翻译的差别可能会增添一种不可翻译的差别。通过想象这样一种语言序列，其中每种语言都根据它是否可以按可接受的方式被译成另一种语言来排定它们之间疏密有致的顺序关系，我们便能想象出一种与英语迥然不同以至于全然不可译成英语的语言。与这种遥远的语言相应的是一种完全不同于我们的概念体系。

我认为,这种做法并没有使这场讨论纳入新的因素。因为在那种情况下我们就不得不问,我们如何认识到土星人正在翻译冥王星人的语言(或做其他任何事情)。讲土星语的人也许会告诉我们那正是他在做的事情,或更确切地说,我们也许会一时假定那正是他告诉我们的事情。但在这种情况下我们就想知道我们对土星语的翻译是否正确。

根据库恩的看法,在不同的科学传统中(在不同的"范式"中)发挥作用的科学家是"在不同的世界里工作"。[①] 斯特劳森在《感觉的界线》中一开始就写道:"人们有可能想象出非常不同于我们所知的世界。"[②]既然至多不过有一个世界,所以这些众多的世界便是隐喻上的或只是想象出来的。然而这两种隐喻是全然不同的。斯特劳森使我们想象非现实的可能世界,即通过以不同的系统方式重新对语句分配真值、可以用我们现在的语言来描述的世界。在这种情况下,不同世界之间差异的清晰度有赖于对我们的仍然有待确定的概念图式(即我们的描述手段)作出假定。另一方面,库恩则想要我们想象对同一个世界的不同观察者,他们用彼此之间不可比的概念体系来观察这个世界。斯特劳森的被想象出的众多世界是根据同一个观点所看到、所听到或所描述的;而库恩的一个世界是根据不同的观点所看到的。我们想要研究的是第二种隐喻。

第一种隐喻要求在语言内区分概念(concept)与内容(con-

① 库恩:《科学革命的结构》,第 134 页。

② 斯特劳森(P. Strawson):《感觉的界线》(*The Bounds of Sense*),第 15 页。

tent)，这也就是说，我们使用一种确定的概念体系(带有确定意义的语词)来描述可供选择的多种宇宙。有些语句会仅仅因为所涉及的概念或意义而为真，其他的语句会因为世界的方式而为真。在描述可能的世界时，我们仅仅使用第二种语句。

而第二种隐喻则暗示一种相当不同的二元论，即一种关于总括的图式(或语言)和未被解释的内容这两者的二元论。尽管坚持这第二种二元论并非与坚持第一种二元论不相容，但对后者的非难却可以对坚持第二种二元论起到促进作用。这里便讨论它可能会如何发挥作用。

放弃分析与综合的区别作为理解语言的基础，便是放弃这样一种看法，即我们能清楚地在理论与语言之间作出区分。正如我们可能会不严格地使用语词那样，意义受到理论的污染，而不是受到被视为真的东西的污染。费耶阿本德用下述说法来表述这一点：

> 我们反对意义不变性的论点是简单明了的。它是从这样一种事实中得出的：在确定旧理论或旧观点的意义时所涉及的某些原理通常与新的……理论不相容。它指出，通过淘汰造成麻烦的旧原理来解决这个矛盾、用新理论中的原理或定理来取代旧原理，这种做法是很自然的。而这样一种做法也会导致淘汰旧意义，这就证明了我们的结论。①

我们现在似乎可以有一种生成一些不同的概念图式的公式。当讲一种语言的人开始把他们原先认为是假的一系列重要语句接受为真的语句(当然，反之亦然)之时，我们便从旧图式中得到一个新图式。我们一定不要把这种变化简单地描述成一个把过去的谬

① 费耶阿本德(P. Feyerabend)："解释、还原与经验论"("Explanation, Reduction, and Empiricism")，第82页。

误视作真理的问题，因为一个真理是一道命题，而他们在把一个语句接受为真语句时所接受的东西不同于他们从前在认为该语句为假时所否定的东西。是该语句的意义发生了变化，因为它现在属于一种新语言。

新的（或许是更好的）图式如何产生于新的和更好的科学这一图景恰恰正是像帕特南（H. Putnam）和费耶阿本德这样的科学哲学家和像库恩这样的科学史家向我们所描绘的图景。其他某些哲学家则暗示出这样一种相关的看法，即倘若我们要让我们的语言适应于一种业已改进的科学，我们便能改进我们的概念总体。例如，蒯因和斯马特两人便以略有不同的方式不无惋惜地承认，我们现在的谈话方式使得我们不可能建立一门真正的行为科学。（维特根斯坦和赖尔则毫不惋惜地作出类似的论断。）蒯因和斯马特认为，对此的补救办法是改变我们的谈话方式。斯马特提倡（和预言）这种改变是为了把我们纳入科学上可靠的唯物论轨道；蒯因则更关注于为一种纯粹的外延性语言扫清道路。（或许我应当补充说，我认为，我们实际上具有的概念图式和实际使用的语言最好被理解为外延性的和唯物论的。）

倘若我们要遵循这番劝告，我本人认为这并不会促进科学或理解，尽管有可能促进伦理学。但现在的问题仅仅是，如果会出现这类变化，我们是否有理由把这些变化称作基本概念图式上的改变。人们易于察觉到在这样称谓这些变化时所碰到的困难。假定我在我的科学语言部长办公室里想让新就任的人停止使用譬如说指称情绪、感情、思想和意向的语词，转而谈论那些据假设或多或少等同于上述精神废料的生理状态或事件。如果这个新就任的人讲一种新的语言，我如何来辨别他是否把我的劝告当作耳边风呢？

仅仅就我所知，那些颇有光彩的新用语（尽管是从那种它们在其中指称生理事件的旧有语言中窃取来的）在他嘴里也可能起着表述那些乱七八糟的旧精神概念的作用。

上面这句话里的关键用语是：仅仅就我所知。已弄清的是，部分保留或全部保留旧词汇本身并没有为判断新概念图式同于（或不同于）旧概念图式提供根据。因此，起初听来似乎很激动人心的发现（即真理相对于概念图式）迄今被证明不过是这样一个为人们所熟悉的平凡无奇的事实，即一个语句的真（尤其）相对于它所隶属的那种语言。库恩所谓的科学家并非生活在不同的世界，而是像那些需要韦氏词典的人一样可能仅仅在各自使用的词语上相互区分。

摒弃分析与综合的区别并没有证明有助于人们了解概念相对主义的意义。然而，依据某种可用来支持概念相对主义的看法（即关于经验内容的看法）却对分析与综合的区别提出解释。综合与分析的二元论是关于下述两种语句的二元论：一种语句的真（或假）既是因为它们本身的含义，又是因为它们的经验内容；另一种语句不具备经验内容，它们的真（或假）仅仅依据其意义。倘若我们摒弃这种二元论，我们也就抛弃了那种附属于它的意义概念，但我们却不必抛弃经验内容这一概念，这也就是说，如果我们想要这样认为的话，我们可以坚持认为一切语句都具有经验内容。而经验内容本身又是根据事实、世界、经验、感觉、感官刺激之全体等诸如此类的事物来解释的。意义使我们得以谈论范畴、语言的组织结构等等；但是，正如我们已看到的那样，人们有可能摒弃意义和分析这两个概念而同时又保留语言体现一种概念图式这一看法。因此，取代分析与综合的二元论，我们便得到概念图式与经验内容的二元论。这种新二元论是这样一种经验主义的基础，这种经验主义被剥夺掉了分析与综合的区别和还原论这两个站不住脚的教条，这也就是说，它被剥夺掉了下述这种不切实际的看法，即认为我们可以按照惟一的方式逐句地分派经验内容。

我极力主张：关于图式和内容（即起组织作用的概念体系和某种有待组织的事物）的第二种二元论是无法理解的和无法辩护的。这种二元论本身是经验主义的一个教条，即第三个教条。这第三个教条或许是经验主义的最后一个教条，因为倘若我们放弃这个教条，那么就搞不清是否还会剩下什么别具特色的东西可称之为经验主义。

人们以多种方式来阐明图式与内容的二元论。这里有些例子。第一个例子取自对萨皮尔（Sapir）的论题作出详细说明的沃夫。沃夫说：

> ……语言对经验起一种组织作用。我们倾向于把语言仅仅看作是一种表达手段，而没有意识到，语言的首要作用是对一连串的感觉经验进行分类整理，结果形成某种世界秩序。……换句话来说，语言以一种较粗糙但又更宽广、更多样的方式来做与科学所做的同样的事情。……因此我们被引向一个新的相对性原理，它认为，除非所有的观察者的语言背景是类似的，或能按某种方式校准，否则，相同的物质证据就不会把这些观察者引入相同的宇宙图景。①

在此我们有了所需要的一切要素：具有组织力而又与科学没有明显区别的语言；被组织的事物，它们有时被指称为“经验”，有时被指称为“一连串的感觉经验”，有时被指称为“物质证据”；最后，可互译性（“校准”）的失败。可互译性的失败是概念图式彼

① 沃夫：“霍皮语动词的点体与段体”。

此有差别的一个必要条件；与经验或证据的共同关系被假定为有助于我们了解下述断言的意义，即翻译失败时值得考虑的是语言或概念图式。这种看法的关键在于：存在某种外在于一切概念图式的中立的共同事物。当然，这种共同事物不可能是彼此有差别的语言的*题材*，否则的话，翻译就会是可能的了。因此，库恩最近写道：

> 哲学家现在放弃了找到一种纯粹的感觉材料语言的希望。……但是其中很多人却继续假设，通过求助于一种完全由下述语词构成的基本词汇便可以将种种理论进行比较，这些语词按照一些不成问题的、在必要的程度上独立于理论的方式与自然界相联系。……费耶阿本德和我都已详细论证过，这样一种词汇是无法得到的。在从一种理论到其他理论的转换中，语词以一些微妙的方式改变了它们的意义或可应用性的条件。尽管大多数相同的记号在革命前和革命后都在使用（例如，力、质量、元素、化合物、细胞），但是其中有些记号与自然界相联系的方式由于某种原因发生了变化。因此，我们认为，相继的理论彼此之间是不可通约的。①

当然，“不可通约”是库恩和费耶阿本德用以表示“不可互译”的词。自然界提供有待组织的中立内容。

费耶阿本德本人提出，我们可以通过“在概念体系或者语言之外选择一个视点”，来比较彼此有差别的概念图式。他希望我们可以做到这一点，因为“仍然有作为一种实际存在的过程的人类经验”，②它独立于一切概念图式。

蒯因在很多段落中也表达了相同的（或相似的）思想：“我们所谓的知识或信念的整体……是一种人造的结构组织，它仅仅沿着

① 库恩：“对批评者看法的反思”（“Reflections on my Critics”），第266～267页。

② 费耶阿本德：“经验主义的问题”（“Problems of Empiricism”），第214页。

其边缘与经验紧密接触。……”;[①]“整个科学就像一个力场,它的边界条件就是经验”;[②]“作为一个经验主义者,我……把科学的概念图式看作……是一个根据过去的经验来预测未来经验的工具。”[③]并且还说:

> 我们坚持把实在按某种方式分解为诸多可识别的和可区别的对象的复合体。……我们按这种方式来谈论对象的习惯是十分根深蒂固的,以至于说我们采取这种做法看来几乎等于什么都没说;因为难道还会有别的说法吗?很难说还会有什么别的说法,这并不是因为我们的对象化范型是人类的一种永恒不变的本质特性,而是因为我们恰恰在理解或翻译另外一些不同的语句的过程中必然要使另一种不同的对象化范型适应于我们自己的范型。[④]

对差别的检验依然无法进行翻译,或在翻译上出现困难:“……谈到那种遥远的、根本不同于我们的语言手段,不过是说翻译不会顺利进行。”[⑤]而在翻译上遇到的艰难可能会十分严重,以至于讲另外一种语言的人有一种“尚未想象到的、无法确认个体的范型”。[⑥]

因此,这种看法认为,倘若有什么东西与经验(自然界、实在、感觉提示)处于某种关系(预测、组织、面对或适合)之中,那么这种东西就是一种语言(不论我们是否能翻译它),以及与之相关联的一种概念图式。问题在于这种关系是什么以及更清晰地说明那些相关的实体。

① 蒯因:“经验主义的两个教条”(“Two Dogmas of Empiricism”),第 42 页。
② 同上。
③ 同上文,第 44 页。
④ 蒯因:“论说对象”,第 1 页。
⑤ 同上文,第 25 页。
⑥ 同上文,第 24 页。

所论及的那些形象化比喻和隐喻可划分为两组：要么是概念图式（语言）组织某种事物，要么它们适合这种事物（正如在"每个人都修改他的科学遗产以便适合他的……感觉提示"[①]这段话里所表述的那样）。第一组还包括使（一连串经验）系统化、划分（一连串经验）这些说法；第二组说法还有一些进一步的例子，如预测、解释、面对（经验的法庭）。至于那些被组织的实体或概念图式必须适合的实体，我再次认为我们可以发现两种主要看法：要么是实在（宇宙、世界、自然界），要么是经验（转瞬即逝的显示、表层刺激、感觉提示、感觉材料、所给予的东西）。

除非一个单一对象被理解为包括或就在于其他对象，否则的话，我们就无法赋予组织该单一对象这个概念以清晰的意义。组织一个柜橱就是收拾其中的东西。倘若你被告知不要组织其中的鞋和衬衫，而是要组织柜橱本身，你便会大惑不解。你如何组织太平洋呢？这无非是清理海岸，或许还要重新安置其岛屿之所在位置或消灭其中的鱼。

一种语言可以包括这样的简单谓词，它的外延不可与其他某种语言里的任何一个简单谓词相匹配，乃至可与其中任何一个谓词相匹配。使我们能在特定情况下证明这个论点的正确性的东西，乃是这两种语言所共有的本体论以及一些确认相同对象化的概念。当翻译失败的范围是相当有限时，我们就能对之作出清晰的说明，因为翻译普遍成功这一背景向我们提供了所需要的那种使翻译失败成为可理解的东西。但是在那种情况下我们所探求的是一场更大的游戏，这也就是说，我们想要了解存在一种我们根本

---

① 蒯因："经验主义的两个教条"，第 46 页。

无法翻译的语言这个说法的意义。或者换一种不同的方式来表述这个论点，我们在那种情况下所寻求的是一种语言标准，这种标准不依赖于(或衍推出)可翻译成一种我们所熟悉的话语这一点。我认为组织自然界这个柜橱的形象化比喻并不会提供这样一种标准。

另外那种对象即经验又如何呢？难道我们能够认为一种语言组织经验吗？又重新出现那些大致相同的困难。组织这个概念仅仅适用于众多事物。无论我们所经验到的众多事物是什么(例如，像丢了一颗纽扣或绊了一跤、具有温暖的感觉或听到双簧管的声音这样的事件)，我们都不得不根据一些所熟悉的原理来确认个体。一种组织这类实体的语言必须是一种非常像我们自己的语言。

经验(及其同类，如表层刺激、感觉和感觉材料)还对组织这个观念造成另一种更明显的困难。如何能把某种东西当作一种仅仅是对经验、感觉、表层刺激或感觉材料才起组织作用的语言？无疑，刀叉、铁路以及山脉、卷心菜和自然界的其他东西也需要组织。

毫无疑问，上述最后一个说法作为对下述这样一个断言的回答听起来是不恰当的，即认为一个概念图式是对感觉经验的一种处理方式；我赞同这一点。可是，我们所考虑的是组织经验这种看法，而不是处理(或适合、面对)经验这种看法。上述回答对前一个概念(而不是对后一个概念)是恰当的。因此，现在让我们看一下我们采用第二种看法是否能把事情办得更出色。

当我们从讨论组织转而讨论适合时，我们就把注意力从指称性的语言手段(如谓词、量词、变元和单称词项)转到整个语句上来了。正是语句发挥预测作用(或被用来预测)，正是语句对付或处理事物，正是语句适合我们的感觉提示，正是语句能与证据进行比较或对照。也正是语句面对经验法庭，不过它们当然必须共同在一起面对经验法庭。

所提出的那个建议并不是说，经验、感觉材料、表层刺激或感觉提示是语言的惟一题材。确实，存在这样一种理论，它认为谈论埃尔姆大街上的砖房最终要被解释为谈论感觉材料或知觉，但这样一种还原论的观点只是我们所考虑的那种一般立场的不合乎情理的极端说法。这种一般立场是：感觉经验为是否接受语句提供全部证据（在此，语句可能包括整个理论）。假定这种证据证实了一个语句或理论，那么该语句或理论便会适合我们的感觉提示、成功地经受经验法庭的审判、预测未来经验或处理关于我们的表层刺激的范型。

在一般的事态发展进程中，有可能一个理论被实际得到的证据所证实，然而又是假的。可是，这里所考虑的并不只是实际得到的证据，这也就是说，所考虑的是过去、现在和将来的所有可能的感觉经验的总体。我们没必要停下来沉思这句话可能会有的含意。所论及的论点是：一个理论适合或承认可能的感觉经验的总体，这就意味着这个理论是真的。如果一个理论对物理对象、数或集合实行量化，那么，在这个作为整体的理论适合感觉证据的情况下，对那些实体所作的说明便是真的。人们可以看到，从这种观点看来，这样一些实体如何可能被称作一些设定。如果某种东西能与另一种不是设定的东西形成对比，那么把这种东西称作一个设定便是合理的。在此，并非设定的事物是指感觉经验——我们所说的至少是这样一种意思。

困难在于，适合经验总体这个概念就像适合事实（或对于事实而真)这个概念一样,并没有使为真(being true)这个简单概念更易于了解。谈感觉经验而不谈证据(或只是谈事实),这表达出一种关于证据的来源或性质的观点,但它并没有给据以检验概念图式的宇宙增添新的实体。假定感觉经验的总体便是所存在的一切证据,而所存在的一切证据恰恰是使我们的语句或理论为真的东西,那么,我们所想要的正是这种感觉经验总体。然而,没有任何东西,没有任何一样东西使语句和理论为真,这也就是说,能使一个语句为真的不是经验,不是表层刺激,不是世界。正是经验呈现为某种进程、我的皮肤感到温暖或被刺破、宇宙是有限的这些事实使语句和理论为真(如果我们愿意采取这种说话方式的话)。但可以在无需提到事实的情况下把这一点表述得更好。"我的皮肤是温暖的"这个语句为真当且仅当我的皮肤是温暖的。这里并没提到事实、世界、经验或证据。[①]

在这种情况下,我们想要依据适合某个实体这一概念来表征语言或概念图式的企图便归结为这样一种简单想法,即如果某种东西是真的,它便是一种可接受的概念图式或理论。或许我们最好说"在很大程度上是真的",以便容许共有同一个概念图式的人在细节上有所不同。而一个不同于我们自己的概念图式的标准现在就变成了:在很大程度上为真但不可转译。这是不是一个很有用的标准的问题不过是这么一个问题:我们在多大程度上充分地理解在其运用于语言时独立于翻译概念的真理概念。我认为答案是:我们根本无法如此独立地理解真理概念。

我们承认,像"'雪是白的'是真的当且仅当雪是白的"这样的

① 参看戴维森:"对事实为真"("True to the Facts")。

语句的真实性是很平凡的。然而，这样一些英语语句的总体却惟一地为英语确定出真理概念的外延。塔尔斯基把这一观察结果作了推广，使之成为对真理理论的检验手段，这也就是说，根据塔尔斯基的约定 T，一个令人满意的关于语言 L 的真理理论必须对于 L 中的每一个语句 *s* 都衍推出一个“*s* 是真的当且仅当 *p*”这种形式的定理(其中，“*s*”由 *s* 的描述表达式所替换，若 L 是英语，则“*p*”由 *s* 本身所替换，若 L 不是英语，则“*p*”由 *s* 在英语里的翻译所替换)。[①] 当然，这并不是一个真理定义，这并没有暗示有一个一般地适用于语言的单一真理定义或理论。不过，约定 T 却暗示出(尽管它不可能明说)为一切具体化了的真理概念所共有的一个重要特征。它之所以能够做到这一点是因为它必不可少地使用了翻译成我们所知道的一种语言这个概念。既然约定 T 体现出我们关于如何使用真理概念的最好的直觉，所以似乎便没有希望获得这样一种检验，即对一种概念图式是否根本不同于我们的概念图式的检验(倘若这种检验有赖于我们能使真理概念脱离于翻译概念这个假设)。

因此，无论是一批业已确定的意义还是中立于理论的实在都无法提供在概念图式之间进行比较的根据。倘若这样一种根据是指某种被构想为种种不可通约的概念图式所共有的东西，那么进一步追寻这种根据便是犯了一个错误。当放弃这种追寻时，我们也就摒弃了那种打算了解关于这样一种单一空间的隐喻之意义的企图，在这种单一空间的范围内，每个概念图式都占有一个位置并

---

① 塔尔斯基(A. Tarski)：“形式化语言中的真理概念”(“The Concept of Truth in Formalized Languages”)。

提供一个观察点。

现在我转而讨论那种比较有节制的看法，即翻译的部分失败而不是翻译的完全失败。这种看法引入了这样一种可能性，即有可能在种种通过参照其共同部分而可理解的概念图式中作出转换和对比。我们需要这样一种关于翻译或解释的理论，即它没有作出关于共有的意义、概念或信念的假设。

信念与意义的相互依赖性是由关于言语行为的解释的下述两方面的相互依赖性所造成的，即信念的归属与语句的解释。我们在前面曾谈到，由于这些依赖关系，我们能够把概念图式与语言相联系。现在我们可以用一种更明确一些的方式表述这个论点。试允许下述两种情况：只有某个对说话者的信念（以及意向和愿望）充分了解的人才能对该说话者的言语作出解释；而不理解说话者的言语便不可能在说话者的信念之间作出细致区别。在上述情况下，我们如何来解释言语或清晰地对信念和其他态度作出归属呢？显然，我们必须具有一种同时地解释态度和言语而对这两者都不作出假设的理论。

我仿效蒯因的看法而建议，我们可以在不进行循环论证或作出无根据假设的情况下，把某些对语句的非常一般性的态度视为对一种关于彻底翻译的理论的基本证据。至少为了目前的讨论起见，我们可以依赖于“认为……是真的”这个指向语句的态度，把它作为极为重要的概念。（一个内容更加充实的理论也会论及对语句的其他态度，如渴望……是真的、想要知道……是否为真、打算使……为真等等。）尽管这里的确牵涉到态度，但是可以从下述这一点中看到并没有把那个主要的问题视为当然这个事实：如果我们仅仅知道某人认为某个语句为真，那么我们就既不知道那个语句在他那里的含义，也不知道他认为该语句为真这一点表示什么样的信念。因此，他认为该语句为真这一点是两个力的向量，这也就是说，关于解释的问题也就是从证据中提取出一种切实可行的意义理论和一种可接受的信念理论。

对这个问题的解决方式最好从一些平淡无奇的例子中来领悟。倘若你看见一艘双桅船驶过，并且你的伙伴说道："瞧那艘漂亮的小帆船(yawl)"，那么你就可能面临一个解释的问题。很自然，你的朋友有可能把一艘双桅船错当成一艘小帆船了，从而形成一个错误的信念。可是如果他的视力没毛病，他的视线也不错，那么更合乎情理的是：他并没有完全像你那样使用"yawl"这个词，他对那艘行驶着的游艇上的小帆船的看法并没出错。我们随时都会作这种即兴的解释，决定赞成对语词作出重新解释，以便保留一种合理的信念理论。作为哲学家，我们对系统的用词错误持特殊的宽容态度，并且对这种语词误用的结果作出解释。具体做法便是从被视为真的语句中构造出一种关于信念和意义的实际理论。

这样一些事例强调对违背共同信念之背景和目前实行的翻译方法的不规则细节作出解释。可是，在不那么平凡的情况下所涉及的那些原则也必须是同样的。重要的是：如果我们的全部知识不过是什么样的语句在一个说话者看来是真的，而我们无法假设他的语言就是我们自己的语言，那么我们在不具备关于说话者的信念的大量知识或没有作出这种假设的情况下甚至无法迈出朝向解释的第一步。既然关于信念的知识只和解释语词的能力联系在一起，所以开始时只有惟一的一种可能性，即假定对信念持有普遍一致的看法。通过向一个说话者的语句指派仅在该说话者认为这些语句为真的情况下(在我们自己看来)才实际成立的成真条件，我们便开始获得一种接近完成的理论。其指导方针是,考虑到简单性,考虑到关于社会条件之影响的预感,当然还考虑到我们关于可辩明的错误的常识知识或科学知识,在这些考虑的制约下,尽可能地向语句指派成真条件。

设计这种方法并非旨在消除不一致,它也不可能做到这一点;其目的在于使有意义的不一致成为可能,而这有赖于有一种(或某种)一致的基础。这种一致可以采取广泛共有在"讲同一种语言"的说话者看来为真的语句的形式,或表现为在很大程度上由解释者为讲另外一种语言的说话者设计的真理理论所促成的一致。

既然宽容不是一种选择,而是具有一种切实可行的理论的条件,因此,认为我们也许会由于赞同宽容而犯大量错误的看法是毫无意义的。直到我们成功地确立起被认为是真的语句之间系统的相互关系之前,无错误可犯。宽容是强加于我们的;不管我们是否愿意,倘若我们想要理解他人,我们就必须认为他们在大多数问题上的看法是正确的。如果我们能提出一种使宽容性与理论的形式条件协调一致的理论,那么我们便做到了为确保交流所能做到的一切。只有这种理论才是可能的,只有这种理论才是需要的。

当我们以一种使意见一致发挥最大作用的方式(正如我们所说过的那样,这包括为犯可辩明的错误即意见不一致留下余地)来进行解释时,我们才最充分地了解他人的语词和思想的意义。这把概念相对主义置于怎样一种境况之中呢?我认为答案是:我们必须对概念图式上的差别作出与对信念上的差别所作出的大致相同的说明,这也就是说,我们通过扩大共有的(可翻译的)语言或共有的意见这一基础来增进宣称图式上或意见上的差别时的清晰度。确实无法在图式上的差别与意见上的差别这两种情况之间划出一道清楚的界线。如果我们选定用一个我们根据语言共同体基础非常赞同的语句来翻译某个被其说话者所拒斥的外来语句，我们可能就很想称之为概念图式上的差别；如果我们决定以其他方式来容纳证据，那么谈论意见上的差别也许是更自然的。但是当他人以不同于我们的方式来思维时，一般原理或所求助的证据都不能迫使我们判定那种差别在于我们的信念而不在于我们的概念。

我认为，我们必须得出这样一个结论：试图给关于概念相对主义的看法，从而给关于概念图式的看法赋予一种可靠的意义，把这种企图建立在翻译部分失败的基础上就如同建立在翻译全部失败的基础上一样是无法奏效的。只要有了潜在的关于解释的方法论，我们就无法判断他人是否有根本不同于我们自己的概念或信念。

用下述说法来进行概括是错误的，即认为我们已经表明：在具有不同概念图式的人们之间，以一种无需那种不存在的东西（即中立基础或共同的坐标系）而发挥作用的方式，交流如何是可能的。因为我们没有发现任何能据以说概念图式不同的可理解的根据。宣布下述很令人愉快的消息也同样是错误的，即一切人（至少是一切运用语言的说话者）都具有一种共同的概念图式和本体论。因为，如果我们不能可理解地说概念图式是不同的，我们也不能可理解地说它们是同一的。

在放弃对未被解释的实在（即某种外在于一切概念图式和科学的东西）这一概念的依赖性时，我们并没有放弃客观真理这一概念，而是恰恰相反。只要有关于图式和实在的二元论这个教条，我们就得接受概念相对性以及相对于一个图式的真理。没有这个教条,这种相对性便会落空。当然,语句的真实性依然是相对于语言的,但那是尽可能地客观的。在放弃关于图式和世界的二元论时,我们并没有放弃世界,而是重建与人们所熟悉的对象的没有中介的联系,这些对象本身的行径使我们的语句和意见为真或为假。

(牟博译)

11. 论分析方法与跨文化理解*

哲学研究中的分析方法几乎为所有哲学家所不时地运用，但没有人始终运用它。它是这样一种方法：它始于问题和疑问，试图找到答案或解决疑问。人们要为所提出问题的答案和疑问的解决途径进行理性论证，而分析方法则使理性论证准备就绪。这种方法可以用于与来自任何方面、学科或传统的、在任何层次上的思想交锋。这种方法引发论证，而在思想开放的情况下运用它则造成对话。而就其最佳状态而言，对话造成相互理解、新颖见解、对以往哲学家的同情态度以及(有时)真正的思想创新。但是，在开启对话之前，对话各方必须相遇，正如他们在本卷中所做的那样。

我们不大经常停下脚步来思考一下我们作为哲学家与来自其他时代、其他国家和其他传统的哲学家究竟有多少所共享的东西。随着我们阅读、教学和旅行，我们会发现我们所共有的问题和兴趣。这种发现令我们惊奇，这是因为，首先，按最佳方式对心智加以比较的途径是通过发现像日常行为范型和反应范型所提供的那样多的相似点。可是，一旦达到范型之间的这种符合，其余的相异

* 本文是戴维森为专题研究文集《两条通往智慧之路？——中国哲学与分析哲学传统》[Bo Mou ed. (2001): *Two Roads to Wisdom?—Chinese and Analytic Philosophical Traditions*, Chicago, USA: Open Court Publishing Company, pp. v—vi]所做的序言。

之处便不成比例地突显。这或许说明了为什么最初乍然遇到一种新传统似乎是遇到某种不可逾越的鸿沟。不过,经验说明,正如在其他领域一样,差异仅在相对于基础一致的背景下才得以理解。尽管基础上的一致可能在很大程度上是未被言明的和未被注意到的,但是,它始终是在那里存在着的。我们有时需要帮助,以领悟哲学是如何建立在我们大家所共知的基础之上的。没有任何一种世界观或概念图式是真正不可通约的。

本文集向我们当中这些沉浸在西方哲学中的哲学家提供了一个可喜的机会,来领悟在多大程度上我们与中国哲学传统有共同之处,因为正是这些广泛众多的普遍问题使得我们的差异有意义和有趣。我们应当在诸如人权、学术自由、免除对饥饿和战争的恐惧以及生活在我们自己所选择的政治制度下的权利这样的一般价值上寻求并培育看法上的趋同,这是有益的。但是,我们不应当在哲学中寻求千篇一律。恰恰相反,在我们的智力工作中,我们应当庆贺多样性并尽我们所能来确保其继续发展。

我们不应当错误地假定认为在理想情况下我们的制度和我们的哲学倾向将会或应当变得更相像。我们应当期待的恰恰相反,我们应当对此表示欢迎。我们欢迎理解以及随之而来的宽容;而(在上述基础一致的背景下,看待共同问题角度上的)多样性与差异是哲学的要害所在。

（牟博译）

12. 形而上学中的真理方法*

我们在共有一种语言(在这是为交流所必需的任何一种涵义上)时,也就共有一幅关于世界的图景,这幅图景就其大部分特征而论必须是真的。因此,我们在显示我们的语言的大部分特征时,也就显示了实在的大部分特征。所以,研究形而上学的一种方式便是研究我们语言的一般结构。当然,这并不是惟一正确的关于形而上学的方法;因为并没有这样一种惟一正确的方法。但它是一种方法,并且,像柏拉图、亚里士多德、休谟、康德、罗素、弗雷格、维特根斯坦、卡尔纳普、蒯因和斯特劳森这些所处时代大不相同或学说大不相同的哲学家,都一直在运用这种方法。不言而喻,这些哲学家对于语言的大部分特征是什么或最好可以采取什么方式来研究和描述它们持有不同的看法;因此,他们各自的形而上学结论也是多种多样的。

我将描述和建议的方法并不新颖;这种方法的每一个重要特征都可以在这个或那个哲学家那里找到,其最主要的想法隐含在语言哲学的大部分最出色的文献之中。它的新颖之处在于明确阐述这种方法并对其哲学上的重要性作出论证。我首先进行这种论

---

* 本文首次发表于弗伦奇(P. A. French)等人编:《中西部哲学研究,第2卷:语言哲学研究》(*Midwest Studies in Philosophy*, 2:*Studies in the Philosophy of Language*, University of Minnesota Press,1977)。——译者

证;然后对这种方法作出一番描述;最后,概述它的某些应用。

一

我们的语言(任何一种语言)为什么必须体现或依赖于一种关于事物存在方式的在很大程度上正确的共有观点呢?我们首先考虑为什么那些能相互理解彼此的言语的人必须共有一种世界观(不论这种观点是否正确)。原因在于,当我们的解释方法把他人置于犯我们所认为的明显错误的境地时,我们便损害了我们对他人话语的解释的可理解性。我们确实能够了解我们与他人之间的差别,但是只有在共有信念的背景下才能了解这些差别。所共有的东西一般来说无需评注;它过于乏味、十分平凡或非常熟悉,以至于人们注意不到它的存在。可是,倘若没有一种广泛的共同基础,争论者就无从开展他们的争辩。当然,正像只有在很大程度上具备共同基础才能与他人看法不一致一样,只有在很大程度上具备共同基础才能与他人看法一致;这一点或许是很明显的。

只有在一种密集的信念范型的范围内才可识别和描述信念。我可以相信一朵云在太阳前飘过,但这仅仅是因为我相信有一个太阳;相信云是由水蒸气构成的;相信水能以液态或气态形式存在;如此等等。尽管并不需要一系列更进一步的特定信念来赋予我的信念即一朵云在太阳前飘过以实质内容,但必须具备某一组恰当的相关信念。如果我假定你相信一朵云在太阳前飘过,那么我便假定你具备那种正确的信念范型来支持那一个信念,而我假设你所具备的这些信念,为了起到支持作用,就必须像我的那些信念一样足以证明这样一种描述是正确的,即把你的信念描述为一朵云在太阳前飘过这一信念。倘若我正确地把那个信念归之于你，那么你就必须具备一种几乎同于我的信念范型。因此，不足为奇的是，我们只有通过使我们在很大程度上是一致的解释，才能正确地解释你的话语。

到目前为止，我的论证可能似乎仅仅表明出色的解释造成意见一致，而把一致同意的东西是否为真这个问题完全悬置起来了。无疑，意见一致并不保证它就是真理，无论这是多么广泛的意见一致。然而，这种看法没有领会到该论证的要点。其基本断言是，需要大量的共同信念来为交流或理解提供一个基础；因此所推广的断言便应当是，客观的错误只能出现在一种很大程度上为真的信念的背景之中。虽然意见一致无助于形成真理，但是如果有的一致意见为假，那么大多数一致意见必定为真。

正如把过多的错误归之于某人要冒使他的课题丧失主题的危险一样，把过多的实际错误归之于一个人也使他犯错误这一点无从谈起。当我们想要进行解释时，我们是依靠于某种关于意见一致的一般范型的假设来工作的。尽管我们假定大多数我们认为是共同的东西为真，但是我们当然无法假设我们知道真理何在。我们之所以不可能根据已知的真理来进行解释，并不是因为我们无知，而是因为我们并非始终了解哪些是真理。我们在解释时无需无所不知，但关于无所不知的解释者的看法并不荒谬；这个无所不知的解释者把信念归之于他人，并且正如我们其余人一样根据他自己的信念来解释他人的言语。既然他就像我们其余人一样来做这件事，因此他必然发现需要大量的一致意见，以便了解他对信念的归属和他对他人言语的解释的意义；在这种情况下，一致意见根据假设当然就是真的。而现在就很明显，为什么关于世界的大量错误的确是不可理解的，这是因为：假定它们是可理解的也就是假定能够有这样一位解释者（无所不知的解释者），他正确地把他人解释为犯大量的错误；而我们已证明这是不可能的。

二

成功的交流证明存在一种关于世界的共有看法，它在很大程度上是真的。而我们之所以要求这种共同看法是由于我们认识到，被认为是真的语句（信念的语言表示）确定它们所包含的语词之意义。因此，共同的看法造就共有的语言。这便是下述这种看法之所以合乎情理的原因，即认为我们研究语言的最一般的方面也就是在研究实在的最一般的方面。依然有待说明的是，如何才能识别和描述这些方面。

由于语言的语义性质，由于它的语句具有成真或成假的潜在可能性，还由于语言可以被言说和书写，所以语言是交流的工具。研究什么样的语句为真，一般来说，这是各种不同的具体科学的任务；而研究真值条件则纳入语义学的研究领域。如果我们想要使世界的一般特征鲜明地显现出来，那么，我们就必须在语言中留意，语言里的语句是真的，这一般地意味着什么。所提出的建议是：如果把语句的真值条件置于一种详尽完整的理论的语境之中，那么，展现出来的语言结构就会反映实在的大部分特征。

我们的目标旨在为这样一部分自然语言建构一种真理理论，这部分自然语言合乎情理地发挥着强有力的重要作用。任何形而上学结论的重要性所依赖的一个因素便是这种真理理论的适用范围——这种理论适用于多少自然语言，它的说服力如何。这种真理理论必须向我们表明，我们如何能把潜在无限多的语句中的每一个语句看作是这样构成的，即借助于有限的组合规则之有限的应用、由一批有限的在语义上有意义的原子（大致说来即语词）而构成。因此，这种真理理论必须根据每个语句的构成提出该语句的真值条件（相对于表达该语句的那些境况）。所以，这种真理理论可以被说成是根据一个语句里的语词所发挥的作用来解释对该语句的一个表述的真值条件。

这里所说的在很大程度上要归功于弗雷格。弗雷格看到了对一个语句的真如何依赖于该语句的组成部分的语义特征这一点作出解释的重要性，他表明人们可以如何对自然语言的一些令人印象很深的引申部分作出这样一种解释。他的方法现在很为人熟悉：他引入一套标准化的符号，其句法直接反映旨在作出的那种解释，然后极力表明被作出解释的新的符号表示具有与自然语言的重要部分同样的表现力。或更确切地说，那种表现力并不完全相同，因为弗雷格认为自然语言在某些方面有缺陷，他把他的新语言看作是对自然语言作出的一种改进。

弗雷格所关注的是语句的语义结构和语句之间的语义关系（就经过衍推而生成的那些语句而论）。但不能认为他为一种作为整体的语言设想出一种全面的关于真理的形式理论。他这样做的一个后果是，他缺乏对语义悖论的兴趣；另一个后果是，他显然愿意接受给语言里的每一个指谓词组所指派的无数多的意义（涵义）和所指。

因为弗雷格认为把函项应用于主目是语义组合的惟一程式，所以他不得不把语句看成是一种名称，即真值的名称。在弗雷格的这种处理手法被简单地视为表征语句真值条件时所采取的一种人为对策的情况下，它是无懈可击的。但是，既然语句并不是以名称的方式在语言中发挥作用的，因此弗雷格的做法便暗中破坏了人们的信任感，使人们认为，他需要用来使其语义学发挥作用的本体论与隐含在自然语言中的本体论没有任何直接联系。因此，没有弄清的是，人们可以从弗雷格的方法中学到什么有关形而上学的学问。（无疑，我的这种说法并不是说，我们无法从弗雷格的工作中学到有关形而上学的学问；但要看到如何从他的工作中学到这种学问，必须对不同于我的论证的那些论证进行整理。）

蒯因表明了一种为解决理解语言的问题而采取的整体论方法如何提供了所需要的那种经验基础，并通过这种做法向手头的这项计划提供了必不可少的实质内容。如果要按照我所提议的那种方式从真理理论中得出形而上学结论，那么研究语言的方法就必定是整体论的。然而，出于若干理由，蒯因本人并没有看到整体论具有这样一种直接的形而上学重要性。首先，蒯因既没有使真理理论对一种语言的本体论发挥如此重要的关键作用，又没有使之成为一种对逻辑形式的检验。其次，蒯因就像弗雷格一样，把一种圆满地形式化了的语言看作是对自然语言的改进而不是一种关于自然语言的理论的一部分。在一个很重要的方面，蒯因似乎甚至比弗雷格走得还远，因为，在弗雷格认为他的符号表示有利于较出色的语言的场合下，蒯因则认为它也有利于较出色的科学。结果，蒯因便把他的形而上学附属于他的规范的形式语言，而不是附属于自然语言；正像他所表述的那样，“要求一种最简单的、最清晰的关于规范形式语言的总括性范型，无异于要求一些终极范畴，即对实在的最一般特性作出刻画。”[①]

① 蒯因(W. V. Quine):《词与对象》(“*Word and Object*”),第161页。

我所倾向的形式语言（即就标准逻辑而论的一阶语言）也就是蒯因所偏好的那些形式语言。但我们作出这种选择的理由有点不同。这样一些语言之所以使蒯因满意是因为，它们的逻辑很简明，而在科学上值得尊敬的那部分自然语言可以被翻译成这些形式语言。我同意蒯因的这种看法。但是，既然我并不对改进自然语言感兴趣，而对理解自然语言感兴趣，因此，我把形式语言或规范的符号表示看作是探究自然语言结构的手段。我们知道如何给出一种关于形式语言的真理理论；因此，如果我们也知道如何把一种自然语言里的语句系统地转换为形式语言里的语句，那么我们就会有一种关于自然语言的真理理论。从这种观点来看，标准的形式语言便是协助我们把自然语言作为更复杂的形式语言来处理的中介手段。

塔尔斯基就形式化语言的真理定义所做的工作对于自然语言所需要的那种真理理论发挥着一种激励作用。[①] 塔尔斯基的那种方法是通过列举一个有限的词汇表中的词项的语义特性来发挥作用的，在这一基础上，这种方法以递归的方式为无限多的语句中的每个语句表征真理。由此，再引入一个精巧而有力的概念（即满足概念，这个概念既把语句又把非语句的语词与世界中的对象联系起来），便获得真理概念。塔尔斯基的方法有这样一个重要特征：对一个真理谓词“ x 在 L 中为真”的表征是被接受的，仅当它对于语言 L 中的每个语句都衍推出一个下述形式的定理，即“ x 在 L 中为真当且仅当……”，其中，“ x ”由对所论及的那个语句的描述表达式

① 塔尔斯基（A. Tarski）：“形式化语言中的真理概念”（“The Concept of Truth in Formalized Languages”）。

来替换，虚线部分由该语句在那种理论的语言中的翻译来替换。

显然，这些定理（我们可以称之为 T-语句）需要一种只对 L 中的真语句才成立的谓词。一个语句的真值条件翻译该语句（即出现在一个 T-语句中"当且仅当"的右边的东西翻译在其左边所描述的那个语句）；根据这一事实，同样明显的是，那种真理理论表明：如何在不求助于从任何一个给定语句那里无法获得的概念手段的情况下为这个语句表征真理。

这些说法仅仅大致上是正确的。一种自然语言的真理理论必须使一个语句的真理相对于表述该语句的那些境况，而在采取这种做法的情况下，当给出带有索引要素的语句的真值条件时，由 T-语句给出的真值条件不再翻译所描述的语句，也不可能避免使用或许是语义上的概念。更为重要的是，翻译概念不可精确地乃至不可清楚地应用于自然语言（在人工语言那里，这个概念可以被弄得很精确，因为解释是由命令强加于人工语言之上的）。

出于这些理由和其他一些理由，强调下述这一点是很重要的：一种自然语言的真理理论（正如我所构想的那样）既在目标上又在兴趣上十分不同于塔尔斯基的真理定义。这种真理理论并非明确地仅适用于人工语言，数学家和逻辑学家所关切的塔尔斯基真理定义的大部分应用也就随之丧失了，例如关于相容性的一些结论。塔尔斯基可以把翻译当作是从句法上加以规定的，然后接着定义真理。但在应用于自然语言的情况下，假定对真理概念有局部理解，然后运用真理理论来阐明意义、解释和翻译，这更讲得通。① 塔尔斯

① 参看戴维森（D. Davidson）："彻底的解释"（"Radical Interpretation"）和"信念与意义的基础"（"Belief and the Basis of Meaning"）。

基的约定T中的满足概念在一种真理理论中依然是迫切需要的，但它不再可用作一种形式检验手段。

一种真理理论要为自然语言揭示结构。当真理理论按照一种可解释的方式把每个语句视为由数量有限的、与真理相关的语词所构成时，它便明确显示出这种结构。当我们不是根据一种详尽完整的理论，而是直接地研究词项和语句时，我们就必须把形而上学纳入语言；我们指派语词和语句所发挥的作用是与我们在认识论的或形而上学的基础上独立地设定的那些范畴一致的。哲学家便以这种方式来深思这样一些问题，例如：是必须有对应于谓词的实体（或许是共相），还是必须有对应于非指谓的名称或摹状词的非实存实体；或者他们论证说，语句符合（或不符合）事实或命题。

当我们寻求一种详尽完整的真理理论时，便会对这些问题作出一种不同的说明，因为这样一种理论提出了一些它自己的不可避免的要求。

三

现在让我们考虑这种真理方法的某些应用。我们注意到，应通过仅仅使用一个语句的概念手段来给出这个语句的真值条件这一要求，在似乎能够满足这个要求的场合下不是完全清楚的，并且也不是可适用于每一种场合的。造成例外的实例是涉及指示词的语句，而这里解决这个困难的办法是比较简单的。[①] 抛开这些实例

① 参看温斯坦(S. Weinstein)：“真理与指示词”(“Truth and Demonstratives”)。

不谈，我认为，尽管那个要求不很清楚，但它仍具有一些重要含意。

假定我们要把下述这样一条规则作为真理理论的一部分："一个由后面接有一位谓词的单称词项组成的语句是真的当且仅当由那个单称词项命名的对象属于由那个谓词所确定的类。"[①]这条规则违反了上述要求，这是因为，倘若承认这条规则，那么，"苏格拉底是聪明的"这句话的T-语句便是"'苏格拉底是聪明的'为真当且仅当由'苏格拉底'命名的对象属于由'是聪明的'这个谓词所确定的类"，对真值条件的陈述在此涉及两个语义概念（命名和确定一个类），而这两个语义概念在"苏格拉底是聪明的"这句话所求助的概念中间是不太合乎情理的。

如果真理理论还包括下面这些陈述作为公设，即由"苏格拉底"命名的对象是苏格拉底，x属于由"最聪明的"这个谓词所确定的类当且仅当x是聪明的，那么，就会轻而易举地把刚才提到的那个有倾向性的T-语句转变为"'苏格拉底是聪明的'为真当且仅当苏格拉底是聪明的"这个没有对上述语义概念作出承诺的、可接受的T-语句。倘若可以得到足够多的这类公设，即对所有专名和初始谓词均配置上这样的公设，那么结果便是很清楚的。首先，对于所涉及的一切语句，都可以获得不带有不必要的语义词项的T-语句；额外的语义词项是不必要的。因为，对于每个名称和谓词，都会不得不有一个公设，而仅仅在名称和初始谓词的表列是有限的情况下这才是可能的。可是，如果这个表列是有限的，那么，便仅仅会存在有限数量的由一个名称和一个一位谓词所组成的语句，

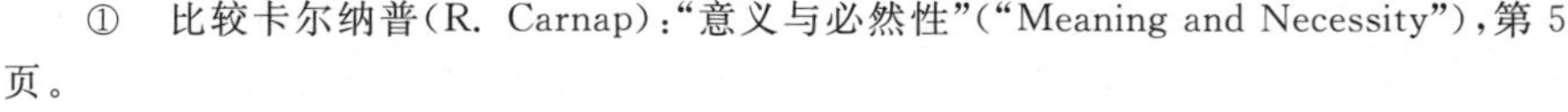

① 比较卡尔纳普(R. Carnap)："意义与必然性"("Meaning and Necessity")，第5页。

便不会有什么东西会妨碍为所有这样的语句直接给出真值条件——这些 T-语句本身便可以充当公理。

这个例子说明了保持有限多的词汇如何可以消除语义概念。它还表明,对一种令人满意的真理理论所提出的那种要求如何产生一些本体论上的结论。在此,当我们使那种真理理论产生不带有过重的语义负担的 T-语句时,对那些符合于谓词的实体的要求便消失了。的确,在我们目前正在处理的这种情况下,真理理论完全不需要把表达式和对象纳入明确的符合关系,因此,并没涉及任何本体论;但造成这一结果的原因在于,应给出其真值条件的语句的数量是有限的。

这并不是说,无限多的语句必然要求本体论。假定所提供的那些语句(它们带有我们一直在设想的那类没有被赋予结构的谓词)的数量是有限的,那么,通过附加一个或更多个用来从语句构造语句(如否定、合取或析取)的推导手段,便可毫无困难地继续推导出无限多的语句。倘若为了给出那些最简单的语句的真值条件并不需要本体论,那么这些推导手段也不会额外要求本体论。

然而,一般来说,与语义相关的结构是易于要求本体论的。例如,试考虑这样一种看法,即认为就像缺乏有意义的结构的专名那样,也应当把引语视为语义原子成分。塔尔斯基把这种看待引语的方式说成"似乎是最自然的方式,并且完全合乎使用引号的习惯方式"。[①] 他提出一个典型论证以表明不能把引号看作是一个普通的函项表达式,因为一个引语并不命名一个实体,所以,引号不

---

① 塔尔斯基:"形式化语言中的真理概念"("The Concept of Truth in Formalized Languages"),第 160 页。对引语的更多讨论请参看戴维森:"引语"("Quotation")。

能作为由引号圈入的东西所命名的任何东西的函项。关于这一点，塔尔斯基的看法无疑是正确的，但是，塔尔斯基的说法所蕴涵的不可能是这样一种教益，即引语类似于专名——倘若能够对于一种包含引语的语言给出塔尔斯基式的真理理论，便无论如何都不可能蕴涵那样一种教益。因为显然有无限多的引语。

蒯因认为，可以由拼写来替代引语（塔尔斯基也说过大致相同的话）。可以从蒯因的这种说法中得出一种关于可能的解决办法的看法。拼写的确具有结构。它是一种通过使用有限多的表达式（连接符号、与之相关的圆括号和字母的〔专有〕名称）给出一个表达式的在语义上清晰的描述式。按照这个思路，我们便应当把一个像"'cat'"这样的引语视为具有这样一种形式，这种形式是由"'c'⌢'a'⌢'t'"或（更好地）由"（see⌢eh）⌢tee"* 更清晰地给出的。这种看法至少在某种程度上是可行的。但是请注意由此产生的那些结论。我们不再把"'cat'"这个引语看作是没有被赋予结构的；倒不如说我们是把它视为对一个复杂描述表达式的某种缩写。然而，它并不是为目前所处理的这个事例所规定的一种任意缩写，而是一种可以机械地扩展到那类可更清晰地表明结构的描述表达式上的缩写**式样**（style）。确实，谈论缩写是引人误解的；我们不妨说这种理论把引语作为复杂描述表达式来处理。

另外一个结论是，在赋予引语以结构时，我们不得不在引语中承认有一些可重复的和独立的"词"，即单个字母的名称和连接符号。当然，这些"词"在数量上是有限的（这是所要求的），但是它们还展示出一个本体论上的事实，即对字母的承诺；而这一事实在把

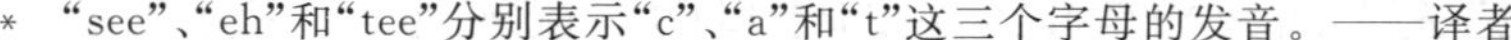

* "see"、"eh"和"tee"分别表示"c"、"a"和"t"这三个字母的发音。——译者

引语视为没有被赋予结构的名称的情况下是不明显的。当我们把分子语句解释为是由有限多的几类原子语词所组成的时，我们便获得一种易于处理的理论；但是我们也获得了原子语词。

一个关于设定所需要的语言结构如何随后引出本体论的更激动人心的例子是由弗雷格的那种关于命题态度语句造成的间接语境(oblique contexts)的语义学所提供的。在弗雷格看来，一个像“丹尼尔相信在兽穴里有一头狮子”这样的语句是由二位谓词“相信”(其第一位由“丹尼尔”这个单称词项填入，其第二位由命名命题或“涵义”的一个单称词项填入)支配的。采取这条思路不仅要求我们把语句视为单称词项，而且要求我们为它们找到所命名的实体。还有更进一步的结论。因为，显然有无限多的语句可以占据“丹尼尔相信(that)……”之后的位置。因此，如果我们要提供一个真理定义，我们就必须在这些单称词项中发现语义结构，这也就是说，必须表明如何能把这些单称词项作为关于命题的描述表达式来处理。如果在这种情况下还认为在一个语句里的单称词项具有其通常涵义上的所指，一些荒谬的结果便会接踵而来。为了避免这些荒谬的结果，弗雷格把那些单称词项看作是指称内涵实体。这样，谓词、量词和语义联结词的语义特征也必须发生类似的变化。迄今为止，尽管我们一直寻求的那种真理理论能够处理那种情况，但只是通过把所论及的语言中的每个语词视为含混的(即在普通语境中对之有一种解释，而在它处于“相信(that)”以及类似动词之后时又对之有另外一种解释)这种办法来处理。表面看来，从这种理论的制高点上看，一个语词必须被看作是两个语词。弗雷格意识到了这一点，他坚持这种以自然语言为背景的含混性；丘奇在“关于涵义和指谓对象的逻辑的系统表述”一文里所论及的

那种人工语言中，通过引入一些确定、清晰的表达式（下标不同）来消除那种含混性。[①]

弗雷格提出，每当把一个命题态度动词加到一个指称表达式之前时，这个表达式便得以指称较高语义层次上的一个实体。因此，每一个语词和语句都是在无限多方面含混的；根据丘奇的理论，则会有无限多的基本词汇。这两种理论都不可能提供我们想要的那种真理理论。

弗雷格清楚地意识到，如果我们要有一种系统的真理理论，就有必要把每个语句的真值看作是它的组成部分或诸多方面的语义作用的函项。弗雷格对这一点的意识要比他之前的任何人都清楚得多，也比他之后的大多数人更清楚。弗雷格没有意识到的是（正如最后那个例子所显示的那样），由对一种详尽完整的真理理论的要求所造成的那些（特别是对有限词汇的）附加限制。弗雷格使语义学进展到这样一种程度，即使得上述要求成为可理解的，或许甚至是可被满足的；但是他并没有想起要去系统阐述这种要求。

让我们更细致地考察一下那种依靠自身力量发挥作用的对策，它使我们能够通过表征真理谓词来昭示潜在结构。像“杰克和吉尔上山”这样简单的语句可以例示起初的几个步骤——这个语句在什么样的条件下是真的？挑战出现在那种运用反复手段（iterative device）的语句（即合取语句）上。显然，我们可以继续在“吉尔”这个词之后随意增添诸如“和玛丽”之类的词组。因此，任何一个对该语句的真值条件的陈述都必须考虑到由同样手段生成

① 丘奇（A. Church）：“关于涵义和指谓对象的逻辑的系统表述”（“A Formulation of the Logic of Sense and Denotation”）。

的、有待处理的那种语句无限性。这里所要求的是在真理理论中的一种递归规定，只要需要，这种递归规定便可以随时发挥作用。正如我们大家所知，处理这个问题的诀窍在于为那些最基本的、有限的最简单语句（如“杰克上山”和“吉尔上山”）定义真理，然后依据那两个简单句的真值条件规定出“杰克和吉尔上山”这个语句的真值条件。因而我们得到：

“杰克和吉尔上山”是真的当且仅当杰克上山和吉尔上山，并把它作为真理理论的一个推断。在“当且仅当”的左边，本国语言中的一个语句（无论其结构是否一目了然）被加以描述；在“当且仅当”的右边，虽然是同一种语言里的一个语句，不过它是这同一种语言里这样一部分中的语句：它能够通过反复运用那些同样的简单手段使潜在的语义结构明确起来。倘若一种真理理论为所论及的那种语言里的每一个语句都产生这样一个被纯化过的语句，就可以把在双向条件式右边所使用的那部分语言的总体看作是一套典范性的符号标记。倘若具备用以替换某些语词的符号以及通过使用圆括号或某种起同样作用的手段使之明晰的分组，那么，在为所有语句陈述真值条件时使用的那部分语言的确可以变得难以区别于通常所谓的形式化语言或人工语言。然而，作出下述假定则是错误的，即假定必须找到这样一种从所论及的语言中划分出来的典范语言。既然“and”（和，并且）可以被写在英语中的两个语句之间，所以我们可以轻而易举地把“杰克和吉尔上山”这句话转化为“杰克上山并且吉尔上山”，然后再按照下述规则给出后面那句话的真值条件，这条规则说的是：几个语句的合取为真当且仅当每个合取肢为真。但是，假定“和”从来不用于语句之间，那么它的作为语句联结词的作用仍然会通过下述规则而得到承认，这条规则

说的是:一个由一个合取主词(“杰克和吉尔”)与一个谓词所组成的语句为真,当且仅当由被结合进去的第一个主词与那个谓词所组成的语句和由被结合进去的第二个主词与那个谓词所组成的语句均为真。所要求的这条规则的意思不是那么清楚,为了使之起到简单的初始规则的作用,还需要用其他一些规则来补充。但是,要点依然是:采用典范性的符号标记是为了方便,如果需要的话,没有它我们也能照样取得发展。把逻辑形式显示出来,这种做法固然不错,但并不是非这样不可。

类似地,如果我们能合乎情理地把一切包含否定的语句转化为否定性词组始终支配一个语句的语句(如“并非〔that〕……”〔it is not the case that〕),并且这种转化前后的两个语句的真值被公认为相同,那么便可十分轻而易举地处理否定。倘若不可能采取这种做法,那么,在一个像“煤不是白的”这样的语句的真值条件是通过谈及“煤是白的”这句话的真值条件而给出的情况下,否定依然是一个语句联结词。(“煤不是白的”是真的当且仅当“煤是白的”不是真的。)

仅仅在真理理论发现量化结构的场合,才迫使本体论问题出现;而那种场合正是真理理论通过系统地把表达式与对象联系在一起而对真理依赖者的范型(pattern of truth dependencies)作出最佳解释的地方。引人注目的是,这种对理论的要求非常坚定地化解了这样一个古老的令人迷惑不解的问题,即如何说明主词和谓词的不对称性(如果存在这种不对称性的话)。只要我们的注意力集中在单一的简单句上,我们就可能对一种关于真理的解释为什么应当较少地涉及本体论中的谓词而较多地涉及单称词项这一点感到奇怪。以与苏格拉底符合于“苏格拉底”这个词大致相同的方式，聪明的对象所构成的类（或者说聪明这种性质）呈现为可以符合于“苏格拉底是聪明的”中的“聪明的”这个谓词的东西。正如上面所指出的那样，有限多的这类语句并不要求一种真理理论牵涉到本体论。然而，当我们接触到带有任何一种程度的复杂性的混合量化和谓词时，情况就发生变化了。由于有了复杂的量化结构，真理理论便会使表达式与对象相应。但是，只要假定那种潜在的逻辑是一阶逻辑，就没有必要引入符合于谓词的实体。当然，认识到这一事实并不会解决是否有诸如共相或类这样的事物的问题。但是，这的确表明在单称词项与谓词之间存在差别；至少对于语言中的大部分成分，即变元、量词和单称词项必须在函项中被解释为指称性的；但对于谓词则不然。

自然语言中的一个语句的量化结构是什么，这并非总是明显的；当研究看来是单称词项的词与其他语句的逻辑关系时，这些词有时会转化为某种不那么具有实指意味的东西，而那些理论要求可能暗示一个语句发挥这样一种作用，这种作用只有通过把该语句看作是具有一种从表面上看并不明显的量化结构这种做法才能得到解释。这里是一个人们所熟悉的例证。

一个像“在杰克被摔破头之前他跌倒了”这样的语句的本体论是什么？似乎只有杰克和他的头是在该语句为真的情况下必须存在的实体的候选者。并且，倘若我们在“在……之前”的位置上换上“并且”，那么，上述回答或许会出于已经探讨过的下述理由而使我们满意，即我们能够以一种会对无穷的类似情况起作用的方式、仅仅根据那些作为其构成成分的语句的真值条件来陈述“杰克跌倒了**并且**杰克被摔破了头”这整个语句的真值条件；而我们又希望仅仅在具有关于杰克和他的头的本体论的情况下给出作为构成成分的那些语句的真值条件。但是，“在杰克被摔破了头之前他跌倒了”这句话并不适合于作这种处理，因为“在……之前”无法被看作是一个真值函项式的语义联结词。为了看出这一点，试作下述考虑：为了使所论及的那个语句成为真的，它的两个作为构成成分的语句都必须为真；但这还不足以使该语句为真，因为把“杰克跌倒了”和“杰克被摔破了头”这两个语句的位置进行交换便会使该语句变成假的。

弗雷格已向我们表明如何处理这种情况。我们可以按下述方式来阐述“在杰克被摔破头之前他跌倒了”这个语句的真值条件：它是真的，当且仅当存在一个时间 t 并且存在一个时间 t′，使得杰克在 t 时跌倒了，杰克在 t′时被摔破了头，并且 t 在 t′之前。因此，倘若我们接受任何一个这样的语句为真，那么，我们显然也就对时间的存在性作出了承诺。并且，考虑到真理定义的整体性质，对包含“在……之前”的语句中所隐含的本体论的发现必定影响到其他语句：例如，“杰克跌倒了”是真的，当且仅当存在一个时间 t，使得杰克在时间 t 跌倒。

现在讨论一个更烦人的例子。首先，试考虑“杰克的跌倒致使他的头的被摔破”* (Jack's fall caused the breaking of his crown)这句话。在此，人们会很自然地把“杰克的跌倒”和“他的头的被摔破”当作描述事件的单称词项，把“致使”当作一个二位谓词或关系谓词。但在另一方面，在诸如“杰克的跌倒”中的“跌倒”这样的普遍词项与诸如“杰克跌倒了”中的“跌倒”这样的动词之间的语义关

* 为与下面的分析相应，这里有意采取生硬的直译，以保持名词词组的原貌。——译者

系是什么呢？就此而论，“杰克的跌倒致使他的头的被摔破”在其真值条件方面如何不同于“杰克跌倒了，这致使杰克被摔破了头这一点成为事实”(Jack fell, which caused it to be the case that Jack broke his crown)(其中，“这使……成为事实”这个短语从表面看来是一个语句联结词)呢？

正如我在别处已较详细地论证过的那样，关于“致使”的正确理论与弗雷格关于“在……之前”的理论是相应的。[①] 我提出，“杰克跌倒了，这致使他的头的被摔破”是真的，当且仅当存在事件 e 和 f，使得 e 是杰克所遭受的跌倒，f 是他所遭受到的摔破他的头，并且 e 致使 f。根据这个建议，对事件适用的“是一个跌倒”这一谓词变成初始的，而包含所论及的那个动词的语境则是派生的。例如，“杰克跌倒了”是真的，当且仅当存在一个跌倒，使得杰克遭受到这个跌倒，“杰克去散步”是真的，当且仅当存在一个散步，使得杰克去散步，如此等等。根据这种分析，一个像“杰克的跌倒”这样的名词词组就变成了一个真正的描述表达式，它所描述的东西便是杰克所遭受的一个跌倒。

有一个考虑可能会有助于使我们对一种关于特定事件的本体论感到放心，这就是：我们在那种情况下没有我们刚才尝试地接受的那种关于时间的抽象本体论也行，因为事件就像时间一样可以合乎情理地作为“在……之前”这种关系的关系项。另外一个考虑是，通过承认我们对一种关于事件的本体论的承诺，我们就能够设法获得一种可行的关于副词和状语的语义学。倘若没有事件，在

① 参看戴维森：“因果关系”(“Causal Relations”)，载于戴维森：《论行动与事件》(*Essays on Actions and Events*)。

解释下述三个语句之间的逻辑关系时就会遇到困难,即“琼斯星期六在浴室用刀片刮脸时刮破了脸”、“琼斯在浴室里刮破了脸”和“琼斯刮破了脸”这三个语句。某种重复手段似乎在发挥作用;不过,从语义学的观点看来,这种手段可能是什么样的手段呢?尽管那些论述逻辑的书并没有说:它们分析这些语句以便规定出一些其位数依赖于状语的数量而变化的关系,但是,这导致下面这个不可接受的结论,即存在无限多的基本词汇,而这一结论无法对明显的推导作出说明。通过把这些语句解释为是论述事件的,我们就能解决这个难题。因此,我们便能说,“琼斯星期六在浴室刮破了脸”是真的,当且仅当存在一个事件,那个事件是指琼斯刮破他的脸,并且,那个事件发生在浴室里,并且它发生在星期六。所论及的那种手段现在是很明显的:它就是把合取和量化结合在一起,这种为人们所熟悉的结合手段能够使我们处理“某个人跌倒了并且摔破了头”这个语句。

尽管这种手段可以发挥作用,但是,正如我们已经看到的那样,它承诺了一种本体论以便使之发挥作用,即一种为说明“某个人跌倒了并且摔破了头”的、包括人的本体论,(此外还有)一种为说明“琼斯星期六在浴室刮破了脸”的事件本体论。具有一些讽刺意味的是,在近来的哲学中,试图通过把某些词组视作状语性的来避免本体论问题这种手法变得很流行。诸如此类的建议之一认为,倘若我们把一个像“在史密斯看来,这座山是蓝色的”这样的语句翻译为“在史密斯看来,这座山蓝蓝地显现出来”,我们便能弃绝感觉材料。另外一种相似的看法认为,通过把关于命题态度的语句视为在本质上是状语性质的(因此,“伽利略说地球运动”〔Galileo said that the earth moves〕这个命题态度语句就会变成这样一个语句："Galileo spoke in a-that-the-earth-moves-fashion"），我们在没有关于内涵对象的本体论的情况下也能行事。我认为，人们不大可能在不牵涉到本体论的情况下对这类关于状语的规定提出一种系统的语义分析。

真理理论还可以用一种更进一步的、相当不同的方式引起形而上学的反响。为了适应于存在于一种自然语言中的指示词以及像时态这样的指示词因素，真理理论必须把真理作为表述（utterances）的属性，因为表述依赖于（或许尤其依赖于）说出的语句、说话者和时间。换言之，可以把真理视为说话者、语句和时间之间的一种关系。例如，倘若"我五英尺高"这句话在大多数人一生中的某个时间被说出，那么，对这句话的表述是真的；倘若这句话在几个人的一生中的相当长的一段时间里被说出，那么，对它的表述也是真的。如果一个说话者在他面朝西时的某时说"你的套裙在闪亮"这句话，这句话可能是真的，不过，如果这个说话者面朝北时说这句话，它也许就不是真的。"希拉里登上了珠穆朗玛峰"这句话在很长一段时间里为假，但现在成为永真的。不带有指示词因素的语句无法完成带有指示词因素的语句的工作。但是，如果我们能有一种真理理论，那么我们就必定能够在不使用指示词的情况下陈述这样一条规则，这条规则说明在什么样的条件下带有指示词的语句为真。这类规则仅仅通过对表述、说话者和时间（或许还有事件）实行量化便会给出像"希拉里登上了珠穆朗玛峰"这样的语句的真值条件。

如果必须在提出真理理论时明确地求助于说话者和他们说话时所处的境况，那么，根据语言的一般特征反映世界的客观特征这个假定，我们就必须得出下述结论：一种可理解的形而上学会把关

于处于某个公共的时空位置的人(＝说话者)的观念置于中心地位。

应当弄清的是,形而上学中的“真理方法”并没有消除对那些更标准的(实质上常常是非语言的)论证或决定的求助。例如,在一种真理理论中能够做的事情在很大程度上依赖于这种理论本身所展现的逻辑手段,而这种理论无法为我们决定这些逻辑手段。正如我们所看到的那样,这种真理方法也并没暗示,除了那些被当作逻辑真理的真理之外,我们必须接受什么样的真理作为相互理解的条件。真理理论的任务是描述真理在语句当中必须采取的范型,它并没有告诉我们这种范型落实到何处。因此,例如,我论证说,除非存在事件,否则,我们关于世界的日常断言中的非常大的一部分便不可能是真的。但是,即使一种真理理论采取我所提出的那种形式,它也不会具体规定出哪些事件是存在的,甚至任何一种真理理论都不会做到这一点。然而,倘若我的关于涉及变化的语句的逻辑形式的看法是正确的,那么,除非存在事件,否则,在那些有关变化的很普通的语句种类中便不存在真语句。并且,如果没有关于变化的真语句,也就没有关于变化的对象的真语句。如果一位形而上学家愿意假定,诸如“维苏威火山于 1944 年 3 月爆发”或“凯撒越过鲁比肯河”之类语句不是真的,那么,真理理论并不会迫使这样一位形而上学家承认事件的存在(或许)乃至人或山的存在。但是,如果他接受很多这样的语句是真的(无论它们可能是哪些语句)这一点,那么,他显然就必须接受人和火山的存在;并且,倘若我的看法是正确的,他也必须接受像(火山)爆发和跨越(河)这类事件的存在。

这种真理方法的优点并不在于它一劳永逸地解决了这样一些

问题，甚至不在于它在没有作进一步的形而上学反思的情况下解决这些问题。但是，这种方法的确可用来使我们对可供选择的可行方案的判断力更加敏锐，并使我们对一个决定所造成的后果有一个全面的了解。形而上学以普遍性作为一个目标；真理方法则通过规定出一种论及所有基础的理论而表达出那个要求。因此，关于形而上学的那些难题既没有被解决也没有被取代，它们会被看作是关于一切出色的理论建构的难题。我们需要这样一种理论：它是简单而又清晰的，它具有一种业已被理解和辩明的逻辑手段，它对有关我们的语言发挥作用的方式的事实作出解释。这些事实是什么，对这个问题可能依然是多少有些争论的，这个问题就如同在简单性与清晰性之间作出权衡一样，无疑也是在不同因素之间作出权衡从而见仁见智的事情。我并不怀疑，这些问题是换上了新装的形而上学老问题。但是这件新装在很多方面是颇有魅力的。

（牟博译）

13. 无指称的实在*

人们难以明白，一种不阐明指称概念、不让这个概念发挥主要作用的意义理论如何能有成功的希望。而在另一方面，又有充分的理由假定，无法用更初始的词项或从行为的角度来对指称作出解释或进行分析。让我对这个进退两难的境地作出更充分的描述，然后说明我为什么认为塔尔斯基式的真理理论能有助于摆脱这一困境。

"意义理论"这个词并不是一个技术术语，而是用以表示一类问题(一个问题类)的。其中的主要问题是要完成这样一项任务，即求助于较简单的(或至少是不同的)概念来对语言和交流作出解释。因为语言现象显然依附于非语言现象，所以人们会很自然地认为这项任务是能够完成的。倘若(1)一种理论的知识足以令人理解讲一种自然语言 L 的人的话语，并且(2)能够通过求助于不使用语言学概念(或至少不使用 L 中的语句和语词所特有的语言学概念)加以描述的证据而经验地运用这种理论，那么，我打算把这种理论称为关于自然语言 L 的意义理论。第一个条件表明所涉及的问题的性质；而第二个条件则要求不要以尚未解决的问题

---

* 本文首次发表于《辩证法》(*Dialectica*)杂志第 31 卷(1977 年)，第 247～253 页。——译者

作为论据。

我所说的真理理论是指这样一种理论，它满足某种类似于塔尔斯基的约定 T 的东西；通过以递归的方式表征一个真理谓词（譬如说“在 L 中是真的”），对于 L 中的每个语句 S，都可从这种真理理论中衍推出一个元语言语句，这个元语言语句是从“S 在 L 中是真的当且仅当 P”这个范型中通过用对 L 中一个语句的规范描述式替代“S”、用元语言中一个给出所描述的那个语句的真值条件的语句替代“P”而得到的。这种真理理论必须（至少）相对于时间和说话者来处理索引表达式。尽管如此，我仍把这类理论称为**绝对的**真理理论以使之区别于那些使真理（还）相对于一种解释、一个模型、一个可能世界或一个论域的真理理论。在我所描述的那种真理理论中，不对真理谓词下定义，而必须视之为一个初始表达式。

我们可以把指称看作是在专名与它们所命名的东西之间、在复合单称词项与它们所指谓的东西之间以及在谓词与它们对之适用的那些实体之间的一种关系。尽管这里的讨论将不涉及指示词（demonstratives），但它们的指称当然必须要相对于（至少）说话者和时间。

现在回过头来讨论那个困境。我们之所以没有指称概念似乎就无法提出意义理论的原因就在这里。无论一种意义理论包括其他什么内容，它都必须包括对真理作出解释，即陈述语言中的任意一个语句的成真条件。出于一些众所周知的理由，这样一种理论不能采取下述做法来解释真理，即首先为有限数量的简单语句解释真理，然后再在简单句的基础上为其余语句指派真理。必须把语句分析成构成部分（谓词、名称、连接词、量词、函子〔functors〕），并表明每个语句的真值是如何从这些构成部分的特征和这些构成部分在语句中的组成所表现的特征中推导出来的，这些至少是一种有启发性的说法所要求的。因此，真理显然依赖于构成部分的语义特征；而在构成部分是名称和谓词的场合，除了指称关系外还能有什么相关的其他特征呢？解释一个像“苏格拉底飞翔”(Socrates flies)那样的语句的真值条件必定相当于说：它是真的当且仅当由“苏格拉底”指称的对象是由“飞翔”这个谓词指称的对象(即该谓词对之适用的对象。——译者)之一。

上面所提到的那种真理理论的确表明，每个语句的真值条件如何是在有限的基本词汇中的词项的语义特征之函项。但是，人们经常认为，这样一种理论并没有对基本词汇的语义特征作出解释。我们在一种真理理论中会发现这些为人们所熟知的递归规定，例如它们规定：一个合取为真当且仅当每个合取支项为真，一个析取为真当且仅当至少有一个析取支项为真，如此等等。(实际上，这种真理理论不仅必须解释连接词在闭语句中是如何发挥作用的，还必须解释它们在开语句中是如何发挥作用的，因此，递归步骤不是直接应用于真理概念，而是直接应用于满足这个关系。)

我们知道，甚至对于那些最简单的情形，都要从这种理论中衍推出一个 T-语句，例如：

(T)“苏格拉底飞翔”是真的当且仅当苏格拉底飞翔。

倘若不对这个简单句的构成成分作出说明，这种理论如何处理这类情形呢？也许可以采取这样一种方法：要求基本词汇必须是有限的。因此，特别是只能有数量有限的简单谓词和数量有限的专名(即非构造性的单称词项，不包括变元)。所以就能够把由一个专名和一个基本谓词组成的每一个语句都列举出来。因此，就能通过把每一个这样的语句作为一个公理而从一种真理理论中衍推出每一个像(T)那样的语句。这种方法显然(迄今为止)避免了求助于指称概念——并且没有对这个概念作任何说明。

既然谓词可以由连接词和变元组建起来，那么谓词会以任何复杂度出现；而单称常项(constant singular terms)也可以是复杂的。因此，我们刚才所探讨的那种方法一般来说行不通。就谓词而论，正如我们所知，塔尔斯基的方法要求助于满足这一概念，即在谓词与该谓词对之适用的 n 元实体(实际上是 n 元实体序列)之间的一种关系。满足概念显而易见很类似于谓词的指称概念——实际上我们也许会把一个谓词的指称对象定义为满足这个谓词的那类实体。困难在于，一种绝对的真理理论并没有真正地对满足关系作出阐释。当这种理论得以为譬如说"x 飞翔"这个谓词表征满足时，它只是告诉我们：一个实体满足"x 飞翔"当且仅当那个实体飞翔。如果我们要求对这种关系作出进一步说明或分析，我们便会感到失望。

从中可以看到这样一个事实，即绝对的真理定义没有对指称概念作出分析，这也就是说，倘若人们想象出一个新谓词并把它增添到原来的那种语言中(或者说，所得到的语言除了进一步包容了一个单独谓词之外跟原有的那种语言一样)，那么，已作出的那种对真理和满足的解释没有表明如何进一步处理这个新情况。(这番话并不适用于那些递归性规定：这些规定是对一个合取〔无论其合取支项是什么〕何时为真所作的一般性说明。)

可以(通过弗雷格-戴德金〔Dedekind〕的技术)对满足下一个明确定义(我们一直把满足视为按递归方式来表征的)，这个事实不应当使我们以为我们把握住了一个一般概念。因为，这个定义

(就像适用于它的递归步骤一样)把满足这个概念的适用范围明确地限制在一系列确定的、数量有限的谓词(以及这些谓词的复合词)上。因而,倘若关于满足的一种理论(或定义)适用于某种特定的语言,然后又在这种语言中增添一个新谓词,譬如说,“x 飞翔”,那么就会得出这样一个结论:“x 飞翔”不为一个飞翔的对象(或其他任何东西)所满足。

类似的说法也适用于单称常项。确实,如果存在一些复杂单称词项,就有必要使用下述这类递归性规定来表征一种像指称之类的关系:与一个名称 a 连用的“……的父亲”指称 a 所指称的那个人的父亲。可是,对于潜在的专名来说,所出现的不过又是一个表列。这并没有对专名指称对象意味着什么作出分析。

我刚才花了很大精力所阐述的论点在于,绝对的真理理论并没有清晰地阐明谓词和名称这些基本词汇的语义特征。这一论点是人们所熟悉的。人们常常把这种不满与另外一种不满联系在一起,即认为塔尔斯基式的真理理论并没有深刻地把握住真理概念。倘若我们接受下述这样一种看法的话这种不满便不会造成什么损害,即认为在一种真理理论中,“是真的”这个表达式(或任何代替它的其他表达式)被独立地理解。之所以可以把约定 T 接受为真理理论的标准的理由在于:(1)T-语句显然是真的(前分析地为真)——是某种仅当我们已经(部分地)理解“是真的”这个谓词时才能识别的东西;(2)T-语句的全体惟一地确定真理谓词的外延。一种被视为关于自然语言的经验理论的真理理论的重要性,并不在于它告诉我们真理一般地是什么,而在于它显示某种特定语言 L 中的每一个语句的真实性依赖于该语句的结构和构成成分。

因此,我们没有必要为一种真理理论没有对前分析的真理概念作出充分分析这个事实而担忧。可以姑且承认这一论点而不对这种真理理论的重要性提出非议。(我还要回过头来讨论这一点。)还有一个我也承认的断言,即这种真理理论没有对指称概念作出解释或分析。而这似乎是一个严重失败,因为它损害了这种理论自诩要对语句的真实性提出一种全面解释的抱负。

一些批评者以日益坚定的态度向我指出真理理论的这种特性。吉尔伯特·哈曼(Gilbert Harman)主张这一论点旨在提出真理理论是否能像我所断言的那样代替意义理论这样的疑问。[①] 他实际上认为,只能把真理理论看作是提出逻辑常项的意义(它给出语句的逻辑形式,并在这种涵义上给出语句的意义),它并没有在这一基础上给出意义理论的丰富内容。哈特里·菲尔德(Hartry Field)提出我在前面几页里已谈到的那些看法,并得出结论说,塔尔斯基式的真理理论只是一种完全的理论中的一部分。[②] 他认为,除此以外,我们还必须为谓词和专名增添指称理论。(我引用他的表述。)凯思林·派恩·帕森斯(Kathryn Pyne Parsons)、希拉里·帕特南(Hilary Putnam)和保罗·贝纳塞拉夫(Paul Benacerraf)也提出相关的批评。[③]

我一直在说明的是为什么我们似乎不能不接受指称概念。现在让我来说明一下我为什么认为我们不应当勉强接受这个概念。我所关注的是我所认为的(至少从历史角度来看)语言哲学的中心

---

① 哈曼(G. Harman):"意义与语义学"("Meaning and Semantics")。

② 菲尔德(H. Field):"塔尔斯基的真理理论"("Tarski's Theory of Truth")。

③ 帕森斯(K. P. Parsons):"含混性与真理理论"("Ambiguity and the Theory of Truth");帕特南(H. Putnam):"'意义'的意义"("The Meaning of 'Meaning'");贝纳塞拉夫(P. Benacerraf):"数学真理"("Mathematical Truth")。

问题，即如何对诸如（语句或话语的）真理、（语言的）意义、语言规则或约定、命名、指称、断定之类的语言概念作出具体解释，这也就是说，如何依据另外一类概念来对上述这些概念中的某些概念或全部概念作出分析。有关语言的每一件事物似乎都会令人困惑，倘若我们能把语义概念归约为其他概念，我们就会更充分地理解这些语义概念。如果“归约”和“分析”这些字眼太强烈（我认为它们太强烈），那么我们或许可以（尽量含糊其辞地）说成是：借助其他概念来理解语义概念。

在目前的语境中，“接受”指称概念是指把它当作一个依据非语言学概念对之作出独立分析或解释的概念。指称概念是否可依据其他的诸如满足概念之类的语义概念加以明确定义或是否可按递归的方式加以表征，这个问题并不是基本问题。基本问题在于，指称概念是否是在语言理论与从非语言的角度加以描述的事件、行动或对象之间的直接联系的*惟一的*立足点（或至少是立足点之一）。

如果我们能对指称概念作出所希望的那种分析或归约，那么我料想一切就都会顺利地实现。直接对专名和谓词的语义特征作出解释之后，我们就能接着对复杂单称词项和复杂谓词的指称作出解释，就能表征满足（作为一个推导出的概念），最后表征真理。这幅如何研究语义学的图景是（抛开细节不谈）一幅古老而又自然的图景。人们常常称之为堆积木理论（Building-Block theory）。人们屡次尝试建构这种理论。而这种理论是没有希望的。

要列举一些很明显的堆积木理论的例子，我们不得不回溯到早期的英国经验主义者（贝克莱、休谟、穆勒）。奥格登（C. K. Ogden）、理查兹（I. A. Richards）和查尔斯·莫里斯（Charles Morris）

奢望对意义作出行为主义的分析，这些例子并不是很清楚，因为这些作者们想要混淆语词和语句的区别（如在“开火！”、“锯成厚板！”、“挡住！”的场合下），而他们的说法大部分实际上只可清晰地适用于作为分析之基本原子的语句。蒯因在《词与对象》（*Word and Object*）的第二章试图提出一种行为主义分析，可是，尽管他的最有名的例子（“嘎瓦盖”*）是一个简单的词，但蒯因明确地把它作为一个语句来处理。格赖斯（如果我没有误解他的计划的话）则想要最终求助于非语言的意向来对语言意义作出解释，但要依据其他东西来分析的又是语句的意义，而不是语词的意义。

这番大大简化了的历史描述表明，随着所论及的那些问题变得更清楚、所使用的那些方法变得更精致，行为主义者和其他要对语言和交流作出彻底分析的人便放弃了那种堆积木式的处理办法转而赞成一种使语句成为经验解释之焦点的研究方向。

而这无疑是我们应当期待的结果。语词除了在语句中发挥作用以外别无其他功能，这也就是说，它们的语义特征是从语句的语义特征中抽象出来的，正像语句的语义特征是从语句在帮助人们达到目标或实现意向时所起的作用中抽象出来的一样。

如果“乞力马扎罗”（Kilimanjaro）指称乞力马扎罗山，那么，毫无疑问，对讲英语（或斯瓦希利语）的说话者，这个词与这座山之间存在某种关系。可是，人们竟能在不首先对这个词在语句中的作用作出解释的情况下解释这种关系，这是不可思议的。倘若是这样一种情况，就不可能直接依据非语言的东西对指称作出解释。

* “嘎瓦盖”（Gavagai）是某个土著民族的人在看见兔子跑过时发出的喊声。蒯因用这个例子说明彻底翻译的不确定性。——译者

有趣的是，蒯因在《词与对象》的第二章里并没使用指称概念，他也没有试图构造这个概念。蒯因强调的是翻译的不确定性以及指称的不确定性。他论证说，一个听者可获得的全部证据不足以确定出把一个人的语词翻译成另外一个人的语词的惟一方式；甚至确定不出指称手段（用单称词项、量词还是用同一式）。我认为蒯因没有对实际情况作出充分的表述。倘若在我们知道把他的话语译成我们的话语的那个可接受的翻译手册是什么的情况下，真的总结出旨在解释语言的可容许的证据，那么，这种证据与指称问题和本体论问题无关。因为一个翻译手册仅仅表明从一种语言中的语句转换成另外一种语言中的语句所采用的方法，我们从中无法推导出有关语词与对象之间的关系的结论。当然，我们知道（或我们认为我们知道）在我们自己的语言中的语词所指称的东西，但是翻译手册并不包括这种知识。翻译是一个纯句法概念。指称问题并不在句法问题中出现，更谈不上在其中加以解决了。

因此，简言之，这里出现了这样一个指称悖论：有两种研究意义理论的途径，一种是堆积木式的方法，即首先处理简单语词的语义特征，然后据以构造其他表达式的语义特征，另一种是整体论的方法，即首先处理复杂表达式（至少从语句开始）的语义特征，然后从中抽象出复杂表达式的组成部分的语义特征。如果我们能对指称作出一种非语言的表征，第一种方法会是很不错的方法，但是不可能对指称作出这种表征。第二种方法的研究起点（即语句）正是我们能有希望把语言与从非语言的角度描述的行为加以连接的地方。但是，这种方法似乎不能对语句组成部分的语义特征作出一种完全的解释，而没有这样一种解释，我们便 显然无法解释真理。

再回到我们所面临的那个主要困境上，这里的问题是我认为如何才能摆脱这个困境。我打算为那种整体论的解决办法的一种说法加以辩护，坚决主张我们必须放弃作为关于语言的经验理论之基础的指称概念。我将概述我之所以认为我们能这样做的原因。

反对放弃指称概念的那种论点认为，需要用指称概念来对真理作出完全的解释。我承认，塔尔斯基式的真理理论既没有对前分析的真理概念，也没有对前分析的指称概念作出分析或解释，它充其量只是对某种带有确定的初始词汇的语言给出了真理概念的外延。但是，这并没有表明，一种绝对真理理论无法根据个别语句的语义结构来解释这些语句的真实性；它只是表明，在解释这种真理理论时我们无法使语词的语义特征成为基本的语义特征。为了摆脱这种关于指称的两难困境，就需要在真理理论内部的解释与关于真理理论的解释之间作出区别。在真理理论的内部，一个语句的成真条件是由诉诸所设定的结构以及像满足和指称这样的语义概念来确定的。当要对作为一个整体的真理理论作出解释时，必须与人的目标和活动联系在一起的正是被应用于闭语句的真理概念。与物理学的类似之处是很明显的：我们可以假定一种未被观察到的微观结构来解释宏观现象。但物理学理论是在宏观层次上被检验的。诚然，我们有时很幸运地发现检验原先假定的那种结构的额外的（或更直接的）证据，但这对于物理学研究并非必不可少的。我的建议是，语词、语词意义、指称和满足都是一些我们需要用来完成真理理论的设定。当它们用作这一目的时，无需为它们提供独立的确证或经验的基础。

现在应当弄清这一点了，即我为什么在本文起首段中说，一种正确的真理理论能有助于摆脱关于指称的这种明显的困境。这种

帮助来自下述事实：真理理论帮助我们回答如何能够通过语言进行交流这个根本的问题，这也就是说，这样一种理论满足我们（在第二段中）对一种适当的回答所提出的两个条件。这两个条件与刚才所作出的那个区别有直接关系，即在依据真理理论对某件事物作出解释与解释这种真理理论之所以成立的原因（也就是把这种理论与更基本的事实相联系）之间的区别。

让我们首先考虑第二个条件。如何能对一种绝对真理理论提出经验的解释呢？在目前场合下必须提出的要求是：把这种真理理论与使用并不特定于所涉及的那种语言或语句的术语来描述的行为和态度相联系。塔尔斯基式的真理理论提供了建立这种关系的明显的所在，即 T-语句。倘若我们知道所有这些 T-语句都是真的，那么，一种可从中衍推出这些 T-语句的真理理论便会满足约定 T 的形式条件，并且会对每一个语句提出真值条件。实际上，我们应当想象这种真理理论的建立者会为建立一种可靠的理论而假定有些 T-语句根据证据（无论是什么样的证据）为真，并进一步检验其他的 T-语句以便确证这种理论（或为修改这种理论提供依据）。一个典型的 T-语句（现在使之相对于时间）也许是这样：

> “苏格拉底正在飞翔”（在史密斯的语言中）在 t 时是真的当且仅当苏格拉底在 t 时正在飞翔。

从经验上看，我们所需要的是史密斯与“苏格拉底正在飞翔”这个语句之间的关系，我们能够用不造成循环论证的术语来描述这个语句，并且这个语句为真当且仅当苏格拉底正在飞翔。当然，这种理论会对诸如满足或指称这样的概念作递归处理，但是，我们必须把这些概念看作是理论构造，它们在陈述语句的真值条件时充分发挥其功能。就此而论，归之于语句的逻辑形式以及全部语词工具(名词、谓词、连接词和量词)亦然。其中没有一样东西是可以直接面对证据的。根据这种处理看法,提出下述抱怨是讲不通的,即认为一种理论尽管会一再地提供正确的真值条件,但却把逻辑形式(或者说深层结构)搞错了。我们对指称也应当采取同样的看法。我们同意的是,这样一种理论至少没有在下述这种涵义上解释指称:它没有直接向名称或谓词与对象之间的关系指派经验内容。而是通过向 T-语句赋予内容而间接地向这些关系赋予内容的。

因此,这种真理理论以放弃指称作为经验化的一部分代价。然而,不能把它说成是放弃了本体论。因为,这种理论把每个单称词项都与某个对象相联系,它告诉我们每个谓词为什么样的实体所满足。没有指称也行,这项对策根本不意味着没有语义学或本体论也行的对策。

我还没有说明什么东西算作对 T-语句的真实性的证据。[①] 目前的工作表明的是,通过仅仅使 T-语句与证据相联系如何能对这种理论提供支持。已弄清的是,(无论什么样的)证据都不能以事先把这种证据与任何一种特定语言相联系的术语来描述,这表明我们所诉诸的真理概念具有这种理论不可能希望对之作出解释的一般性。

我并不是说在 T-语句中所使用的真理概念能明确地用非语义的术语下定义或能归约为更具有行为主义色彩的概念。正如我在本文开头所说的那样,人们对于归约和定义期待过多。而理论

① 参看戴维森:"彻底的解释"("Radical Interpretation")、"信念与意义的基础"("Belief and the Basis of Meaning")和"思想与言谈"("Thought and Talk")。

与证据之间的关系无疑会松散得多。

这种真理理论预设一个前分析的一般性真理概念。正是因为我们具备这个概念，所以我们能够说出什么东西才算作 T-语句之真实性的证据。但是，这种理论却不对满足和指称这两个概念提出同样的要求。这两个概念所发挥的是理论上的作用，因而，当我们知道它们如何发挥其表征真理的作用时，我们便知道了有关它们的全部知识。我们在构造一种适当的真理理论时无需一般性的指称概念。

我们不需要指称概念；我们也不需要指称本身(无论会是什么样的指称)。因为，倘若存在一种向表达式指派实体的方式(即表征"满足"的方式)，这种方式产生一些有关语句真值条件的可接受的结论，那么，就会存在无穷的其他方式，它们也产生有关语句真值条件的可接受的结论。因此，没有理由把这些语义关系中的任何一种称作"指称"或"满足"。①

一种绝对真理理论如何能对交流作出解释或被认为是一种意义理论呢？它并没有向我们提供对诸如"意谓"、"含义与……相同"、"是……的翻译"之类的短语下定义或进行分析的材料。下述这种看法是错误的，即认为在 T-语句显示为真、而我们不对 T-语句施加限制的情况下，我们便能自动地把 T-语句解释为向语句"提供意义"。

要探究的问题是，某个知道语言 L 的真理理论的人是否会有足够的知识来解释 L 的说话者所说的话。我认为，探究这个问题

① 参看华莱士(J. Wallace)："语词仅在语句的语境中才有意义"("Only in the Context of a Sentence do Words Have Any Meaning")。

的正确方式是必然也问对真理理论的经验限制和形式限制是否足以限制可接受的真理理论的范围。例如，假定每一种满足这些限制条件的真理理论都为“苏格拉底飞翔”这句话提出上面所建议的那些真值条件，那么，显然地，知道这种真理理论（并且知道它正是满足那些限制条件的理论这一点）便是知道T-语句惟一地提出“苏格拉底飞翔”这句话的真值条件。而这的确意味着具有关于T-语句在语言中的作用的足够知识。

我一时想象不出会出现这样一种惟一性。但我的确认为，对关于T-语句的解释所施加的一些合理的经验限制（我们依据这些限制条件来判定T-语句为真）以及形式限制，会充分地在那些不同的真理理论之间确定出不变因子，它允许我们断言：一种真理理论把握住了每个语句的本质作用。作出一个大致的比较可能会有助于人们了解这种看法。一种温度测量理论把作为温度衡量尺度的数字指派给测量对象。这类理论对这些指派施加一些形式上的限制，还必须从经验上把这类理论与在性质上可观察的现象相联系。所指派的数字并非由这些限制条件惟一地确定的。但是，指派的范型（pattern）是很重要的。（华氏温度和摄氏温度互为对方的线性变换；这种数字指派惟一地符合线性变换。）以大致类似的方式，我建议把意义作为可接受的不同真理理论之间的不变因子。通过给一个语句在构成语言的语句范型中指派一个语义位置，便给出了这个语句的意义（或对它作出了解释）。不同的真理理论可能会对同一个语句指派不同的真值条件（这就是蒯因所说的翻译不确定性的语义类似物），而这些理论对语句在语言中的作用的看法是（大致上充分地）一致的。

主旨是很简单的。对于堆积木理论以及那些试图直接根据非

语义的证据(譬如说典型地表达出一个语句时所带有的意向)赋予每个语句以丰富内容的理论来说,它们的尝试走得太远,步子也迈得太快。而目前的想法倒不如说是要在每一方面找到最低限度的关于真理理论的正确性的知识;造成差别的正是这些潜在无穷多的方面。一种尽管未获得很有力的支持,但却在足够多的方面获得支持的强化的真理理论,可能会产生我们所需要的全部有关原子和分子(在这个场合是指语词和语句)的知识。

概括地说:我们并非试图通过为语词的意义提出证据,而是通过为关于语句所属的那种语言的理论提出证据,来弥补关于个别语句的意义之证据的不足。语词和把它们与对象相联系的某种方式是我们需要用来完成真理理论的构造物。

关于如何研究意义理论的这番想法在本质上是蒯因的。我对蒯因的基本见解所补充的是这样一个建议,即意义理论应当采取绝对真理理论的形式。如果它的确采取这种形式,我们就能把语句的结构重新恢复为由单称词项、谓词、连接词和量词所构成,并带有通常的那种本体论含义。然而,指称退出了舞台;它在解释语言与实在之间的关系时不再发挥必不可少的作用。

(牟博译)

14. 通过语言的理解[*]

我们通过语言来看到(see)世界;但我们应当如何来理解这个隐喻呢?语言难道只是为心灵重新创造出或精确记录下外在之物的一种媒介吗?或者它非常难懂以至于没有告诉我们世界本身究竟是什么样子?或许,语言是一种介于上述两者之间的半透明物质,使得世界承载着我们所说的某种特定语言的色彩和焦点。

所有这些态度都有着或曾经有着支持者,但在我看来,这些看法都只对了一半,它们都没有抓住语言中十分重要的东西。语言的确是我们在日常场景中用于处理各种问题的一种便利的人类技术。没有语言,我们就无法像我们通常那样思考事物。但这当然并不意味着,像康德认为的那样,我们无法感知世界的真实情况,或者像柏格森和其他人认为的那样,每种看法都必然是被歪曲的。或许可能会有这样一种论证来支持这种看法,即如果至少在原则上能够独立出某种能够由心灵来加工的未被概念化的给予物,因为这样,就会有意义地想象出给予物在其中能够加以塑造的复杂结构。然而,如果没有这样一种给予物的观念,就很难推测需要被塑造的东西究竟是什么,而现在就很少有人拥有这样一种未被加

---

* 译自普莱斯顿(John Preston)编:《思想与语言》(*Thought and Language*, Cambridge and New York:Cambridge University Press,1997),第 15~27 页。——译者

工的给予物的观念。

我们理解了我们用另一种真实的概念图式来替换我们的概念图式究竟是什么意思吗？如果一种图式可以为我们所解密，那么，除了这里或那里的某些描述可能会有难易之分，这种图式并非与我们的图式截然不同。如果我们可以用一种令人信服的方式去解释或描述另一种图式是如何偏离于我们的图式的，那么它就同样会被以我们的概念体系来掌握。这并非否认某些人会掌握一些并非每个人都会得到的素材。生物学家、航空工程师、固态物理学家、音乐学家、制图师、分子生物学家、研究月球表面的专家以及心理分析学家，所有这些人都掌握一些我们大多数人都未掌握的术语和理论。按照我们更为严格的方式，我们这些普通人也有我们的特长：我们自己的一系列专名、它们所带有的独特语境指称、我们的个人爱好和口语习惯、我们的发音口误和不恰当用词等。而且这也不否认，某些方言揭示了性别、种族或人种的特征，而一切的人类语言都充满了几乎未被掩盖着的拟人化特征。我们可以这样来说，我们的概念图式中存在着差异或地方风俗。但它们都是我们可以（或者在双方都有足够时间、适当注意以及充分智力这些条件下而能够）相互解释的变体或特征。并不是每个人都能掌握量子力学的概念，比如我就不能，但相对论量子物理学的语言并没有构成一种不同的概念图式。它只是普遍图式的边缘，尽管是非常特有的一种，而这种普遍图式则假定了一种具有普通特性的一般宏观对象的本体论。

关于真正不可通约的语言和概念图式这种观念的麻烦，并不是在于我们无法理解它们，而是在于判断由什么构成与我们的图式不可通约的一种图式的标准确实不清楚。也许我们认为，我们

可以想象一种文化，其中的生物是以一种我们永远无法理解的方式来交流的。但是，在我们确定了我们的交流标准之前，对这种可能性的思考是无济于事的。流畅的信息交流还是有目的的相互作用？但这些是如何得到表明的？我们所承认的惟一目的正是或类似于我们自己的目的。我们所得知的和构想出的信息具有适应于我们可以用我们的语汇来描述的情景、对象和事件的命题内容。这当然是出现在异域的场景，即我们承认我们亲历了可理解的对话，虽然对所言之物一无所知。同样可能出现的情况是，谈话各方(用一种我们可以学会的语言)达成一致意见来使用一种看来不可译解的符号。这些当地人所说的话具有我们可以理解的翻译，而我们无法亲自发现它。但在这种情况中，我们有充分的理由相信，我们对没有掌握的东西可以学会译解：对话各方看上去像是与我们一样的人，我们有根据认为我们看出了已知的目的和活动。这些情形对反概念的相对主义者没有构成问题；而惟一严重的问题仅在于不可能有翻译。正是在这样一种假定的完全不可通约的语言情形中，我感到这种假定的不可理喻性。

或许我们真的并不理解关于截然不同的思维方式和说话方式的概念。然而，坚持认为我们的实际语言塑造了我们对世界的感知，因而在一定程度上使得我们的认识总是被歪曲了，这种说法难道没有意义吗？显然，我们的语言才能是极为丰富的，足以满足我们的需要，但缺乏轻松地表达这些需要的直接内容的方式。我们的基本词汇勾勒出了表明我们自然进行的概括化方向的那些因素；如果不讨论情况为什么会如此，我们就会对各种各样的绿红、蓝绿、绿蓝等之类的东西没有任何兴趣。这些是至少可以用我们未来辞典中的词汇表达的概念——事实上，如果“绿蓝”并非已经在那儿，我也肯定它会很快出现。但存在无数我们对之都没有（无论多么复杂的）词汇的东西。这是一种歪曲吗？如果是的话，那也不是语言的责任。当然，语言反映了我们的自然形成的兴趣和历史形成的需要和价值、我们由以构成的和习得的归纳倾向。但这个事实并没有支持语言严重地歪曲或塑造了我们对世界的理解这样一种看法；这样的影响是在另外的方面。我们对自己作为个体乐意地继承文化上演化而成的范畴所能说得越多，我们个人所能创造的东西就越少。在这种情况中，语言并没有曲解；相反，社会则在处理它所部分构成的环境问题上助了我们一臂之力。

我们应当抵制这样的看法：被语言所歪曲或曲解的正是真理。在关于砍伐热带雨林是否正在加速臭氧层的破坏这个问题上，我的语言可能是（或可能不是）与我的或社会的兴趣有关，但语言却与这件事情的真理无关。大量的概念都是模糊不清的，但把灰色领域和模棱两可放到一边，我们的许多陈述性话语都是或真或假的，而不是一会儿为真，一会儿为假，也不是对我为真，对塔摩托岛上的居民为假，不是部分为真，部分为假。我们的语言并没有歪曲关于世界的真理，当然出于偏好，它们可以被用来使我们和其他人受到欺骗。

我一开始就描述了三种引人注目的关于语言在我们思考世界中所发挥作用的可能态度。第一种看法认为，语言是不透明的，对我们隐藏了真实的事物。我反对这种观点。第二种看法认为，语言是半透明的媒介，对通过它而处理过的一切东西均留下其自身的印记。这种看法看来至多是微不足道的，它是对语言反映我们的兴趣和需要这个简单自然事实的一种夸大之词。还有一种观点认为，语言是透明的，是一种可以精确代表事实的媒介。

唉，我们知道，这也是一种没有实际价值的看法而已。名词、名称和谓词可以指称某个或更多的东西，或对它们为真，但它们自身并不能代表事实或事态。只有句子才能够这样做，还没有人发现一种能细分事实或事态的方法，由此有助于解释一个给定的句子代表的是哪个事实。如果在谈到语言代表了事实时，只是指我们可以用句子去描述对象和事件，那么，这并没有什么害处。这毕竟只是对某些句子为真而某些句子为假这种常识看法的一种有趣的说法。但当我们谈到语言表述展现实在（或其他什么东西）时，我们就是在欺骗自己，除非我们可以有效地详尽说明所展现的实体。

现在，关于我们开始所谈的隐喻，即认为语言是某种我们可以借此观察到世界的东西，还剩下什么东西吗？没有：作为一种隐喻，它严重地引人误解。语言并不是我们可以由此看到什么东西的媒介；它并不是介于我们与世界之间的东西。我们应当放弃这样的观念，即认为语言是认识论上像感觉材料之类的东西，是某种体现了我们理解外在之物的东西；而其本身只是外在之物的一个符号或表征。语言并没有折射或展现实在，正如我们的感官并非仅仅呈现给我们表象而已。仅仅作为代理或图像的展示或展现，它总是使我们落后于知识所寻求的内容一步；关于语言能够掌握真实事物之能力的怀疑论是披上语言外衣的那种关于感官老式怀疑论。

正如我们并非通过眼睛来看到世界一样，我们并非通过语言来看到世界。我们并不是通过（*through*）我们的眼睛，而是用（*with*）它们去看。我们不是通过我们的手指去感觉事物，或通过我们的耳朵去倾听事物。当然，在某种意义上，也可以说我们的确是在通过眼睛(就是说是通过拥有的作用)去观察事物。我们的确是通过拥有语言去处理问题。我的论文标题有一种非隐喻的意义。在拥有眼睛、耳朵与拥有语言之间有一种可靠的相似:这三者都是我们用于直接与我们的环境交往的器官。它们不是中介物、屏幕媒介或窗户。

也许我们受到了这样一种观念的影响,即认为语言(特别是当用大写字母来拼写某种语言的名字时,如"英语"、"克罗地亚语"、"拉脱维亚语"、"因纽特语"或"加里科语"等)是某种我们每个人都像使用电话服务一样加以预订的,公共的实体因而它实际上并非像我们直接拥有我们的感官那样而为我们所直接拥有。我们忘记了,除了人们所发出的声音和做出的标记以及随之而来的习惯和期望外,并没有语言这种东西。与其他人"共用一种语言"就在于理解了他们所说的话,而且完全像他们一样谈话。并没有我们所假定共同拥有的额外实体,正如当我倾听你说话时我们并非没有共用同一只耳朵那样。

当然,在能够与他人交谈与能够看到之间有许多不同。我们在成长早期发展了我们的视力而没有社会的刺激;而获取一种语言的条件则更为复杂,而掌握一种语言则发生在我们较后的成长期。但一旦事情有所进展,它就会令人惊讶地快速发展。我们的母语音素似乎开始于子宫(洛克,1993),但句子则是在一两岁之后才出现的。到 3 岁时,大多数孩子都能流利地说出句子,而且正确使用其语言环境的基本语法。平均到 6 岁时就能掌握大约13,000 个单词,而一个良好的高中生可以掌握 120,000 个单词。学习所有这些东西的方式很简单;而 8 岁或 8 岁以上,实际上没有人能够像学习母语一样学习一种新的语言(第一外语或第二外语)。似乎没有什么理由怀疑，我们天生就被以相当具体的方式安排成像我们现在所做的那样来讲话，每个人群、每个社会都有一种语言，而所有的语言显然都是根据同样的约定规则加以限定的。被我们看做是原始的部落有着和那些发达文化同样复杂和完善的语言。

我们倾向于认为，言语与感觉器官截然不同，这部分是由于言语本身并没有被专门赋予外在的器官，部分是由于语言的多样性。但这些区别都是表面的。言语就像感觉器官一样，在大脑中有着自己专门的位置；因而，大脑损伤就会引起使用语言能力的丧失，但没有破坏一般的智力。而且更为重要的是，一切语言尽管表面上不同，但它们显然都共有某些结构规则。对此的证据部分是在于发现了对语法的普遍限定。同样令人吃惊的事实是，如果儿童成长时听到的只是一种洋泾浜式的混杂语言（它是那些被放到一起而缺乏共同语言的成人们的一种高度简化的语言发明），但是这些孩子们做了成人们无法做到的事情：他们不久就将这种混杂语言发展为一种克里奥语，就像法语或土耳其语那样完善和复杂。

这些信息取自各种不同来源，其中某些受到了诺曼·乔姆斯基的影响，但主要是来自斯蒂文·品克（Steven Pinker）的新书《语言本能》（*The Langauge Instinct*），它令人信服地把所有这些材料都放到了一起。品克的结论是，“语言并不是文化的产物，使得我们像学习识别时间一样去学习它，相反，语言是我们大脑生物构成的一个截然不同的部分”（品克，1995，第 18 页）。我在本文开头的隐喻似乎与品克的评论是一致的，“当我们理解了句子，语词之流是透明的，我们……自动地由此理解了意义”（第 21 页）。毫不奇怪，他追随乔姆斯基把语言称做一种“心灵器官”（乔姆斯基，1980，第 138～139 页；品克，1995，第 307 页）。

那么，这些与语言和思想之间的关系有什么联系呢？根据品克、福多和其他一些人的看法，除了明显存在语言共相之外，语言的发展轻而易举表明，某种固有的（天生安排好的）东西就是一种内在的语言，一种思想的语言或心灵之语（mentalese）。根据这种理论，这种内在语言不是习得的，而是作为我们天生的遗传出现的，它先在于任何口语。突出的一点就是，心灵之语的存在并不依赖于语言的发展，而是相反。因此，假定先天存在的普遍语法，“语词的联系……反映了心灵之语中观念的关系”。这就解决了“处理心灵中的思想相互关联网络的问题，把它们解释为一串语词。……对儿童而言，未知的语言是英语（或日语……或阿拉伯语）；而已知的语言则是心灵之语”（品克，1995，第 101、102、278 页）。在最后一段引文中，品克把儿童与蒯因的彻底翻译者作个比较。在品克看来，两者的不同之处在于，儿童并不需要搞清事情；儿童只是正确地知道，他所听到的语词在心灵之语中代表什么观念。品克对心灵之语的优先性深信不疑。他问道，我们是用英语或切落基语或其他某种语言来思考吗？“或者说，我们的思想是表达为大脑中的某种沉默媒介——思想语言，或‘心灵之语’——而只是当我们需要把它们传递给听者时才穿上了语词的外衣吗？”（品克，1995，第 56 页）。他赞同沉默的媒介这种说法。他提出了各种论证：我们通常知道我们的所思之物却无法找到语词来表达；我们有时承认我们的所言并非我们的所指；认为概念图式可以完全不同这一看法是一个愚蠢的神话；存在普遍语法；我们可以惊人的速度来掌握我们的母语。

这种一般看法现在为许多语言学家和认知科学家所接受，但在我看来，这些论证是有瑕疵的，其结论是混淆的。语言能力的主

要方面是先天存在的这一点并不比由视觉神经而不是由某些更高层次的认知机制给大脑带来色彩与光线的对比这一点具有更为重要的哲学意义。值得强调的是，语言才能完全是我们的自然天赋的一部分，而不是我们用于处理理解、计算和交流这些问题的工具。我喜欢把它比做感觉器官，因而其寓意在于，语言并不是出现于我们与实在之间的东西；它不可能是出现于中间的东西，因为它就是我们的组成部分。但假设了一种思想语言，就损害了这幅图景的诱人之处；如果思想语言也是我们的组成部分，那么我们的口头语言便是思想与所思之物之间的中介了，而天然生成的东西则就威胁到隐藏或歪曲这个世界，正如康德所指出的心灵之结构所做的那样。

认为存在一种思想语言先在于或独立于社会形成的语言的那些论证是无效的。我们有时无法找到合适的语词来表达我们想要说的东西，对这个事实有更为简单的解释，而不是假设一种先在的、内在的但无语词的信息，而这样的信息努力寻求把它翻译成一种口头习语。假定我们有时无法得到我们已知的语词或短语，乃至假定我们已经有一种语言使我们能够思考需要说出的新事物，这就足够了。乔姆斯基有力地论证了关于天生句法约束的观点，正如他所表明的那样，这种观点得到了明显的经验证据的支持。对我们某些人来说，这些约束在多大程度上是我们用自己的语言去描述其他语言之手段的产物，可能还是一个问题；但证据使人确信，并非所有的情况都是如此。我们不仅生来就能获取有语言，而且我们还知道对自然产生的东西所具有的约束。关于实际的语言或思想，我们究竟能够得出什么结论呢？要用天生的语言才能去解释获取语言的相对容易和实际口语中的相似，所需要的东西与我们的思想或话语的内容应当说没有什么关系。我们与生俱有的、或在儿童早期正常发展过程中所获得的约束是关于句法的，而非语义学上的。没有理由去认为观念、概念或意义是先天的这一假定可以用来充分解释人们拥有反映人类需要和兴趣的语言和思想这一事实。假定我们有共同的遗传，那么同样不足为奇的是，我们的思想和话语是可以相互理解的——当然这是就一定程度而言，解释上的成功与否总是程度问题。这并不是说，关于句法的约束不可能产生对语义学的结构约束；尽管不太容易想到这个论证可能展开的细节。无论如何，我所持的论点并不是说，我们的所思所言不受我们的基因限制；认为我们并非与生俱有某种令人满意的语言，这是一种较弱的说法。进化使得我们或多或少地适应着我们的环境，但进化并没有赋予我们概念。大自然决定了什么样的概念会自然出现；但这并不是说，心灵事先就知道自然会是什么样子的。

关于"缺乏刺激的论证"应当多说一些。这个论证是说，我们最终得以获取的关于我们所说语言的知识的大部分内容必定是天生的，因为我们根据非常稀疏的证据就获得了关于我们母语的语法、词汇乃至语义学的精确知识(尽管大多数都是无意识的知识)。我已经表达了我对这种关于语义学的知识的怀疑，至少是对与指称和真理有关的语义学的怀疑。而最近的研究同样对这样的看法置疑，即认为前语言的婴儿缺乏从有限的和不完全的输入中快速而精确地学习的能力。实验表明，八个月大的婴儿学习把断断续续的话连成句子，只是根据仅在两分钟之后连续的声音之间的统计关系，"(这)表明，婴儿具备对语言输入的统计特性进行计算的有力机制"(萨福兰、阿斯林、纽波特，1996，第 1926 页)。换言之，并没有那么多东西是天生的；学习在进入言语和思想的领域时起着重要的作用。

这些是重要的程度问题。就当前目的而言，问题是，只要恰当，语言就不是一种日常学来的技能；它是或业已成为知觉的方式。然而，言语并不仅仅是另一种器官；如果其他的感觉器官会带来命题知识，那么言语对这些感觉器官至关重要。语言是命题知觉的器官。看见景物和听到声音并不要求具有命题内容的思想；而知觉到事物的存在方式则要求具有命题内容的思想，而这种能力是与语言同时发展起来的。一旦我们有了命题思想，知觉就会在下述意义上是直截了当的：不存在作为知觉信念基础的认知中介，没有什么支配着我们关于世界的知识（戴维森，1983）。当然，我们的感官是从世界到知觉信念之因果链条的一环。但并非所有的因果关系都构成理由：我们的视网膜活动并没有构成我们看见一条狗的证据，内耳小叶的振动也没有提供狗在狂吠这一看法的理由。“我亲眼所见”是用来表明相信在超市里有一头大象的正当理由。但这只不过是说，我看到的某个东西使得我相信在超市里有一头大象。我们时而有感觉，偶尔我们可以将其作为信念的理由。但感觉结果或其细微的信息传递者——知觉、感觉材料之类的东西——并不构成理由，尽管对于我们听到了声音或目睹了天空中的耀眼线条，这些感觉结果的信念在伴以适当的后继信息的情况下可以构成认为我们听到了爆炸或看到了飞机失事这些想法的理由。

感觉、知觉和感觉材料无法对信念提供认知支持，其理由非常简单：理由不得不在概念上适应于它们对之构成理由的东西。认知支持的关系需要两个关系者具有命题内容，而像感觉和感觉材

料之类的实体并没有命题内容。大多数近代哲学始终致力于试图在所想象的那种未加以概念化的给予物与需要用以支持信念的东西之间作出调停。但我们现在看到这种努力并没有机会成功。真实的情况是,没有任何东西会对信念提供理由,除非有另一个(或许多其他的)信念。①

知觉信念最初是自发形成的。它们只是由我们能够见到、听到、摸到、尝到和闻到的东西而引起的。我们对这种信念的产生并没有任何控制,除了当我们移动自己的身体而使我们处于接受知觉信念的那种情形之外。一旦产生了信念,控制就随之而来了;而再看一眼则会修正先前的印象,片刻的反思就会打消我们认为看到了久已故去的朋友的这种想法。我们的所见之物可以消除我们以为我们听到的东西。我们认为科学家的特点之一在于对观察结果作出比较;尽管我们做的并不系统,也不讲究方法,但我们所有的人一直都是这样做的。最终,我们不得不依据知觉结果,但又正是在知觉结果的基础上,我们建立了用于评价进一步知觉结果的理论。我敢肯定的是,我们不由自主地构成的知觉信念虽然是暂时的,但它们本身却是极大程度上以我们所记忆的、我们刚刚知觉到的东西和我们在某种程度上最终接受的相关理论为条件的。没有这样的条件,就只有毫无心灵的因果关系,但受到攻击的则是具有一种被彻底限定条件的装置的思维动物。在刺激与所产生的思想之间并不存在简单的关系。

假定这种关系的复杂性基本上是难以理解的,那么我们的经

① 这是我在 1983 年的文章中(第 50 页)辩护的观点。约翰·麦克道威尔(John McDowell)在他最近所做的洛克讲座中接受了这样的看法,认为理由一定是有命题内容的,但反对认为只有信念才能够作为信念的理由(见麦克道威尔,1994,第 63 页)。

验信念甚至包括知觉信念为什么是应当值得信任的呢？如果一个信念的惟一理性基础是其他的信念，那么自然界在确定信念内容中究竟能起什么作用呢？这个问题与关于语言的问题密切相关。坚持语言像知觉一样是未经中介的，这是一回事，但这种坚持似乎就使我们不可能解释观察语句的内容，正像不可能解释我们知觉信念的内容一样。这两个问题显然是相互关联的，因为对思想内容的解释必定也至少部分地解释了观察语句为什么具有这样的内容。而使这些问题引人注目的是这样一个问题，即如果信念在认识上只是得到其他信念的支持，那么这些信念又如何独立地或作为一个整体与世界相联系。

着手处理这个问题的一个起点是探究直接与知觉相连的这些语句是如何得到它们的内容的。我们可以把这些语句称作知觉语句。没有理由认为，所有的知觉语句都是简单的，或者说，它们对每个人都是相同的。说它们并不一定是简单的，是因为我们一些人直接看一眼窗外，就可以得知暴风雨天气就要来了；或者是我们听到某些声响，知道有人说过涨潮了；或者是，我们在云室中观察，随即便说我们看到一个电子。在这些情况中，我们就可以给出解释我们直接构成的信念的理由；我们可以解释，为什么我们看到的东西会导致它所带来的信念。这并非对每个人都是相同的。某些人并没有察觉到暴风雨天气就要来了，因为他们并没有学会读气压计。我们每个人都有与众不同的一眼就可以识别他人的本事。

知觉语句的经验内容是由场景得到的，场景促使我们接受或拒绝这些语句，而由这些语句所表达的信念同样如此。但有什么理由假设这个内容是恰当的呢？甚至当某人有一种可以接纳新语句的语言时，他也可以学会在没有理解一个句子的场景中肯定这个句子。不懂物理学的人也可以在暗室里出现光线时很容易地说出这样的句子"有电子",而他并不知道电子是什么。理解这个语句依赖于先前的理论,而没有这个理论,其内容就会完全不同于我们所想到的意义。但在把理论扩展到包含缄默的理解这种意义上,要根据境况来限定语句的条件以产生正确的内容,难道不总是需要理论吗?只有当某人对正在航行的轮船有所了解时才可能一眼认出,他看到的是方帆双桅船,而不是双桅帆船,虽然他在恰当的场景中使用了这些词(方帆双桅船是有两个主桅并有方形前帆和后帆的船,而双桅帆船则在前后帆的主帆上有所不同)。即使是像"那是一个勺子"(也许简单地说成"勺子!")这样的简单句子,也需要知道勺子是什么后才能理解,比如说它们是坚硬的物理对象等等。所以,必定有更多的东西才能得到满足,而不仅仅说是由于场景才促使我们接受或拒绝适合场景的句子。

人们并不是自发地得到话语天赋的;他们是由父母、伙伴、教师和芝麻街有意识地或无意地教会的。在这个过程中,实指或者类似的东西起着主要作用。但是,实指教学又是如何不同于自然界教导我们的方式呢?就我所知,我们并不是天生就喜欢蓝色的浆果而不喜欢红色的浆果。但每个收集者都会在大自然中学会选择蓝色的;他们非常倾向于茂盛的和甜蜜的。或许更为敏锐的人会发现,鸟食的浆果大多数也总是人类的食物。错误使人类变得聪明:那些巨大美丽但却有毒的浆果下次就会被避免了。这种通常的限定过程与通过奖惩使句子以场景为条件而使实指成为成功方法这两者之间的区分是什么?

这些不论是由教师、父母、伙伴还是由大自然作出的修正,自身不过是促进了我们与生俱有的倾向性;正如维特根斯坦所强调的，倾向性并不具有规范的力量。光滑的道路倾向于造成汽车打滑，但如果我们懂事的话，我们不会由此而不走这条道，我们会铺一些沙子或盐去改变其特性而使之适合我们的目的。而动物则情况有所不同，因为它们有苦乐感受，因而它们的行为可以通过一些与处理道路情况所不同的手段而加以改变。但要点依然是：从我们的观点看，我们是通过铺沙或铺盐而改进了道路；从我们的观点看，我们是通过引起快乐或痛苦而培养孩子的。在这两种情况中，这种过程都没有单独告诉道路或孩子在正确的行为和不正确的行为之间的区分。纠正行为本身并没有告诉（这一命题内容）这个行为是不正确的。训练孩子或狗使用厕所的习惯，就像是在修理浴缸而使之不会溢水，无论是设备[即浴缸]还是有机体[即孩子和狗]在这个过程中都没有掌握概念。

我们可能倾向于认为，形成概念比进入命题态度领域，特别是进入信念领域，更为在先。但这是错的。除非我们想要把概念赋予蝴蝶和橄榄树，我们绝不能把仅仅区别红色和绿色或潮湿和干燥的能力当作拥有一个概念，即使这种选择性行为是习得的。拥有一个概念就是把对象或属性或事件或场景等作出分类，同时能够理解，被作出分类的东西可能并不属于指定的种类。如果母亲不在眼前，婴儿可能不会说出“妈妈”，但这并不能证明概念化出现（即使是就原始的水平上的概念化而言），除非一个错误会被看做是一个错误。因而，在拥有一个概念和拥有命题内容的思想之间，事实上并没有什么差别，因为人们不可能有妈妈这个概念，除非他相信某人是（或不是）妈妈，或希望妈妈在眼前，或对妈妈没有满足某种愿望而感到生气。我强调概念与思想之间的联系，只是为了澄清，概念的形成并不是在各种倾向和判断之间的某个环节，无论这些倾向有多么复杂或是如何习得的。

在某些时候发出无意义的声音，而这些时候也适于发出作为言语的同样声音，那么在从前者变为后者时必须添加什么东西呢？认为无意义的声音在过去一直是得到了强调，而现在则是由于神奇的力量而被说出来；如果这就足够的话，那么，猫叫是要喂食便可以算做有意义的话语。那么还有什么？我并没有幻想，我可以提供类似分析之类的东西；或许没有不会导致循环的答案，因为不导致循环的答案会告诉我们，如何用非外延的语词去解释内涵。但我认为，语言正是在这里添加了必要的（但并非充分的）成分。

我们刚刚指出，实指自身无法做这个工作，因为它需要从先前对语言的理解中得到帮助。但仍然值得反思实指学习的最初阶段。一开始，学习者对教师的实指教学中的正确性不可能有任何疑问。学习者或许是或许不是在学习某个语言共同体中的其他人是如何说话的，但学习者只是在后来才能发现这一点。在这种私人教学中，意义是被赋予语词的，而不涉及远离这些语词在其他时间和在其他人那里可能具有的用法。如果我们只是把实指看做是一种教授社会上可行的意义的教学方式，我们就会失去根本的东西，因为对学习者来说，实指并不是在学习已然存在的东西。学习者是在接受意义的洗礼。

如果我们忽略了已确立意义的消失与建立新意义之间的不同，那么教师与改革者之间的区分就消失了，教师与学习者之间的区别也随之消失了。再简而言之，我们可以想象一种原初的实指，随后才有对语言的一般掌握，而这种语言则允许我们从实指之外得到比在其中更多的东西。在这种最初的场景中，我们可以研究思想和语言发展的某些必要条件。这些包括，所有的人都自然地以大致相同的方式作出概括。他们避免苦涩和高声的突发噪音；他们寻求甜蜜和安静。学习需要三种概括：火与疼痛之间已知的联系需要两种，学习展现在相似的反应之中：我们避开火以避开疼痛。在可以学习之前，一定有未得知的概括模式。在可能有语言之前，必定存在共有的概括模式。

对相似刺激的共有反应，可能形成个人之间的共有因素：这些具有共有反应的人，可以把彼此的反应与他们所反应的对象联系起来。B者对于A者和B者都感到相似的场景作出的反应，而A者对于B者的上述反应作出反应，因而形成了一种三角关系，三个角分别是A、B和它们彼此对之作出反应的对象、事件或场景。在动物与共有环境之间的这种复杂但普通的三角反应关系并不需要思想或语言；这经常出现在既不思想也不说话的动物之间。鱼和鸟是如此，猴子、大象、鲸鱼等也都如此。

语言的交流和发达的思想中还存在什么更多的东西吗？我认为，答案是依赖于这个三角关系并从中形成的两个东西。第一个东西是错误的概念，即鉴别对信念和真理的区别。这个三角关系的互动，并不会自动产生这种鉴别，正如我们从简单动物的例子中所看到的那样。但三角关系却为这种错误概念（因此也为真理概念）留下了可能，在这种情况下，不断共有的互动关系会被共有者所打破；某个人是在某种情况下以其他人先前的方式作出反应，但其他的人却不是这样。这可能只是警告那个对尚未注意到的危险或机会没有作出反应的人，但如果这种被预知的危险或机会没有发生，那么就会出现错误的概念。我们会继续判断，第一个人弄错了。这些人自身也最终会得到相同的结论。如果他们得到了这样的结论，他们就掌握了关于客观真理的概念。

其次，也是最后一步，我们转了一个圈，因为我们只是在我们可以交流共有经验的内容即命题内容时才掌握真理概念，而这就需要语言。最初由对世界万物和相互作用作出一致反应的两个(特别是两个以上的)人组成的三角关系，由此就提供了可能产生思想和语言的框架。根据这种解释，思想和语言都不是在先的，因为它们相互需要。这表明没有在先性的疑难：讲话、知觉和思想的能力相互促进，逐渐发展。我们是通过语言，就是说通过拥有语言，而知觉到这个世界。①

参考文献：

乔姆斯基(N. Chomsky)：《规则与表象》(*Rules and Representations*, New York：Columbia University Press, 1980)。

戴维森(Donald Davidson)："关于真理与知识的融贯论"(A Coherence Theory of Truth and Knowledge)，载亨利希(编)：《康德或黑格尔》(*Kant oder Hegel?*, Stuttgart：Lett-Cotta, 1983)。

洛克(J. L. Locke)：《孩子通向口语的道路》(*The Child's Path to Spoken Language*, Cambridge, Mass.：Harvard University Press, 1993)。

麦克道威尔(John McDowell)：《心灵与世界》(*Mind and World*, Cambridge, Mass.：Harvard University Press, 1994)。

品克(Steven Pinker)：《语言本能》(*The Language Instinct*, New York：Harper Collins, 1995)。

萨夫兰(J. R. Safran)，阿斯林(R. N. Aslin)和纽泼特(E. L. New-

① 感谢培里·斯密斯和恩斯特·利波尔的极有帮助的建议和修正。

port)：1996，“8个月婴儿的统计学习”(Statistical Learning by 8-Month-Old Infants)，载《科学》(*Science*)杂志第274期，第1926～1928页。

(江怡译，牟博校)

第五部分

知识与客观性

15. 关于真理与知识的融贯论*

在本文中我所捍卫的理论不妨称之为关于真理与知识的融贯论(coherence theory of truth and knowledge)。这一理论与真理符合论是一致的,但是这种辩护所依据的论证旨在表明融贯性产生符合性。

这个论点的重要性是显而易见的。如果融贯性是对真理的一种检验,那么它就与认识论有直接关系,因为我们有理由认为,我们的很多信念与其他很多信念是彼此融贯的,而在这种场合下,我们便有理由认为我们的很多信念是真的。如果这些信念为真,那么,知识的基本条件似乎便会得到满足。

有人也许会试图在不对知识融贯论作出辩护的情况下为真理融贯论作出辩护,其根据或许是这样:持有一组融贯的信念的人或许没有理由认为他的信念是融贯的。这不大可能,但有可能出现这样一种情况:某人尽管具有真的信念并有充分理由来持有这些信念,但他没有意识到理由与信念的相关性。也许这样一个人最好被看作是具有他不知道他所具有的知识,这也就是说,他认为他是一名怀疑论者。简言之,他是一名哲学家。

---

* 本文首次发表于亨里希(Dieter Henrich)编:《康德或黑格尔?》(*Kant oder Hegel?* 1983年),重印于利波尔(Ernest Lepore)编:《真理与解释》(*Truth and Interpretation*,1986),第307～319页。——译者

且不考虑一些例外的情形，把真理和知识聚集在一起的是意义。倘若意义是由客观的真值条件给出的，便要提出这样一个问题，即我们如何能知道那些条件得到满足，因为这看来需要把我们的信念与实在进行对照。而关于这样一种对照的看法是荒谬的。但是，如果融贯性是对真理的一种检验，那么，融贯性也是用来判断客观的真值条件是否被满足的一种检验，并且，我们不再需要根据可能要进行的对照来说明意义。我的口号是：无需对照的符合。假定有了一种正确的认识论，我们便能在一切场合都是实在论者。我们可以接受客观的真值条件概念，把它作为解决意义问题的线索（这是一种关于真理的实在论观点），我们可以坚持认为，知识是独立于我们的思想或语言的关于客观世界的知识。

既然就我所知尚没有一种理论值得被称之为“最适当的”(the)融贯论，所以我不妨表征一下我打算捍卫的那种观点。显然，并非被解释过的语句的每一个相容集合都仅包含真语句，因为一个这样的集合可能恰好包含相容语句 S，另一个这样的集合可能恰好包含 S 的否定。而且，在保持相容性的情况下增添更多的语句也无济于事。我们可以想象出无穷的状态描述表达式（即最大相容的描述表达式），它们并不对我们的世界作出描述。

我提出的融贯论涉及的是信念，或者说是这样一些语句，即某个理解它们的人视之为真的语句。我在这方面并不打算说，每一个可能的相容信念集合都是真的（或都包含通常为真的信念）。我之所以避免这种说法是因为，什么样的信念是可能的，这一点十分不清楚。作为一种极端的情况，人们也许会认为，可能的最大信念集合的范围与可能的最大语句集合的范围同样大，于是，坚持认为一种可为之辩护的融贯论涉及的是信念而不是命题或语句，这种看法大概是毫无意义的。但是，还有其他一些构想什么样的信念是可能的方式，依据这些方式，我们不仅有理由认为一切实际的融贯信念系统在很大程度上是正确的，而且有理由认为一切可能的融贯信念系统也在很大程度上是正确的。在这两种关于什么样的信念是可能的看法之间的差别，有赖于我们对信念的性质、信念的解释、信念的原因、信念的持有者以及信念的范型所作出的一系列假定。对于我来说，信念是带有意向、愿望和感觉器官的人的状态。信念是由在持有信念者的身体之内和之外的事件所引起的状态。但是，即使施加了所有这些限制，还有很多东西是人们确定相信的东西，还有更多的东西是人们能够相信的东西。融贯论适用于所有这样的场合。

当然，有些信念是假的。信念概念的一个很大特点在于它引出了在被认为是真的东西与真的东西之间的潜在差距。因此，仅仅具有融贯性（无论合乎情理地规定出多么强的融贯性）还不能保证相信如此的东西就是如此。融贯论所坚持的不过是，一个融贯的信念集合总体中的大多数信念是真的。

最好能把这种表述立场的方式看作是一个暗示，因为大概并没有一种确定什么才算作信念的有用方式，因而，一个人的大多数信念为真这一看法的意义并不清晰。表述这个论点的一种更好一点的方式是采取下述说法，即有根据足以推定一个与极为大量的其他信念相融贯的信念是真的。在融贯的信念集合总体中的每一个信念都依据这个根据得到辩明，几乎就像由一个有理性的当事人（他的选择、信念和愿望在贝斯［Bayes］的那种决策论的涵义上是融贯的）所采取的每一个有意向的行动都得到辩明一样。可以重复一遍：如果知识被辩明为真信念，那么，一个持有相容信念的人的一切真信念似乎便构成知识。正如我将要论证的那样，尽管这个结论太含糊、作出这个结论太仓促以致有可能不正确，但它包含重要的真理内核。与此同时，我仅仅指明需要解决的很多问题：融贯性所要求的究竟是什么？应当纳入多少从实践中所归纳的成分、其中必须包括多少那种真实的关于证据支持的理论（如果有的话）的成分？既然没有任何人具备完全相容的信念总体，那么，与哪些信念相融贯才构成真理的根据呢？其中有些问题将随着本文的展开而得到更正确的表述。

应当搞清的是，我并不希望依据融贯性和信念来给真理下定义。真理与信念和融贯性这两者相比具有极好的透明度。应用于语句表达的真理概念显示出了塔尔斯基的约定 T 所固有的取消引号的(disquotational)特征，这便足以确定真理概念的应用范围。当然，由于真理是相对于一种语言或一个说话者而言的，因此，真理概念的涵义不仅仅限于约定 T 的涵义；语句的真实性是因语言而异或因说话者而异的。约定 T（以及它断言其为真的那些平凡的语句，如：一个讲英语的人所说的“草是绿的”为真当且仅当草是绿的）所显示的是，一个话语为真仅仅依赖于两种东西，即所说的话的含义和世界的组织方式。无需进一步相对于概念图式（即看待事物的一种方式、一种看法）。尽管两个所处文化背景不同、所用语言不同和所持观点不同（这种不同怎样选择随你的便）的解释者可能对一个表达是否为真意见不一致，但是，这只有在他们对事物在他们所共有的世界中的存在方式或表达的含义发生意见分歧时才可能如此。

我认为我们可以从这些简单的反思中得出两个结论。第一，真理在于同事物的存在方式相符合。（没有直截了当的、不引人误

解的方式来表述这一点；必须通过据以表征真理的满足概念间接地对这一点作出正确表述。[①])因此，如果真理融贯论是可接受的，它就必须与真理符合论相容。第二，一种使我们能够了解到真理的知识理论必须是一种非相对化的、非内在形式的实在论。因此，如果知识融贯论是可接受的，它就必须与这样一种形式的实在论相容。我的这种形式的实在论似乎既不是希拉里·帕特南的内在实在论，也不是他的形而上学实在论。[②] 它之所以不是内在实在论是因为，内在实在论使真理相对于概念图式，而这种看法我认为是不可理解的。[③] 实际上，接受融贯论的一个主要理由就在于，关于概念图式和有待处理的"世界"的二元论是不可理解的。而我的那种实在论又无疑不是帕特南的那种形而上学实在论，因为后者是由"彻底的非认识性"来表征的，而这种"彻底的非认识性"蕴涵着：我们所研究出的和确立的全部最出色的思想和理论都可能是假的。我认为，信念和真理的独立性仅仅要求，我们的信念中的每个信念可能是假的。融贯论当然不能允许我们的全部信念都可能是错误的。

但是，为什么不呢？原因或许是，如果有理由假定一大批信念是真的或在很大程度上是真的，那么，一个信念与这一大批信念融

---

① 参看我的"对事实为真"("True to the Facts")，载于《哲学月刊》(*The Journal of Philosophy*)(1960 年)第 216～234 页。(有误，载于《哲学月刊》[1969 年]第 748～764 页。——译者)

② 帕特南(H. Putnam)："意义与道德科学"("Meaning and Moral Sciences"，1978)，第 125 页。

③ 参看我的"论概念图式这一观念"("On the Very Idea of a Conceptual Scheme")，载于《美国哲学学会会刊及演讲汇编》(*Proceedings and Addresses of the American Philosophical Association* 1974)，第 5～20 页。

贯，这显然是增大它为真的可能性。但是，仅仅是融贯性本身又如何能为信念提供根据呢？或许，为证明一个信念是正当的，我们充其量能做到的是求助于其他信念。但在另一方面，似乎会产生这样一个结果：无论我们的信念在实践中依然是多么坚定，我们都必须接受哲学上的怀疑论。

这种怀疑论披着它的一件传统外衣。它提出的疑问是：我们的全部信念为什么不可能既和谐一致而又对于现实世界全都是假的呢？试图把我们的信念逐个地或作为一个整体与这些信念所论及的东西加以对照，这是荒谬的或更糟糕的。仅仅认识到这个事实并没有对上述问题作出回答，也没有表明这个问题是不可理解的。简言之，甚至像我的那种温和的融贯论也必须向怀疑论者提供对融贯的信念为真作出假定的理由。坚决支持融贯论的人不能允许从信念系统之外寻求保证，而在信念系统之内又没有什么东西能提供支持，除非可以证明信念（最终或同时）依赖于可独立地加以信任的某种东西。

通过提出是否能够或必须完成辩明（justification）这个问题来使融贯论区别于其他理论，这种做法是很自然的。但这并没有对融贯论下定义，它仅仅暗示一种可能的论证方式。因为有些融贯论者认为，尽管提出理由的过程永远不会完结，但是，一方面某些信念能够用作其余信念的基础，另一方面又能坚持认为仅有融贯性是不够的。使融贯论区别于其他理论的不过是这样一个断言，只有另外一个信念才能充当持有一个信念的理由。坚决支持融贯论的人反对在我们的信念之外寻求另外一种东西作为辩明的根据或根源，认为这样做是不可理解的。正如罗蒂所表述的那样，“除非参照我们已经接受的信念，否则，任何东西都不能充当辩明的理由；除了融贯性以外，无法在我们的信念和我们的语言之外找到某种检验方法。”[①]正如人们所看到的那样，在这一点上我的看法与罗蒂一致。我们的看法不一致(如果有的话)的地方在于：是否依然存在这样一个问题，即：假定我们“除了融贯性以外无法在我们的信念和我们的语言之外找到某种检验方法”，我们如何还能了解和谈论那个并非我们自己的构成物的公共的客观世界。我认为这个问题确实依然存在，而我猜想罗蒂并不这样认为。如果他认为这个问题不存在，那么，他就必须认为我试图回答这个问题乃是犯了一个错误。尽管如此，我们还是从这里继续讨论下去。

十分简要地回顾一个企图抛弃对在我们的信念范围之外的知识基础进行研究的某些理由，这会促进对这方面的问题的讨论。我在这里所用的“基础”一词是专门指认识论基础，即辩明的根源。

值得认真对待的这些企图旨在以某种方式根据感官(senses)上的证据(如感觉、知觉、给予、经验、感觉材料、转瞬即逝的显示)来给信念建立根据。所有这些理论都必须至少对下述这两个问题作出说明：在感觉与信念之间究竟是什么样的关系使得前者对后者作出辩明？我们为什么应当相信我们的感觉是可靠的，这也就是说，我们为什么应当相信我们的感官？

最简单的看法是把某些信念认同于感觉。例如，休谟似乎并没有在感知一个绿点(perceiving a green spot)与感知一个点是绿的(perceiving that a spot is green)之间作出区别。(“观念”〔idea〕

① 罗蒂(Richard Rorty)：《哲学与自然之镜》(*Philosophy and the Mirror of Nature* Princeton：Princeton University Press，1979)，第178页。

这个词的含混性在这里大有帮助。)其他哲学家注意到休谟的混乱,却试图通过下述做法抹杀知觉与判断的差别来得出同样的结论,即企图把判断说成是不过是陈述知觉、感觉或表象的存在(不管它可能具有什么样的含意)而已。这样一些理论并没有根据感觉来辩明信念,而是试图通过下述断言来辩明某些信念,即认为这些信念具有与某个感觉恰恰相同的认识内容。这样一种观点具有以下两个困难:第一个是,如果基础信念在内容上并没有超出相应的感觉,它们便无法支持任何对客观世界的推断;第二个是,不存在这样的信念。

一个似乎更合乎情理的思路是作出这样一个断言,即我们不可能在事物向我们显现的存在方式上出错。如果我们相信我们具有一个感觉,我们便确实具有这个感觉。这被认为是一个分析真理,或者说是一个关于语言使用方式的事实。

很难以一种不招致对其他心智持怀疑态度的方式来对感觉与某些信念之间的这种假定的联系作出解释;在不具备一种恰当解释的情况下,就应当对这种联系对于辩明的涵义质疑。而无论如何都没能弄清的是,根据这种思路,感觉怎样证明对这些感觉的信念是正当的。倒不如说要害在于,这样的信念无需辩明。因为从这种信念的存在可衍推出那种感觉的存在,因此,可从这种信念的存在衍推出它本身的真实性。除非进一步地添加某种东西,否则的话,我们便回到另外一种形式的融贯论。

在认识论问题上强调感觉或知觉起因于这样一种显而易见的想法:感觉是联系世界和我们的信念的东西;感觉之所以有资格被考虑为辩明者是因为我们经常意识到它们。我们一直碰到的困难是,辩明似乎依赖于这种意识(awareness),而这种意识恰恰是另外一种信念。

我们不妨尝试采取一个更大胆的步骤。假定我们认为感觉本身(不论它们是否被用词语表达出来)辩明某些超出感觉中所给予的东西之外的信念。这样，在某些条件下，具有那种看到一道闪亮的绿光的感觉就可以辩明一道绿光在闪亮的信念。问题在于看出感觉是如何辩明这个信念的。当然，如果某人具有那种看到一道闪亮的绿光的感觉，那么，在某些条件下就很可能是一道绿光在闪亮。我们能够采取这种说法，因为我们知道他的感觉，而他却不能采取这种说法，因为我们假定他在不必依赖于他具有那种感觉这个信念的情况下得到辩明。假定他相信他没有那种信念，那种感觉还会辩明他对一道客观存在的闪亮的绿光的信念吗？

一个感觉与一个信念之间的关系不可能是逻辑上的关系，因为感觉不是信念或其他命题态度。在这种情况下，这是什么样的关系呢？我认为，答案是显而易见的：这种关系是因果关系。感觉造成某些信念，在这种涵义上，它们是这些信念的基础或根据。但是，对一个信念的因果解释并没有表明这个信念被辩明的方式和原因。

如果反融贯论者试图回答我们的第二个问题，即是什么东西对我们的感官没有以系统方式欺骗我们这一信念作出辩明，那么，把原因(cause)变为理由(reason)的过程中所遇到的困难就再次使反融贯论者感到烦恼。因为，即使感觉辩明对感觉的信念，我们也仍然没有看出感觉如何辩明对外部事件和对象的信念。

蒯因告诉我们，科学断定，“我们关于外部世界的信息的惟一源泉是光线和分子对我们的感觉表层所施加的影响。”①我感到困扰的是，如何理解“源泉”和“信息”这两个词。外部世界中的事件和对象使我们相信关于外部世界的事情，并且，大量（如果不是全部的话）因果关系是通过感觉器官而实现的，这种看法无疑是正确的。然而，信息概念以一种非隐喻的方式仅仅适用于所引起的那些信念。因此，“源泉”必须被仅仅理解为“原因”，“信息”必须被仅仅理解为“真信念”或“知识”。对由我们的感官所造成的信念的辩明尚未涉及。②

我们一直所采取的那种解决辩明问题的办法必定是错误的。我们一直是以这样一种方式来看待问题的：一个人具有他的关于世界的全部信念（即他的全部信念）。他如何能辨别这些信念是否为真或是否倾向于真呢？我们一直作出这样的假定，只有通过把

① 蒯因（W. V. Quine）：“自然知识的性质”（“The Nature of Natural Knowlepge”），载于伽坦普兰（S. Guttenplan）编：《心智和语言》（*Mind and Language*）（克拉伦敦出版社，牛津，1975 年版），第 68 页。

② 蒯因所说过的其他许多段话暗示蒯因希望把感觉上的原因类化为证据。在《词与对象》（*Word and Object*）（麻省理工学院出版社，麻省，1960 年版）的第 22 页上，蒯因写道：“表层刺激……向我们提供了外部世界的全部线索。”在《本体论的相对性》（*Ontological Relativity*）（哥伦比亚大学出版社，纽约，1969 年版）的第 75 页上，我们发现这样一段话：“对人的感受器官的刺激就是任何人所具有的、旨在最终获得他关于世界的描述的全部证据。”在同一页上我们还看到：“经验主义的两个基本信条依然是无懈可击的。……一个信条是，对于科学来说，无论有什么样的证据，它都是感觉证据。另外的那个信条……是，语词的全部那些反复向人们所灌输的意义都必须最终依赖于感觉证据。”在《指称的根基》（*The Roots of Reference*）（奥彭考特出版公司，伊利诺伊，1974 年版）的第 37～38 页上，蒯因说，“观察结果”“既在对理论的支持中又在对语言的学习中”都是基本的。然后他接着说，“观察结果是什么东西呢？它们是视觉上、听觉上、触觉上、嗅觉上所感受到的东西。显然，它们是感觉上的，因此是主观的。……难道在这种情况下我们应当认为观察结果不是感觉吗……？不……”蒯因接着便为讨论观察语句而不再讨论观察结果。但是，观察语句不同于观察结果，它们当然无法起到证据的作用，除非我们有理由相信它们是真的。

他的信念与世界相联系，把他的某些信念逐个地与感官所传递的东西相对照，或许是把他的信念整体与经验法庭相对照。但是这样的对照是讲不通的，因为，我们当然无法跳出我们自身之外找出引起我们所意识到的那些内部事件的东西。把诸如感觉或观察结果之类的中介手段或中介实体引入因果链条，这种做法只能用来使那个认识论难题更为明显。因为，如果那些中介仅仅是原因，它们并没有对它们所引起的信念作出辩明；如果它们起传递信息的作用，它们就可能传递得不准确。所论及的寓意是很明显的。既然我们无法确保这些中介是真实的，那么，我们就不应当允许这些中介插在我们的信念与这些信念在世界中的对象之间。当然，存在因果上的中介。我们必须防范的是认识上的中介。

在一些普通的语言观助长了糟糕的认识论。当然，这并不是偶然的，因为意义理论是通过这样一种途径与认识论相联系的，即企图回答人们如何确定一个语句为真这个问题。倘若知道一个语句的意义（知道如何对它作出正确的解释）涉及或者就是知道这个语句如何能被辨认为真的，那么，意义理论便提出了我们一直努力要加以解决的那个相同的问题，因为给出一个语句的意义乃是要求我们详细说明什么东西会对断定这个语句作出辩明。在这个问题上，融贯论者会认为，在其他被认为是真的语句之外寻求辩明的根源是毫无用处的，而基础论者（foundationlist）则设法至少把某些语词或语句锚泊在非言语的磐石上。我认为，蒯因和迈克尔·达米特（Michael Dummett）这两人便持这后一种看法。

诚然，达米特和蒯因是有所不同的。特别是他们对整体论的看法不一致（整体论断言，必须把我们的众多语句作为一个整体而不是逐个地对它们是否为真作出检验）。并且，他们因而也对在分析语句与综合语句之间是否存在有用的区别、一种令人满意的意义理论是否能允许蒯因所支持的那种不确定性存在这些问题的看法不一致。(在所有这些方面,我都是蒯因的忠实门生。)

但是,我在这里关注的是,蒯因和达米特都赞同这样一个基本原理,即无论有什么样的意义,都必须以某种方式追溯到经验、所给予的东西、感觉刺激的范型、处于信念与我们的信念所论及的通常对象之间的某种中介。一旦我们采取这一步骤,我们便向怀疑论敞开了大门,因为我们在这种情况下必须承认,大量的(或许是大多数)在我们看来为真的语句可能实际上都是假的。这是具有讽刺意味的。试图使意义成为可通达的,结果却使真理成为不可通达的。当意义按这种方式变为认识论上的意义时,真理和意义就必然分离。当然,人们可以通过把真理重新定义为我们有理由断定的东西而安排一场被强迫进行的婚礼。但捆绑不成夫妻,这场婚礼并没有使这对独出心裁地搭配到一起的配偶成婚。

试采纳蒯因的建议,即认为无论一个观察语句有什么样的意义(信息值),它都是由会使得一个说话者对该语句持赞同或不赞同态度的感觉刺激范型所确定的。这是在不必谈论意义、感觉材料或感觉的情况下,把握证实理论的动人之处的一个极有创见的方式。它第一次使得下述看法看来是合乎情理的,即人们能够并且应当在无需蒯因所谓的意义的情况下从事我所谓的意义理论。但是,蒯因的建议就像其他形式的证实论一样,对怀疑论有利。这是因为,很显然,一个人的感觉刺激可能就像它们所显现的那个样子,而外部世界可能是非常不同的。(请记住缸中之脑〔the brain in the vat〕这个论题。)

蒯因的这种无需意义的处理方法是很精巧和复杂的。他把某些语句的意义直接与刺激范型(蒯因认为,这些刺激范型也构成赞同这类语句的证据)联系起来,但此外的语句的意义则是由这些语句如何受初始语句或观察语句的制约来确定的。有关这样的制约的事实不允许在依据意义而认为是真的语句与根据观察结果而认为是真的语句之间作出明确区分。蒯因通过证明下述这一点而主张这个论点:如果对说话者的表述的一种解释方式是令人满意的,则其他很多种解释方式也是令人满意的。这个关于翻译不确定性(正如蒯因所称呼的那样)的学说既不是神秘的也不是带有威胁性的。这一学说就像下述事实一样是不神秘的:温度既可以用摄氏温标又可以用华氏温标(或这些数字的任何一种线性变换)来测量。这一学说之所以不带有威胁性是因为,恰恰是显示不确定性程度的过程同时显示,我们所需要的不过就是确定的东西。

在我看来,消除分析与综合之间的界线这种做法表明,能够在无需那种不可能存在的东西即确定的意义的情况下研究语言哲学,这也就把语言哲学作为一门真正的学科解救了出来。我现在还建议放弃观察语句与其他语句之间的区别。这是因为,在对其真实性的信念由感觉来辩明的语句与对其真实性的信念仅诉诸其他已被认为真的语句来辩明的语句之间的区别,就如同在由感觉来辩明的信念与仅诉诸进一步的信念来辩明的信念之间的区别一样是受到融贯论者严厉谴责的。因此,我建议我们应当放弃这样一种看法,即认为意义或知识是以某种充当证据的最终源泉的东西为根据的。毫无疑问,意义和知识依赖于经验,而经验又最终依赖于感觉。但这是对因果性的"依赖",而不是对证据或辩明的"依赖"。

我已尽可能充分地表述了我的难题。对意义或知识的经验基础的探究导致怀疑论,而融贯论又似乎不知如何对于一个人相信他的信念(如果这些信念是融贯的话)为真这一点提供理由。我们陷入要么对怀疑论者提出的问题作出错误的回答,要么无法作出回答这样一种进退两难的境地。

这种困境并不是一个真正的困境。为回答怀疑论者的问题,需要证明:某个具有一组(或多或少)融贯的信念的人有理由假定他的信念大体上没有出错。我们已作出证明的是,为信念整体寻求这样一种辩明根据是荒谬的,即某种外在于这个信念整体,我们能用来检验我们的信念或把它与我们的信念进行比较的东西。因此,对我们的那个难题的回答就必须为我们的大多数信念为真这个假定找到一个*理由*,这个理由并不作为某种形式的*证据*。

我的论证分两部分。首先,我极力主张,对一个人的言语、信念、愿望、意向以及其他命题态度的正确理解导致得出这样一个结论:一个人的大多数信念必定是真的,因此,便可作出一个合理的推断,即一个人的任何一个信念只要与其余的大多数信念相融贯便是真的。因此,我接着作出下述断言:任何一个具有思想的人,从而特别是任何一个想知道他是否有理由假定他关于他周围环境的性质的看法一般来说是正确的人,都必须知道信念是什么,一般来说应当如何发现和解释信念。这些都是一些完全一般性的事实,当我们与他人交流时,或当我们试图与他人交流时,乃至当我们仅仅是料想我们在与他人交流时,我们不能不利用这些事实。因此,在一种相当强的涵义上,我们可以被说成是知道存在有这样一种推断,它支持任何一个人的信念(包括我们自己的信念)在总体上是真的。有人要求找到某种*进一步*的保证,这是毫无益处的。这种保证只能增加他已有的信念。所需要的一切不过是要他承认信念就其性质而言是真实的。

可以通过考虑那种确定一个信念的存在和内容的东西而把信念看成是真实的。信念就像其他所谓的命题态度一样，是伴随着各种不同的(行为的、神经生理上的、生物学上的和物理上的)事实而产生的。指出这一点的理由在于：我们不鼓励人们把心理现象从定义上或从律法上还原为某种更基本的东西；无疑，并没有暗示要把认识论上的事项置于优先考虑的地位。倒不如说，要点在于理解(understanding)。当我们把那些命题态度系统地相互联系在一起，并把它们与其他层次上的现象相联系时，我们便获得对它们的性质的一种深入了解。既然命题态度是十分紧密地联结在一起的，因此，我们无法通过首先赢得对另外一个命题态度的理解来获悉一个命题态度的性质。作为解释者，我们在很大程度上是依赖于相互关系的范型来努力把握整个命题态度系统的。

以信念和意义的相互依赖性为例。一个语句的含义部分地依赖于使之赢得某种程度上的信服的外部环境，部分地依赖于那个语句与其他带有不同程度的说服力，并被认为是真的语句的关系(这些关系是语法上的、逻辑上的或更弱一些的关系)。既然这些关系本身被直接翻译成信念，因此，不难看出意义如何依赖于信念。然而，信念同样依赖于意义，因为，了解信念的精细结构和个体特性的惟一途径，是通过说话者和对说话者所说的话作出解释的人用来表达和描述信念的那些语句。因此，如果我们想要阐明意义和信念的性质，我们就需要从某种不对这两者作出设定的东西入手。我从本质上讲遵循蒯因的建议，他建议把所引起的赞同(prompted assent，即赞同一个语句与引起这样的赞同的原因之间的因果关系)作为基本立足点。这是从事识别信念和意义这项工作的一个合理起点，因为，说话者赞同一个语句，这既依赖于他用的这个语句在他那里所具有的含义，又依赖于他对世界所具有的信念。不过有可能出现这样一种情况：知道一个说话者赞同一个语句，但既不知道他所讲的这个语句的含义又不知道这个语句表达什么样的信念。下述事实同样显然：一旦对所赞同的一个语句提出了一种解释，便有一个信念归之于这种解释。如果正确的解释理论不是惟一的（即没有导致惟一正确的理论），那么，信念的归属也不会是惟一的，当然，这在特定语句中是被默认的。

一个希望他的话被人理解的说话者不可能就他在什么场合赞同语句（即认为这些语句为真）这个问题系统地欺骗将要成为他的解释者的人。因此，在原则上，意义以及与意义相关的信念都易于公共地确定。我将在下述内容中利用这一事实，并在问及信念的性质时采取一个彻底的解释者的姿态。一个有充分知识的解释者关于一个说话者说的话的含义所要获知的，他全都能获知，同样，这样的解释者关于说话者的信念所要获知的，他也全都能获知。[①]

解释者的难题是，假定他知道的那种东西（即对一个说话者所说的语句持赞同态度的原因），正如我们已看到的那样，是假定他不知道的两种东西（即意义和信念）的产物。要是他知道意义，他也就会知道信念；要是他知道由所赞同的语句所表达的信念，他也就会知道意义。但是，既然意义和信念这两者的每一者都依赖于另一者，那么，他怎能同时获知这两者呢？

解决这个难题的一般思路就像提出这个难题本身一样也归功

① 我现在认为，在作出彻底的解释时，必须从一开始就考虑到说话者的愿望，因此，行动和意向的根源即信念和愿望这两者都与意义有关。但在目前的讨论中，不必引入这个进一步的因素。

于蒯因。然而，正如我对这个难题的提法有所改变一样，我对它的解决办法也有所改变。这些改变与认识论上的怀疑论的问题直接有关。

在我看来，彻底的解释（它大致上[并非完全]像是蒯因的那种彻底的翻译）的目标，乃是对关于说话者的语言的真理概念提出一种塔尔斯基式的表征，并提出一种关于说话者的信念的理论。（由前者加上所预设的那种关于被认为真的语句的知识，便得出后者。）这几乎没有给蒯因的翻译纲领增加什么新东西，因为，把说话者的语言翻译成一个人自己的语言，再加上关于一个人自己的语言的真理理论，就等于是关于说话者的真理理论。但是，从翻译这个句法概念转变为真理这个语义概念，这对在上述前景中的真理理论施加了一些形式上的限制，并强调了真理与意义之间的紧密关系的一方面。

宽容原则在蒯因的方法中发挥着一种关键作用，这个原则在我的这种关于蒯因的方法的不同说法中发挥着更为关键的作用。在其中任何一种场合下，这一原则都指导解释者进行翻译或解释，以便把他自己的某些真理标准纳入对被说话者认为真的语句之范型的理解之中。这一原则的要旨在于使说话者成为可理解的，因为，过分偏离相容性和正确性便不会有对一致或差别下判断的共同基础。从形式观点看来，宽容原则有助于通过下述办法来解决意义和信念相互作用的难题，即对允许信念所具有的自由程度作出限制，同时确定如何对语词作出解释。

蒯因论证说，我们别无选择，只有把我们自己的逻辑纳入对一个说话者的思想的理解之中。蒯因是就语句演算而采取这种说法的，而我则要进一步对一阶量化理论也采取同样说法。这不仅直接导致对一切语句都赋予逻辑形式，而且直接导致对逻辑常项的验明。

某种类似于宽容性的东西在对那些对之赞同的原因依时间、地点而异的语句的解释中发挥作用，这也就是说，当解释者得到说话者的一个语句，而说话者在他所辨认的条件下恒常地赞同这个语句，那么，解释者便把这些条件作为说话者的那个语句的真值条件。正如我们马上就将看到的那样，这个说法只是大致正确的。按照蒯因的思路，对于那些不那么直接地与所发生的易于觉察的事件相适合的语句和谓词，只要对它们与直接受世界所制约的语句的相互联系施加一些限制，就可以随意对它们作出解释。我在这里则要把宽容原则推广，使其支持那些尽可能地保真的解释：我认为，在我们能够做到的情况下把说话者所接受的东西解释为真的，这样做有利于相互理解，从而有利于作出较好的解释。在这个问题上，我的选择余地比蒯因要小，因为我从一开始就看不出如何在观察语句与理论语句之间划出一道界线。这有好几个理由，而与目前的话题最相关的一个理由是，观察语句与理论语句之间的区别最终建立在我已抛弃的那种认识论上的考虑的基础之上：观察语句直接以某种像感觉(感觉刺激的范型)那样的东西为基础，而这是一种我极力主张它会导致怀疑论的看法。倘若不直接与感觉或刺激相联系，就无法在有认识论上的重要性的基础上作出观察语句与其他语句之间的区别。然而，在对之赞同的原因依可观察的语境而定的语句与说话者在变化过程中始终坚持的语句之间的区别依然存在，这种区别提供了在逻辑的范围之外对语词和语句作出解释的可能性。

这里不对细节作恰到好处的介绍。应当弄清的是，如果我对

信念与意义的关联方式和解释者对它们的理解方式作出说明，那么，一个说话者认为是真的大多数语句（特别是那些他认为是很难出错的语句，那些对他的信念系统最重要的语句）便的确是真的（至少照解释者看来）。因为，解释者可运用的惟一的（因此是无可指摘的）方法自动地使说话者的信念与解释者的逻辑标准一致起来，从而相信说话者具有很明白的逻辑真理。不用说，存在有某种程度的逻辑相容性和其他的相容性；人们并不期待有完美的相容性。需要强调的仅仅是，得到足够的相容性，这在方法论上是必然的。

从解释者的观点看来，也不存在解释者能据以发现说话者关于世界的看法在很大程度上是错误的任何方式。因为，他是根据在外部世界中的、使语句被视为真的事件和对象来解释被认为是真的语句（这与归属信念并非不同）。

人们往往未领会到这种看法的（在我看来）很重要的方面，因为这种看法把从已经确保理解的境况中推出的、我们进行交流的自然思维方式颠倒了过来。一旦理解得到保证，我们便常常能够完全独立于使一个人持有一个信念的原因而获悉他的这个信念。这也许会使我们得出这样一个极重要的（并且的确是致命的）结论：一般来说，我们能独立于某个人的信念和引起他的信念的原因而确定他所说的话的含义。可是，倘若我的看法是对的，那么，一般来说，我们无法首先识别出信念和意义，然后再问引起它们的原因。因果关系在确定我们的说话内容和信念内容方面起着必不可少的作用。通过采取解释者的观点（正如我们所持的观点那样），我们就能被引向承认这样一个事实。

认为在一个当事人的思想和言语里含有很大程度的真理和相

容性，这种看法是解释者对一个人的言语和态度作出的正确解释所产生的一个人为的结论。而这种真理和相容性是按照解释者的标准而言的。为什么不可能出现这样一种情况呢：说话者和解释者根据他们所共有的错误信念而彼此理解？能够出现这种情况，并且毫无疑问经常出现这种情况。但是这不可能是通例。因为我们可以试想象一下这样一个解释者，他对于世界、对于引起或会引起一个说话者对其（潜在无限的）全部语句中的任何一个语句持赞同态度的原因无所不知。这个无所不知的解释者使用与可出错的解释者所用的相同的方法，他发现可出错的说话者说的话在很大程度上是相容的和正确的。当然，这是依据他本人的标准，但是，既然这些标准在客观上是正确的，因此，按照客观的标准来看，可出错的说话者说的话在很大程度上是正确的和相容的。如果我们愿意，我们也可以让这个无所不知的解释者把注意力转向对可出错的说话者作出解释的可出错的解释者。结果表明，这个可出错的解释者对某些事物的看法有可能出错，但一般来说不会出错；因此，他与他对之进行解释的当事人一样，也不可能犯普遍的错误。一旦我们赞同我已概述过的那种关于解释的一般方法，那么，认为任何人对于事物存在方式的看法都可能大部分是错误的这种看法就不可能是正确的。

正如我在前面已特别提到过的那样，在我现在所建议的这种关于彻底解释的方法与蒯因的那种关于彻底翻译的方法之间有一个基本差别。这种差别在于对支配解释的原因所作出的选择的性质。蒯因使解释依赖于感觉刺激的范型，而我则使之依赖于语句按照解释所论述的那些外部事件和外部对象。因此，蒯因的意义概念便受感觉标准（即某种他认为可以也被看作是证据的东西）的限制。这使蒯因赋予观察语句与其他语句之间的区别以认识上的重要性,因为观察语句直接受感官制约,由此假定观察语句具有语言之外的辩明作用。这是我在本文的第一部分里所反对的观点,我极力主张,感觉刺激的确是导致信念的那根因果链条的一个环节,但是,不能(不造成混乱地)把感觉刺激看作是对那些被刺激起来的信念的证据(或辩明的根据)。

在我看来,阻碍对感官持完全的怀疑态度的是这样一个事实,即在那些最清楚明白的和在方法论上最基本的情况下我们必须把一个信念的对象作为该信念的原因。并且,我们作为解释者必须如实地看待这些对象。交流开始于原因会聚在一起的地方,这也就是说,在下述情况下你的表述的含义等同于我的表述的含义:对你的表述的真实性的信念是系统地由同样的事件和对象所引起的。①

这种看法显然遇到了一些困难,但我认为这些困难是能被克服的。这种方法充其量仅仅直接适用于场合语句(occasion sentences),即那些对其持赞同态度是系统地由世界中的通常变化所引起的语句。进一步的语句则由场合语句对它们的制约作用以及那些也出现在场合语句中的语词在这些语句里的出现来解释。在场合语句当中,人们对其中有些语句的信任程度会发生变化,这种变化不仅与环境的变化有关,而且与对相关语句的信任程度的变化有关。可以根据这一点在不求助于超出信念范围之外的信念基

① 显然,因果意义理论几乎与克里普克和帕特南的因果指称理论没有什么共同之处。那些因果指称理论指望的是名称与说话者完全有可能毫无所知的对象之间的因果联系。因此便增加了系统地出错的机会。我的因果理论通过把一个信念的原因与该信念的对象联系在一起而采取相反的做法。

础这一概念的情况下提出一些标准，以便根据内在基础来区别可观察性的程度。

与这些难题有关，也更易于把握的是有关出错(error)的难题。因为，甚至在最简单的情况下，同一个原因(如一只兔子匆匆跑过)显然可能会在说话者和观察者那里引起不同的信念，从而促使对不可能受到同样解释的语句持赞同态度。毫无疑问，正是这一事实使蒯因把注意力从兔子转向刺激范型，把刺激范型作为进行解释的关键。如果只是作为一个统计学问题，我说不准一种解决办法在多大程度上优于另外一种解决办法。一些相同的刺激范型激起对“嘎瓦盖”(Gavagai)和“兔子”(Rabbit)这两个反应持赞同态度的相对出现率是否大于一只兔子在说话者和解释者那里激起对同样的两个反应持赞同态度的相对出现率呢？这并不是一个易于以令人信服的方式来检验的问题。但是，假设所想象的结果有利于蒯因的方法，那么，我必须说(我在任何情况下都必须这样说)，甚至在最简单的层次上，也无法一个语句一个语句地逐个解决有关出错的难题。我们所能采取的最好办法是以整体的方式来对付错误，这也就是说，假定给出了一个当事人的行动、表述以及他在世界中所处的地位，我们作出的解释要使他尽可能地成为是可理解的。我们会发现他在某些事情上的看法是错误的，但我们必然要付出的代价是，发现他在其他事情上的看法是正确的。发现他的看法是正确的，这大致上意味着：把他的信念原因认同为他的信念对象，特别强调那些最简单的情况，以及在能对之作出最好说明的场合下支持错误。

假定我的下述看法是正确的，即认为一个解释者必须如此作出解释以便使一个说话者或当事人关于世界的看法在很大程度上

是正确的，那么，这种看法如何对那种想知道他有什么样的理由来认为他的信念大部分为真的人本身提供帮助呢？他如何能获知在真实世界与他的那些使解释者把他解释成没有偏离正确轨道的信念之间的因果关系呢？

这种问题本身就包含了对它的回答。一个当事人为了对他的信念的起源表示怀疑或感到疑惑，他必须知道信念是什么。这就把信念概念与客观真理概念联系起来了，因为信念概念是关于这样一种状态的概念，这种状态可能与实在一致，也可能不一致。但是信念也是（直接地或间接地）由它们的原因来识别的。如果一个可出错的解释者理解一个说话者，那么，他就恰恰具有足够多的那种无所不知的解释者所具有的知识，而这恰恰是使我们成为持有信念者（我们实际上就是这样的持有信念者）并确定我们信念的内容的那种复杂的因果真理。当事人只需思考信念是什么就会懂得：他的大多数基本信念是真的；在他的信念当中，那些被最有把握地坚持的、与他的信念主体相融贯的信念是最有可能为真的。因此，我如何知道我的信念一般来说为真这个问题对自身作出了回答，这不过是因为，信念本来就一般来说是真的。换一种说法或完整地表述之，这个问题就变成了这样：我如何能辨别我的信念（它们就其本性而言一般来说是真的）是否一般来说是真的？

一切信念都在下述这种涵义上被辩明：它们为众多的其他信念所支持（否则的话，它们便不会是它们实际上所是的信念了），并且，它们具有足以推定其真实性的根据。这个据以作出推定的根据使一个信念与之相融贯的信念主体更具有重要性，使其中的信念数量更多；并且，没有什么孤立的信念，不存在这样的信念：它没有据以对之作出推定的根据。在这方面，解释者与被解释者不同。

从解释者的观点看来，方法论加强了对关于作为一个整体的信念主体的真实性作出推定的根据，而解释者却无需推定另外某个人的每个特定信念都是真的。正如我所强调过的那样，这种适用于他人的关于推定的一般根据并没有使他们所说的话成为完全正确的，而是提供了据以指责他们出错的背景。但从每个人的对自己有利的观点来看，必定有一个足以推定他自己的每一个信念之真实性的已被归类的根据。

我们无法得出一切真信念都构成知识这样一个令人愉快和动人心弦的结论。因为，尽管一个持有信念者的全部信念对于他来说都在某种程度上得到辩明，但是有些信念可能并没有被辩明到足以构成知识，或没有按正确的方式被辩明从而不构成知识。那种足以推定信念的真实性的一般根据，通过表明我们的一切信念为什么不可能全都为假，起到使我们免于受一种标准形式的怀疑论之诘难的作用。这几乎没有论及详细说明知识条件的任务。我还一直没有论及证据支持（如果有这样的证据支持的话），只是表明：一切充当一个信念的证据或对该信念作出辩明的东西，都必须来自这个信念所属的同一个信念整体。

（牟博译）

补　　记*

印在这里的这篇论文是为1981年于斯图加特举行的黑格尔大会上由理查德·罗蒂所组织的一次研讨会所作。W. V. 蒯因和希拉里·帕特南也参加了这次研讨会。我们提交的论文被发表在《康德或黑格尔?》(*Kant oder Hegel?*)(迪特尔·亨里希编,Klett-Cotta,1983年)一书中。斯图加特大会之后,我们四个人又在海德堡大学就相同的论题更从容地交换了看法。在1983年3月召开的美国哲学学会太平洋分会上,罗蒂宣读了题为"实用主义、戴维森与真理"的论文。这篇论文有一部分是对"关于真理与知识的融贯论"一文的评论。我对他的评论作出了回答。后来,罗蒂将这篇论文作了修改,发表在《真理与解释:论唐纳德·戴维森哲学》(*Truth and Interpretation: Perspectives on the Philosophy of Donald Davidson*)(恩斯特·莱波雷编,Blackwell,1986年)一书中。这篇短文继续这场对话。

几位年长的哲学家(包括蒯因、帕特南和达米特,无疑也包括我)都仍在为真理的性质以及真理与意义和认识论的联系(或不具备这样的联系)而苦思冥想。而罗蒂则认为我们不应当再为此而烦恼;他认为,哲学已识破了这些难题,并因其过时而将之抛弃,哲

* 这篇补记在1989年3月戴维森寄给本译者时尚未公开发表。——译者

学应当转而研究一些不那么令人忧愁和更有趣的问题。他特别地为我至今不承认古老的游戏已完结这一点而感到焦急，因为他在我的论著中发现了对他所持的开明态度提供的很有益的支持；在我的“过时的夸张之词”的下面，他觉察出了一种在很大程度上是正确的态度的轮廓。

罗蒂在他的那篇论文(无论是原本还是修改本)中极力主张两点：我的真理观既是对融贯论的拒斥又是对符合论的拒斥，应当把我的真理观恰当地归类于实用主义传统；当我确实把怀疑论者打发走的时候，我不应当自称是在回答怀疑论者的问题。在这两点上，我差不多与罗蒂的看法一致。

在我们于1983年所进行的那次讨论中，我同意，如果罗蒂放弃真理实用论，我就不再把我的见解称为融贯论，也不再称之为符合论。罗蒂做了他那一方的事情，他现在明确地在真理问题上既拒斥詹姆士的看法又拒斥皮尔士的看法。我现在乐意做这笔交易中我这一方要做的事情。要不是“关于真理与知识的融贯论”这篇文章已经发表，我现在会改换这篇文章的标题，我也不会把这项工作描述为表明“融贯产生符合”是如何实现的。正如罗蒂所指出的那样，仅仅依据内部证据，我的观点是不能被称作符合论的。早在1969年(见“对于事实而真”〔“True to the Facts”〕重印于《对真理和解释的探究》〔*Inquiries into Truth and Interpretation*〕，Oxford，1984年)，我就论证过，无法把任何东西以有益的和可理解的方式说成是符合于语句；我在“关于真理与知识的融贯论”这篇文章中又重复了这一点。我那时本来以为，在为一种语言表征真理时有必要把语词纳入与对象的关系这一事实便足以使人们对符合这个概念产生某种理解；但现在在我看来，这是一个错误。这个错误在某种程度上仅仅是用语不当，但术语使用不当会引起概念混乱，因此这里就出现了概念混乱。真理符合论始终被看作是对真理提供了一种解释或分析，而塔尔斯基式的真理理论无疑没有提供这种解释或分析。我现在还想拒斥为反对符合论而被普遍主张的这样一个论点，即我们无法辨别我们的语句或信念是否符合于实在。这种批评从好的方面说是引人误解的，因为从来就没有人解释过这样一种符合会是什么东西；这种批评从坏的方面说则是根据下述错误假设提出的，即真理在认识上是透明的。

我还后悔把我的观点称作“融贯论”。我对融贯性的强调，严格地说来，恰恰是主张下述否定性论点的一种方式，即“所有算作是对一个信念的证据或辩明的东西都必须来自这个信念所属的同一个信念整体”。当然，这个否定性断言典型地导致那些坚持它的哲学家得出这样的结论：实在和真理是思想的构造物；但它并没有使我得出这个结论。出于这个理由（倘若没有其他理由的话），我本不应当把我的观点称作融贯论。还有另外一个不那么重要的理由使我不应当强调融贯性。融贯性只不过是相容性。一组信念是相容的，这无疑是有利于它们的，但是，一个人的诸多信念不可能不趋向于自我相容，因为信念部分地是通过它们的逻辑特性被个体化的；不在很大程度上与其他很多信念相容的东西不可能被识别为一个信念。“关于真理与知识的融贯论”一文所竭力坚持的主要主张与相容性没有什么关系；我所论证的那个重要论题是：信念是内在地真实的。这正是我坚持下述主张的根据，即尽管真理不是一个认识性的（epistemic）概念，但也不可把真理与信念完全分离（不可像符合论和融贯论那样分别以不同方式将两者分离）。

我对融贯性的强调是强调错了地方；把我的观点称作一种“理论”则是完全错误的。罗蒂在其论文中强调一种他正确地认为是由我们俩所共有的对真理的最简单性的态度。这种态度可以按如下方式来表述：真理概念就像我们实际具有的那样是一个清楚的基本概念。塔尔斯基使我们了解到：根据我们已经理解了真理概念这个假设，如何把这个一般概念应用于（或试图把在应用于）一些特定语言；但是，他当然没有表明如何对它下一个一般定义（更确切地说，他证明了这是不可能做到的）。任何一种打算进一步对真理概念作出解释、给出定义、加以分析或予以阐释的企图都会是徒劳的或错误的：符合论、融贯论、实用论、把真理认同于有理由的可断定性（或许是在“理想的”或“最合适的”条件下）的理论、要求真理对科学的成功作出解释或者把真理当作科学的最终结果或某些杰出人物之间的对话的理论，所有这些理论要么对我们关于真理的理解无所增益，要么具有明显的反例。我们为什么竟然会期望能够把真理概念归约为某种更清晰或更根本的东西呢？柏拉图能够对之下定义的惟一概念毕竟只是泥浆这个概念（泥浆乃是泥土和水的混合）。帕特南把表征真理的各种不同的企图与要用自然主义的词项来给“善”下定义的那些企图进行比较，这种做法在我看来是恰当的（正如在罗蒂看来是恰当的那样）。这种比较似乎也适用于帕特南把真理认同于理想化的有理由的可断定性这个企图（参看《实在论与理性》[*Realism and Reason*]，Cambridge，1983年，第 xviii 页）。

一种关于一个说话者（或一组说话者）的真理理论尽管没有对一般的真理概念下定义，但的确给出了这个概念所适用于的东西的确定涵义；它允许我们以一种严密清晰的方式说出某个理解那

个说话者(或那些说话者)的人所具备的知识。这样一种理论还引起了一个解释者如何能确证其真实性的问题——一个没有这种理论便无法明确表达的问题。正如我试图在“关于真理与知识的融贯论”一文中表明的那样,对上述问题的回答会显示出意义、真理与信念这三个概念之间的本质关系。倘若我的看法是正确的,那么,这三个概念当中的每个概念都需要其他两个概念,但其中没有任何概念从属于其他两个概念,更谈不上可用其他两个概念来定义了。真理既不是作为完全与信念相分离的东西出现的(像符合论所认为的那样),也不是作为取决于人类的方法和发现能力的东西而出现的(像种种认识性真理理论所认为的那样)。把真理从所谓“彻底非认识性”(用帕特南的话来说)中拯救出来的并不在于真理是认识性的这一点,而在于:信念通过它与意义的联系而是内在地真实的。

最后,又应当如何来看待罗蒂关于不要再试图回答怀疑论者的问题,干脆把怀疑论者打发走的训诫呢?一个简短的回答是:几千年来人们一遍又一遍地向怀疑论者发出这种警告,但怀疑论者看来从来就不听从这种警告;像怀疑论者那样的哲学家需要的是论证。可对之作出更清楚一点的说明:在罗蒂的“实用主义、戴维森与真理”一文中或许有这样一种暗示,即对关于意义和命题态度的难题采取一种“自然主义的”解决办法便会自动地把怀疑论者置于死地。这种想法(不论它是否是罗蒂的想法)是错误的。蒯因的自然化的认识论便是建立在这样一个经验主义前提的基础之上的,即我们所意谓的东西和我们的思想是以概念化的方式(不仅仅是以因果方式)建立在感官的证据的基础之上的,因此,蒯因的这种自然化的认识论便易于受到标准的怀疑论的攻击。我在“关于真理和知识的融贯论”一文中十分关注的是对另外一种可供选择的关于意义和知识的看法作出论证,并表明:倘若这种可供选择的看法是正确的,那么,怀疑论便无法奏效。在下述这种程度上我同意罗蒂的说法,即我没有企图“驳斥”怀疑论者,而是打算对我认为是关于语言交流及其对真理、信念和知识的影响的基础的正确解释作出一个概述。如果人们承认这种解释的正确性,人们就可以把怀疑论者打发走。

我与罗蒂的分歧(如果我们确有分歧的话)在于我们对那些导致取消怀疑论的论证到底有多大重要性的看法不同,在于我们对那些关于知识、信念、真理与意义的结论的兴趣不同。罗蒂想要详细讨论这些论证所导致的立场:所导致的这种立场使我们取消怀疑论者的质疑,从而使我们抛弃那种打算为知识断言提供一般性辩明的企图——这种辩明既不可能又无必要。罗蒂把西方哲学史看作是在不可理解的怀疑论与企图对之作出回答的跛子之间的一场无胜负的混战。在我看来,从笛卡尔到蒯因的认识论恰恰是哲学事业中的重要一章,它是复杂的,但绝不是毫无启发作用的。如果说这一章已临尾声,那么,它会通过求助于分析程式、坚持那些始终用以区别出最好的哲学的关于清晰的标准而获新生,即会幸运地、富有进取地将哲学事业继续进行下去。

(牟博译)

16. 知识的三种类型*

就大部分而言，我知道我之所想、所求、所欲以及我的感觉。此外，我对自己周围的世界也所知甚多：其中对象的所在、大小和因果特性。有时我还知道他人心中所想之物。这三种经验知识的每一种都极具特色。我对自己心灵内容的了解一般无需研究或求诸于证据。尽管也有例外，但除非这些例外能与直接的自知协调一致，否则我们绝不会相信这些例外，这就证明了直接的自知具有的首要性。另一方面，我关于自身之外世界的知识取决于我的感官作用，而这种对感觉的因果依赖却使得我对自然界的信念处于某种不确定，但这极少出现在关于我自身心灵状态的信念中。我对世界活动的许多简单知觉并非依赖于进一步的证据；我的知觉信念只是直接由我周围的事件和对象引起的。但我关于他人心灵命题内容的知识就绝不是在这种意义上直接的；我不可能知道他人之所思所欲，除非我可能观察到他们的行为。

当然，知识的这三种类型都是关于同一实在的不同方面；它们的不同之处在于达到实在的方式不同。

关于这三种知识是如何关联的问题，有许多相似的解决方法，

---

* 译自戴维森(D. Davidson)：《主体、主体间、客体》(*Subjective, Intersubjective, Objective*, Oxford university Press, 2001)，第205～220页。——译者

它们都把自我知识看做是首要的，这或许是因为自我知识的直接性和相对确定性，并试图由此派生出关于“外部世界”的知识；最后，它们试图把关于他人心灵的知识建立在对行为的观察基础之上。毋庸赘言，这并不是这种派生物所能采取的惟一方向；人们可能会接受关于外部世界的知识，至少是根据某些证明，以此作为基础，试图联系其他的知识形式或把其他的形式还原于它。对这种还原方案的阐述和对它们失败的证明，恰恰构成了从笛卡尔以降的大部分哲学史。近些年来，如果哲学家想要从这些问题中摆脱出来，并不是因为这些问题被看作是已经得到了解决，而是因为这些问题非常棘手。当然，也极有可能的是，这些问题本身就是虚幻的。

这不可能是实际情形。存在无法抗拒的理由去接受这样的观点，即认为这三种知识形式中的任何一种都无法还原为其中的一种或另外两种。我在这里给出我相信这个观点的理由；我是通过几乎是完全拒斥标准的还原论纲领而认为找到有效的还原模式是明显毫无希望的。以各种的熟悉外表出现的怀疑论就是我们以勉强的方式显示出显然不可能统一这三种知识类型：一种形式的怀疑论，出自难于根据关于我们自身心灵的知识去描述我们关于外部世界的知识；而另一种形式则是认为，我们关于他人心灵的知识不可能只是我们能从外部观察到的东西。难以处理身心问题也显示出这一点。

令人吃惊的是，相当多的哲学家在最终开始考虑他人心灵问题时，都会把这些怀疑置之脑后，即使是那些对外部世界的信念证明一直持怀疑态度的哲学家。之所以说是令人吃惊的，是因为只有在关于行为的知识、因而也是关于外部世界的知识是可能的情况下，才会提出他人心灵的问题。把这些问题搁置一边，不幸的后果就是模糊了这样的事实，即这两个问题都是基于相同的假设。这个假设就是，关于人们对世界之信念的真，逻辑上独立于这些信念的真。的确，这似乎如此，因为人们的整个信念和主观体验在逻辑上肯定与这些信念的虚假是一致的。所以，没有任何关于某人心灵内容的知识会确保关于外部世界之信念的真。心灵在逻辑上的独立性同样作用于另一个方向：没有任何关于外部世界的知识会包含关于心灵活动的真。如果在心灵和自然界之间存在一种逻辑的或认知的承担者，它就不仅使我们免于向外观察，而且会封锁从外向内的观点。

人们有时会认为，如果我们把知道心灵之物的问题与知道我们之外的事物的问题区分开来，那么关于他人心灵的知识问题就会得到解决，因为我们认识到，正是心灵状态或心灵事件的概念，使得行为或其他外在标志的某些形式被看作是这种心灵状态或心灵事件的存在证据。毫无疑问，的确正是心灵状态或心灵事件的概念，才使得行为成为证明它的证据。尚不清楚的是，这如何回答怀疑论者。因为行为成为心灵之物的证据，并没有解释我们关于他人心灵的间接知识与我们关于自身心灵的直接知识之间的不对称。业已提供的解答坚持认为，行为证据能有足够的理由把心灵状态归于他人，而它又承认，这种证据通常是与相同状态的自我归属无关的。但如果我们没有得到关于这种令人吃惊的不对称的解释，我们就应当由此认为，实际上存在两种概念，即适用于他人的心灵概念和适用于我们自己的心灵概念。如果要得知他人的心灵状态只能通过他们的行为和其他外在的显示，而对我们的心灵状态并非如此，那么，为什么我们应当认为我们的心灵状态是与他人的心灵状态相似的东西？我们可能同样会感到奇怪的是，如果对他人心灵知识问题的这种回答是令人满意的，那么我们就不应当接受对我们关于外部世界知识问题的类似回答。但普遍认为，对一般怀疑论的这种回答是不能接受的。我们区分这些问题，是因为我们假设，我们只有通过经验才能进入外部世界，而我们可以在思想上推断出其他人的经验，是因为我们可以在我们自己的情形中得到这种经验，难道真的是这样吗？这种假设是值得质疑的，因为它武断地认为，我们称作他人心灵状态的东西，类似于我们认为属于我们自己心灵状态的东西。

我一直在重复这些非常陈旧的问题和困惑，因为首先，我想强调这样一个看上去很奇怪的事实：我们有三种不同的不可还原的经验知识类型。我们需要一个整体的图像，不但能够涵盖所有这三种知识，而且能够对它们之间的关系有所帮助。没有这样一个总体图像，我们就会深深地困惑于我们如何以这样三种不同的方式去认识相同的世界。其次，关键是要认识到，通常被依次讨论的这些问题在多大程度上是相互联系的。这里有三个基本问题：心灵是如何认识自然界的；一个心灵认识另一个心灵是如何可能的；无需借助观察或证据而去认识我们自身的心灵是如何可能的。我将竭力说明，认为这些问题可以被分解为两个问题或可以被分别处理的假设是错误的。

在试图提出关于这三种知识相互关系的图像时，我们绝不只是表明它们相互之间是不可还原的这一事实；我们必须了解它们为什么是不可还原的。这反过来又涉及，表明每种知识形式所起到的各自不同的概念作用，表明为什么这三种知识都是不可或缺的——为什么我们没有它们就无法生存。当然，如果我正确地表明了这三种经验知识类型的每一种都是不可或缺的，那么关于感觉的怀疑论和关于他人心灵的怀疑论就必须被抛弃。因为关于外部世界的笛卡尔式和休谟式的怀疑论者认为，没有关于自然界的知识我们也可以生存，这是显而易见的——我们关于自身心灵的知识是自足的，它们可能是我们拥有的所有知识。关于他人心灵的怀疑论者同样认为，我们没有关于他人心灵的知识也可以生存——我们完全有可能永远无法确定我们是否拥有这种知识。

这首先似乎是说，没有语词形式去表达我们关于他人的或我们自己的心灵状态的信念，我们也很容易生存。我认为这是可以想象的；但我关心的问题首先是认识论上的，而不是语言学上的。这就是，是否没有关于我们的和他人的心灵知识我们也能生存。我将论证我们不能。我们不能做的是，没有任何方式去表达和交流我们关于自然界的思想还能生存。但如果这种交流是可能的，那么对于同样能够从语言上赋予思想的交往就是相对简单的，而一旦没有走这一步就会非常令人吃惊。在我们的思想方面，这不过是按论断方式说“雪是白的”和按论断方式说“我相信雪是白的”之间的区别。这些论断的真值条件并不相同，但理解第一个论断的人就会知道第二个论断的真值条件，即使他并没有说出带有那些真值条件的句子。这是因为理解了言语的人就可以识别出论断，知道作出论断的人表达了相信自己所说的内容。同样，当某人向约翰说“雪是白的”，他就知道“约翰相信雪是白的”这句话的真值条件（即使他并不懂英语或并没有表达信念的方式）。

信念是知识的条件。但为了拥有信念，仅仅去辨别世界的各个方面，在不同的情况下以不同的方式作出反应，这是不够的；泥鳅和向日葵也会这样做。拥有信念还要求识别真信念和假信念的不同、表象和实在的不同、似曾(mere seeming)和存在(being)的不同。我们当然可以说,向日葵也会出错,如果它转向灯光好像那是太阳的话,但我们并没有假设向日葵会认为它自己犯了错,我们当然也不会把信念归属于向日葵。当某人拥有了关于世界(或其他什么东西)的信念,他或她就一定掌握了关于客观真理的概念,关于独立于其思想的事实所在的概念。因而,我们必须寻求真理概念的来源。

我相信,维特根斯坦为我们提供了惟一可能回答这个问题的途径。客观真理概念的源头就是个人间的交流。思想依赖于交流。这立即就会得出,如果我们假定语言对思想至关重要,我们就会同意维特根斯坦的观点,即不可能存在私人语言。[①] 反对私人语言的核心论证是,除非语言为人们所共有,否则不可能区分正确地使用语言和不正确地使用语言;只有与他人的交流才能够提供客观的检验。如果惟有交流才能够提供对语词正确用法的检验,那么正如我们将看到的那样,只有交流才能够提供其他领域中的客观性标准。除非某个生物拥有共同语言所提供的标准,否则,我们就没有理由相信他对被认为是这种情况和的确是这种情况之间的区别;而没有这个区别,也就没有什么东西可以清楚地被称作思想了。

① 对维特根斯坦如何明确地认为他关于私人语言的论题得到了解释,我并没有作出说明;或许他只是想把他的论证用于那些必定是私人的概念。但正如索尔·克里普克(Saul Kripke)一样,我认为这个论证可以更为广泛地适用于语言,因而(我会说)适用于一切命题思想。参见克里普克:《维特根斯坦论规则和私人语言》(*Wittgenstein on Rules and Private Language*)(1982)。我将补充的是,我承认交流是客观性的源头,但我并不认为这依赖于说话者用相同的语词去表达相同的思想。我在这里使用的是维特根斯坦的看法。

在交流中，说话者及其翻译者必定共有的内容就是对说话者所说之物的理解。这如何可能呢？最好是，假定与某人共处的其他人在语言上已经成熟了，我们就可以说语言最初是如何出现的，或至少是说明这个人如何学习他的母语。然而，这些问题超出了合理的哲学反思的范围。相反，我们作为哲学家可以做的事情是，询问能干的翻译者（他具有恰当的概念资源和自己的语言）如何能够最终理解一种异己语言的说话者。对这个问题的回答可以揭示交流的本质特征，也将间接地理解是什么使得最初进入语言成为可能。

训练有素的翻译者并非忙于两种语言的对应转换，而是寻求把命题内容赋予说话者的话语。实际上，他是把自己的一个句子赋予了说话者的每个句子。就他正确地做到了这点而言，翻译者的句子提供了说话者句子的真值条件，因而也就提供了解释说话者话语的基础。这个结果可以被翻译者看作是句子真值的循环特征，因而也是说话者潜台词的真值的循环特征。

翻译者无法直接观察到另一个人的命题态度；信念、欲望、意向以及包括部分地决定话语意义的意向，所有这些都是肉眼不可见的。然而，解释者可以注意到这些态度的外部显示（包括话语表述）。既然我们都能从这样的显示中发现一个当事人所思考和所意谓的东西，所以，在证据与态度之间必定存在一种可理解的关系。我们如何沟通这两者之间的差距呢？我仅知道一种方式：一个解释者可以（足够经常地）感知一个当事人对该解释者所感知的对象或事件具有某种态度。如果该解释者能够以这种方式直接将另外某个人的态度个体化，那么，这个难题便会解决，但仅仅是通过假设该解释者是一名心灵读者（mind reader）。然而，解释者能够觉察到一个或更多个非个体化的态度这一假定并非循环论证。我这里所指的那种态度的例子是：认为某个句子在某时是真的，或希望某个句子为真，或偏好使某个句子而不是另一个句子为真。假定我们能够觉察到这种态度，这并不构成对于我们如何赋予这种态度以内容这一点的循环论证，因为就像说话者与话语之间认为为真这样的关系是一种外延关系，人们可以知道具有这种关系，但无需知道这个句子的意义。我把这种态度称作“非个体化的”(non-individuative)，因为尽管它们在本性上是心理的，但它们并没有区分不同的表述所表达的不同的。

在《词与物》(1960)中，蒯因就曾诉诸于这种被激励的赞同的非个体化的态度。由于某人赞同一个话语或认为一个句子为真，部分是因为他的信念，部分是因为这个话语或句子在他的语言中的意义，蒯因的问题就是根据结合它们影响的证据，区分了这样两种因素。如果这种区分是成功的，那么结果就是关于说话者的信念和意义的理论，因为这必定会产生对说话者话语的解释，如果人们既知道说话者赞同话语，也知道出自他口的意义，那么就一定知道他的信念。

区分意义和意见的过程涉及两个关键性原则，只要说话者是可以翻译的，那么就一定要应用这些原则：即融贯原则和符合原则。融贯原则促使翻译者发现说话者思想中的逻辑一致性程度；符合原则促使翻译者把说话者看作是对相同的世界特征作出的反应，他(翻译者)在相似的环境中也会作出这种反应。这两个原则可以(而且一直是)被称作宽容原则：一个原则是赋予说话者少量的逻辑，另一个原则是赋予他关于世界的真信念程度。成功的解释必然赋予被解释者以基本的理性。由正确解释的性质得出，关于一致性和符合事实的个人之间的标准，既适用于说话者也适用于说话者的翻译者，适用于他们的话语和信念。

这里出现了两个问题。第一个是：个人之间的标准为什么应当是客观的标准，就是说，人们所同意的东西为什么应当是真的？第二个是：即使交流假定了一种客观的真理标准，这又为什么应当是可以确立这种标准的惟一方式？

这里有一种回答这些问题的方式。所有的生物都分类对象和世界的诸方面，是因为它们把某些刺激看作比其他更为相似的东西。这种分类的客观标准是反应的相似性。进化和后来的学习无疑解释了这些行为模式。但从什么样的观点看这些能被称作模式呢？可以说，某个生物是基于某种标准而把刺激看作是相似的，看作属于同一种类，而这种标准就是生物对这些刺激的相似反应；但相似反应的标准究竟是什么？这个标准不能派生于生物的反应，它只能来自观察者对生物反应的反应。惟有当观察者有意识地把另一个生物的反应与观察者世界中的对象和事件联系起来时，才有理由说，这个生物是在对这些对象或事件作出反应（而不是这个生物其他刺激的来源）。正像翻译者对异己语言的说话者之语词行为那样，我们是把说话者不同的语词行为组合在一起："母亲"、"雪"、"桌子"，不断重复一个词的句子，只要我们恰当地理解了它们，就会听到熟悉的声音。如果我们在这个世界中发现了各种对象或事件，使得我们可以把它们与说话者的话语联系起来，我们也就正是在解释最为简单的语言行为。

如果我们是在教某人一种语言，那么这种情况就更为复杂些，但显然也更是个人之间的。看来基本的是：观察者（或教师）从信息获得者（或学习者）的语言行为中发现了（或慢慢地灌输了）一种

规律性，使得这个观察者可以把这种规律性与这个环境中的事件和对象联系起来。即使在被观察方面没有已形成的思想，当然也会发生许多这样的情况，但这却是赋予被观察者以思想和意义的必要条件。因为在联结两个生物的三角关系完成（而每个生物都具有关于这个世界的相同特征）之前，是没有可能回答这样的问题，即生物在区别不同刺激时是否也在区别对感官表面或内外某个地方的刺激。没有对共同刺激的相同反应，思想和言语就不会具有具体内容——就是说，完全没有内容。我们在确定思想的原因和定义其内容时，采取了两种观点。我们可以把这看作是一种形式的三角关系：两个人中的每一个都对由一定方向出现的感官刺激作出了不同反应。如果我们设计出外部的输入线，那么它们的交叉点就是共同的原因。如果这两个人中的每个人都注意到对方的反应（在语言的情形中就是语词的反应），那么每个人都会把这些可观察的反应与他的或她的外部刺激联系起来。这个共同原因现在就确定了话语和思想的内容。为话语和思想提供内容的三角关系就完成了。但这是把两个看作构成了三角关系。当然，或者是两者或者是更多。

除非与他人的交流业已确立了一条底线，否则就没有理由说某人的思想或语言具有命题内容。如果这样的话，那么关于他人心灵的知识对一切思想和知识就是根本的了。然而，关于他人心灵的知识只有在拥有关于世界的知识的情况下才是可能的，因为对思想至关重要的三角关系需要交流者认识到，他们是在共有的世界中占据一席之地。所以，关于他人心灵的知识与关于世界的知识是相辅相成的，两者缺一不可。艾耶尔曾正确地指出，“……只有通过使用语言，真与假、确定与不确定才会完全出现”。[1]

关于我们自身心灵命题内容的知识，只有依赖知识的其他形式才有可能形成，因为没有交流就不可能有命题思想。同样，除非我们有自己的思想并且知道它们是什么，否则我们便无法把思想赋予他人；因为把思想赋予他人，就是把他人的语词行为和其他行为与我们的命题或有意义的句子作比较。关于我们心灵的知识与关于他人心灵的知识是相辅相成的。

现在应当清楚，是什么保证了我们的世界观在最为明显的特征上基本是正确的。其理由在于，引起我们最基本语词反应的刺激同样决定了这些反应的意义以及伴随它们的信念内容。解释的正确性既保证了我们大量最简单的信念是真的，也保证了这些信念的性质是可以为他人所知的。当然，许多信念是通过它们与进一步的信念之间的关系而获得内容的，或是由错误的感觉带来的；关于我们周围世界的某个具体信念或一组信念可能会是错的。但不可能出现的情况是，我们关于世界以及我们自己在其中位置的一般图像是错的，因为正是这幅图像告诉了我们其他的信念（无论是真是假），并且使它们可以得到理解。

认为关于我们信念的真在逻辑上独立于我们信念这一假设被显示为含混的。任何个别的信念的确都可能是假的；但我们信念的框架和网络一定足以赋予其他信念以内容。我们关于自身心灵的知识与我们关于自然界的知识之间的概念联系不是确定无疑的，而是整体的。同样，我们关于行为的知识与关于他人心灵的知识之间的概念联系也是如此。

---

① 艾耶尔（A. J. Ayer）：《知识问题》（*The Problem of Knowledge*），第54页。

这样，在这三种知识类型之间就不存在逻辑的或认知的“障碍”。另一方面，它们相互依赖的真正方式表明，没有一个可以被消除或被还原为另外两个。

如上所述，我们可以把旨在理解说话者的翻译者看作是把他的句子与说话者的心理状态和话语作个比较。适用于翻译者的所有证据并没有确定对某个说话者惟一的真理理论，这不是因为真正适用的证据是有限的，而这个理论却有着无限可检验的后果，相反这是因为，所有可能的证据都无法限定可接受的理论为一种。假定某人的一系列句子表达了丰富的结构，而且这系列中的每个句子与世界都相互关联，那么我们就不应感到奇怪，会有许多方式把我们的句子赋予其他某人的句子和思想，而这些句子和思想掌握了一切相关的意义。

这种情况类似于测试重量或测量温度，就是把数字赋予对象。即使认为没有测量错误，并且已经作出了所有可能的观察，那么，把数字赋予对象以正确地表示出它们的重量，这也不是惟一的方法：假定作出了这样的测量，那么也可以通过给所有的数字用正常数加倍的方法来得到另一个测量。在日常温度（不是绝对温度）的情况中，任何正确赋予的数字都可以通过直线转换而变成另一个数字。因为存在许多不同的但同样可接受的解释某个因素的方法，如果我们愿意的话，我们也可以说，解释或翻译是不确定的，或者说，并没有某人所说的话的意思这回事情。同理，我们可以谈论重量或温度的不确定。但是，我们通常是通过弄清从一个所赋予的数字到下一个数字中不变的东西而强调其中肯定的部分，因为正是这些不变的东西在经验上是有意义的。这不变的东西正是问题之所在。我们可以用同样的眼光来看一下翻译和心灵状态的内容。①

我曾经认为，翻译的不确定性为这样的假定提供了一个理由，即不存在连接心理概念和物理概念的严格规则，因而支持了这样一种看法，即认为心理概念在法则学上不能还原为物理概念。我错了：不确定性在这两个领域都出现了。但心理领域中不确定性的一个来源是，经验真理与意义真理之间的关联，一般无法根据行为理由而得到清楚的定义；而行为理由则是我们确定说话者意义的惟一理由。正是在这里，开始出现心理概念与物理概念之间不可还原的差别：前者至少在本性上作为意向性而言，需要翻译者考虑如何使对生物的解释更好地得到理解，就是说，赋予生物理性。结果，翻译者必须部分地基于通常的理由通过从他的观点出发去决定什么可以得到最大的理解。在这种努力中，去区分意义和意见，翻译者当然没有不同于他自己的而必须依赖的理性标准。当我们试图理解物理学家的世界，我们就必须使用我们的规范，但我们并不非旨在发现这些现象中的理性。

心理概念中的规范成分如何防止它们被还原为物理概念呢？显然，精确的还原或许超出了我们的讨论范围；但为什么不可能有这样的规则——严格的规则，即把心理事件或状态与用先进物理学词汇所描述的事件或状态联系起来？20 年前当我写下这些时，我曾说，只有在由这些规则联系起来的概念是以同样的标准为基

① 我在这里接受蒯因的翻译不确定性论题，并把它扩展到对一般思想的解释中。与测量的类比是我自己提出的。

础时，才可能希望有严格的联系规则，因而，严格的规则不可能把规范概念与不规范概念联系起来。[①] 这个回答在我看来仍然是正确的，但在许多人看来，它还没有被理解为结论性的。我这里想补充一些进一步的思考。

一个进一步的思考是：严格的规则并不使用因果概念，而大多数心理概念却都不可还原地是因果的。例如，一个行为在某种描述中必定是意向性的，但一个行为只有在由诸如信念和欲望这样的心理因素引起的情况下才是意向性的。假定在恰当的条件下，信念和欲望部分地是由它们所引起的行为确定的。大多数刻画了常识解释的概念都是这种意义上的因果概念。一个事故是由路滑这个事实造成的；某个东西光滑，就是指会造成在恰当的情况下使某个恰当的对象滑倒。我们可以解释为什么飞机机翼在弯曲时不会折断，因为它们是由部分具有弹性的物质做成的；一个物质是有弹性的，是指在恰当的条件下它在变形后会恢复原形。这种解释没有要求精确性是出于两个理由：我们无法详尽地开列出阐述在怎样一种场合下情况是恰当的；而求助于因果性仅对一个全面解释中显而易见的部分加以详细说明。我们需要对象、状态和事件把严格的、毫无例外的规则变得具体化，而对这些对象、状态和事件的描述并不包括因果概念。（这并不是说，只包括了非因果概念的规则不是因果规则。）

在弹性、光滑、可展性或可溶性这样的因果特性的情况中，我们倾向于（以正确的方式或错误的方式）认为，它们没有解释的东

① 见“心理事件”（Mental Events），重印于我的《论行动与事件》（*Essays on Actions and Events*）（1980）。

西可以(或一直是)由科学的进步来加以解释。即便我们放弃了弹性概念,赞成在飞机机翼由于外力的作用恢复原形的情况中对物质的微观结构作出一种详细说明,我们也并没有改变这个主题。心理概念和解释与此不同。它们求助于因果关系,是因为它们像因果概念一样,被设计成从试图引起某种事件的整个情况中选出,诸如满足某种具体解释兴趣的因素。例如,当我们想要解释一个行为,我们就想知道行为者的理由,这样我们就可以亲自看到求助于行为者的行为究竟是什么。但如果认为存在着严格的规则,规定了每当行为者有一定的理由他就会履行这种行为,那就太愚蠢了。

心理概念的规范特性和因果特性是相互联系的。如果我们从心理解释中分离出规范方面,它们就不再起到它们的作用。我们对主体用以解释行动和他的或她的信念变化的理由有强烈的兴趣,以至于我们愿意作出无法完全满足物理规则的解释,另一方面,物理学的宗旨是要获得我们尽可能得到的完全精确的规则;这是一个不同的宗旨。心理概念中的因果因素有助于建立它们所缺乏的精确性:意向性行为是由信念和欲望所造成和解释的,这是关于意向性行为的概念的部分内容;而信念或欲望倾向于造成并因此解释某种行为,这正是关于信念或欲望的概念的部分内容。

我关于区分心理概念和发达物理学中的概念所说的大多数内容,也可以用于谈论区分诸如生物学、地理学和气象学等这些具体科学的许多概念。因而,即使我正确地说明了心理概念的规范特征和因果特征把它们在定义和规则上与一种发达物理学中的概念区分开来,那情况似乎可能是这样:必定存在用来说明这种区分的更为基础或根本的东西。我认为存在这种东西。

在大多数情况下，关于我们自己心灵内容的知识一定是无关紧要的。其理由在于，除了个别情况之外，不可能提出解释的问题。当我被问到关于我的心灵命题内容时，我必须用我自己的句子。这个回答通常显然是荒谬的：我的句子“雪是白的”，如同我所想的雪是白的，为真当且仅当雪是白的。我已经提出，我的关于他人心灵内容的知识只有在共有的、普遍正确的世界观的背景中才是可能的。但这种知识不同于我关于自己心灵的知识，因为前者必然是间接的，这是由于它尤其依赖于这个人的言语和其他行为与我们共同环境中的事件之间可观察的关联。

在我关于他人心灵的知识和我关于共有物理世界的知识之间的根本区别有一种不同的来源。交流及其假设的关于他人心灵的知识，是我们客观性概念和承认真假信念区别的基础。在这个标准之外，不存在什么东西会检查我们是否正确地拥有某些东西，就是说，我们可以检查白金-铱是否采用了位于法国塞维西（Sevres）的国际重量和标准局（IBWS）关于每公斤重量的标准。当然，我们可以转向第三者和第四者去扩展和确保关于真实事物的个人之间的标准，但这不会导致本质的区别，只是数量上的不同而已。

先前我谈到这样两者之间的类似，即我们如何赋予数字以保持温度和重量方面的对象关系，以及我们如何用我们的话语去确定他人话语和思想的内容。但这种类比是不完善的：测量手段的性质在这两种情况中是不一样的。我们依赖与他人的语言交往从而产生关于数字特性和自然界中某种结构的一致意见，使我们能够用数字来表现这些结构。我们无法用同样的方法在我们用来说明他人思想和意义的句子或思想结构上达成一致意见，因为试图达成这样的一致意见，只是使我们回到所有一致意见都依赖的解释过程。

我认为，正是在这里，我们到达了理解心灵与理解物理世界之间区别的最终根源。心灵的共同体是知识的基础，它提供了万物的尺寸。质疑这个尺度的恰当性是没有意义的，或者说，寻求更为终极的标准是没有意义的。

我们一直详尽讨论一切思想之客观方面的不可逃避性。那么关于主观方面还有什么可谈的呢？我们显然并没有忘却自我知识与他人心灵知识之间的区别：前者是直接的，而后者是间接的。我们所拥有的客观性本身就汇聚了各种观点的交叉；对每个人来说，就是他对世界的反应和对他人的反应之间的关系。这些区别是真实的。我们的思想是“内在的”、“主观的”，我们由此知道它们是什么，而其他人则无法知道。虽然拥有一个思想必然是个人的，但赋予其内容的东西却不是个人的。我们构成和利用的思想，在概念上位于我们所栖居的而且我们知道也是与他人共同栖居的这个世界之中。我们关于自己心灵状态的思想甚至占据了同样的概念空间，位于同样的公共地图之中。

哲学上的主观性观念肩负着关于心灵和意义性质的一套假说和历史，这些假说割裂了话语的意义或思想的内容与关于外部实在的问题之间的关系，因而在“我的”世界与对他人所表现出的世界之间产生了一条逻辑鸿沟。这种共同的观念认为，主观的东西先于客观的东西，因而存在一个先于关于外部实在的知识的主观世界。显然，我在这里所描述的关于思想和意义的图像并没有主张这种优先性，因为它是根据关于他人心灵和世界的知识来断定自我知识。因此，客观的东西和主体间的东西对我们所谓的主观性至关重要，并构成了主观性的背景。柯林伍德把这简要地说成：

> 孩子发现自己是个人，也就发现了自己是人类世界中的一个成员……。发现自己是个人，就是发现我可以说话，因此是个 *persona* 或说话者；我在说话时既是说话者也是听话者；因为发现自己是个人也是发现我周围的其他人，这就是发现说话者和听话者是不同于自我的人。①

情况似乎可能是这样：如果共有一个普遍的世界观是思想的一个条件，那么各种心灵和文化之间在思想上和想象特征上的不同便可忽略。倘若我已然给人造成了这个印象，那么只是因为，我想集中于在我看来更为首要的（但非常易于忽略掉的）东西：对理解其他个人至关重要的共有性之必要程度，以及这种理解为一切思想所依赖的真理和实在概念提供基础的程度。但我并不想提出，我们无法理解那些与我们的物理观和道德观截然不同的人。同样，理解是一个程度问题：他人可以知道我们所不知或无法知道的事情。确定的是，我们概念的宽容性和有效性伴随着我们对他人理解的增加而得到增加。对话能够或将会带我们走到多远，这并没有任何明确的限制。

某些哲学家担心，如果我们的一切知识（至少我们的命题知识）是客观的，我们就会失去与实在之精华部分的接触：即我们个人的、私人的看法。我认为这种担心是没有根据的。如果我是对的，我们命题知识的基础不在于非个人的东西，而在于个人之间的东西。当我们观察与他人共有的自然界时，我们并没有失去与我们自身的联系，而是承认我们在心灵社会中的身份。如果我不知

① 柯林伍德（R. G. Collingwood）：《艺术原理》（*The Principles of Art*，1938），第248页。

道他人所思内容，我就不会拥有关于我自己的思想，也就不会知道我的所思内容。如果我不知道我的所思内容，我就没有能力去判断他人的思想。要判断他人的思想，就需要我与他人生活在共同世界中，共有许多对其主要特征（包括其价值）的反应。所以，客观地观察世界不会危及我们失去与我们自身的接触。知识的这三种类型构成了一个三脚架：失去了其中一条腿，其他的腿也就无法站立。

（江怡译，牟博校）

第六部分

行动与心理事件

17. 行动、理由与原因*

当理性通过为当事人的所采取的一件行动提供理由来解释那件行动时，理由与行动之间究竟是什么关系呢？我们可以将这样的解释称为合理化解释，进而可以说理由对那件行动提出合理解释。

在本文中，我想为下述古老的（并且是常识的）观点作出辩护，它认为合理化解释是一类因果解释。正如新近的许多论者[①]所阐述的那样，对这种观点的辩护无疑需要重新加以调整，但似无必要放弃这种观点本身。

I

理由要对行动作出合理化解释，惟一的条件就是，理由能使我

---

* 原为提交给美国哲学协会1963年年会关于"行动"的专题讨论会的一篇论文，发表于《哲学杂志》（*Journal of philosophy*）60（1963）。后收入作者自己汇编的《论行动与事件》（*Essays on Actions and Events*，Oxford university Press）（1980年第1版，2001年第2版）中。现根据该论文集译出（本文脚注中所援引的论文号码为该论文集的论文号码）。——译者

① 具体例证有：吉尔伯特·赖尔：《心的概念》；安斯康帕：《论意图》；S. 汉普希尔：《思想与行动》；H. 哈特与 A. 奥诺雷：《规律中的因果关系》；W. 德雷：《历史中的规律与解释》以及 R. 霍兰编辑的丛书《哲学心理学研究》中的大多数著作，包括 A. 肯尼：《行动、情感与意志》，梅尔登：《自由行动》等，文中括号中的页码均参见这些著作。

们看到当事人在其行动中所看到的或认为他所看到的某事——行动的某种特征、结果或方面，它是行动者需要、渴望、赞赏、珍视的东西，并认为对之负有责任、义务、能受益、能接受的东西。如果只是简单地说那种特定的行动吸引了某人，那么我们就不能解释他为什么会有如此的所作所为；我们必须指出，与吸引他的那个行动有关的是什么。因此，一旦某个人由于一个理由而做某事时，就能对他作出如下的描述：(a)对于某种行动有某种支持性态度(pro attitude)；(b)相信(或知道、觉得、注意到、记得)他的行动属于那一类别。在(a)之下，应包括有愿望、需要、冲动、激励和形形色色的道德观、审美原则、经济上的成见、社会习俗以及公众和私人的目的与价值，因为所有这些都能被解释为行动者导向某种类型的行动的态度。“态度”一词在这里是极为有用的，因为它不仅必须涵摄表现于行为过程中的稳定持久的性格特征，如热爱孩子或热衷于社交等，而且还必须包括那种触发奇异行动的转瞬即逝的怪念头，如想抚摸一下某个女人的手肘的突发的愿望。一般来说，支持性态度一定不能被误认为是这样的确信，即确信一类行动中的每一个应能得到履行，也值得履行，或概而言之地说是值得想望的，不管这些确信多么短暂。相反，一个人在他的一生中可能有一种心瘾，如想饮下一罐颜料，而从不相信值得这样去做，甚至在冒出那想法的一刹那也不相信。

说出当事人为什么做某事的理由常常就是列举支持性态度(a)或相关的信念(b)或二者并举；因此我们不妨将这二者称之为行动者为什么做出那种行动的**基本理由**。现在，通过陈述下列关于基本理由的两个命题，就有可能一方面重新阐释合理化解释就是因果解释这一论断，另一方面赋予该论证以结构：

1.为了理解任何一种理由如何合理解释一种行动，必要而充分的条件是，我们至少应大致地搞清楚，怎样建构一种基本理由。

2.行动的基本理由即是它的原因。

我将依次阐述这些论点。

II

我按一下开关，打开了灯，照亮了房间。我意想不到的是，我还向小偷展示了一个事实，即我正在家中。这里，我无需做四件事情，而只是一件事情，对此却有四种描述。① 我接开关，因为我想开灯；当我说我想开灯时，我便解释了"按"这种行动(给出了我的理由，作出了合理化的解释)。但是在交待理由时，我并没有对警示小偷也没有对照亮房间作出合理化解释。既然当某个人的所作所为以某一种方式被描述时，理由可以对之作出合理化解释，而当

①　我们可能不把我对小偷的无意向的警示称之为行动，但是不应由此推论说，对小偷的警示因此便是某种与按开关不同的事情，它恰恰是它的结果。行动、行为和不涉及意图的事件都是一样的，因为它们常常部分地以某种终极的阶段、结果或后果的形式而被述及或定义。

在日常话语中，"行动"一词并不经常出现，当它出现时，它通常只适用于相当怪异的场合。在把当事人有意地做的事情包括有意的疏忽称之为行动时，我将遵循一种实用的哲学惯例。要在下述鸿沟上建起连接的桥梁，真正需要的是某种恰到好处的全称术语，这鸿沟是，假设"A"是关于一个行动的描述，"B"是关于自愿做某事的描述，尽管不是有意向地做某事，而"C"则是关于某种非自愿地且无意地做某事的描述；最后假设A＝B＝C。那么，A、B与C就是相同的——不是吗？"行动"、"事件"和"所做的事情"，当它们与某种错误的陈述结合在一起时，至少在某些语境中，每一个都有一种奇异的循环。只有这样的问题，即"为什么你(他)作出了A?"才具有所需要的真正的普遍性。显然，如果我们像梅尔登那样假定，一种行动("举起某人的手臂")能等同于身体的运动("某人的手臂举起来")，则该问题将变得更为严峻。

以另外的方式进行时便不能如此，那么我们就不能简单地把所做的事情当作这样的句子即“我按开关的理由就是我想开灯”中的一个词项；否则，从按开关与警告小偷在行为上是同一的这一事实，我们就不得不得出结论说，我警告小偷的理由也正好是我想开灯的理由。我们不妨通过更确切地陈述基本理由的必要条件，来表明合理化解释过程中的行动描述的这一准内涵的[①]特征：

> C1. 只有当 R 包含着一个当事人对于具有某种属性的行动的支持性态度和当事人相信在 d 描述下 A 具有那种属性的信念时，R 才是解释行动者为什么在 d 描述下作出了行动 A 的基本理由。

既然我想开灯似乎缺乏必需的普遍性因素，因此它怎么可能成为一个基本理由(的部分)呢？我们也许会为“我开灯”与“我想开灯”之间的词语上的近似性所欺骗。前者指的显然是一个特殊的事件，因而我们断言，后者具有同样的事件作为其对象。当然毋庸置疑，我开灯这一事件并不能由上述两种语句以同样的方式来指称，因为那个事件的存在是“我开灯”的真实性所必需的，而不是“我想开灯”的真实性所必需的。如果在两种情形中指称是相同的，则第二个句子便可衍推出第一个句子；然而事实上这一句子在逻辑上是独立的。尚不明显的是(至少直到我们注意到它时是这样)：那种其发生使得“我开灯”这一陈述为真的事件(无论它是如何意向性的)绝不能被称之为“我想开灯”的对象。如果我已打开

① 之所以是“准意向的”，是因为除了其有意向的一面之外，在合理化解释中对行动的描述一定还会提到，否则就有这样的情况，即一行动基于某一理由做出来了，然而那行动并未完成。试比较“乔治四世知道《韦弗利》的作者写了《韦弗利》”这一描述中的“《韦弗利》的作者”。行动描述的这一语义学特征在本书第 3 和第 6 篇论文中有进一步的讨论。

灯，那么我一定在一个确定的时刻、以特定的方式完成了这件事情（其中每个细节都是固定的）。但是，要求我的需要指向在什么时候已完成的或以某种独特的方式完成的行动，那则是毫无意义的。无数行动中的任何一个行动都将满足这种需要，并同样适合于被视之为它的对象。需要和愿望常常指向物理的对象。尽管如此，“我想要橱窗里的金表”并不是一个基本理由，而仅仅是因为它暗示出一个基本理由（例如，我想买那块手表）它才解释我为什么走进商店。

因为“我想开灯”与“我开灯”在逻辑上是彼此独立的，第一个陈述可以用来作为说明第二个陈述为什么为真的理由。这样一种理由提供了最低限度的信息：它意味着这一行动是有意向的，而“需要”总倾向于排斥某些另外的支持性态度，诸如职责或义务感等。但是这种排斥在很大程度上取决于行动和解释的语境。“需要”除了欲望以外，似乎是苍白无力的，但是否认某个贪恋女人或一杯咖啡的人需要得到该女人或咖啡，则是不可思议的。事实上，将“需要”当作一个包括作为种的所有支持性态度的属是合情合理的。当我们这样做时，当我们知道某种行动是有意向的时，就不难回答这样的问题：“你为什么干那事？”答曰：“没有任何理由”，这意思不是说没有理由，而是说没有更进一步的理由，从那个行动有意向地完成这一事实不能推出没有理由；换言之，所谓“没有理由”是不包括想要做那件事的。这最后一点对于现在的论证并不是必不可少的，但却是有益处的，因为它为将一种有意向的行动定义为出于某个理由而完成的行动这一可能性提供了辩护。

基本理由包括信念与态度，但同时提及这两者往往徒劳无益。如果你告诉我，你正在放松船首三角帆，因为你认为那将能阻止主

帆翻转，那么我无须再被告知，你想要阻止主帆翻转；而如果你说，你用手指指向我，是因为你想侮辱我，那么再补充说，你认为，通过将手指指向我，便能达到侮辱我的目的，就是没有意义的。同样，许多按照并非基本的理由而对行动进行的说明并不需要述及基本理由来完成说明。如果我说我拔除杂草是因为我想要让草坪漂亮起来，那么再画蛇添足地加上这样的说明："所以我明白，在任何的确会使或极有可能使这草坪漂亮起来的行动中，有某种东西是有望得到的"，就是愚不可及的。为什么要坚持认为，在愿望从一种并非行动的目的到某人设想为手段的行动的转换过程中，存在着任何逻辑上的或心理学上的环节？同样可作为论证使用的是，只有当当事人相信其作为手段的东西被想望时，所想望的目的才能解释那个行动。

幸运的是，没有必要对各种情绪、情感、心境、动机、激情和渴求进行归类和分析，对它们的述及就可回答这一问题："你为什么做那事？"为了弄清这种述及怎样、何时合理地说明某一行动，就得涉及一个基本理由。当某个人离开鸡尾酒会时，可以用幽闭恐惧症作为理由加以解释，因为我们知道，人们需要在其自身与其所恐惧的事情之间保持一定距离，想予以回避、逃避进而得到安全。在一个投毒行动中，忌妒就是动机，因为投毒者格外相信，他的行动将打击他的敌人，消除他极度痛苦的根由，洗清不白之冤，一个忌妒的人想要做的便是这些。当我们听说一个人出于贪婪而欺诈其儿子时，我们再无须知道其基本理由是什么，但我们知道肯定有一个理由以及它的一般本质。赖尔从"他由于虚荣而自夸"分析出："他遇到陌生人便自夸起来，他这样做合乎一种似规律的命题，即一旦他发现有机会获得赞美和别人的忌妒，他便会做出他以为会获得这种赞美和忌妒的事情。”（第 89 页）这样的分析常常受到可能是公正的批评，其根据是，某个人可能只是偶尔地出于虚荣而自夸。但是如果赖尔所说的自夸者确实出于虚荣而如此作为的话，那么赖尔的分析所衍推出的某种内容便是真的：那个自夸者想要获得别人的赞美和忌妒，并且相信他的行动将会引出这种赞美和忌妒；不管是真还是假，赖尔的分析并没有省去基本理由，而恰恰是依赖于基本理由。

知道某个人为什么如此行动的基本理由便是知道该行动据以做出的意向。如果我在岔道口向左转，那是因为我想去加德满都，我向左转的意向即是去加德满都。但是，知道了意向不一定就详尽无遗地知道了基本理由。如果詹姆斯怀着取悦于他母亲的意向去教堂，那么他对取悦于他母亲肯定有某种支持性态度，但是要判断他的理由究竟是想取悦于他的母亲，还是他认为这是正当的，是他的责任或是他的义务，则需要更多的信息。“詹姆斯去教堂所抱的意向”这种表达式具有一种描述的外在形式，但是事实上它是非自足的语词，而且不能认为它指称了一个实在、一种状态、一种倾向或一个事件。其在语境中的功能乃是根据行动的理由来形成关于行动的新的描述；因此“詹姆斯怀着取悦于其母亲的意向去教堂”这一表达式产生了一种关于由“詹姆斯去教堂”所描述的行动的新的、更充分圆满的描述。同样的过程在我回答下述问题时也必然会发生：“你为什么那样不停地快速移动?”我回答说：“我在抓、缚、锻炼、摇、亲近、训练跳蚤。”

对一个意想的结果的直接描述，常常比指出该结果是意想的或所期望的能更好地解释一个行动。“它将使你平静下来”解释了我为什么为你倒了一杯酒，这种解释同“我想做点什么以便让你平静下来”一样有效。因为在解释的语境中，前者暗含着后者；但是相比之下，前者更好一些，原因在于，如果它是真的，该事实将证明我对行动的选择是正当的。因为证明一个行动为正当和解释一个行动常常是形影相随的，以至于我们常常这样来表明行动的基本理由，即作出断言说，如果它是真的，那么将证实、维护或支持那个当事人的有关的信念或态度。“我知道我应该归还它”，“这张报纸说天将要下雪”，“你触犯了我”，所有这些，在给出恰当理由的语境中，执行的都是这种为人们所熟悉的二元功能。

根据这种阐释，理由的这种辩护作用，依赖于解释的作用，但是反过来则不成立。除非我确信你真的触犯了我，否则的话，你触犯了我这一点既不能解释我触犯了你，也不能辩护我触犯了你是正当的；但是这一信念（无论是真是假）单独地便能解释我的行动。

III

从基本理由的角度看，行动总是以与当事人的某种长期或短期的、独有或非独有的特征相融贯的形式显现出来，而那个当事人则以理性动物的角色出现。相应于构成行动基本理由的信念和态度，我们能一无例外地（以一定的创造性）建立三段论的前提，根据这些前提，可以推论说行动具有某种（正如安斯康帕所称谓的那样）“值得想望的特性。”①因此就存在一种不可还原的（尽管有点

① 安斯康帕否认关于日常活动的三段论是演绎性的。她之所以如此，部分是因为，她像亚里士多德一样认为，这种关于日常活动的三段论与关于日常活动的推论是一致的（而在我看来，它只是关于某个人据以采取行动的理由概念的分析的一部分），因此她还是坚持效法亚里士多德，认为一个关于日常活动的三段论的结论与一个判断是一致的，不仅行动有一种值得想望的特征，而且行动也是值得想望的（合理的、值得去做的，等等）。关于日常活动的推论问题，在论文 2 再予以讨论。

贫乏的)意义，在此意义下，每一合理化说明都能证明：从当事人的观点来看，当他行动时，对于该行动来说，肯定有要说明的某东西。

某些哲学家由于注意到非目的论的因果解释并未揭示由理由所提供的辩护(justification)要素，因此便断定：适用于别处的原因概念不能应用到理由与行动之间的关系上；而辩护模式就理由来说所提供的是所需要的解释。但是，假如我们姑且承认在解释行动的过程中理由能够单独地证明这些行动的正当性，也不能由此得出结论说，这种解释仍不是(而且必然不是)因果解释。毋庸讳言，我们关于基本理由的第一个条件(C1)就是想促进合理化解释与其他各种解释的分离。如果合理化解释像我想要证明的那样是一类因果解释，那么，在C1所给予的那种意义上，辩护至少是那种对属性作出鉴别的辩护。另一主张又如何呢？它认为辩护就是一种解释方法，因此无须引进通常的原因概念。这里必须裁决的是，辩护中究竟包含着什么。它能够涵盖的可能只是C1所要求的东西：即当事人有信念和态度，正是基于此，该行动才是合理的。但是这样一来又肯定忽视了某些必要的东西，因为一个人可能为一个行动以及这一行动的实施找一个理由，然而这个理由并不是他为什么采取该行动的那个理由。对于理由与其所解释的行动之间的关系至关重要的是这样的观点，即当事人之所以实施那一行动，是因为他有那个理由。当然，我们也能把这种观点包括在辩护之中。但如此一来，在我们能够说明“因为”的实质之前，辩护这一概念将像理由这一概念一样隐晦难解。

当我们问某个人为什么如此作为时，我们想得到的是一种解释。他的行为看起来怪异，难以容忍、荒诞、无聊、与其个性不符，且显得突兀；或许在它里面，我们甚至看不出是一种行动。当我们了解到他的理由时，我们便有了一种解释，一种关于他所作所为的新的描述，这种描述把它放进日常的图景之中。这一图景包括有当事人的信念与态度，也许还有意图、目的、天赋、普通的个性特征、德行或恶习等等。除了这之外，由一个理由所给予的关于行动的再描述，可能将该行动置于一个更广阔的社会的、经济的、语言的或价值的语境之下。通过了解这一理由所要了解的是：那个当事人将其行动设想为一个谎言、一笔债务的偿还、一种侮辱、一项慈爱的义务或一种骑士风度的实现，就是要在其所处的规则、习俗、惯例和期望的背景中把握该行动的意义。

由后期维特根斯坦所引发的这样一些言论，已得到了许多哲学家的敏锐而深入的阐述。下面一点毫无疑问是真实的：当我们通过给予理由来解释一个行动时，我们的确是重新描述了那个行动；而重新描述该行动就是将该行动置于一种模式之中，于是该行动便以这种方式获得了解释。在这里，人们往往被诱使冒险作出了两个不可能推论出的结论。其一，从给出理由只是重新描述该行动以及原因与结果相分离这样的事实出发，我们并不能推论出理由不是原因。理由，作为信念与态度，肯定不能同一于行动；但更重要的是，事件常常按照它们的原因来重新描述。（假如某个人受伤了。我们可以"按照原因"、通过述说他被烧伤了来重新描述这一事件。）其二，它错误地以为，因为通过将那个行动置于一个更大的模式中而予以解释，因此我们现在便理解了所涉及的那类解释。关于模式和语境的谈论并没有回答理由如何解释行动这一问题，因为有关的模式或语境既包含了理由也包含了行动。我们得以解释事件的一种方式就是将它置于其原因的语境之中；在我们以及其他人所理解的"解释"的意义上，原因和结果构成了能解释

该结果的那种模式。如果理由和行动例示了一种不同的解释模式，那么就必须确认那种模式。

下面我将联系梅尔登的一个例子来进一步阐明这一点。有一个开车的人为了发信号，抬起了他的手臂。通过将他抬手臂这一行动再描述为发信号，这样他的意向(即发出信号)便解释了他抬起手臂的行动。解释这一行动的模式究竟是什么？它就是那种常见的由于一种理由而采取行动的模式吗？假使那样的话，它的确解释了这一行动，但这仅仅只是因为它假设了我们想要分析的理由与行动之间的关系。更确切地说，这种解释模式是：这个人开着车，正驶近拐弯处；他知道他应当发信号；他也知道怎样通过抬起手臂发信号。在这种语境之下，现在他抬起了他的手臂。也许正如梅尔登所设想的那样，如果所有这些都发生了，他的确会发信号。假使那样的话，这种解释就会是这个样子；如果在这些条件下，一个人抬起他的手臂，那么他就是在发信号。当然，其困难在于，这种解释并没有触及到他为什么抬起他的手臂这一问题。他有理由抬起他的手臂，但这并未被说明就是他为什么做这件事的那个理由。如果这种关于“发出信号”的描述，通过交待他的理由而解释了其行动的话，那么发出信号就一定是有意向的；但是，根据上面的阐述，它可能并不是有意向的。

根据梅尔登的主张，如果因果解释“与我们所要寻求的关于人类行动的理解风马牛不相及”(第 184 页)，那么我们在“他如此作为是因为……”这种描述中，就没有关于那个“因为”的分析，因为在这里，我们要进一步列举理由。关于理由与行动之间的关系，汉普希尔指出：“在哲学中，人们确实应当去发现这种……联系，尽管它很神秘”。(第 166 页)汉普希尔反对亚里士多德通过引入想要概念作为原因要素来解决这种神秘性的企图,其根据是,那样做结果就会使理论太绝对、太确定了,以至于不能适用于所有的情况,而且"依然没有令人非相信不可的根据来坚持认为'想要'一词必须进入每一关于行动理由的完全陈述之中"(第 168 页)。我同意这种认为想要概念过于狭隘的观点,但是我也论证过,至少在大量典型的事例中,如果关于行动者之行动的理由的陈述是可理解的,那么就必须假定某种支持性态度的存在。汉普希尔并不明白亚里士多德的图式怎样被评判为真或假,"因为没搞清楚的是,什么能成为评价的基础,或者什么样的论据才可能是判决性的"(第 167 页)。但是我要极力主张的是,在尚无令人满意的抉择时,对亚里士多德那样的图式的最好论证就是,惟有它才有望说明理由与行动之间的"神秘的联系"。

IV

在"他锻炼身体和(and)他想减肥并认为锻炼身体将达此目的"这一陈述中,要想把"和(and)"变成"因为(because)",首要的一环[①]就是我们必须有下述论证条件 C2:

C2. 行动的基本理由就是它的原因。

赞成 C2 的根据,我想至此已很明显了。在本文的余下篇幅里,我愿针对形形色色的攻击,对 C2 作出辩护,而且在这一过程中,阐明所涉及的因果解释的概念。

---

① 我说"首要的一环",旨在废除那种认为 C1 和 C2 结合起来足以界定理由对于它们所解释的行动的关系的主张。关于这一问题的详尽讨论,可参阅引论和论文 4。

A. 第一类攻击是这样的。基本理由由态度和信念所构成，而态度和信念又是状态或倾向，而不是事件；因此它们不可能成为原因。

对此，不难作出答复说：状态、倾向和条件通常被称之为事件的原因：桥梁坍塌是因为结构上的缺陷；飞机起飞时坠毁是因为气温异常之高；盘子破碎是因为它原本有个裂缝。不过，这种答复并没有触及到直接有关的要害。述及一个事件的因果条件，仅仅是根据还有一个在先的事件这一假定，交待一个原因。但是，那个引起一个行动的在先的事件究竟是什么呢？

在很多情况下，可以不费吹灰之力地找到与基本理由紧密地联系在一起的事件。状态和倾向并不是事件，但受到状态或倾向的冲击则是事件。当你激怒我时，我便可能产生一种想要伤害你的感情的愿望；当我看见一个甜瓜时，我可能想吃甜瓜；当我们注意、发现、了解或记住某事时，可能马上产生某些信念。那些主张心理事件没有资格作为行动之原因的人常常忽视了这种显而易见的事实，因为他们坚持认为，心理事件应是被观察到的或被注意到的东西（而不是一种观察[状态]或一种注意[状态]），或者说它就像一阵刺痛、一种疑惧、一种悔恨或一阵颤抖、良心的一种神秘的激发或随意的行动。梅尔登在讨论那位通过抬起手臂来发拐弯信号的驾车人时，就要求那些试图从因果上解释行动的人来确认"一件为所有这些事例所共有且独有的事件"（第 87 页），也许这事件就是一种动机或一种意图，至少是"某种特殊的情感或经验"（第 95 页）。但是心理事件当然是存在的；在某一时刻，该驾车人注意到（或认为他注意到）他将要拐弯了，这正是他发信号的时刻。在任何连续的活动如驾车中，或在小心翼翼的实施过程（如畅游达达尼尔海峡的过程)中,或多或少有决定整个活动的方向和形式的一些确定的目的、规范、愿望和习性,而且还有关于我们正在做什么、关于环境变化的持续不断的信息输入,正是根据它们,我们才能控制和调节我们的行动。拔高驾车人对他已经来到拐弯处的意识,把它称之为一种经验甚或一种情感,这无疑是言过其实的夸大,不管它是不是应享有那个称号,最好把它当作是解释驾车人为什么抬起他的手臂的理由。倘若如此,且在一般情况下,就不可能有我们可称之为动机的东西,但是如果我们提到了诸如想稳妥地达到某个人的目标这样一种一般的目的,那么该动机显然就不是事件。那个驾车人据以抬起他的手臂的意向也不是一个事件,因为它什么也不是,既不是事件、态度、倾向,也不是对象。最后,梅尔登请因果论者去找这样一个事件,它是一个人在其中有意向地抬起手臂的各种情况下为这些情况所常见且独有的。必须承认,这是不可能得如所愿的。因而桥梁坍塌、飞机坠毁或盘子破碎的常见和惟一的原因也是不可能出现的。

那位发信号的驾车人能够回答这一问题:"当你抬起手臂时你为什么要这样做?"从他的回答中,我们能认识到引发那行动的事件。但是,一个行动者能一无例外地回答这样一种问题吗?有时候这种回答将提及一个并未给出理由的心理事件:"最后我终于打定了主意。"不过,似乎还有这样一些有意向的行动的事例,在那里我们完全无法解释:我们在行动时,我们为什么要这样行动。如果是这样,根据基本理由作出的解释相似于根据结构缺陷而对桥梁坍塌所进行的解释:我们并不知道这一事件或导致(引发)坍塌的事件的后果,但我们确信一定有这样一个事件或事件的后果。

B. 根据梅尔登的观点,原因一定"在逻辑上有别于那个所谓的结果”(第 52 页);但是行动的理由在逻辑上并不有别于那行动;因此,理由并不是行动的原因。[①]

这种论证的一种可能的形式已经产生了。既然理由借助对行动的重新描述而使行动成为可理解的,那么在不同的描述之下我们就没有两个事件,而只有一个事件。然而因果关系又要求有不同的事件。

有人可能会误入这样的歧途,即错误地以为,“我按动开关”使我把灯打开了(事实上它只是导致灯开始发光)。但是不能由此说,下述看法是错误的,这看法是:“我按动开关的理由就是我想开那只灯”,部分衍涵着“我按动了开关,而且可以进一步描述说,这种行动已为开灯的需要引起了。”根据事件的原因描述一个事件,并不等于把事件与其原因混为一谈,通过重新描述而作出的解释也不排斥因果解释。

这一例证还可以用来批驳下述主张:如果不运用把行动与所谓的原因联系起来的词语,我们便不能描述该行动。在这里,该行动应在“我按动开关”这一描述之下予以解释,而且所谓的原因就是“我想要开灯”。在这些表述之间,应假设存在什么样的相关的逻辑关系呢?似乎更为合理的就是强调“我开灯”与“我想要开灯”之间具有一种逻辑联系,但是即使在这里,这种联系一旦加以审视,实际上是语法上的而非逻辑上的联系。

在那种认为因果关系是经验的而不是逻辑的关系的观点中,无论如何存在着某种非常奇异的东西。这意思是什么呢?诚然,

---

① 这种论证不止一种变种,如在肯尼、汉普希尔、梅尔登的论著中有之,还出现在 P. 温奇的《社会科学的观念》以及 R. S. 彼德斯的《动机的概念》等中。作为其形式之一,这里的论证自然是由赖尔在其《心的概念》一书中对动机的讨论所促发的。

并非每一种真实的因果陈述都是经验的。因为假设“A 引起 B”是真的，那么 B 的原因＝A；进行如此替换，我们便得到“B 的原因引起 B”这样一种分析陈述。一种原因陈述的真理性取决于把事件描述成什么；其身份究竟是分析的还是综合的则依赖于该事件如何被描述。尽管如此，有一点还是可以坚持的，那就是：只有当这种描述恰当地确定下来了，而且这种恰当的描述在逻辑上并非独立的时候，理由才能合理地解释行动。

假定说一个人想要开灯意味着他将实施他相信会达到其目的的任何行动，那么关于他按动开关的基本理由的陈述就会蕴含：他已按动了开关——即像亚里士多德所说的那样：“他直接在行动。”如果是这样，理由与行动之间就肯定存在着逻辑上的联系，这种联系正如同“它可溶于水并被放入水中”与“它已被溶解了”之间的联系一样。既然这一含义从原因描述延伸到了结果描述，但不能倒过来，那么列举这一原因还是提供了信息。而且，尽管这一点常常被忽视，但是，“将它放入水中便使它溶解了”并不能衍推出“它可溶于水”；这样一来，后者便有了额外的解释力。然而，如果在用解释与被解释的事件之间明显的定义性的联系来代替这种可溶性的时候，我们能参照某种其与水中溶解之间联系只能通过实验来认识的属性（比如说一种特殊的水晶结构），那么这种解释将更有意义。像愿望和想要这类基本理由为什么不能以如同可溶性解释溶解那样的相对无关紧要的方式来解释行动的这一问题，现在便变得清楚明白了。所谓可溶性，我们假设是一种纯倾向性的属性：它是根据单个的准则而得到定义的。但是愿望则不能按照它们可以合理化地解释的行动来界定，即使愿望与行动之间的关系不完全是经验性的。关于愿望，还有另外的、同样必要的标准（例如它们

在情感中和在它们不能合理解释的行动中的表现)。某个有愿望(或需要或信念)的人,在正常情况下完全不需要什么标准——即使没有任何可为别人利用的线索,他一般知道,他想要的、欲求的和相信的是什么。基本理由的这些逻辑特征表明,阻止我们将基本理由界定为由于这些理由而行动的倾向的东西不只是缺乏聪明才智。

C. 根据休谟的观点,"我们可以把原因界定为对象,它为另一个对象所伴随,这一来,所有与第一个对象相类似的对象都为与第二个对象相类似的对象所伴随。"但是哈特与奥诺雷却断言,"那种关于一个人因为例如另一个人威胁他而做某事的陈述,并不蕴涵着这样的含义或秘密的主张,即如果那些条件重复出现,便会伴随着同样的行动"(第 52 页)。哈特和奥诺雷认为,当休谟说普通的单称因果陈述蕴涵着普遍原则时,他是正确的;但当他因为这个理由而假定动机和愿望即是行动的常见原因时,则是错误的。简言之,规律必然要卷入日常的因果解释之中,但不会出现在合理化解释之中。

回应这一论证的常见做法就是假定,我们确实具有连接理由与行动的大致的规律,而且在理论中,它们还可以得到完善。诚然,受到威胁的人不一定都以同样的方式来作出反应;但是我们可以对威胁本身进行区分,而且同时还可以根据行动者的信念和态度对当事人作出区分。

不过,这种意见确然是虚妄的,因为连接理由与行动的普遍原则并不是(也不能被纳入)准确预言能据以可靠地作出的那种规律。如果我们反思一下理由用来确定抉择、决策和行为的方式,那么,便不难明白事情为什么会是这样。对于当时正在行动的当事人来说，在事后的解释和辩护的环境下经常作为惟一理由出现的只是众多理由中的一种考虑，即**一种**理由。任何依据理由预见行动的严肃理论都必须找到一种方法，来评估各种愿望和信念在决策孕育过程中的有关效力；任何严肃的理论不能把有望来自于单个愿望的改铸过的形式当作评估的出发点。关于实际活动的三段论在让一个行动从属于一个理由时是没有用武之地的；因而它不能融入关于实际活动的推理的重构之中，因为这种重构牵涉到对诸相反理由的估价。这种关于实际活动的三段论提供的一种模式，既不适用于关于行动的预言性科学，也不适用于关于评价性推理的规范性说明。

对于有足够预言力的规律的无知并不妨碍有效的因果解释，不然的话，就几乎不可能作出因果解释。我敢肯定，那个窗户的破碎是由于被一块石头击中了——我亲眼看见这一切是如何发生的；但是我并没有掌握这样的规律（也许任何人都是这样?），即我能据以预言什么撞击将打破哪些窗户的规律。一个普遍原则，如“窗户是易碎的，当撞击足够强大时，尽管其他方面都很正常，这种易碎的东西也将趋于破碎”，大致说来，并不是一种预言性的规律——所谓预言性规律，如果我们有的话，它将是定量的，并使用了非常不同的概念。这种普遍原则，如同我们关于行为的普遍原则一样，具有一种不同的功能，即它为涵盖眼下这种事例的因果规律之存在提供了证据。[①]

通常，我们对于单一的因果联系比对支配这种事例的任何因果规律要有把握得多；这是否表明休谟关于单一因果陈述可衍推

① 论文 11、12 和 13 将专门讨论这一段及前一段中的问题。

出规律的论断是错误的呢？未必如此，因为休谟的主张，正如上文所引证的那样，乃是模棱两可的。它的意思可以是，“A 引起 B”可衍推出可与“A”“B”两个描述所用的谓词有关的特殊规律，或者它也可以意味着，“A 引起 B”可衍推出：存在着由关于“A”与“B”的某些真实的描述所例示的因果规律。[①] 很显然，休谟理论的这两种阐释使那种认为单一的因果陈述可衍推出规律的主张成为有意义的，而且两者都为那种认为因果解释“与规律有关”的观点提供了支持。但是第二种阐释太弱了，因为并没有什么特殊的规律能从一个单一的因果断言中衍推出来，而且一个单一的因果断言如果需要辩护的话，也能在不为任何规律提供辩护的情况下得到辩护。只有休谟理论的第二种阐释才能使之符合多数因果解释；它同样也适用于合理化解释。

对事件的最初始解释为它提供原因；而更深入细致的解释则可以交待更多的内情，或者说通过建立有关的规律，或为相信其存在而提供理由，就可对这种单一的因果论断作出辩护。但是以为只有等建立了规律时才能给出解释这一想法显然是错误的。与这些错误相联系的正是下述观念，即认为单一的因果陈述必然通过它们所用的概念，来标示将在被衍推的规律中出现的那些概念。假设一场飓风，它是在星期二的《泰晤士报》第 5 版上报道的，结果

① 我们不妨粗略地将这里所暗示的、对单一因果陈述的分析刻画如下：“A 引起 B”为真，当且仅当有关于 A 与 B 的描述，以至于通过将这些关于 A 与 B 的描述放入“A 引起 B”之中而获得的命题是来自于一个真实的因果规律。由于并非所有真实的普遍原则都是因果规律，才使得这种分析摆脱了繁琐性；因果规律之所以被相互区别开来（当然尽管这不是分析），一方面是由于它们从归纳上为它们的例示所确证；另一方面是由于它们支持反事实和虚拟的单一因果陈述。关于因果关系问题，论文 7 有更进一步的论述。

引起了星期三的《论坛报》第 13 版上所报道的一场灾难。这样一来，星期二《泰晤士报》第 5 版所报道的事件引发了星期三《论坛报》第 13 版上所报道的事件。我们应该寻找一种把这两类事件关联起来的规律吗？寻找把飓风与灾难关联起来的规律几乎没有什么荒谬之处。而准确预见那场灾难所需的规律对于像飓风和灾难之类的概念来说理所当然是没有用处的。预报天气所面临的麻烦在于，事件在其之下受到我们关注的描述（“寒冷、多云、午后有雨”）与更确切知道的规律所用的概念之间只具有遥远的联系。

我们可以确信，在理由是行动原因这一条件下必须存在的那些规律并不运用合理化解释所必须运用的概念。如果一类事件（行动）的原因属于某一种类（理由），并有一种规律来支持每一个单一的因果陈述，那么不能因此说，存在着把被分类为理由的事件与被分类为行动的事件联系起来的规律（所涉及的那些分类甚至可以是神经病学的、化学的或物理学的）。

D. 据说，人们所具有的、关于自身行动的理由的那种知识有悖于理由与行动之间的因果关系之存在：一个人无须观察或归纳就能确凿可靠地知道他自己在行动中的意向，而且任何常见的因果关系都不能以这种方式来认识。毫无疑问，我们关于自身在行动中的意向的知识将表明：关于某人自身的疼痛、信念、愿望等等的第一人称知识具有许多奇特之处。惟一的问题是，这些奇特之处是否能证明：至少在任何日常的意义上，理由并不引起它们所合理地解释的行动。

在关于“我正在毒害查尔斯，因为我想帮他摆脱痛苦”这种形式的陈述的真实性问题上，你可能会很容易犯错误，其原因在于，你在关于你是否正在毒害查尔斯这一点上你可能犯错误——你可能自己误饮了有毒的那一杯水。但是似乎还有这种情况，你可能把你的理由弄错了，特别是当你对于一个行动具有两种理由时更是如此，其中一个正合你的意思，而另一个则相反。例如，你的确想帮查尔斯摆脱痛苦；你也想让他死去。究竟是哪一个动机使你做出那件事，你也许会弄错。

你可能出错这一事实并不表明下述做法一般来说讲得通，即问你怎样知道你的理由曾是什么或要求你拿出你的证据，这样做一般是有意义的。虽然你也许在罕见的情况下接受公开的或私下的证据，由此表明你在你的理由问题上是错误的，但你通常并没有证据，也无话可说。这样一来，你关于你自己的行动的理由的知识一般不是归纳的，因为在有归纳的地方，便有证据。这难道就表明这种知识不是因果性的知识吗？我看不出它是这样。

因果规律不同于真实的但又非规律似的普遍原则，因为它们的例示证实了它们；因此归纳确实是了解一个规律之真实性的良好途径。但不能因此说，归纳是了解一个规律之真实性的惟一途径。在任何情况下，要知道一个单一的因果陈述是真实的，没有必要知道规律的真实性；惟一有必要知道的是，某些涵摄眼前的事件的规律存在着。尚不明显的是：归纳，而且只是归纳，能提供那种关于满足了某些条件的因果规律存在的知识。或者换言之，正如休谟所承认的那样，一个事例就常常足以使我们相信存在着规律，这等于是说，即使没有直接的归纳根据，也能够使我们相信存在着因果关系。

E. 最后，我愿意就一些哲学家在讨论行动的原因时所感觉到的某种担忧谈一点自己的看法。例如，梅尔登提出，行动常常同一于躯体的运动，而躯体的运动总是有其原因的；不过他否认这些原因就是那些行动的原因。我认为这是自相矛盾的。他是基于下述这样一种考虑而得出这一结论的："试图通过愿望的因果有效性解释行为是徒劳无益的——它能解释的不过是进一步发生的事件，而不是行动者所实施的行动。行动者在碰到这些事件出现于其中的因果关系时，便成了发生在他身上，并为他所想到的一切事件的无用的牺牲品。"(第 128、129 页)。我没弄错这个论证(如果能成立的话)表明行动不可能有任何原因。我无意于指出在将行动完全从因果关系领域中驱逐出去时所面临的明显困难。但是尝试揭示这种麻烦的源泉也许是值得的。一个原因究竟为什么会使一个行动变成一个单纯的事件，使一个人变成一个无用的牺牲品？这是否是由于我们总倾向于假定，至少在行动的场合，一个原因要求有一个引起者，一种能动作用要求有一个当事者？因此我们不妨提出这样的问题：如果我的行动被引起了，那是什么引起它的？如果是我引起的，那么便会有无穷倒退的荒谬性；如果不是我引起的，那么我便是一个牺牲品。当然，可供选择的项目并未穷尽。某些原因就没有当事者。人身上的状态及其变化就属于这些无当事者的原因，因为它们既是原因也是理由，从而它们就使某些事件成了自由的和有意向的行动。

参考文献：

赖尔(Gilbert Ryle)(1949)：《心的概念》(*The Concept of Mind*, New York: Barnes and Noble)。

安斯康帕(G. E. M. Anscombe)(1959)：《论意图》(*Intention*, Oxford: Blackwell)。

汉普希尔(Stuart Hampshire)(1959)：《思想与行动》

(*Thought and Action*, London: Chatto and windus)。

哈特(H. L. A. Hart)与奥诺雷(A. M. Honoré)(1959):《规律中的因果关系》(*Causation in the Law*, Oxford: Clarendon Press)。

德雷(William Dray)(1957):《历史中的规律与解释》(*Laws and Explanation in History*, London: Oxford University Press)。

肯尼(Anthony Kenny)(1963):《行动、情绪与意志》(*Action, Emotion and Will*, London: Routledge and kegan Paul)。

梅尔登(A. I. Melden)(1961):《自由行动》(*Free Action*, London: Routledge and kegan Paul)。

温奇(P. Winch)(1958):《社会科学的观念》(*The Idea of a Social Science*, London: Routledge and kegan Paul)。

彼德斯(R. S. Peters):《动机的概念》(*The Concept of Motivation*, London: Routledge and kegan Paul)。

休谟(David Hume):《人性论》(*A Treatise of Human Nature*),塞尔比-比格(L. a. Selby - Bigge)编(Oxford: Clarendon Press, 1951)。

(储昭华译,牟博校)

18. 行动语句的逻辑形式*

事情发生得真奇怪！深更半夜，琼斯在浴室里拿着一把刀子缓慢地、有意地做着那件事(did it)。他所做的事是往一片面包上抹油。我们对于这种关于行动的语言是太熟悉了，以致起初没有注意到这样一个异常情况：在"琼斯……缓慢地、有意地做着那件事"中的"那件事"(it)，似乎指称某个实体，这个实体可假定为一个行动，从而可用若干方式来表征它。倘若有人问及这个语句的逻辑形式，我们也许会自发地作出如下 的某种分析："存在一个行动 x，使得琼斯缓慢地做 x、琼斯有意地做 x 并且琼斯在浴室里做 x，……"，如此等等。但另一方面我们需要一个适当的单称词项来替换"x"。事实上，我们知道琼斯往一片面包上抹油。在允许表述上有点不严格的情况下，我们便能对"x"作出替换，从而得到"琼斯缓慢地往一片面包上抹油，琼斯有意地往一片面包上抹油，并且琼斯在浴室里往一片面包上抹油……"，如此等等。困难在于，在此我们并没有我们通常会识别为单称词项的东西。我们并没有把握住这种语句的逻辑形式，表明这一点的另外一个迹象是，在所论及的那个语句的最后那种说法中，并没有蕴涵任何一个行

---

* 本文首次发表于雷舍(Nicholas Rescher)编：《关于决策与行动的逻辑》(*The Logic of Decision and Action*, University of Pittsburgh Press, 1967)。——译者

动是缓慢的、有意的以及是发生在浴室里的，尽管这显然是原句的部分含义。

本文旨在试图直接获得关于行动的简单句的逻辑形式。我打算对这类语句中的组成部分或语词的逻辑作用或语法作用提出一种解释，这种解释既与这类语句之间的衍推关系相容，又与人们关于其他的（非行动的）语句中的同样的组成部分或语词的作用的知识相容。在我看来，这项工作无异于表明行动语句的意义是如何依赖于这类语句的结构的。我并不关注对逻辑上简单的表达式进行意义分析，因为这项工作超出了逻辑形式问题的范围。例如，具体就手头上的这个实例而论，我并不关注（或许）其含意与“自发地”（voluntary）相对的“有意地”（deliberately）的意义；但我对这两个语词的逻辑作用均感兴趣。可以对我打算指出的区别提出另外一个例证：我们不必把“乔相信火星上存在生命”与“乔知道火星上存在生命”之间的差别视为逻辑形式上的一种差别。可从上述第二个语句中（而不是从第一个语句中）衍推出“火星上存在生命”，这合乎情理地是一个逻辑真理；但它是一个仅当我们考虑关于“相信”和“知道”的意义分析时才出现的真理。人们公认，在把逻辑中的多少内容归之于逻辑形式这个问题上存在某种任意成分。可是，倘若我们的兴趣在于提出一种融贯而又富有建设性的关于意义的解释，那么便施加了某些限制，这也就是说，我们必须充分揭示结构，以便使得对下述这一点作出表述成为可能，即对于任意一个语句来说，它的意义如何依赖于那种结构，并且，我们一定不要把比这样一种意义理论所能容纳的更多的结构归之于所论及的语言。

试考虑下述语句：

(1)深更半夜,琼斯在浴室里拿着一把刀子缓慢地、有意地往面包上抹油。

尽管"有意地"与其他起修饰作用的词项在表面的语法上相似,但是,我随后将要论证,我们不能把它们等量齐观。"有意地"这个短语仅仅对意向作出归属,因为琼斯当然可以于深更半夜在浴室里缓慢地往面包上抹油,而又完全无意地把面包错当成他本打算往上抹油的头发刷子了。因此,我们不妨推迟讨论"有意地"以及与之同类的意向性语词。

"缓慢地"这个语词不像其他状语性词项那样,它并没有引入一个新实体(如一个地点、一个手段、一个时间),它也可能会碰到一种特殊困难。因为,假定我们把"琼斯缓慢地往面包上抹油"看作是说琼斯往面包上抹油是缓慢的,那么,认为我们能同样令人满意地把琼斯的行动(无论我们怎样对它作出描述)说成是缓慢的,这种说法难道是清楚的吗?我们变换一下例子会有助于说明这一点。苏珊说:"我用 15 个小时跨越了英吉利海峡。""天呀!那是慢的(that was slow)。"[*](请注意,我们在这里说"慢的"比说"慢地"[slowly]要自然得多。但是,什么东西是慢的?"那"指称什么东西?并没有恰当的单称词项出现在"我用 15 个小时跨越了英吉利海峡"之中。)于是苏珊补充说:"可我是游过去的。""天呀!那是快的。"我们并没有撤回下述断言,即它是一次缓慢的跨越;这个断言与它是一次快的游泳是相容的。我认为,我们在这里已充分表明,我们不能把"它是一次缓慢的跨越"解释为"它是慢的,并且它是一

[*] 为了表明英语原句的结构以便与作者的分析相应,本篇译文对有关语句或词组经常采取看来生硬的直译。——译者

次跨越”，因为所论及的跨越也可以是并不慢的游泳，而在这种情况下我们便会得到“它是慢的，并且它是一次跨越，并且它是一次游泳，并且它是不慢的”。然而，这并不是为关于行动的谈论所特有的困难。它也同样出现在我们试图说明在下述两句话中的那些归属性形容词的逻辑作用的场合，即“格伦迪是一个矮个子篮球运动员，但却是一个高个子的人”和“这是关于那场谋杀的一个很好的纪念品，但却是一把差劲的切牛排餐刀”。在归属性形容词上所碰到的难题的确是一个关于逻辑形式的难题，但是在此可把它搁到一边，因为它并不仅仅是一个关于行动语句的难题。

我们已决定（至少是暂时地）忽略（1）中的“有意地”和“缓慢地”这两个状语修饰词，现在可以来处理关于下述语句的逻辑形式的难题了：

（2）琼斯于深更半夜在浴室里拿着一把刀往面包上抹油。

安东尼·肯尼（Anthony Kenny）明确地注意到这个难题。[①]这是值得赞扬的。他指出，当今的大多数哲学家都会一开始就把这个语句分析成包含着一个五位谓词，这个谓词带有以那些明显的方式用单称词项或约束变元填入的主目位置。倘若我们接着把“琼斯往面包上抹油”分析成包含一个两位谓词，把“琼斯在浴室里往面包上抹油”分析成包含一个三位谓词，如此等等，那么，我们便抹杀了这些语句之间的逻辑关系，即可从语句（2）中衍推出其他那些语句。或者换用另外一种方式来表述这个异议，即原先那些语句包含一个共同的句法因素（“往……上抹油”），我们从直觉上认为它与这些语句的意义关系有关。但是，所提出的那些分析并没

① 安东尼·肯尼：《行动、情感与意志》（*Action, Emotion and Will*），第七章。

有表明这样的共同因素。

肯尼反对下述建议，即把“琼斯往面包上抹油”视为“琼斯在某时某地用某个东西往面包上抹油”的省略，这种建议认为，后者会恢复所需要的那些衍推关系。肯尼之所以反对这个建议是因为，我们永远不能确定在每个行动谓词那里究竟要提供多少个备用的位置。例如，我们难道就不能向语句(2)增添“通过把它夹在他的左脚的脚趾头之间”这个词组吗？不过，这仅仅是在上述词组在意义上不同于“当把它夹在他的左脚的脚趾头之间时”这个词组的场合下才给那个谓词增添了一个位置，但究竟是否如此，这并不十分清楚。我倾向于赞同肯尼的这样一个看法，即我们不能把行动动词视作通常包含大量备用的位置，但我并不具有我所考虑的一种锐不可当的论证。(一种锐不可当的论证在于一种不确定地增加位置数量的方法。)①

肯尼提议，我们可以多少按下述方式来展示(2)的逻辑形式：

(3)琼斯致使(bring about)下述事情：于深更半夜在浴室里用一把刀子往面包上抹油。

无论这一建议具有什么样的其他优点(我一会儿就要讨论其中某些优点)，它都显然没有解决肯尼提出的那个难题。因为，甚至更难解的是(倘若有什么难解之处的话)，(3)如何衍推出“琼斯完成了下述事情：往面包上抹油”或“往面包上抹油”，因此，(2)又

① 肯尼似乎认为存在这样一种方法，因为他写道：“如果我们把网撒得足够大，我们就能使‘布鲁图斯杀害了凯撒’这句话纳入一个描述世界的全部历史(在没有作出某种详细说明的情况下)的语句”(见前引书，第160页)。但他并没有表明如何使得对那个语句的每个增添成为这样一个语句：它以不可归约的方式修饰与(譬如说)布鲁图斯、凯撒或时间地点相对的杀害这个行动。

如何衍推出“琼斯往面包上抹油”。肯尼似乎混淆了两个不同的问题。一个问题是，如何描述能动作用(agency)这个概念：正是这一点促使肯尼在语句(3)中向“琼斯”指派一种在逻辑上可区别的作用。另外那个问题是关于行动动词的“可变的多元性”(variable polyadicity)(正如肯尼所称呼的那样)的问题。而它明显独立于第一个问题，因为这个问题是相对于取代“x 致使(that) p”中的“p”的语句而提出的。

倘若我说我在城市的商业区买了一栋带有四间卧室、两个壁炉以及厨房中的枝形吊灯的房子，那么我显然能不断地继续增添细节。然而，我所使用的那些语句的逻辑形式并没有(在这方面)造成任何难题。其逻辑形式类似于“存在一栋房子使得我买下了它，它在城市的商业区，它带有四间卧室，……”等等。我们可以随意添加新的内容，因为重述的关系代词会如所斯望的那样经常回溯到同一个实体。(当然，我们知道如何以更精确得多的方式表述这一点。)我们关于行动的讨论的很多内容都暗示了同样的想法，即存在诸如行动这样的东西，而一个像(2)那样的语句便以诸多方式对行动作出描述。“琼斯用一把刀子干它(it)。”“请告诉我有关它的更多情况。”“它”在此并不指称琼斯或那把刀子，而是指称琼斯所干的事情(或者说似乎是如此)。

奥斯汀写道：“……以如此众多的方式描述或指称‘我所干的事情’，这在原则上始终是(遵循各种不同的思路)为我们所愿意接受的。”[①]奥斯汀显然对他置于引起人们注意的引号之中的那个明显的单称词项很提防；不过，他的语句的语法则需要一个单称词

① 奥斯汀(J. L. Austin)：“恳求辩解理由”(“A Plea for Excuses”)，第148页。

项。我料想，奥斯汀对我在这里所从事的对逻辑形式的研究不大感兴趣，尽管为了提出一种直觉上可接受的和建设性的意义理论，奥斯汀在《如何用语词来做事》一书的最后一章里开始提出这种要求。不过，奥斯汀关于辩解理由的讨论至少屡屡例示了这样一个事实，即我们关于行动的普通谈论和推理是根据存在这类实体这个假定来对之作出最自然的分析的。

“我不知道枪被装上了子弹”这个语句属于一种标准的辩解理由范型。我并不否认我举枪瞄准并扣动了扳机，我也不否认我击中了那个受害者。我的无知说明了下述事情是如何恰好发生的：我有意地举枪瞄准并扣动了扳机，但并非有意地要击中那个受害者。子弹射入受害者是我举枪瞄准并扣动扳机的结果。很清楚，这是两个不同的事件，因为其中一个开始于另外那个事件稍后的时间。可是，在我举枪瞄准并扣动扳机与我击中那个受害者之间是什么样的关系呢？自然的和（我认为）正确的回答是，这种关系是同一关系。这种辩解理由的逻辑似乎至少包括这么些结构：我被指责做了 b，这件事情是可悲的；我承认我做了 a，a 是可为之提出辩解理由的；我对做了 b 的辩解理由有赖于我的下述断言，即我不知道 $a=b$。

另外一种辩解理由范型使我承认我是有意地击中受害者的，但是出于自卫。于是，所论及的结构便包括某种另外的东西。我仍旧被指责做了 b（即我击中受害者），b 是可悲的。我承认我做了 c（我出于自卫而击中受害者），c 是可为之提出辩解理由的。我对做了 b 的辩解理由有赖于我的下述断言，即我知道或相信 $b=c$。

可以使这番描述出现另外一种转折。还是我击中受害者，还是有意地击中他的。我被要求对我击中银行总裁的行动（d）作出说明，因为那个受害者便是那位著名的绅士。我提出的辩解理由是，我击中的是正在逃跑的杀人犯(e)；尽管这是令人吃惊和令人不愉快的，但我击中那个逃跑的杀人犯与我击中那个银行总裁是同一个行动($e=d$)，因为银行总裁与正在逃跑的杀人犯是同一个人。为了对“因为”提出辩护，我们大概必须把“我击中 x”视作一个函项表达式，当其中的“x”为一个恰当的单称词项所替换时这个函项表达式命名一个行动。因此，相关的推理是 $x=y\rightarrow fx=fy$ 这项原理的一个应用。

辩解理由提供了无穷的事例，在这些事例中，我们似乎被迫严肃地(即严格地)看待关于“对相同的行动所作出的不同描述”的谈论。但是存在大量的、在其中需要对相同的行动施加一些限制的其他语境。通过给出一个据以做出某个行动的意向来**说明**这个行动，便对该行动提出新的描述：我带着填写一张支票的意向把我的名字写在一张纸上，而我在填写那张支票时又带有支付我欠下的赌债的意向。可列出对我的行动的不同描述。这里先列出一些：我写我的名字；我在一张纸上写下我的名字；我带着填写一张支票的意向在一张纸上写下我的名字；我填写一张支票；我支付我欠下的赌债。除非允许我们说同一个行动使这些语句中的每一个为真，否则，就很难想象我们如何能具有一个融贯的行动理论。重新作出的描述可能会提供动机(如“我在报仇”)、把行动置于一个规则的语境之中(如“我在〔下国际象棋时〕走车护王”)、给出结果(如“我杀死了他”)或作出评价(如“我做了一件正确的事情”)。

正如我们刚才注意到的那样，根据肯尼的看法，行动语句具有“琼斯致使(that) p”的形式。替换 p 的那个语句是用现在时态，它描述当事人所造成的结果，这也就是说，它是一个“以新的方式对

病人适用的”语句。[①] 例如，“医生切除了病人的阑尾”这句话就必须被转译成“医生致使病人没有(has no)阑尾”。由于肯尼坚持认为，替换“p”的语句并非描述一个事件(event)，而是描述一个终端状态(terminal state)，因此，人们可能会认为，肯尼能够避免上面提出的那种批评，即认为关于行动语句之逻辑形式的难题出现在替换“p”的语句之中，这也就是说，我们可以承认“病人没有阑尾”这个语句并没有提出相关的难题。困难在于，那种分析也不会采取其目前的形式。那个医生可能会通过把病人转交给另外一个旅行手术的医生，或通过另外某种方式来致使病人没有阑尾。在这两种情况下，我们都不会说那个医生切除了所论及的病人的阑尾。更接近于正确的分析也许是这样：“那个医生致使那个医生切除了病人的阑尾”；或许是这样：“那个医生致使病人让那个医生把他的阑尾切除了。”我认为，人们可能会对这些语句是否具有与“那个医生切除病人的阑尾”这个语句相同的真值条件这一点有些疑虑。但下述这一点无论如何都是清楚的：在这些说法中，关于行动语句之逻辑形式的难题的确出现在替换“p”的那些语句中，这也就是说，分析“那个病人让那个医生把他的阑尾切除了”或“那个医生切除了那个病人的阑尾”无疑并不比分析“那个医生切除了(removed)那个病人的阑尾”更容易。同样，“卡斯走到了(walked to)商店”不能被理解成“卡斯致使卡斯在商店那儿(is at the store)”，因为后面这句话丢弃了“行走”这个概念。而“卡斯致使卡斯在商店那儿并且他是行走到那儿的”这句话是否适用也尚不清楚，但是，不管怎么说，被包含的那个语句还是比我们一开始所处理的那

① 肯尼：见前引书，第 181 页。

句话要糟。

很难判定如何来处理“史密斯咳嗽”这个语句。难道我们应当说“史密斯致使史密斯刚才处于咳嗽状态之中”吗？这充其量仅仅在史密斯故意地咳嗽的场合下才会是正确的。

肯尼建议中的那种我们一直在讨论的困难或许可以按如下方式来表述：他想要仅仅依据所论及的当事人、关于致使事态成立的概念以及由那个当事人所致使的事态来描述每一个（被完成了的）行动。可是，有很多行动语句并没有对由该行动所致使的事态作出描述（除非这种行动本身的确就是由该行动所致使的事态）。因此，要采取的一个很自然的步骤便是，允许在“x 致使（that）p”中替换“p”的语句可能（或必须）描述一个事件。

倘若我没搞错的话，齐硕姆（Roderick Chisholm）曾提出过这样一种分析，这种分析至少允许替换“p”的语句描述一个事件（正如我们现在允许我们自己采取这种说法一样）。[①] 他所喜好的措辞是“x 使 p 发生”（x makes p happen），尽管他使用的是这样一些不同说法：“x 致使（that）p”（x brings it about that p）或“ x 使 p 为真”（x makes it true that p）。齐硕姆把替换“p”的那些表达式所指称的实体说成是“事态”，并明确地补充说事态可以是变化或事件（不仅可以是“非变化”）。齐硕姆提供了这样一个例子：如果一个人抬起他的胳膊，那么我们就可以说他使他的胳膊抬起来这件事情发生。尽管我不知道齐硕姆是否会提议把“琼斯使琼斯的胳膊抬起来这件事情发生”作为对“琼斯抬起他的胳膊”的一种

① 齐硕姆：“行动概念中的描述因素”（“The Descriptive Element in the Concept of Action”）。也可参看齐硕姆：“关于要求的伦理观”（“The Ethics of Requirement”）。

分析，但我认为这个提议大概是错误的，这是因为，尽管这两个语句中的第二个语句或许的确衍推第一个语句，但是第一个语句并不衍推第二个语句。如果我们把“琼斯使琼斯眨一只眼睛”这个语句（或另外某个无足轻重的不同说法）作为我们的例句，所论及的那个论点就更清楚了，因为提出这样一个语句不能被称作在揭示“琼斯眨一只眼睛”的逻辑结构方面的进步。

齐硕姆对行动语句的分析还有其他方面可能会令我们感到困惑，这与我们用什么样的语句来替换“p”的问题无关。无论我们用什么东西来表述“p”，我们都能把它解释为描述某个事件。我认为下述说法是很自然的，即具有“x 使 p 发生”形式的整个语句也描述事件。我们究竟是应当说这些事件是相同的事件，还是应当说它们是不同的事件？倘若它们是相同的事件（正如很多人［或许包括齐硕姆］会断言的那样），那么，无论我们用什么东西来表述“p”，我们在处理那些替换“p”的语句之前便无法解决关于行动语句的逻辑形式的一般性难题。倘若它们是不同的事件，那么，我们就必须探询能动作用的因素是如何被引入包含“p”所代表的语句的那个更大的语句之中的（尽管“p”所代表的语句中缺少这种因素）；因为这两个语句均有当事人作为其主语。我认为，齐硕姆作出的回答是：他心目中的那个关于使某件事情发生的特殊概念是意向性的，因此它与仅仅是造成（cause）某件事情发生是有所区别的。假定我们打算说艾丽斯打碎了镜子而又不意味着她是有意这样做的，那么，我们便无需齐硕姆的那种特殊说法，但我们能够说，“艾丽斯造成那面镜子破碎了。”假定我们现在想要补充说，她是有意这样做的，那么，齐硕姆要采用的语句便会是：“艾丽斯使下述事情发生，即艾丽斯造成那面镜子破碎这件事发生。”而现在我们想

要知道，那个由整个语句所报道而不由被包含的语句所报道的那个事件是什么？显然，它不只是以往常常被称之为意志行为的东西。我不会对下述看法提出一些标准的反对理由，即认为意志行为是一些区别于（譬如说）我们的躯体运动的特殊事件，并且或许是这些躯体运动的原因。但是，即使齐硕姆愿意接受这样一种观点，关于能替换“p”的语句的逻辑形式的难题依然存在，并且，正如我们在没有作出意向归属的场合下描述人们所做的事情那样，这些语句也对人们所做的事情作出描述。

冯·赖特（Georg Henrik Von Wright）精确细致地提出过一种稍微有点不同的观点。[①] 冯·赖特用下述形式来表述行动语句：“x 致使 p 所处于的一个状态改变成 q 所处的一个状态。”因此，在冯·赖特的那种分析与我们一直在考察的那种分析之间重要的相关差别，就在于那种关于当事人所致使的变化或事情的描述所具有的较复杂的结构：在肯尼和齐硕姆愿意描述变化结果的场合，冯·赖特还包括对初始状态的描述。

冯·赖特对探索变化和行动的逻辑感兴趣，而对（至少是起初）给出我们的关于行为或事件的普通语句的逻辑形式不感兴趣。对于我们的研究来说，把事件看作是状态的有序对，这也许会是很富有成效的。但我认为，这并没有向我们提出一种翻译或显示大多数关于行为和事件的语句之形式的标准方式，这也是十分明显的。例如，倘若我从旧金山走到匹兹堡，那么，我的初始状态是我处于旧金山，而我的终端状态是我处于匹兹堡；但是，倘若我从旧金山飞往匹兹堡，那么，同样的结论会更令人愉快地也成立。当

① 冯·赖特：《规范与行动》（*Norm and Action*）。

然，我们可以把终端状态描述为我从旧金山走到了匹兹堡，但另一方面，我们不再需要单独的关于初始状态的陈述。如果把冯·赖特的建议看作是对关于行动的通常语句的分析，那么它似乎的确会面临我已经概述过的那些困难，而且还会碰到这样一个额外的困难，即大多数行动语句没有产生关于初始状态的非平凡的描述(尝试一下对以下语句作出分析："他围绕着运动场跑"、"他朗诵《奥德赛》"、"他与奥尔加调情")。

然而，在我看来，冯·赖特在两个问题上暗示了在我们一直所考虑的那种分析范型中或至少在我们对这种分析范型的解释中的有价值的重要改变。第一，他说，一个行动并不是一个事件，而宁可说是致使一个事件。我认为这不可能是正确的。如果我跌倒了，那么，无论我是否有意地这样做，这都是一个事件。倘若你以为我的跌倒是一个偶然的事情，但随后又发现我是故意而为之，那么，你并不会被诱使去撤回你的下述断言，即你目睹了一个事件。冯·赖特拒绝把行动称作事件，我认为这反映出我们在下述情况下所感到的窘迫处境，即我们把一件行为说成是一个事件，而由一个诸如"致使"(brings it about that)之类的词组引入能动作用。然而，他的解决办法并不在于使行为区别于事件，在于为行动词句找到不同的逻辑形式。冯·赖特引入的第二个重要思想表现在他在关于事件的一般(generic)命题与个别(individual)命题之间作出的区别之中。[①] 冯·赖特所做出的这个区别并不是十分清楚的，因为他采取了下述两种说法：他既认为，个别命题不同于一般命题之处在于，前者具有一个惟一确定的真值，而后者仅当与某一

① 见前引书，第 23 页。

场合相联系时才具有一个真值；他又认为，布鲁图斯杀害了恺撒是个别命题，而布鲁图斯吻恺撒则是一般命题，因为“一个人可以在不止一个场合被另外一个人所吻”。实际上，布鲁图斯吻恺撒这个命题，似乎在布鲁图斯杀害了恺撒这个命题具有惟一确定真值的相同涵义上，也具有惟一确定的真值。但我认为，“布鲁图斯吻恺撒”这个语句并非仅仅依据其意义而描述一个单一行为，这是一个非常重要的观察结果。

很易于看到，我们一直在考虑的那些涉及行动语句之逻辑形式的建议并没有为我们一开始所碰到的难题提出解决办法。我已经指出，肯尼提出的那个难题（即行动动词显然具有“可变的多元性”）是在那些能在诸如“x 致使(that) p”之类的公式中替换“p”的语句的范围内产生的。类似的说法适用于冯·赖特的那个更精致的公式。另外那个主要难题可以被表述为向下述行动语句指派逻辑形式的难题，这些行动语句会证明关于两个语句描述“相同的行动”的断言是正确的。我们对我们据以为行为进行辩解的某些方式的研究表明，我们想要作出如下推导：我驾驶宇宙飞船飞往晨星，晨星同一于暮星；因此，我驾驶宇宙飞船飞往暮星。（我的上级告诉我不要飞往暮星；我在不知道晨星就是暮星的情况下向晨星驶去。）但是，假定我们遵循肯尼、齐硕姆或冯·赖特所提出的那些思路来翻译上述行动语句，那么，我们便得到如下语句：“我致使我的宇宙飞船在晨星上。”假定给出了那个众所周知的同一式，我们如何能推导出“我致使我的宇宙飞船在暮星上”呢？我们知道，倘若我们在“我的宇宙飞船在晨星上”中用“暮星”替换晨星，就不会扰乱真值；因此，如果这个语句在“我致使我的宇宙飞船在晨星上”中的出现是真值函项的，那么就可证明那个推导是当正的。可是，

这个出现当然不可能是真值函项的；否则的话，就会从我致使一个现实的事态这个事实中得出我致使每一个现实的事态。下述说法是无益的：在“致使”这些语词之后的语句描述某种介于真值与命题之间的东西（譬如说事态）。这样一个断言必须得到一种告诉我们每个语句如何确定它所确定的那些事态的语义学理论的支持；否则的话，这个断言便是徒劳的。

伊斯雷尔·谢夫勒（Israel Scheffler）提出过一种对关于选择的语句的分析，这种分析可以在不作出重要修改的情况下适用于关于意向性行为的语句。[①] 谢夫勒并没有提出有关那些对意向作出归属的行动语句的建议，因此并没有对我正在讨论的那些主要难题提出解决办法。不过，他在分析具有一种我愿意提到的特征。谢夫勒大概会使我们把“琼斯有意地往面包上抹油”翻译成“Jones made-true a that Jones-buttered-the-toast inscription”。出于一些我在别处极力主张并详细提出的理由，[②]不能认为这是关于这类语句的一个最终令人满意的形式，因为它包括这样一个没有给出逻辑构造的谓词，即“is a that Jones-buttered-the-toast inscription”，并且，在语言中存在无限多的这类语义初始词。但是在一方面，我相信谢夫勒的分析显然比其他那几种分析更优越，因为它具有这样一种含义，即引入意向性因素并不要求在那种表达有意地做出的事情的语句之内容上作出还原。这显示出这样一个否则便会被隐匿住的事实，即（采用我们的例子）“琼斯”出现两次，一次是在意向算子的辖域之内，一次是在该辖域之外。我将再次讨论

① 谢夫勒：《对探究的解剖》（*The Anatomy of Inquiry*），第 104～105 页。

② 戴维森：“意义理论与可学会的语言”（“Theories of Meaning and Learnable Languages”），第 390～391 页。

这一点。

人们会在莱辛巴赫(Hans Reichenbach)的《符号逻辑原理》一书中公正地为人称道的第七章里，找到对日常语言中的行动语句的逻辑形式所作的讨论。[①] 根据莱辛巴赫的学说，我们可以把一个诸如

(4)阿蒙森飞往北极

这样的语句变换为：

(5)$(\exists x)$(x 基于下述事实：阿蒙森飞往北极)。

“是一个基于下述事实的事件”这个表达式应被看作是一个算子，这个算子在它作为前缀置于一个语句之前时形成一个关于事件的谓词。莱辛巴赫并没有把(5)视作表明或揭示(4)的逻辑形式，因为他认为(4)是没有疑问的。更确切地说，他认为(5)与(4)在逻辑上等价。(5)具有它的用更普通的话语来表述的对应体：

(6)阿蒙森去北极的一次飞行发生了。

因此，莱辛巴赫似乎认为，我们具备表达相同思想的两种方式，即(4)和(6)；尽管它们具有完全不同的逻辑形式，但它们在逻辑上是等价的；一种方式是在严格含义上谈论事件，而另外那种方式则不然。我认为这种观点损坏了莱辛巴赫建议所具有的大部分优点，我们必须抛弃下述看法，即认为(4)具有一种没有疑问的逻辑形式，这种逻辑形式区别于(5)或(6)的逻辑形式。按照莱辛巴赫的那个把任何一个行动语句表述为(5)的形式的公式，我们把

(7)阿蒙森于1926年5月飞往北极

转译为：

---

① 莱辛巴赫：《符号逻辑原理》(*Elements of Symbolic Logic*)，第48节。

(8)($\exists x$)(x 基于这样下述事实:阿蒙森于 1926 年 5 月飞往北极)。

(8)衍推(5)这个事实就像(7)衍推(4)一样是不明显的,含混难解之处依然如故。转译(7)的正确方式是:

(9)($\exists x$)(x 基于下述事实:阿蒙森飞往北极,而 x 发生于 1926 年 5 月)。

可是(9)并不具有(8)所具有的那种与对(7)作出解释的标准方式的简单关系。我们并不了解当(7)按通常方式被形式化(带有一个三位谓词)时对(7)施加的任何会使之与(9)在逻辑上等价的逻辑运算。这就是我之所以建议我们应仅仅把(9)看作是给出了(7)的逻辑形式的原因。如果我们采取这种对策,肯尼的关于行动动词的"可变多元性"的难题就会得到解决;当然,并不存在什么可变多元性。通过引入事件作为可对之作出数量不定的说明的实体,所论及的那个难题便以自然的方式得以解决。

莱辛巴赫的建议还具有另外一个诱人的特征:它消除了一个似乎为下述看法所特有的混乱,即认为像(7)那样的语句"描述事件"。困难在于,人们在以下几种选择之间犹疑不定:要么是把那个语句看作是描述或指称阿蒙森于 1926 年 5 月实施的一次飞行,要么是把那个语句看作是描述一个事件,或许是把那个语句看作是描述(潜在地?)几个事件。正如冯·赖特所指出的那样,任意多的事件都可以被一个像"布鲁图斯吻凯撒"这样的语句所描述。莱辛巴赫的建议(即普通的行动语句实际上具有一个限制行动变元〔action-variable〕的存在量词)以一种我感到十分有说服力的方式驱散了这层迷雾。当我们被诱使认为一个诸如(7)之类的语句描述一个单一事件时,我们便被引入歧途了,因为它根本就没有描述任何事件。可是，如果(7)是真的，那么，便存在一个使之为真的事件。（我认为，在行动语句中的这种关于一般性的未得到承认的因素在理解行动与愿望之间的关系时是极为重要的。）

对莱辛巴赫关于行动语句的分析有两种异议。第一种异议也许不是致命的。这种异议认为，照目前情况来看，这种分析可以适用于任何一种语句，无论它涉及的是行动，还是事件或其他任何东西。甚至“2＋3＝5”也变成了“(∃x)(x 基于下述事实：2＋3＝5)”。为什么不说“2＋3＝5”直到经受计算机检验时才表明其真实特征？就此而论，我们是否在迈出了第一步之后便大功告成了？难道我们不应当继续走到“(∃y)(y 基于下述事实：(∃x)(x 基于下述事实：2＋3＝5))”这一步吗？如此等等。应用这种分析的决定到底依据什么原理，这一点尚不清楚。

第二种异议更糟。我们有：

(10)(∃x)(x 基于下述事实：我驾驶我的宇宙飞船飞往晨星)

和

(11)晨星＝暮星，

并且我们打算推导出

(12)(∃x)(x 基于下述事实：我驾驶我的宇宙飞船飞往暮星)。

证明上述推导为正当的那个原理很可能是：

(13)(x)(x 基于事实 $S \longleftrightarrow x$ 基于事实 S')

其中，“S'”是通过在一位或更多位上替换一个共指的(co-referring)单称词项而从“S”中获得的。进而言之，(13)成立当且仅当“S”与“S'”在逻辑上是等价的，这个说法是合乎情理的。但是，(13)和最后那个假设产生出了麻烦。因为，我们注意到，“S”在逻

辑上等价于“$\hat{y}(y=y\&S)=\hat{y}(y=y)$”，由此我们得到

(14)(x)(x 基于事实 $S\longleftrightarrow x$ 基于下述事实:$(\hat{y}(y=y\&S)=\hat{y}(y=y))$)。

于是，假定“R”是任何一个在内容上等价于“s”的语句，那么，“$\hat{y}(y=y\&S)$”和“$\hat{y}(y=y\&R)$”便会指称同一个事物。通过在(14)中进行替换，我们便得到

(15)(x)(x 基于事实 $S\longleftrightarrow x$ 基于下述事实:$(\hat{y}(y=y\&R)=\hat{y}(y=y))$)，

它导致：当我们注意到“R”与“$\hat{y}(y=y\&R)=\hat{y}(y=y)$”在逻辑上等价时，则

(16)(x)(x 基于事实 $S\longleftrightarrow x$ 基于事实 R)。

可以把(16)解释为下述说法(考虑到“R”与“S”在内容上等价这个惟一的假设):所出现的一切事件(=一切事件)都是同一的。我认为，这证明莱辛巴赫的分析具有根本的缺陷。

现在我想要提出一种关于行动语句的分析，在我看来，这种分析综合了那些已讨论过的可供选择的方案的大多数优点，同时又避免了它们所遇到的困难。其基本思想是，行动动词(即说出“某人所做的事情”的动词)应当被解释为包含(对于单称词项和变元来说)一个它们看来好像并不包含的位(place)。例如，我们通常会假定，“谢姆踢肖恩”是由两个名称和一个二位谓词所组成的。不过，我建议，我们应把“踢”看作是一个三位谓词，这个语句应按下述形式给出：

(17)$(\exists x)$(踢(谢姆，肖恩，x))。

倘若我们试图得到一个直接反映这种形式的英语语句，我们便会碰到一些困难。“存在一个事件 x，使得 x 是谢姆对肖恩实施的一

个踢的行动”这个语句大约是我所能给出的最佳语句形式，但是我们必须记住，“一个踢的行动”(a kicking)并不是一个单称词项。假定对英语有了这种理解，我提出的建议可能听来非常相似于莱辛巴赫的建议；不过，我的建议当然具有完全不同的逻辑特性。“谢姆踢肖恩”这个语句根本就不在我的分析语句之内出现，这使它不同于我们已考虑的所有那些理论。

那些允许作出关于晨星—暮星的推导的原理现在没有造成任何麻烦：它们是关于外延性的通常原理。因此，现在没有任何东西妨碍我们以塔尔斯基式的真理定义的形式给出一种关于行动语句的标准意义理论，这也就是说，没有任何东西妨碍我们对这些语句的意义(即真值条件)如何依赖于它们的结构作出一种建设性的融贯解释。为了看出那些令人烦恼的推导之一现在是如何讲得通的，试考虑把(10)改写为

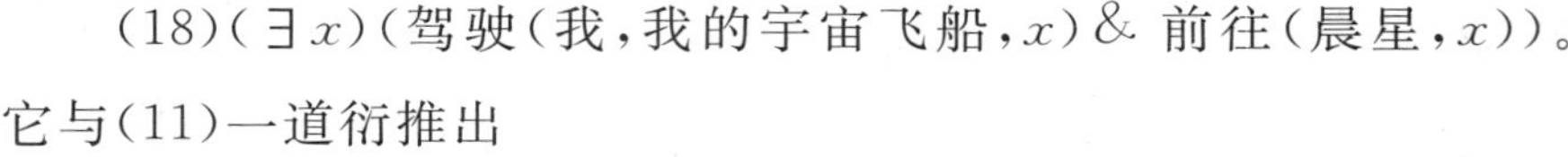

(18)(∃x)(驾驶(我，我的宇宙飞船，x)& 前往(晨星，x))。

它与(11)一道衍推出

(19)(∃x)(驾驶(我，我的宇宙飞船，x)& 前往(暮星，x))。

在阐述这个论证时，不一定要分离出前往这一关系(the To-relation)；我们可以把“驾驶”当作一个四位谓词。但是这样做便会搞混另外一个推导，即从(19)中推导出

(20)(∃x)(驾驶(我，我的宇宙飞船，x))。

一般来说，当我们把介词看作是动词的组成部分时，我们便隐匿了逻辑结构；现在这个建议具有这样一个优点：它提出了把介词看作是对结构起一定作用。这不仅可以使人们从(19)中推导出(20)，而且还能够使人们留意在“飞往”(fly to)和“飞离”(fly away from)中的共同因素，倘若我们把这些词组看作是不具有结构的

谓词，那么我们当然就无法做到这一点。

如果接受我的建议，那么，威胁着莱辛巴赫的分析的那个难题（即似乎不存在可据以阻止把莱辛巴赫的分析应用于每个语句的清楚的原理）便会自然地得到解决。我们在学习任何一个谓词的意义时所必须学会的那部分内容就是，这个谓词具有多少个位、占据这些位的变元的取值范围包括何种实体。有些谓词具有一个事件位(event-place)，有些谓词则不然。

一般来说，哪些种类的谓词的确具有事件位呢？不必过于深究这个问题，我认为显然的是，如果行动谓词具有事件位，那么，很多与行动没什么关系的谓词也具有事件位。的确，我们一直主要关注的那些难题并非仅仅论及行动：它们为关于任何一种事件的谈论所共有。一个飞往晨星的行动等同于一个飞往暮星的行动；但是晨星的被侵蚀也同样是暮星的被侵蚀。我们通常的关于事件、关于因果的谈论要求经常不断地使用关于对相同事件作出不同描述的概念。当有人指出擦火柴不足以点燃它时，不充足的东西并不是那个事件，而是关于它的描述——它是一根干燥的火柴，如此等等。[1] 当然，尽管肯尼把他的关于"可变的多元性"的难题看作是行动动词的一个标志，但这个难题为一切描述事件的动词所共有。

现在看来可能是这样：这里提出的那种分析的明显成功归因于下述事实，即它仅仅省略掉了为与其他关于事件的语句相对照的行动语句所特有的东西 。但我认为并非如此。能动作用这个

① 关于这个论题的更详细的论述，请参看戴维森："因果关系"("Causal Relations")。

概念包含两个因素，而当我们将这两个因素分得一清二楚时，我认为我们便会看到，目前这种分析并没有忽略任何东西。我们试图以一种相当弱的方式通过下述说法来引出这两个因素中的头一个因素，即认为当事人采取行动（或做出某件事情）而不是被作用（或有某件事情碰巧对他发生）。或者说，我们认为，当事人是主动的而不是被动的；或许，当事人试图利用动词的语气（moods）* 作为一种语法上的暗示。并且，我们也许会试图依赖于某些像“致使”或“使之成为事实”（makes it the case that）这样的固定词组。可是只要稍一思索便会使之昭然：关于那些我们想要说其中有能动作用的动词，并不存在令人满意的语法检验。将指称作为一个人的当事者的词项填入动词中的一个主目位（argument-place），这或许是对能动作用作出归属的一个必要条件；指称当事人的躯体、指称他的某些器官或指称其他任何人都是行不通的。可是除此之外也难以行得通。我睡觉，我打鼾，我扣纽扣，我朗诵诗，我患感冒。此外，他人被我辱骂，被我揍了一顿，被我钦佩，如此等等。我不知道有任何（可依据别人说我们可能会做的事情而作出的）关于主动语态或被动语态、或者关于其他任何种类的语气的语法检验，会在这种场合下区分出我们打算谈论能动作用的那些情况。“致使”这个词组保证有能动作用，这或许是真实的；但是正如我们所看到的那样，很多对能动作用作出归属的语句不可能按照这种语法形式来构造。

我认为，关于能动作用这个概念中的这种因素的正确说明是

* 这里所谓的“语气”是广义的，它实际上包含通常的语法书上所说的语态。——译者

这样：它仅仅是由某些动词而不是由其他动词所引入的；当我们理解了动词时，我们便识别出它是否包括关于一个当事人的观念。例如，“我打架”和“我辱骂他”这两句话便的确把能动作用归属于由第一个单称词项所指称的那个人，而“我患了感冒”和“我度过了我的13岁生日”这两句话则没有把能动作用归属于某人。在这些情况下，我们似乎的确具有下述检验方法：我们仅仅在对当事人是否有意地采取行动作出询问讲得通的场合下，才对能动作用作出归属。但是还存在（或在我看来存在）其他一些情况，在这些情况下，我们仅仅在对当事人是否有意地采取行动作出肯定的回答时才对能动作用作出归属。倘若一个人出于偶然或因为一辆卡车撞到他身上而跌倒，那么，我们便不对能动作用作出归属；可是，倘若他是故意跌倒的，那么，我们便对能动作用作出归属。[①]

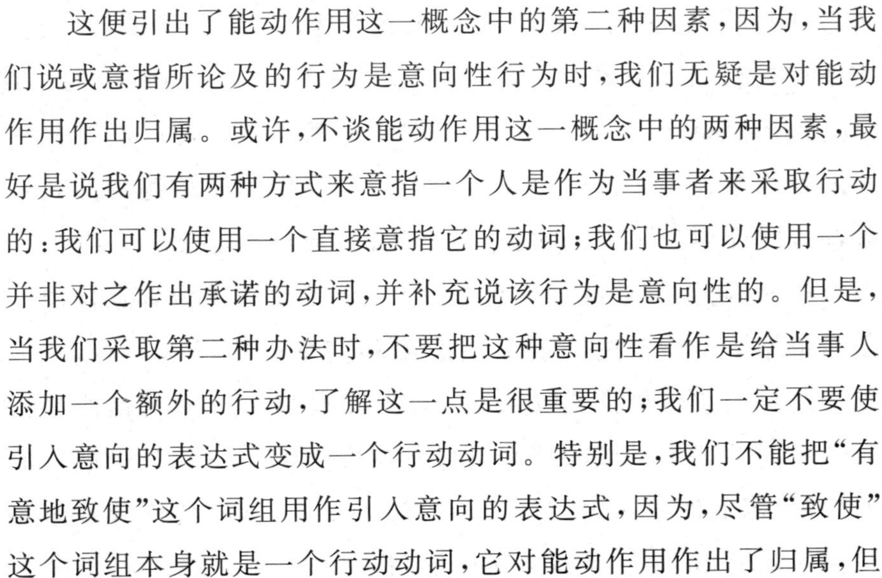

这便引出了能动作用这一概念中的第二种因素，因为，当我们说或意指所论及的行为是意向性行为时，我们无疑是对能动作用作出归属。或许，不谈能动作用这一概念中的两种因素，最好是说我们有两种方式来意指一个人是作为当事者来采取行动的：我们可以使用一个直接意指它的动词；我们也可以使用一个并非对之作出承诺的动词，并补充说该行为是意向性的。但是，当我们采取第二种办法时，不要把这种意向性看作是给当事人添加一个额外的行动，了解这一点是很重要的；我们一定不要使引入意向的表达式变成一个行动动词。特别是，我们不能把“有意地致使”这个词组用作引入意向的表达式，因为，尽管“致使”这个词组本身就是一个行动动词，它对能动作用作出了归属，但

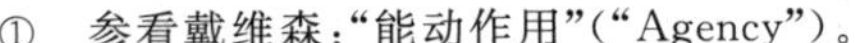

① 参看戴维森：“能动作用”（“Agency”）。

是，就所论及的行动是否就像所描述的那样是意向性的问题而论，这个词组是中立的。

这便把引入意向的表达式应当具有什么样的逻辑形式这个问题舍弃了。我希望下述这一点是显然的：状语形式必定在某种程度上是易于引人误解的；意向性行为并不是一类行动，或以有点不同的方式来表述这一点，有意地做某件事情并不是做这件事情的一种方式。说某人有意地做某件事情，便是以这样一种方式来描述该行动，这种方式与当事人的信念和态度具有一种特殊关系。[①] 可是，把当事人的行动描述为以某种方式所造成的，这当然并不意味着当事人被描述为完成任何进一步的行动。从逻辑的观点看来，因而便存在这些对引入意向的表达式起支配作用的重要条件：它一定不能被解释为一个行动动词，它必定是意向性的，而意向必定与一个人相联系。因此，我提议，我们应使用具有如下形式的语词，即"就 x 而论，p 是有意做出的"(It was intentional of x that p)，其中，"x"命名当事人，而"p"则是一个断言当事人做了某件事情的语句。当我们力图使逻辑形式明确起来时命名当事人两次，这是有用的，或许是必要的。它之所以有用是因为，它使我们回想起，把一个行动描述为有意做出的便是依据某个特定的人的某些态度和信念来描述这个行动；为了下述目的它也可能是必要的，即为了阐明在当事人就他是何人这个问题犯了错误的那些场合下所发生的事情。对于俄狄浦斯来说，因而对于杀害拉伊俄斯的凶手来说，俄狄浦斯寻找杀害拉伊俄斯的凶手，这是有意做出的，但是，对于俄狄浦斯(即杀害

① 参看戴维森："行动、理由与原因"("Action, Reasons, and Causes")。

拉伊俄斯的凶手)来说,杀害拉伊俄斯的凶手寻找杀害拉伊俄斯的凶手,这并不是有意做出的。*

(牟博译)

* 这是希腊神话中的一个典故:俄狄浦斯(Oedipus)是忒拜王拉伊俄斯(Laius)和王后伊俄卡斯的儿子。他出生之前,阿波罗预言他将来会弑父娶母。最后,他果然在当时不知实情的情况下杀死了其父拉伊俄斯,娶了其母伊俄卡斯,注定的命运实现了。此后,他屡遭不幸,其母悲愤自杀,他也弄瞎了自己的双眼。——译者

19. 心理事件*

诸如感知、记忆、决定之类的心理事件和行动抵制被纳入物理理论的法则之网。这一事实如何能与心理事件在物理世界中的因果作用相一致呢？如果我们假定因果决定论需要纳入、而自由需要挣脱那种法则之网，那么，使自由与因果决定论相一致便是这种难题的一个特殊实例。但是，甚至对于某个相信对自由行动的正确分析会显示出与决定论并无冲突的人来说，依然存在某种更宽广的问题。自律(autonomy)(即自由、自我支配)可能与决定论抵触，也可能不与它抵触；而变异(anomaly)(未纳入规律)则似乎是另外一个问题。

我的出发点是下述假设：无论是心理事件的因果依赖性还是心理事件的变异性都是无可争辩的事实。因此，我的目的乃是在有明显困难的情况下说明如何能够如此。我赞同康德的下述说法：

> 要作出论证以消除自由这个概念，这对于最精致的哲学就像对于最普通的推理一样是不可能的。因此哲学必须假定，在同一个人类行动中不会在自由与自然的必然性之间发现真正的矛盾，因为，正像哲学不可能放弃自由概念一样，哲学也不可能放弃大自然这个概念。因而，

---

* 本文首次发表于福斯特(Lawrence Foster)和斯旺森(J. W. Swanson)编：《经验与理论》(*Experience and Theory*, University of Massachusetts Press, 1970)。——译者

> 即使我们万一永远不能构想出自由如何是可能的，也至少必定令人信服地消除这种明显的矛盾。因为，如果关于自由的思想自相矛盾或与大自然矛盾……，那么它就会不得不陷入与自然的必然性相对立的境地。①

把人类行动推广至心理事件，用变异来替代自由，康德的这番话就成了对我所说的那种难题的描述。当然，既然康德认为自由需要变异，因此，这两种难题之间的联系就更紧密了。

现在让我设法更细致地阐述那种我想要加以讨论并将之消除的关于心理事件的“明显矛盾”。可以把这种明显矛盾视为来源于下述三个原理。

第一个原理断定，至少某些心理事件以因果方式与物理事件互相作用。（我们可以把这个原理称为关于互为因果作用的原理〔Principle of Causal Interaction〕。）因此，譬如说，如果某人弄沉了“俾斯麦”号舰，那么，各种不同的心理事件（如感知、注意、计算、判断、决定、意向性行动和信念变化）都在弄沉“俾斯麦”号舰这一行动中起着原因的作用。我要特别地主张，从某人弄沉“俾斯麦”号舰这个事实中可以衍推出这个人按照由某些种类的心理事件所致使的方式来移动身体；而这种身体上的运动本身又致使（cause）* “俾斯麦”号舰沉没。② 知觉（perception）说明了因果关系如何从物理事物转

① 康德：《道德的形而上学基础》(*Fundamental Principles of the Metaphysics of Morals*)，第75～76页。

② 这些断言在戴维森：“行动、理由与原因”（“Actions, Reasons, and Causes”）和“能动作用”（“Agency”）这两篇文章中得到辩护。

* 在戴维森学说中，表示因果作用关系的“cause”与表示使真关系的“make true”中的“make”是有重要区别的两个不同概念，而在汉译时不易区分这两者（如均可译为“使得”）。以下表示因果作用关系的“cause”或译为“致使”，或译为“……是……的原因”。——译者

移到心理事物:如果一个人感知到一艘船正在逼近,那么,一艘船正在逼近这一点就必定致使他相信一艘船正在逼近。(承认这个原理无需依赖于接受这些说法作为互为因果作用的例子。)

尽管感知和行动提供的是心理事件和物理事件互为因果作用的最明显事例,但我认为有理由提出下述看法:一切心理事件最终(或许是通过与其他心理事件的因果关系)都与物理事件具有因果性的交往关系。但是,如果有些心理事件不以物理事件作为原因或结果,那么这个论点就不涉及它们。

第二个原理是,哪里有因果关系,哪里就有规律。这也就是说,作为原因和结果而联系在一起的事件都纳入决定论的严格规律。(我们可以把这个原理称作关于因果关系的法则性质的原理〔Principle of the Nomological Character of Causality〕。)这个原理同第一个原理一样在这里将被作为假设来对待,不过我将对之作出某种解释。[1]

第三个原理是,不存在能据以预言心理事件和对之作出说明的决定论的严格规律(关于心理事物的变异性的原理〔the Anomalism of the Mental〕)。

我想要讨论的那种悖论在下述这种人那里出现了,这种人倾向于接受这三个假设或原理,并认为它们彼此不相容。当然,这种不相容并不是形式上的,除非附加上更多的前提。不过,可以很自然地作出如下推理:前两个原理(即关于互为因果作用的原理和关于因果关系的法则性质的原理)合在一起便蕴涵至少可以根据规

① 在"因果关系"("Causal Relations")一文中,我对这里所假设的关于因果关系的观点作出了详细说明。规律是决定论的规律,这个规定比进行那种推理所必需的要强,所以可以放宽这个规定。

律预言和说明某些心理事件，而关于心理事物的变异性的原理则否认这一点。很多哲学家都接受（作出或没作出论证）这样一种看法，即这三个原理确实导致一种矛盾。然而，在我看来，所有这三个原理都是真的，因此，必须要做的事情便是作出解释以消除这种矛盾的外表；这种做法在本质上是康德的思路。

本论文的其余内容分为三部分。第一部分对关于心理事物与物理事物的同一论的一种说法作出描述，这种说法表明这三个原理可能会如何和谐一致。第二部分对不可能有严格的心理-物理规律作出论证；这不完全是关于心理事物的变异性的原理，但根据一些合乎情理的假设可从前者中衍推出后者。最后一部分则试图表明，从不可能有严格的心理-物理规律这个事实以及我们的另外那两个原理中，我们能够推断同一论（即至少把某些心理事件认同于物理事件的理论）的一种说法的真实性。很清楚，同一论的这种“证明”充其量是有条件的，因为它的前提中有两个是未经证实的，而对第三个前提的论证可以被发现是不那么带有确定性的。但是，甚至就连对这些前提的真实性不大相信的人，也可能会对获知这些前提如何能和谐一致以及它们被用来建立关于心理事物的同一论的一种说法发生兴趣。最后，倘若这种论证是一种充分的论证，那么，它就该使同一论的很多支持者和某些反对者所共同持有的这样一种看法不复存在，即认为对同一论的支持只能来自于发现心理-物理规律。

一

对一种不包含内在矛盾、可从中衍推出这三个原理的关于心理事物和物理事物的观点作出描述，就会表明这三个原理是彼此相容的。根据这种观点，心理事件等同于物理事件。事件被看作是不可重复的、注有发生日期的个别事件，例如，一座火山的某次特定的爆发、一个人的出生或死亡、1968年度美国两大棒球协会中胜队之间的冠军棒球联赛或历史上有名的“格里德利，准备好了你就可以开火”这句话的表述。我们可以轻而易举地构造出关于个别事件的同一陈述。（真的或假的）例子也许会是这样：

司各特的死亡=《威弗利》的作者的死亡；

暗杀斐迪南大公=引发第一次世界大战的那个事件；

维苏威(Vesuvius)火山在公元79年的爆发=毁灭庞贝城的原因。

如果过程、状态和属性不同于个别事件，那么所讨论的这种理论便不论及这些东西。

一个事件是心理的或物理的，这一说法的含义是什么？一种很自然的回答是：如果一个事件可用纯物理的词汇来描述，它便是物理的；如果它可用心理的词汇来描述，它便是心理的。但是，如果认为这种回答暗示：譬如说，若某个物理谓词对一个事件成立，该事件则是物理的，那么，就会出现下述困难。假定“x发生在努塞黑兹”这个谓词属于物理词汇，那么，“x没有发生在努塞黑兹”这个谓词也必须属于物理词汇。但“x或者发生，或者没有发生在努塞黑兹”这个谓词对于一切事件（不论它是心理事件还是物理事件）都成立。[①] 尽管我们可能会排除掉那些以重言的方式对每一

① 这个论点有赖于作出这样的假设，即可以清晰地把心理事件说成是具有一种位置；但是，如果同一论为真，这个假设便是一个必定为真的假设，我在这里并没有试图证明同一论而只是阐述它。

个事件都成立的谓词,但这无济于事,因为每一个事件都可真实地要么由"x 发生在努塞黑兹",要么由"x 没有发生在努塞黑兹"来描述。需要采取一种不同的解决办法。[①]

我们可以把这样一些动词称为心理动词,它们表达命题态度,如相信、打算、愿望、希望、知道、感知、注意、记忆等等。这类动词由下述事实来表征:它们有时在带有指称人的主词的语句中起重要作用,它们由这样一些所嵌入的语句来完成,在这些语句中,通常的代换规则好像不起作用。这种标准是不精确的,因为,当这些动词出现在完全外延性的语境中时(可以把"他知道巴黎"、"他感知到月亮"作为实例),我并不想要容纳它们;而凡是在它们后面并非接有所嵌入的语句时这又不想排除它们。对这类所期望的心理动词作出的另外一种可供选择的表征也许是这样:它们是在它们造成明显的非外延语境的情况下被使用的心理动词。

让我们把形如"作为 M 的那个事件"的摹状词称为**心理摹状词**,把形如"事件 x 是 M"的开语句称作**心理开语句**,当且仅当替换"M"的表达式实质上至少包含一个心理动词。("实质上"这个限制语旨在排除摹状词或开语句在逻辑上等值于不包含心理词汇的摹状词或开语句的情况。)现在我们可以说:一个事件是心理的当且仅当它有一个心理摹状词或(在摹状词算子不是初始词的情况下)存在一个仅对那个事件成立的心理开语句。物理事件是那些由实质上仅包含物理词汇的摹状词或开语句所辨别出的事件。表征物理词汇不那么重要,因为它是相对于对心理词汇的表征的,可以说,在确定一个摹状词是心理摹状词还是物理摹状词的过程

① 我感谢李·鲍伊(Lee Bowie)对这个困难的强调。

中，两者是互逆的。（下面我会对物理词汇的性质作出某些评论，但这些评论远远没有提出一种标准。）

根据所提出的那种对心理事件的检验标准，心理事件的显著特征并不在于它是私人的、主观的或非物质的，而在于它展示了布伦坦诺所谓的意向性(intentionality)。因此，意向性行动显然与思想、希望和懊悔（或与这些事件有联系的那些事件）一道被纳入心理事件的范围。似乎可以怀疑的是，那种标准是否会包容那些经常被认为是心理事件之范例的事件。例如，感觉到疼痛或看到余象(after-image)显然会算作心理事件吗？报告这类事件的语句似乎没有沾染上非外延性的污点，并且，同样的结论对那些报告原始的感受、感觉材料或其他未经解释的感觉结果（倘若有这类东西的话）也该成立。

然而，那种标准不仅包容感觉到疼痛和看到后象，而且还包容其他更多的东西。以人们会从直觉上接受为物理事件的某个事件为例，我们不妨断言在遥远的太空有两颗星相撞。必定有一个对这一碰撞和其他一些碰撞成立的纯物理谓词“Px”，但在发生这一碰撞的时候，这个谓词仅对这一碰撞成立。可是，这个特定时间可以被确认为与琼斯注意到一支铅笔开始滚过桌子的时间相同。因此，那两颗遥远的星的碰撞便是这样一个惟一的事件 x，它使得 Px 和 x 与琼斯注意到一支铅笔开始滚过桌子同时发生。这种碰撞现在便由一个心理事件来辨别，从而必须把它算作是一个心理事件。

这种对策大概会起到表明每一个事件都是心理事件的作用；但我们显然没有获得关于心理事件的直觉概念。尽管设法改善这种困境会是很有益的，但对目前来说并不必要。我们可以对心理事件作出斯宾诺莎式的过于宽泛的解释，因为那些偶然地包容进来的心理事件只能加强一切心理事件都等同于物理事件这个假设。要紧的是没有纳入真正的心理事件，但对此似乎没有什么危险。

我想要描述（一会儿还要论证）这样一种同一论的说法，它否认能够存在一些把心理事物与物理事物相联系的严格规律。这样一种理论是很有可能建立的，但这种可能性轻易地便被那种捍卫和攻击同一论的通常方式弄得模糊难解了。例如，查尔斯·泰勒(Charles Taylor)便赞同提倡同一论的人的下述看法，即认为接受这类理论的惟一"基础"便是假定能够建立将被描述为心理事件的事件与被描述为物理事件的事件联系在一起的相互关系或规律。他说，"易于看出为什么这样做的原因：除非某个给定的心理事件总是伴随有譬如说某个给定的脑过程，否则，甚至就连讨论这两个事件之间一般的同一都没有立论基础。"[①]泰勒接着（在我看来这是正确的）认为可以在不具有相关规律的情况下建立同一关系，而我现在的兴趣则在于注意到由刚才援引的那段话所引出的混乱。"某个给定的心理事件"在这里的含义会是什么呢？并不是一个注有日期的特定事件，因为，谈论一个个别事件"总是伴随有"另外一个个别事件，这不大讲得通。泰勒显然想到的是给定的某类事件。可是，如果只有关于事件种类的同一，那么同一论便对相关规律作出了预设。

人们可以在下述这些说法中找到旨在把规律纳入对同一论的

① 查尔斯·泰勒："心身同一性，是一个枝节问题吗？"("Mind-Body Identity, a Side Issue?")，第202页。

表述的同样倾向：

> 当我说一个感觉是一个脑过程或说闪电是一种放电现象时，我是在严格同一的涵义上使用“是”这个词的。……并不存在这样两个事物：一道闪电和一次放电。只有一个事物，即一道闪电，它在科学上被描述为从被电离的水分子云层到地面上的放电。[①]

这段引文的最后一句话或许被理解为这样一种说法，即对每一道闪电来说，都存在从被电离的水分子云层到地面上的一次与之同一的放电。在此我们有一种关于个别事件的可靠的本体论，从而能够了解同一性的字面涵义。我们还能看到，如何能在不具有相关规律的情况下存在同一关系。然而，有可能在按照这样一种方式来详细说明的个体化的条件下建立一种关于事件的本体论，按照这种方式，任何同一性都蕴涵一种相关规律。举例来说，耶格温·金(Jaegwon Kim)建议：*Fa* 和 *Gb*“描述或指称同一个事件”当且仅当 $a=b$ 和 *F*(being *F*)这个特性＝*G*(being *G*)这个特性。从这些特性的同一本身中又可衍推出(x)(Fx⟷Gx)。[②] 金提出下述说法是不足为奇的：

> 如果疼痛等同于脑过程 *B*，那么在疼痛的出现与脑过程 *B* 的出现之间就必定有一种共存关系……。因此，疼痛与脑过程 *B* 同一的一个必要条件是“处于疼痛之中”与“处于脑过程 *B* 之中”这两个表达式具有相同的外延……。构想不出会确证或反驳这种同一性(而不是与之有关的

---

① 斯马特(J. J. C. Smart)：“感觉与脑过程”(“Sensations and Brain Processes”)，所援引的那几段话在查佩尔(V. C. Chappell)编：《心智哲学》(*The Philosophy of Mind*)重印本第 163～165 页。另一个例子参看刘易斯(David K. Lewis)：“对同一论的一个论证”(“An Argument for the Identity Theory”)。当刘易斯把事件当作共相(第 17 页，注①和注②)时，这里便可明确地作出这一假定。我并没有暗示斯马特和刘易斯出现混乱，只是暗示他们表述同一论的方式有搞混特定事件与事件种类之间的区别的倾向，而阐述我的理论则有赖于这种区别。

② 金：“论身心同一论”(“On the Psycho-Physical Identity Theory”)，第 231 页。

那种相关关系）的观察结果。[①]

对关于心理事件与物理事件之间关系的理论作出四重分类以便强调关于规律的断言的独立性和关于同一性的断言的独立性，这种做法可以使情况变得更清晰。一方面，有些人断定心理-物理规律的存在，有些人则否定之；另一方面，有些人说心理事件等同于物理事件，有些人则否认这一点。因此，便可划分为四种理论：确认存在相关的规律，而相关的那些事件是一个事件的法则的一元论（nomological monism）（唯物主义者属于这个范畴）；由各种不同形式的身心平行论、身心交互作用论和副现象论（epiphenomenalism）所组成的法则的二元论（nomological dualism）；将本体论上的二元论与一般地拒绝接受联系心理事件与物理事件的规律这两者相结合的变异的二元论（anomalous dualism）（即笛卡尔主义）；最后还有把我想要持有的那种立场归入一类的变异的一元论（anomalous monism）。[②]

变异的一元论断言一切事件都是物理的，在这一点上它类似

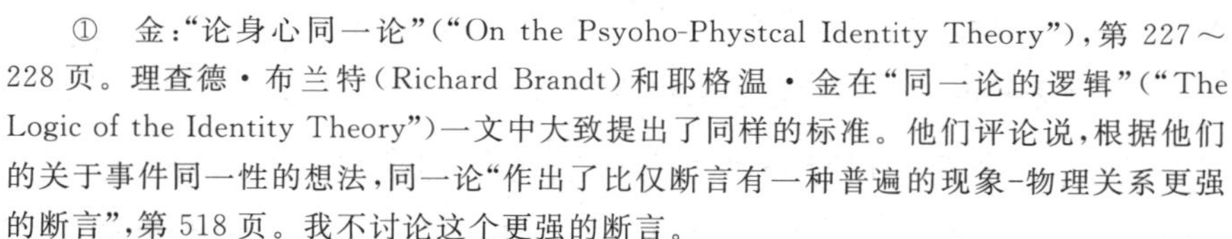

① 金：“论身心同一论”（“On the Psyoho-Phystcal Identity Theory”），第 227～228 页。理查德·布兰特（Richard Brandt）和耶格温·金在“同一论的逻辑”（“The Logic of the Identity Theory”）一文中大致提出了同样的标准。他们评论说，根据他们的关于事件同一性的想法，同一论“作出了比仅断言有一种普遍的现象-物理关系更强的断言”，第 518 页。我不讨论这个更强的断言。

② 变异的一元论可或多或少地被看作是以下这些人在下述文章中所持的一种可能的立场：赫伯特·费格尔（Herbert Feigl）：“‘心理’事物与‘物理’事物”（“The ‘Mental’ and the‘Physical’”）；西德尼·休梅克（Sydney Shoemaker）：“齐夫所谓的他人心智”（‘Ziff’s Other Minds’）；戴维·兰德尔·卢斯（David Randall Luce）：“心身同一性与心理-物理关系”（“Mind-Body Identity and Psycho-Physical Correlation”）；查尔斯·泰勒：同上文，第 207 页。托马斯·内格尔（Thomas Nagel）在“物理主义”（“Physicalism”）一文中尝试性地接受某种与我的看法类似的看法；斯特劳森（P. F. Strawson）在《自由与意志》（*Freedom and the Will*）一书第 63～67 页上也赞同这种看法。

于唯物主义，但它拒斥这样一个通常认为对于唯物主义是必不可少的论题，即可以对心理现象作出纯物理的解释。变异的一元论之所以显示出一种本体论上的偏好仅仅是因为，尽管它坚持认为一切事件都是物理事件，它允许并非所有的事件都是心理事件这样一种可能性。这样一种不为相关的规律或概念结构所支持的温和一元论似乎不应被冠以“还原论”的称号；总之，它不易于引起那种认为不过是如此而已的反应(“构想《赋格曲艺术》不过是一种复杂的中立事件”，如此等等)。

尽管我所描述的那种看法否认存在心理-物理规律，但它与下述观点是相容的，即认为心理特性在某种涵义上是依赖于物理特性或附加于物理特性之上的。也许可以认为这样的附加意味着不可能有在一切物理的方面都相同、只在某个心理方面不同的两个事件，或意味着一个对象不可能在某个物理方面没有改变的情况下在某个心理方面有改变。不可通过规律或定义从这种依赖性或附加性中衍推出可还原性：要是真可衍推出可还原性，我们就能够把道德特性还原为描述特性，而不可能有充分的理由相信这一点；我们也许能够把形式系统中的真理概念还原为句法特性，而我们知道，一般来说这一点是无法办到的。

最后这个例子很有益地类似于所考虑的那种无规律的一元论。试把物理词汇看作是某种语言 L 的全部词汇，这种语言具有表达一定数量的数学知识的恰当手段，并带有它本身的句法。L′是由 L 加上“在 L 中为真”这个真理谓词(它是“心理的”)扩充而成的。尽管在 L 中(从而在 L′中)有可能用限定摹状词或开语句在那个真理谓词的外延中辨别出每个语句，但是，如果 L 是相容的，那么，(在那种“物理词汇”中)就不存在这样一个关于句法的谓词(无论多么复杂），它适用于 L 中的全部真语句，且仅适用这样的语句。不可能有以这样一种双向条件式的形式而出现的“心理-物理规律”，这种双向条件式是“(x)（x 在 L 中为真当且仅当 x 是 φ）”其中“φ”由一个“物理的”谓词（L 中的一个谓词）所替换。同样地，尽管我们能够只用物理词汇来辨别出每个心理事件，但是，没有任何一个纯物理谓词（无论多么复杂）具有（根据规律）与心理谓词相同的外延。

变异的一元论如何与那三个初始原理相一致，现在应当是很明显的了。因果关系和同一关系是个别事件之间的关系（无论人们如何来描述它们）。但是规律则是语言上的；因此，仅仅是由于事件被按照某种方式来描述，那些事件才能例示（instantiate）规律，从而才能依据规律来对那些事件作出说明或预言。关于互为因果作用的原理从外延角度来处理事件，因此它并没有涉及心理-物理二分法。关于心理事物的变异性的原理论及的是被描述为心理事件的事件，因为事件仅当被描述为心理事件时才是心理事件。关于因果关系的法则性质的原理必须仔细地加以理解：它说的是，当一些事件作为原因和结果而被联系在一起时，它们具有例示一个规律的描述表达式。它并没有说，每一个真的单称因果陈述例示一个规律。[①]

二

不应当曲解刚才揭示的那种在心理事物在物理事物中的地位

① 诺曼·马尔科姆（Norman Malcolm）在“科学唯物主义与同一论”（“Scientific Materialism and the Identity Theory”）一文的第 123～124 页上就目前这个主题主张这样一个论点，即同一代换性在作出说明的语境中失效。也可参看戴维森：“行动、理由与原因”（“Actions，Reasons，and Causes”）与“事件个体化”（“The Individuation of Events”）。

与语义学事物在句法世界中的地位之间的类比。塔尔斯基证明了一种相容的语言不可能(在某些很自然地提出的假设下)包含对该语言中的全部真语句成立且仅对这些语句成立的开语句“Fx”。要是生硬地坚持我们的类比,我们便会期望对下述这一点作出证明:不可能有对全部具有某种心理特性的事件成立且仅对这些事件成立的物理开语句(phsical open sentence)“Px”。然而,我能够对心理事物的不可还原性所作的任何说明实际上都不应称之为一种证明:不可还原性的种类是不同的。因为,如果变异的一元论是正确的,那么,不仅能仅仅使用物理概念来惟一地识别出每一个心理事件,而且还会得出这样的结论:既然归入每个心理谓词的事件的数量也许是有限的,因此,完全可以有与每个心理谓词共存的物理开语句,不过,构造物理开语句也许会包括从事一些冗长乏味的工作和作出毫无教益的改动。确实,即使不假设数量的有限,也似乎没有说明力很强的理由来否认能够有共存的谓词,即一个心理谓词和一个物理谓词同时存在。

倒不如说是这样一个论题,即心理事物在法则上是不可还原的:可能有把心理事物与物理事物联系在一起的真实的普遍陈述,这些陈述具有一种规律的逻辑形式;但它们并不是似规律的(lawlike)(在一种有待描述的强化的涵义上)。如果我们极为偶然地发现一个非随机性的、真的心理-物理概括,那么,我们只是有理由认为它大致是真的。

我们是否通过宣布没有(严格的)心理-物理规律而侵犯了科学的经验范围(这种侵犯是经常警告哲学家以提防的一种形式的傲慢自大)?当然,判断一个陈述是似规律的还是违背规律的并不是直接地判定其真实性;相对于根据实例来接受一个普遍陈述而言，裁定这个普遍陈述是似规律的，这必定是先验的。但是这样的相对性先验论本身并没有为哲学作出辩护，因为一般来说，决定根据其实例来相信一个陈述的基础本身又是由无法与科学事物相区别的理论事物和经验事物所支配的。倘若关于所假定的那些把心理事物与物理事物联系起来的规律涉及的是不同的情况，那么，这只能是因为允许这样的规律有可能存在就相当于改变主题。我在这里所说的改变主题是指：决定不接受依据关于命题态度的词汇来判定心理事物的标准。然而，这个简略的回答无法防止这个难题所造成的进一步的结果，因为在改变主题与改变一个人对原有主题的看法之间没有一道清晰的界线，至少在目前场合下，这也等于承认，在哲学与科学之间没有一道清晰的界线。而在没有固定界线的地方，只有胆怯才永远不冒做错事的危险。

考虑一个相关的问题（即定义性行为主义〔definitional behaviourism〕的失败），会增进我们对心理-物理概括的法则性质的了解。为什么我们愿意（正像我所假定的那样）抛弃依据行为主义的定义来给心理概念下明确定义 的企图呢？确实，这不只是因为所作出的一切努力显然都是不适当的。确切地说是因为，正如我们在处理如此众多的其他形式的定义性还原论（如伦理学中的自然主义〔naturalism〕、各种自然科学中的工具主义〔instrumentalism〕和操作主义〔operationalism〕、因果意义论、现象主义等等——一连串的哲学败绩）时所相信的那样，我们相信，失败的是一个体系。假定我们在不使用任何心理概念的情况下试图说出一个人相信火星上有生命这意味着什么。我们可以采取的一条思路是这样：当在那个人面前发出某种声音（“Is there life on Mars?”）时，他发出另一种声音（“Yes”）。而这当然表明，只有在他理解英语的情况下，他才相信火星上有生命，他发出这种声音是有意向的，是对那些在英语中有某种含义的声音的回答，如此等等。对于所发现的每个欠缺，我们都新增添一个限制性条件。不过，无论我们如何补充上非心理的条件，我们始终感到有必要附加上心理性的条件（如假定他注意到、理解等等）。[①]

进行定义性还原的企图有一个引人注目的特征，即它似乎不大依赖于定义项与被定义项之间的同义性问题。当然，通过想象一些反例，我们确实不相信关于同义性的断言。但是，定义性还原失败的范型促使我们得出一个更强的结论：如果我们要找到一个用关于行为的词汇来表达的、恰恰与某个心理谓词共存的开语句，那么，没有任何东西会合乎情理地使我们相信我们已找到了这样一个开语句。我们所具有的关于思想和行为的知识太多了，以致无法相信那些将这两者联系起来的确切而普遍的陈述。信念和愿望造成仅仅由不加限制的进一步的信念和愿望、态度和倾向来修正和调停的行为。显然，这种心理领域的整体论既暗示心理事物的自律又暗示心理事物的异常性质。

关于定义性行为主义的这些评论充其量只给出了我们为什么不应当期望在心理事物与物理事物之间存在法则性联系的暗示。关于定义性行为主义的那个主要事例引起进一步的思考。

似规律的陈述是这样一些普遍陈述，它们支持反事实的和假设的断言，并为它们的实例所支持。（在我看来）没有任何关于似

---

① 罗德里克·齐硕姆（Roderick Chisholm）在《论知觉》（*Perceiving*）第二章中提出了这一论点。

规律事物的标准不以尚待证明的假定为根据，这并不是说，没有在特定场合下作出判断的理由。似规律性不是一个程度的问题，这并没有否认可能有一些无可争辩的情况。并且，在由交流条件所确定的限度内，在被指派给了各种不同程度的法则性的陈述范型中有在个体之间出现很大变化的余地。在所有这些方面，法则性十分类似于分析性（正如人们可能会由于这两者都与意义有联系而期望的那样）。

“一切绿宝石（emeralds）都是绿色的”是似规律的，因为这个普遍陈述的实例确证了它，而“一切绿宝石都是绿蓝色的（grue）”则不是似规律的，因为“绿蓝色的”这个词的含义是：“在时间 t 之前观察是绿色的，在其他场合下是蓝色的”，如果我们的一切观察都是在 t 之前作出的，而在 t 之前绿宝石都始终显示出绿色，那么，这并不是认为绿宝石在其他场合下为蓝色的理由。内尔森·古德曼（Nelson Goodman）建议说，这表明某些谓词（例如“绿蓝色的”这个谓词）与规律是不相适应的（因此，提出关于合适的谓词的标准便能导致提出关于似规律事物的标准）。但是在我看来，“一切绿宝石都是绿蓝色的”这个陈述的异常性质仅仅是表明了“是一个绿宝石”与“是绿蓝色的”这两个谓词不可彼此适应，这也就是说，绿蓝色性不是绿宝石的一种归纳特性。然而，绿蓝色性确实是其他种类的实体（例如绿蓝宝石）的一种归纳特性。（如果某物在时间 t 之前考察是绿宝石，而在其他场合下是蓝宝石，它便是绿蓝宝石。）不仅可从“一切绿宝石都是绿色的”和“一切蓝宝石都是蓝色的”这两个似规律的陈述的合取中衍推出“一切绿蓝宝石都是绿蓝色的”，而且，照我来看，没有理由否认“一切绿蓝宝石都是绿蓝色的”这个陈述所表达出的直

449

觉，即该陈述本身是似规律的。[①] 法则性陈述把我们先验地知道彼此适应的谓词汇集在一起，所谓"先验地知道"是指独立于知道那种证据是否支持这些谓词之间的联系而知道。"蓝色的"、"红色的"和"绿色的"便分别适应于蓝宝石、玫瑰花和绿宝石；而"绿蓝色的"、"蓝绿色的"和"绿红色的"分别适应于绿蓝宝石、蓝绿宝石和绿宝石红玫瑰。

这一讨论似乎向下述方向发展：心理谓词与物理谓词并非彼此适应。就似规律性而论，心理-物理陈述与其说像"一切绿宝石都是绿色的"这个陈述，不如说更像"一切绿宝石都是绿蓝色的"。

要使这一断言看来合乎情理，必须对之作出认真的修改。在t之前考察的绿宝石是绿蓝色的这个事实不仅不是相信一切绿宝石都是绿蓝色的理由，它甚至不是（如果我们知道所论及的时间）相信任何未被观察过的绿宝石是绿蓝色的理由。但是，如果某种心理事件通常伴随有某种物理事件，那么这便经常成为期望其他场合也大致在同等程度上加以仿效的一个充分理由。那些体现这类实际智慧的概括被假设为只大致是真的，或者用或然性的词汇把它们明确地表述出来，或者用一些慷慨的例外条款使它们免受反例的侵扰。它们的重要性主要在于它们对单称因果断言和关于特定事件的相关说明所提供的支持。这种支持起源于这样一个事

① 这种观点为这些人在下述文章中所接受：杰弗里（Richard C. Jeffrey）："古德曼的疑问"（"Goodman's Query"）；华莱士（John R. Wallace）："古德曼、逻辑与归纳"（"Goodman, Logic, Induction"）；以及维克斯（John M. Vikers）："可具体化谓词的特点"（"Characteristics of Projectible Predicates"）。古德曼在"评论"（"Comments"）一文中对"一切绿蓝宝石都是绿蓝色的"这样的陈述的似规律性提出质疑。然而，我认为，他无法应付我在"由其他名称命名的绿宝石红玫瑰"（"Emeroses by Other Names"）一文中提出的论点。

实，即这样一种概括无论多么粗糙和含混，都可以为下述信念提供充分理由：在某个特定事例的后面隐藏有一种规律性，这种规律性可被明确阐述出来而无需防止误解的附加说明。

在我们日常与必须被预见或被理解的事件和行动打交道的过程中，我们不得已地利用那种粗略的概括，因为我们不知道更精确的规律，或者是我们知道这种精确的规律，但我们缺乏对我们所感兴趣的那些特定事件的描述，而这种描述会表明那种规律的相关性。但是，在那种关于大略的经验法则的范畴内，要作出一个重要区别。一方面，有这样一些概括，它们所概括的实例使我们有理由相信，这种概括本身能够通过附加上一些用与原来的概括相同的词汇来表述的进一步的限制条件而加以改进。这样一种概括显示的是那种完成了的规律的形式和词汇：我们可以称之为同形(homonomic)概括。另一方面，有这样一些概括，它们在被具体例证的情况下可以使我们有理由相信，有一种正在发挥作用的精确规律，但它只能通过转用另一种不同的词汇来表述。我们可以称这样的概括为异形(heteronomic)概括。

我料想我们的大部分实际学问(和科学知识)都是异形概括。这是因为，只有当一种规律从一种全面的封闭理论中获得其概念时，它才能有指望是精确的、明确的和尽可能无例外的。尽管这种理想的理论可以是、也可以不是决定论的，但是，如果任何一种真实的理论是决定论的，那么这种理想的理论便是决定论的。在物理学范围内我们的确找到了同形概括，这些概括使得：如果证据支持它们，那么，我们便有理由相信，通过引用进一步的物理概念就可以不确定地加重它们的分量。这也就是说，存在一条关于同一切证据相容的完美融贯性、完美的可预言性(在那个系统的条件下)和完全的说明(又是在那个系统的条件下)的理论渐近线。最终的理论也许是或然性理论,而那条渐近线不尽完美;但在那种场合下不会有什么更出色的结果了。

对一个陈述在其本身的概念范围内是同形的和可纠正的这一点的信心要求这个陈述从一种具有很强的构成成分的理论中获取它的概念。这里便是可能会有的最简单的例证。如果采纳这种做法的话,那么显然能够对这种简化作出修正。

对长度、重量、温度或时间的测量有赖于(当然是在其他很多事物中间)一种可传递的和不对称的两位关系在每种场合下都存在:如暖于、迟于、重于等等。我们不妨以“长于”这种关系为例。传递律或传递性公设是这样:

(L) $L(x,y)$ 和 $L(y,z) \rightarrow L(x,z)$

除非传递律(或其他某种精致的说法)成立,否则,我们便不可能易于了解长度概念的涵义,甚至都无法用数字来标示长度的级别,更不用说以比率来测量这个更强的要求了。而这种说法不仅适用于一个非传递性所直接涉及的任何三个事项:易于表明(假定有了对于测量长度必不可少的几个更多的假设),除非(L)完全普遍地成立,否则,便无法以相容的方式给任何一个事项评定等级。

仅仅是(L)显然无法完全揭示“长于”的含义——否则的话,“长于”便无异于“暖于”、“迟于”。我们必须假定:无论多少难以用现有的词汇来系统阐述,都要有某种使“长于”区别于其他的可传递的两位测量谓词的经验内容,在这种经验内容的基础上我们才可以断定一个事物长于另外一个事物。试想象这种经验内容部分地是由“$O(x,y)$”这个谓词给出的。因此,我们便有了下述这个“意义公设”(meaning postulate):

(M)$O(x,y)\rightarrow L(x,y)$

这个公设部分地对(L)作出解释,但是,现在(L)和(M)一起产生出一种十分有力的经验理论,因为从这两者中可衍推出:不存在三个对象 a、b 和 c 使得 $O(a,b)$、$O(b,c)$ 和 $O(c,a)$。然而,如果"$O(x,y)$"是一个我们始终能很有信心地应用的谓词,什么东西能阻止出现这种情况呢?假定我们**认为**我们看到一组不可传递的三个事物。我们会说什么呢?我们可以认为(L)是假的,但在另一方面我们要求得到长度概念。我们可以认为(M)对长度提出一种错误的检验,但在另一方面,我们所想到的是否便是一个事物长于另外一个事物这个想法的**内容**,这一点没有搞清。或者,我们可以认为,所观察到的那些对象并不是那种经验理论所要求的**固定**的对象。认为我们被迫接受这些回答中的某一种回答,这是一种错误的看法。像长度概念这样的概念是由若干种概念上的压力来维持平衡的,如果我们强迫在诸如(L)和(M)之类的原理中间作出决定(即决定它们是分析的还是综合的),那么就会曲解关于基本测量的理论。最好是采取这样一种说法:为测量长度而提出的一整套公理、规律或公设,是构成那种关于宏观的、固定的物理对象的系统的想法的一部分内容。我的建议是,物理学中似规律的陈述的存在,依赖于在同样的概念范围内像关于测量长度的规律那样的基本的(或先验综合的)规律的存在。

除非一种全面的理论对所论及的那种对象成立,否则,我们便无法以可理解的方式把一个长度指派给这种对象;同样,除非在一种关于当事人的信念、愿望、意向和决定的可行理论的框架之中,否则,我们无法以可理解的方式把任何一种命题态度归诸于那个当事人。

我们无法根据一个人的言语行为、他的选择或其他逻辑符号(无论它们多么清楚明白)来逐个地把信念归诸于那个人,因为,只有当特定的信念与其他信念,与偏爱,与意向、希望、恐惧、期望等等融贯一致时,我们才了解那些特定信念的意义。正如测量长度的情况一样,不仅每种测量都检验并依赖于一种理论,而且一个命题态度的内容来自它在理论范型中的地位。

认为人们的话语具有很大程度的相容性,不能把这种看法看成纯粹的宽容:如果我们要能有意义地指责人们犯了错误和做了在某种程度上不合理的事情,那么,得出这种结论便是不可避免的。出现完全的混乱,就像犯了全面的错误一样,是不可思议的,这并不是因为我们的想象力犹疑不前,而是因为,出现过多的混乱就无所谓混乱了,极其大量的错误会侵蚀掉那种真信念的背景,而只有在这种背景下才能对错误作出解释。意识到对我们能可理解地归诸于他人的错误和糟糕的思维之种类和数量所施加的限制,也就是再一次看到一个人掌握什么样的概念这个问题与他用这些关于信念、愿望和意向的概念从事什么样的事情这个问题的不可分割性。倘若我们没有在他人的态度和行动中发现一种合乎情理的融贯的范型,那么,就此而论,我们不过是放弃了把他们作为人来对待的机会。

求助于明确的言语行为,这并没有回避问题,而是把问题置于我们的关注中心的位置。因为,如果我们无法理解一个人对他说出的语句的态度(如认为、希望或想要使这些语句为真),我们就无法开始译解他的话语。从这些态度着手,我们必须详细制定一种关于他的话语的含义的理论,这样也就同时对他的态度和话语赋予内容。由于我们需要使他讲的话合理,所以我们致力于获得这样一种理论，这种理论判定他讲的话是相容的、他是一个相信真理的人和一个热爱善行的人（不言而喻，这是就我们自己的见解而言的）。实际生活是很复杂的，简单的理论不会充分满足上述这些要求。很多理论会达成在不同程度上的可接受的妥协，可能并没有在这些理论之间作出选择的客观基础。

把心理事物与物理事物联系起来的普遍陈述的异形性质要追溯到翻译在对一切命题态度的描述中所起到的这种极为重要的作用，追溯到翻译的不确定性。[①] 因为对心理图式和物理图式作出根本不同的承诺，所以不存在严格的心理-物理规律。物理实在的一个特征是：物理变化能由那些把这个变化与其他从物理上描述的变化和条件联系起来的规律作出说明。而心理实在的一个特征是：对心理现象进行归属必须对那种关于个人的理智、信念和意向的背景负责。如果这两个领域都忠实于各自所特有的证据来源，那么，在这两者之间就不可能有紧密的联系。心理事物的法则性的不可还原性不只是来源于那个关于思想、偏爱和意向的世界所具有的无缝隙性质，因为这样的相互依赖性也为物理理论所有，它与下述这一点是一致的：有一种无需相对于某种翻译图式而对一个人的态度作出解释的单一的正确方式。这种不可还原性也不仅仅是由于有可能存在很多同样合格的图式，因为这与任意选择一种相对于其而指派心理特性的图式是一致的。确切地说，我的论点是这样：当我们使用信念、愿望等等概念时，随着证据的积累，我

① 我希望，蒯因（W. V. Quine）关于翻译不确定性的学说（见《词与对象》〔*Word and object*〕第二章）的影响在这里是明显的。蒯因在那部书中的第 45 节里提出翻译与命题态度之间的联系，他认为“布伦坦诺的关于意向性话语的不可还原性的论题与翻译不确定性论题是一致的”，第 221 页。

们必须作好出于对我们的理论的全面说服力的考虑来调整这种理论的准备，这也就是说，关于合理性的基本理想在那种必须是演化的理论的演化过程中的每个阶段都部分地起支配作用。对翻译图式的任意一种选择会妨碍对理论作出这样的机会主义调和。换一种不同的表述方式来说，对翻译手册的一种正确的任意选择是指对一种从一切可能的证据来看都可接受的翻译手册的选择，而这是一种我们无法作出的选择。我认为，我们必须得出如下结论：只要我们把人设想为有理性的动物，在心理事物与物理事物之间法则上的松弛关系便是必要的。

三

上述讨论的要旨及其结论可能是人们所熟悉的。在心理事物与物理事物之间有范畴上的差别，这一点是司空见惯的。似乎奇怪的是，我对心理事物的那种假定的隐蔽性，或一个当事人对他自己的命题态度所具有的特殊权威，没有作出说明。但是，如果我们能更详细地研究接受一种翻译图式的根据，这种新奇的表面现象就会消失。从心理事物与物理事物之间范畴上的差别迈到不可能有联系这两者的严格规律这一步是不同凡响的，但这一步无疑不是新迈出的一步。如果有什么令人惊奇的东西的话，那么，这将是这样一种发现，即心理事物的无规律性有助于确立心理事物与那种关于似规律事物（即物理事物）的范式的同一性。

推理过程是这样的。在关于心理事物的因果依赖性的原理下，我们假定有些心理事件至少是物理事件的原因或结果。我们的论证仅适用于这些心理事件。第二个原理（即关于因果关系的法则性质的原理)断言,每个真的单称因果陈述都是由一个严格的规律所支持,这个规律把作为原因和结果而提到的那类事件联系起来。哪里存在大致上的而又同形的规律,哪里就存在凭借来自同一个概念领域中的概念而建立的规律,而凭借这些概念在精确性和全面性这方面不会作出任何改进。在上一节中,我们极力主张,这样的规律出现在物理学领域。物理理论有可能提供一种封闭的全面理论,它被确保对每一个物理事件都作出惟一的标准化描述,这种描述是用一种经得起规律检验的词汇来表达的。

认为仅仅由心理概念就能提供这样一种框架,这种看法是不合乎情理的,这不过是因为,根据我们的第一个原理,心理事物并不构成一个封闭的系统。有极多的本身并不是心理事物系统一部分的事件恰好影响到心理事物。但是,如果我们把这个观察结果与下述结论相结合,即没有任何一个心理-物理陈述是(或能纳入)严格的规律,那么,我们便得到关于心理事物的异常性的原理:根本不存在我们能据以预言或说明心理现象的严格规律。

可以轻而易举地随之作出关于同一性的论证。假定一个心理事件 m 是一个物理事件 p 的原因;那么,通过某种描述,m 和 p 便例示了一个严格规律。而根据前面那段论证,这个规律只能是物理的。可是,倘若 m 纳入物理规律,那么便可对它作出物理描述。这也就是说,它是一个物理事件。当一个物理事件是一个心理事件的原因时,可以作出类似的论证。因此,按因果方式与物理事件相联系的每一个心理事件都是物理事件。为了确立完全普遍的异常性一元论,对每一个心理事件都是某个物理事件的原因或结果这一点作出证明就够了。但我并不打算做到这一点。

如果一个事件是另一个事件的原因,那么,在得到恰当描述的情况下这些事情便例示一个严格规律。但是，在不知道那个规律或相关的描述的情况下却有可能了解到那种单称因果关系（并且这是很典型的）。知识要求提出理由，这些理由却以粗略的异形概括的形式得到，而这些概括是似规律的，因为一些实例使得期望其他一些实例在下述情况下仿效之是很合乎情理的，即这些实例并非在可被不确定地加以改进的涵义上是似规律的。把这些事实用于说明关于同一性的知识，我们便看到，有可能知道一个心理事件同一于某个物理事件而不知道到底是哪一个物理事件（所谓知道一个物理事件是就下述涵义而言的，即能够对它作出一个使之纳入相关规律的惟一的物理描述）。即使某人知道物理世界的全部历史，并且每一个心理事件都同一于一个物理事件，也不会因此而认为他能预言或说明一个单一的心理事件（当然，这是就被如此描述的心理事件而论）。

因此，心理事件的两个与物理事件有关的特征（即因果依赖性和法则独立性）合在一起就可解决那个似乎经常构成一个悖论的问题，即思想和目的在物质世界中的功效及其不受规律约束的问题。当我们把事件描述为知觉、记忆、决定和行动时，我们必然地通过因果关系而把它们纳入所发生的物理事件；但是，只要我们没有改换所用的习语以致同样的描述方式使心理事件不受那些严格规律的支配，那么那种习语在原则上便能用来说明和预言物理现象。

作为一个类的心理事件无法由物理科学来说明；而在我们知道特定的同一关系时便能对特定的心理事件作出说明。但对我们典型地感兴趣的心理事件所作出的说明却把它们与其他的心理事件和条件联系起来。例如，我们通过诉诸一个人的愿望、习惯、知识和感知来说明他的自由行动。通过把原因和结果、理性和行动描述为对当事人的不同方面的写照，对意向性行为的这样一些解释就可以在脱离物理规律的直接管辖范围的概念框架中发挥作用。因此，心理事件的变异性是把行动看作是自律的一个必要条件。我用从康德那里引用的第二段话来结束本文：

> 思辨哲学应当责无旁贷地解决这样一个问题，即说明它尊崇那种(关于自由与自然的必然性的)矛盾的幻觉有赖于此，说明当我们称人为自由的时候与当我们把他视为受自然规律支配的时候，我们是在不同的涵义和关系上思考人的……。因此，它必须说明，自由与自然的必然性这两者不仅能够十分协调地共存，而且必须被认为是必然地统一于同一个主题……。[1]

(牟博译)

① 见前引书，第 76 页。

第七部分

实践理性与非理性

20. 意志薄弱如何可能？*

如果一个当事人不遵循自己较佳判断去做事，并且是有意这样做的，那么我们说他的意志是薄弱的；在这种情况之下，我们有时也说这个人缺乏意志力。在考虑到各种可能性以后，他很清楚（至少相信）有更好的选择，但他未能履行这个最佳方案。为方便起见，我们称这种行动为不节制行动，或者说在做事过程中当事人不节制。我这里所使用的这个术语与传统的理解不同，至少不节制行动所涵盖的范围比通常理解的要宽泛。然而，我所要讨论的就是这个更广的一类不节制行动，并且我认为它应该包括少数哲学家所指的所有不节制行动，还要包括多数哲学家所理解的部分不节制行动。

现在我们来解释我这里谈的不节制概念与其他不节制概念相比是如何的更具有概括性。人们常常认为不节制行动的条件是：尽管当事人知道存在更好的行动方案，他还是做出不节制行动。我把这样的行动视为不节制行动，可是，我要讨论的疑难只决定于当事人的态度和信念，因而讨论范围不包括对知识的刻意说明。知识当然有一种不必要的因而也不需要的认知意味；我讨论的话题关注的是评价性判

---

* 本文首次发表于《道德概念》(*Moral Concepts*)，乔尔·费因伯格(Joel Feinberg)主编，(Oxford University press，1970)，第93～113页。——译者

断，也就是说对不节制行动的分析是认知性的，规范性的，或者别的什么性质。因此，甚至信念这个概念或许也显得太特别了，那么我将要谈论的是当事人所判断或者主观上所认为的东西。

如果一个人在考虑到各种可能性之后认为某种行动方案是最好的，或者是正确的，或者是他应该做的，然而他却置之不顾转向其他做法，那么，他的做法就是不节制的。不过，如果他认为某种可供选择的行动方案在总体上好于他实际上采纳的方案，或者说，如果他在某种自认为对他开放的行动方案和他实际执行的方案之间进行选择，他的判断告诉他应该执行那个对他开放的行动方案，那么，我还是要说他的行为是不节制的。换句话说，比较性判断足以说明不节制概念。我们现在可以把显示意志薄弱的行动或者不节制行动概括如下：

D. 一个当事人在做 x 时是不节制的当且仅当：(a)这个当事人是有意做 x 的；(b)这个当事人相信有一个可供选择的 y 行动方案对他是开放的；并且(c)根据这个当事人判断，考虑到各种可能性后，做 y 比做 x 要好。[①]

① 在一篇写得很好的文章里，桑特斯(G. Santas)对不节制概念给出这样一个解释："当存在施事或非施事的条件和机会时，并且在一定意义上说一个人有能力根据他的知识或者信念去行动，而这个人却做出他知道或者他相信他不会(或不应该)做的事情，或者说他未能做出他知道或者相信他会做的事情，这就是意志薄弱的情形。"("柏拉图的普罗塔哥拉和意志薄弱的解释"，3.〔"Plato's *Protagoras* and Explanations of Weakness"，3.〕)他对意志薄弱的描述与我对这个概念的解释是不同的，主要是由于我想背离传统。不过，在我看来桑特斯的描述有两处小错误。首先，意志薄弱并不要求可供选择的行动方案实际可被获取，只是当事人自认为存在可被获取的行动方案。桑特斯所追问的是当事人可以自由行动，这一点是正确的；但是，没有必要为此要求当事人自以为更好的(或者是他应该做的)可供选择的方案对他是开放的。另外(也就是第二点)，桑特斯的标准不足以确保当事人有意行动，而这一点，我认为，是不节制概念必不可少的要素。

在这个意义上说，不节制行动似乎是存在的。难以理解的是，不节制行动的存在对另外一个似乎不证自明的观点是个挑战。这个观点认为，就一个人的意向性行动而言，正如阿奎那所说，他是按照某种想象出来的善行去做事。事实上，这种观点与存在不节制行动的主张并不是直接矛盾的。但是，不容否认的是，那些使这种观点可取的考虑也使下面这种相对化了的说法可取：就一个人的意向性行动而言，他总是按照他所想象的（判断的）更好的方案去做事。

我们把这个主张展开来分析会有助于我们理解问题。它包括两个原则。第一个原则是，对存在于想要或渴望某事与行动之间的关系进行自然地假设。"想要这个概念最初就是意味着试图去获取"，这是安斯康姆（Anscombe）的《意向》一书中的一个表述[①]。汉姆歇尔（Hampshire）的说法更接近于我所需要的概念，他在《个人自由》一书中写道[②]，"A 想要做 X"等于说"其他条件相同，如果他能做 X，他就会做 X"。这里我认为（可能与汉姆歇尔初衷相反）"其他条件相同"意味着，或者说至少允许有这样的解释，"倘若不存在他更想要的东西"。有了这样的解释，汉姆歇尔的原则就可能概括如下：

> P1. 如果一个当事人想要做 x 而不想做 y，并且他认为自己可以自由选择做 x 还是做 y，那么，若他要么有做 x 的意向要么有做 y 的意向，他就会选择做 x 的意向。

第二条原则就把做哪个更好的判断与动机或者想要联系起来：

> P2. 如果一个当事人判断出做 x 要比做 y 好，那么，他想

① 安斯康姆（G. E. M. Anscombe）：《意向》（*Intention*），第 67 页。

② 汉姆歇尔（S. Hampshire）：《个人自由》（*Freedom of the Individual*），第 36 页。

做 x 而不是想做 y。

显而易见,P1 和 P2 加在一起必然得出一个结论,那就是,如果一个当事人判断出对他来讲做 x 比做 y 好,而且他认为自己可以自由选择做 x 还是做 y,那么,若他要么有做 x 的意向要么有做 y 的意向,他就会选择做 x 的意向。我猜想,这个结论似乎表明下面这个原则是错的。

P3. 存在不节制行动。

如果有人相信 P1—P3 形成一个矛盾的三元组,可是却发现其中的一个或两个原则确实有说服力,那么他就可以毫不费力地做出抉择。但是,如果有人(像我一样)觉得 P1—P3 所表达的原则都是不证自明的,那么,表面的矛盾所带来的问题就非常尖锐,这时我们就称这个问题为悖论。我不同意莱蒙(Lemmon)的观点,在一篇写得很出色的文章中,他写道,"在哲学文献中,恐怕伪问题的一个最好例证就是不节制*:当我们考虑它的存在时,如果你发现它是一个问题,那么,你就已经犯了一个哲学上的错误。"[①]如果你的假定导致矛盾的产生,毫无疑问,你的理论是错的,可是既然你能够知道你的理论是错的却不清楚错在哪里,那么,你的理论真的出现了问题。

P1—P3 初看上去是合理的,可却是有问题的。关于这个问题,我所熟知的解决方案是试图假定 P1—P3 确实相互矛盾。这种做法的结果自然是要放弃三条原则中的某条原则。对于我所陈述的 P1—P3,我并不十分满意:或许我们很快就会怀疑这三个原则在目前的表达形式下是否为真(尤其是 P1 和 P2)。当我们考虑到歧义

---

* 这里原文是古希腊语 akrasia,相当于英语中的 incontinence,本文译为"不节制"。——译者

① 莱蒙(E. J. Lemmon):《道德困境》(*Moral Dilemmas*),第 144～145 页。

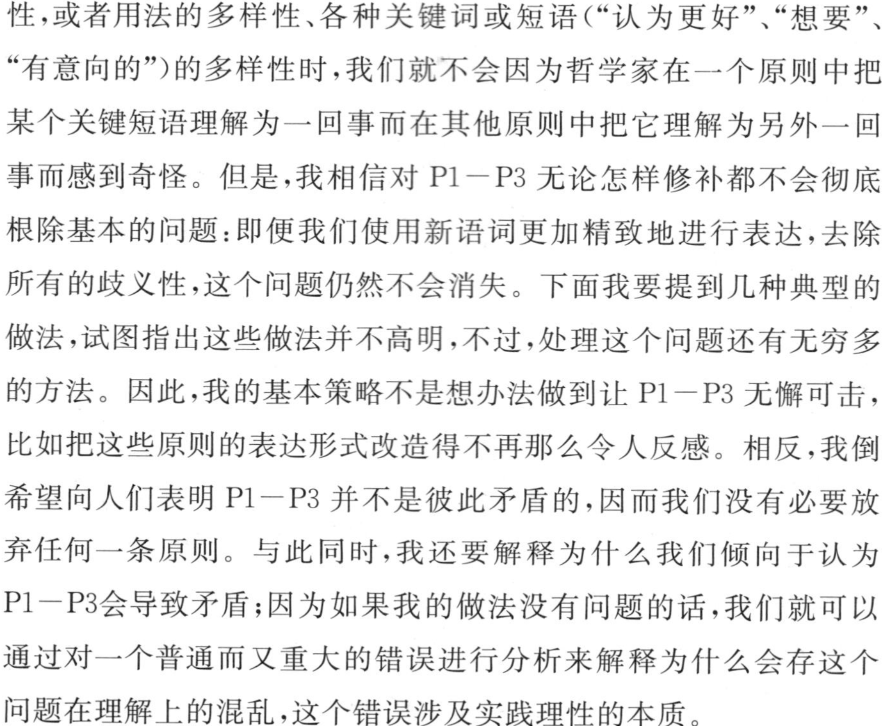

性，或者用法的多样性、各种关键词或短语（“认为更好”、“想要”、“有意向的”）的多样性时，我们就不会因为哲学家在一个原则中把某个关键短语理解为一回事而在其他原则中把它理解为另外一回事而感到奇怪。但是，我相信对 P1－P3 无论怎样修补都不会彻底根除基本的问题：即便我们使用新语词更加精致地进行表达，去除所有的歧义性，这个问题仍然不会消失。下面我要提到几种典型的做法，试图指出这些做法并不高明，不过，处理这个问题还有无穷多的方法。因此，我的基本策略不是想办法做到让 P1－P3 无懈可击，比如把这些原则的表达形式改造得不再那么令人反感。相反，我倒希望向人们表明 P1－P3 并不是彼此矛盾的，因而我们没有必要放弃任何一条原则。与此同时，我还要解释为什么我们倾向于认为 P1－P3会导致矛盾；因为如果我的做法没有问题的话，我们就可以通过对一个普通而又重大的错误进行分析来解释为什么会存这个问题在理解上的混乱，这个错误涉及实践理性的本质。

一

对于我所陈述的不节制问题，哲学家们已经在寻求（或者可能在寻求）一些解决方法。下面就是其中的一些做法。

根据但丁的说法，豹子的一些罪行——兽欲、残暴、贪婪和暴怒——与我们永远被诅咒的那些罪行相比微不足道。但丁指的是这样一些罪行，他称其为无节制，有了这样的罪行就要被打入第二、第三、第四和第五层地狱受罚。但丁描述了一个著名的例子，弗朗西丝卡·达·黎米妮（Francesca da Rimini）和帕欧罗·玛拉特斯塔（Paolo Malatesta）之间犯了通奸罪。评论家们表现出了他们的才智,指出甚至于在弗朗西丝卡讲自身的故事时她就显露了性格的软弱。因而查尔斯·威廉姆斯(Charles Williams)说:"但丁如此地处理这段描写,他如此地提升了申辩品味,以至于申辩本身就恰如其分地显示出该罪行……显示出持续不断地浸染于罪恶中的情形,显示出甜美的悠长的情爱的惰性……"[①]也许所有这些对弗朗西丝卡的描述是真实的,但是这一点并没有反映出不节制的基本属性,因为"性格软弱"也许只是瞬间的事情,不是性格的本质特征:当我们谈到"性格软弱",我们可能只是不加解释地表达这样一个事实,那就是当事人做了他明知是错误的事情。("只是人生故事中的一页")其实,亚里士多德似乎也表达过这样的看法,一个人不可能习惯性地不节制,因为习惯性的行动涉及一个人做事的原则,而不节制的人是违反原则行事的。那么,我猜想做出孤立不节制行动至少是可能的,而且我将要把不节制作为一种习惯或是恶行来讨论,但是这里的恶行只能理解为经常性或者习惯性做出不节制行动[②]。

① 威廉姆斯(C. Williams),《比阿特丽斯的画像》(*The Figure of Beatrice*),第118页。

② "不节制严格说起来不是一个恶行……因为不节制违反选择原则,而恶行遵守选择原则"(《尼各马可伦理学》*Nic. Eth.* 1151a);"恶行如同浮肿和肺病一样,而不节制跟癫痫病一样,恶行是慢性病,不节制表现出间歇性病症"(1150b)。可是,多恩(Donne 英国玄学派诗人。——译者)在他的一首神圣十四行诗中很清楚地描写了不节制恶行:

哦,我困惑,对立的要素会聚于此;
反复无常的东西不知怎地就产生了
恒常的习惯性的东西;当我不想改变
我却发誓要改变,而且是那么投入地。

(Oh, to vex me, contraries meet in one;
Inconstancy unnaturally hath begot
A constant habit; that when I would not
I change in vows, and in devotion.)

在考虑到各种可能性后，一个人或许认为送情人节礼物给马乔里·毛宁斯塔尔（Marjorie Morningstar）是错的。然而，他可能送情人节礼物给马乔里·伊文宁斯塔尔（Marjorie Eveningstar），而且是有意这样做的，并不清楚马乔里·伊文宁斯塔尔和马乔里·毛宁斯塔尔是同一个人。我们可能要说他做了一件他认为错误的事情，但是要说他是有意地做了这件他认为错误的事情却是不当的；而我这里举的例子当然不能算作不节制行动的例证。我希望这一点是清楚的，我们一定不能认为一个行动可以简单地归入不节制和其他什么范畴。“不节制的”，如同“意向的”、“自愿的”和“故意的”一样，在用来概括行动特征时，我们要考虑以什么样具体方式来概括。在对行动句的逻辑形式进行严格分析时，我认为，上面这些词务必处理为非真值函项句的算子：“弗朗西丝卡做……是不节制的”（“It was incontinent of Francesca that…”）和“一个当事人做……是有意向的”（“It was intentional of the agent that…”）但是，就目前来看，我们能够做到避免忽视这些短语的意向性这样的错误，这也就足够了。

不节制常常以下面的方式来概括：一个当事人打算做 y，他认为这样做是最好的选择，或者说，这样做要比做 x 好；可是，他却做了 x。换一种方式来表达，当事人决定去做 y，他认为这样做是最好的选择，或者说，这个选择要比做 x 好，而事实上他却做了 x。还有这样的表达方式，当事人经过深思熟虑选择了 y，[①]然而他却

① 亚里士多德有时把一个不节制的人（the akrates）概括为“放弃他的选择”（《尼各马可伦理学》*Nic. Eth.*，1151a）或者“放弃他已经得出来的结论”（1145b）；但是他也经常沿着这个思路推出：“他做了一件他很清楚是邪恶的事情”（1134b）或者“他相信他应该做一件事情，而他却做了另外一件事情”（1146b）。

做了 x,虽然他认为 x 不及 y。这三种形式的行为每一种都很有意思,如果加以合适地限制,每一种行为都可能被概括为矛盾的、软弱的、犹豫不决的或是非理性的。每一种行为都可能是我所定义的不节制的一个例证。但是,就其本身而言,他们并不必然是不节制的例证,因为没有一种行为要求当事人在行动时他考虑到各种可能性后认为另外的一个行动方案会更好。从另外一个方面看,即使不存在一个当事人已经决定、选择,或是打算好要做他认为是最好的事情的情况,一个行动也可能是不节制的。

第二条原则表述了一种温和的内在主义形式。这条原则告诉我们价值判断必然在想要(或渴望或动机)中有所反映。跟许多其他形式的内在主义相比这还不是很强的内在主义:比如,它根本没有说明任何有关事情的实际价值(或行动的强制性特征)与渴望或动机之间的联系。据我所理解,它也没有使我们卷入到任何关于评价性判断的解释当中去。根据黑尔的说法,"注意到这样两种密切的逻辑关系对规定主义者(prescriptivist)是有利的,一种是在想要和认为好(thinking good)之间的关系,另外一种是在想要与行事(doing something about getting what one wants)之间的关系;因为这就意味着在认为好与行动之间提供了一个新的链接"。[①] 我承认没有看出由 P1 和 P2 所给出的某种形式的"密切的逻辑关系"是如何支撑具有评价性的语句或词项的意义理论的。引起混淆的一个可能来源可以从黑尔下面的这段话中看出来,黑尔说:"……倘使道德判断不是规定性的,那么就不会有道德软弱

① 黑尔(R. M. Hare):《自由与理性》(*Freedom and Reason*),第 71 页。

的问题；而事实上是存在道德软弱的问题的；因此，道德判断是规定性的”（第 68 页）。在做出判断与判断的内容之间出现了混淆。这个问题应该归因于 P2（或类似 P2 的东西），而 P2 是联系做出一个判断与想要的原则，因而，又通过 P1 与行动联系起来了。但是，规定主义是关于判断的内容或含义的理论，而 P2 与此毫无关系。譬如，一个人可能会认为，说一种行动方案比另一种行动方案好就是说这种行动方案会带来更多的快乐，而与此同时，就像穆勒可能有过的观点那样，认为任何一个人如果相信某个特定行动方案会比其他方案带来更多快乐，那么他（一定）会更想实现它。因此，我很想否认在我所提出的不节制问题与任何具体的伦理学理论之间存在一个简单的联系。

或许处理不节制这个问题最常用的方式是放弃 P2。毕竟，下面这个事实似乎是显而易见的，我们可能认为 x 更好，然而更想要 y。如果我们换一种形式来表述 P2，P2 甚至更容易受到质疑了。我们把 P2 表述为：如果一个当事人认为他应该（或者是有义务）做 x，那么，他就想做 x；因为我们当然并不是常常想做我们认为自己应该做的事情。如果我理解的是正确的话，黑尔就是以这样的方式解释一些不节制的例证；根据桑特斯的说法，柏拉图也是这样做的。[①]

找到一种方式解释 P2 为什么是错误的很容易，但是，我们很难相信没有一种自然的解读能够使 P2 正确。原因是这样的，我们常常认为有某事应该做而又不想做的情况，一旦我们倾向于同意这样的看法，我们也就有了相反的倾向，如果某人确定（诚恳地）

① 桑特斯（G. Santas）：“苏格拉底悖论”（“The Socratic Paradoxes”）。

相信他应该做的话,那么,他的信念必须在他的行为中表现出来(当然了,并且进而在他的行动意向中或是他的渴望中表现出来)。当我们决定对比认为我们应该与想要的时候,这上思路可以继续下去,要么我们在使用短语“认为我们应该”来表达某种类似“认为所做的事情是特定群体中的通常标准所要求做的”这一层含义,要么我们把想要的含义限制在表示基于私人或个人层面的具有吸引力的东西。通过这种方式为P2辩护,虽然我发现是非常有意思的,但是,这样做很难在没有避开目前问题的情况下得出最终结论。因此,为了把问题向前推进一步,我愿意指出,只要在P1和P2中还存在任何我们可以令人信服地用“想要”来取代的词或短语,关于不节制的问题就还会出现。

另外一种常见的处理不节制问题的方式是把不节制的人描写成为激情所征服或为情感所困扰。“我确定知道我所打算做的事情是多么邪恶。但是我所有的后悔都赶不上我当时的狂怒来得强烈”,美狄亚(Medea)激昂地说*。黑尔把这个作为一个典范的例证来说明意志薄弱,在这种情况下,我们不能简单地把道德判断与欲望区分开。他接着说,在这样的状态下,一个当事人在心理上是无法去做他认为应该做的事情(《自由与理性》,第77页)。黑尔援引欧里庇得斯**的美狄亚曾说过的一句话,“……一种莫名的冲动控制着我,十分不情愿的,堕落”,他还引用圣保罗所写的文字,“我想做善事,可是我没有做;可是我却做了违反我的意愿的错事;如果我所做违反我的

* 美狄亚是希腊神话中科尔喀斯国王之女,以巫术著称,曾帮助过伊阿宋取得金羊毛。——译者

** 欧里庇得斯是古希腊的悲剧诗人。——译者

意愿，显然，我不再是那个当事人了……”(《罗马书》*Romans*7.[*] 第 7 页)这段文字把我们引向这个观点，即，一个人永远都不能违反自己的最优判断去擅自行事，这样就否定了 P3；其实，并没有我们所定义的不节制行动。[①]

一个与此相关联的但又不同的观点来自亚里士多德，他认为激情、欲望或者快乐会扭曲判断的作用，这样就阻碍一个当事人对于他错误的行动做出成熟的判断。尽管我们有充分的余地怀疑究竟什么是亚里士多德本来的观点，但是我们可以很有把握地说亚里士多德试图通过区分对下面这个问题的两种理解来为我们这里的问题找到解决方案。根据亚里士多德的观点，当我们说一个人知道(或相信)一件事情比另外一件事情好，我们可以有两种理解。一种理解使得 P2 正确，而另一种理解对于不节制的定义是必需的。第二种理解可以从亚里士多德的一段评论中反映出来，一个不节制的人是在一定意义上拥有知识的“在这个意义上拥有知识不是意味着知道而只是意味着说出，就像一个醉汉可能嘴里咕哝着恩培多克勒[**]的诗”(《尼各马可伦理学》*Nic. Eth.*，1147b)。

也许一个显然的事实是存在范围很广的各种各样的行动，

---

* 《罗马书》是《圣经·新约》中的一卷。——译者

① 阿奎那在这一点上有精确的论述。他很清晰地区分了所做的行动与强烈的情感，比如，恐惧，他承认这些情感在某种程度上是不受意志力控制的，因而就不存在真正意义上的不节制；他还区分了所做的行动与世俗欲念，比如，在这里，他说：“世俗欲念使得一个人的意志倾向于渴求世俗欲念的对象。因此，世俗欲念所带来的结果就是使某种东西变为受意愿支配的。”〔《神学大全》(*Summa Theologica*)，Part II，Q. 6.〕

** 恩培多克勒：古希腊哲学家，他认为所有物质都是由元素微粒组成，即火、水、土和空气，所有的变化都是运动所引起的。——译者

这些行动在某个方面都与不节制行动相似,我们可以举出自欺欺人、伪善、不守信(*mauvaise foi*)、虚伪、无意识的欲望、动机和意向,等等。[①] 事实上,我们在对这个问题进行研究时,很容易扮演业余心理学家的角色。我们特别想说的是:不要忘记一个人可以有相当多的方式去相信某事或坚持某事,或是知道某事,或是想要某事,或是担心某事,或是做某事;我们能够做事就仿佛自己知道某事,然而在深层次上是怀疑这件事的;我们也可能全力以赴地做某事,与此同时,像一个旁观者一样观望自己并且对自己说:"我做的这件事怎么如此奇怪。"我们也可能渴望一些事情但是又内心默念自己是多么憎恨这些事情。这些中间状态和矛盾状态很常见,哲学家对此非常感兴趣。毫无疑问,哲学家对很多我们所谈的意志薄弱或不节制的情况给出了解释,或至少是前后一贯地指出某种说明方式。但是,如果我们不继续追问下面这个问题,身为哲学家的我们也会表露出一定的软弱来。这个问题是:不节制的每一种情况都涉及一种晦暗地带情形吗?晦暗地带是指我们既想应用某个心理谓词又拒绝这个谓词的情形。难道没有这样一种情形,在这个情形之下,我可以毫不含糊地果断地判断出在考虑到各种可能性后我的行动虽然不是出于好意的但是我在做出这个行动时丝毫没有感情冲动(或者处于冲动状态)的迹象?我们不能证明存在这样的行动;但是在我看来似乎绝对肯定这样的行动是存在的。如果是这样的话,任何对我行为的微妙的边界部分的关

① "从外人所称的前后矛盾中推出不真诚的结论的做法是浅薄的和草率的。"〔乔治·爱略特(George Eliot):《米德尔马契》(*Middlemarch*)〕

注都不可能解决我们讨论的中心问题。[①]

奥斯汀抱怨道，在讨论目前这个题目时，我们倾向于"……不承认屈从于诱惑，反而说失去自我控制……"他是这样阐释的：

> 我认为，柏拉图和他之后的亚里士多德把这种理论的混淆种植在我们内心深处。这种理论的混淆在古希腊时期是很糟糕的，在我们今天也是很怪诞的，使得我们不能区分道德软弱与意志薄弱。我对冰激凌情有独钟，瓜形的冰激凌甜点端上来分成几份儿，给贵宾席上的每一位分一份儿：我禁不住自己动手拿两份儿，这个行为当然是屈从于诱惑的结果，甚至可以说，这种违反我的原则的行为不是想象不到的（但是为什么必然会发生？）。然而，我真的是失去自我控制了吗？我是在不顾我的同事的惊愕神情抢夺豪取盘子里数量不多的美食并且狼吞虎咽地吃光吗？一点都不是这样。我们常常很平静地甚至是很高明地听命于诱惑的摆布。[②]

我们屈从于诱惑却泰然自若；还有很多情况我们做出违反自己较佳判断的事情，而这又不能说成屈从诱惑。

现在看来，在通常对不节制问题的探讨中，两个十分不同的主题相互交织并有日渐混淆的趋势。一个主题是欲望干扰我们对善事的关注，或者说欲望迫使我们走向堕落；另外一个主题是不节制行动总是青睐卑鄙的自私的激情而疏远责任和道德的召唤。这两个主题之所以分离是由于柏拉图的影响，柏拉图在《普罗塔哥拉》和《菲利普斯》中表明那些只追求自身快乐的享乐主

---

① "哦，告诉我，是谁第一个声明，是谁第一个宣称，一个人做出了肮脏勾当只是由于他不清楚自己的真正利益所在……？我们怎样解释无数的事实，这些事实证明，人们心照不宣，就是说对自己的真正利益了如指掌，他们把自己丢在背景里，同时头也不回地冲向另一条路……没有人强迫他们这么干，也没有什么东西迫使他们非如此不可……"〔陀思妥耶夫斯基 Dostoevsky：《地下室手记》（*Notes from the Underground*）〕。

② 奥斯汀（J. L. Austin）："恳求辩解理由"（"A Plea for Excuses"），第 146 页。

义者可以不顾自己的最优判断擅自行事,其他人也何尝不是如此。穆勒的立场大概更同情享乐主义者,但他也做出相同的论断:“人们常常由于性格的懦弱选择趋向近利,虽然他们深知这种做法价值不大;在两种肉体快乐之间抉择和在肉体快乐与精神快乐之间抉择两者都没有什么价值。”(《功利主义》*Utilitarianism*,第 11 章)不幸的是,穆勒接下去的文字破坏了他论点的力度,他说,“虽然人们完全意识到健康是更大的善,可是他们还是宁愿放纵肉欲伤害健康。”

在处理不节制问题过程中,我们首先采取积极的步骤,我提议把这个问题从道德家的关注中剥离开,道德家关注的是我们生活中诱人的快乐可以使惯常的正义感变得麻木不仁、感觉迟钝或上当受骗。劳累的一天下来,我刚刚上床休息,这时突然想起我还没有刷牙。由于我关注健康,我就得起来刷牙;感官上的放纵让我想到我一度忘记了自己的牙齿。我以理性的方式权衡各种可能性:一方面,我的牙很坚固,在我这个年龄腐蚀很慢。如果我不刷牙没有什么大问题。另外一方面,如果我起床,就会破坏我平静的心境或许会导致一夜睡不好觉。考虑到各种可能性后,我作出判断我最好待在床上。然而,我应该刷牙的感觉特别强烈:我疲倦地下床刷牙。我的行动显然是意向性很明确的,但它不符合我的较佳判断,因而是不节制的。

在很多情况下,直接的快乐屈从于原则、礼貌或是责任感,然而,我们还是能够判断出(或者知道)在考虑到各种可能性后我们应该选择快乐。在处理不节制问题时,一个不错的看法是我们只考察那些道德不作为我们要考虑的主要要素的情形——或者,如果道德要素不得不考虑,这个要素却是在错误方面。那么,我们就不会轻易地把不节制还原为一些特殊情形，在这些特殊情形中，我们的判断被我们心中的兽性所左右、或者我们不能注意到责任的召唤、或者我们摆脱不掉诱惑。[①]

二

当我们以怀疑的眼光审慎地审查 P1 和 P2 后，发现这两个原则似乎不堪一击，而且无论怎样修补都得不到令我们满意的关于不节制何以可能的这个问题的说明。部分的原因至少取决于这样一个事实，那就是，P1 和 P2 之所以有说服力是由于关于意向性行动和实践推理的本质的观点很吸引人。当一个人的行动带有意向性时，下面的叙述似乎真实地（虽然是粗略地和不完全地）描写了实际的情形：他给某个事态赋予一个正值（一个目的，或是他本人做出满足一定条件的行动）；他相信（或者知道或者察觉到）某种他有可能执行的行动会提升或者产生或者实现那个有价值的事态；并且他也如此地做出这个行动了（就是说，他做出这个行动是出于

① 我不知道有哪一位哲学家认识到不节制在本质上不是一个道德哲学问题而是一个行动哲学问题。巴特勒（Butler）在《布道》（the *Sermons*）（第 39 段，“劳尔斯教堂布道十五讲”〔“The Fifteen Sermons Preached at the Rolls Chapel”〕的前言）中指出“对某些特定人的仁慈或许是某种程度的软弱，因而是加以谴责的”，但是，这里自我放纵的音符过于响亮。诺韦尔-史密斯（Nowell-Smith），《伦理学》（*Ethics*，243ff.），描写了很多不节制的情形，在这些情形中，我们为良心或责任所征服：“我们可能很矛盾地而又不失公平地说在这样的情形之下我们很难做到不讲真话。我们是自己良心的奴隶。”奴隶行动不自由；这个情形还不是很清楚的。

亚里士多德讨论了这样一个情形，一个人违反自己的原则（和较佳判断）过于强烈地追求某种高尚的和良善的东西（他太在意荣誉或者他的孩子），但是，亚里士多德拒绝把这个称为不节制（《尼各马可伦理学》，第 1148 页）。

他的价值观或者欲望和他的信念的考虑)。经过概括和提炼，在亚里士多德以来的很多哲学家看来，这个描述似乎有希望给出一个关于具有意向性的行动的分析；这个描述阐明了我们是怎样通过给出当事人行动的理由来解释一个行动的；这个描述还提供了关于实践推理的说明的一个开端，即，对做什么进行推理，做出导致行动的推理。

在最简单的情形中，我们想象一个当事人有某种欲望，比如说，想知道是什么时间了。他意识到通过看自己的手表这个欲望就可以得到满足；于是，他就看手表。我们能够回答他为什么看手表这个问题；我们清楚他做这件事情的意向性是什么。遵循亚里士多德的理论，这个欲望可以被视为行动的原则，而且对此一个自然的命题表达方式可以是这样的“知道是什么时间对我来说是有好处的”或者，更呆板的表述是，“我的任何行动只要能够导致我知道是什么时间就是可取的行动。”亚里士多德把这样一个原则比作为三段论中的大前提。关于当事人信念的这个命题表达式在该情形之下将是这样的，“看手表会导致我知道是什么时间”：这个命题对应于小前提。这个当事人把该情形归入三段论推理规则之下，他就执行了一个可取的行动：他看自己的手表。

有了欲望和信念，看起来这个当事人就可以推出看手表是可取的，而事实上做出这样一个推理本身被自然地描述成为把一个具体的情形归入到某个推理规则之下。但是，有了欲望和信念，一个具有意向性的行动的条件也得到了满足(并且因而得到了解释)，因此，亚里士多德说一旦一个人有了某种欲望而且他也相信某个行动会使他的欲望得到满足，那么他就会立即行动。这里存在两类条件：在一类条件之下，一个当事人可以推出他自由做出的行动是可取的；在另一类条件下，他做出该行动。既然亚里士多德没有对这两类条件进行区分，他显然把推理与行动看成一回事了：他说，“结论就是行动”。可是，我们当然能够看出这样对意向性行动和实践推理的说明是与存在不节制行动的假设相矛盾的。

只要我们坚持亚里士多德的这个一般性理论框架，我认为我们不可能意识不到他并没有给我们提供一个令我们满意的关于不节制行动的分析。毫无疑问，他能够解释为什么在一些临界情形中我们很容易既说一个当事人有意行动又说他清楚怎样做才是对的。可是，如果我们假定一个当事人做事是出于一种强烈的欲望，那么，根据这个理论，我们同时也认为这个主体会明确判断出这个行动是可取的；而如果我们强调导致这个主体行动不当的推理能力被削弱或者被扭曲，在这种情况之下，我们说他并没有充分意识到他的所做是不可取的。

我们不要以为只要放弃了有理由行动必然导致行动的观点就可以避免亚里士多德的理论困境。例如，也许我们会承认一个人可能有某种欲望同时他也相信某个行动可使这个欲望得到满足，然而他没有行动，我们还认为只有这个欲望和信念导致他做出行动我们才说这是一个意向性行动。[①] 亚里士多德的理论经过这样修正之后(如果确定修正了)，我们还要不得不解释为什么在一些情形之下欲望和信念会导致行动，而在另外一些情形之下欲望和信念只是让当事人判断出某种行动方案是可取的。

虽然一个不节制的人相信从总体上来看做某个别的事情会更好，但是他对自己所做的事情还是有理由的，因为他的行动是具有

① 关于类似的理论，参见“行动、理由与原因”。

意向性的。因此,我们必须能够从他的行为和思想状态中提取出实践推理的那一部分,如果这个实践推理的结论能够从前提中推导出来的话,那么这个结论就是或者很可能是:实际做出的行动是可取的。亚里士多德在这一点上常常是含糊其辞,他强调一个不节制的人的行为受到“规则和判断的影响”(《尼各马可伦理学》,1147b;比较 1102b)。

在这个重要的一点上,阿奎那远比亚里士多德清楚。阿奎那说:

> 一个拥有一般性知识的人所得到的结论是在由于某种激情的阻碍而不能够按照一般性本身进行推理的情况下得出的;但是,他可以按照带有激情倾向的一般性命题进行推理,并且得出相应的结论……如此看来激情会束缚理性,并且阻碍理性去思考,阻碍理性得出第一命题下的结论;这样的结果是虽然激情澎湃,可是理性仍然会在第二命题下进行论证并得出结论。①

阿奎那给出一个例子,通过这个例子我们看到一个不节制的人所处的困境:

理性的一方	欲望的一方
(M_1)通奸是不合法的	(M_2)快乐是要追求的
(m_1)这是一个通奸行为	(m_2)这个行为是快乐的
(C_1)这个行为是不合法的	(C_2)这个行为是要追求的

如果我们把原则解释为关于承诺或不承诺的优点的比较性判断而把结论解释为讨论中的行动,那么,我们就可以使这个论证更尖锐地进行下去,尽管我们这里的论证超出了亚里士多德和阿奎那的论述。在给定一些自然的假设情况下,结论(C_1)就会是这样的:

① 《神学大全》,第二部分,Q. 77,第 2 条,回应反对理由 4。阿奎那引用使徒的话说:“在我的身上我看到另外的一个法则在跟我的思想法则作战。”

不做这个行动要比做这个行动好；而结论(C_2)就会是：做这个行动要比不做这个行动好。如果我们假定“比……好”是不对称的，那么这两个结论相互之间完全矛盾。

现在我们必须表达自己的看法，这个道德推理的描述不仅不能充分说明不节制，而且它也不能给出关于道德冲突的简单情形的正确说明。当我说一个道德冲突的情形，我是指这样一个情形，我们既有理由去做一个行动同时我们也有理由去排除这个行动(或许是抑制这个行动)。正是在这个最基本层面的意义上存在冲突，每当一个当事人有意识地进行思考时，他的思考本身就会导致相互矛盾的行动的产生；冲突和焦虑的情感只是无关紧要的外在装饰物而已。我们说得已经足够清楚了，只有这个意义上的冲突才使不节制的存在成为可能，因为一个不节制的人(出于某种理由)认为一种方案好却(同样有理由)不实施这个方案而做其他的事情。现在我们或许暂时把对不节制的特殊处理放在一边，转而考虑一下一般意义上的冲突。前面一段的那个对比论证所描述的不仅是一个不节制的人的困境，同时也是一个正直的人在与诱惑抗争时所处的尴尬境地；两个人之一(前者)做了错事而另外那个人(后者)做了正确的事，但两人均是在面临相互冲突的论断时行事的。

这种情况司空见惯；我们生活中充斥着大量这方面的例子：我应该去做因为这样做会挽救一个人的生命，我不该做因为这样做就是说谎；如是我做了我就会失言于拉维娜，如是我不做我就会失言于洛丽塔，等等。每个人都经历过这样的困境，不管他是正直的还是世故的，意志薄弱的还是意志坚强的。然而，除非我们采取道德原则及其在具体情形中的应用相互不抵触的路线，否则我们必须放弃我们迄今为止一直假设的那种关于实践推理之性质的概念。因为从那些所有真的(或者可接受的)前提中怎么可能推出矛盾呢？

使人惊异的是，在当代道德哲学里这个问题很少有人关注，并且也没有得到令人满意的处理。那些意识到这个问题的人似乎乐于接受下面两个解决方案中的一种：实质上他们承认只有惟一的最终的道德原则；或者他们仅停留于满足在表面上(prima facie)是可取的(好的、必须的，等等)与绝对的可取的(好的，必须的，等等)之间做区分。[①] 我不想在这里对这一点进行争辩，但是我认为任何一种"单一原则"解决方案的含义一旦被人们理解，人们就不会接受这样的方案：原则或者行动理由是不可以还原的，是多重的。从另外的方面来看，我们很难看出所声称的表面(prima facie)价值与绝对价值的区分会有什么用处。首先设想我们试图把"表面的(prima facie)"看作为一个表达属性的副词，这样我们就可以构造这样的谓词"x 在表面上(prima facie)是好的、对的、必须的"或者"x 在表面上(prima facie)比 y 好"。为避免前面的麻烦起见，我们必须假设"x 在表面上(prima facie)比 y 好"与"y 在表

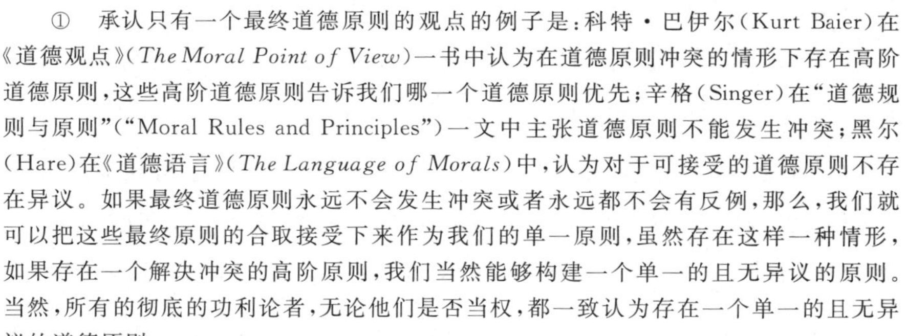

① 承认只有一个最终道德原则的观点的例子是：科特·巴伊尔(Kurt Baier)在《道德观点》(*The Moral Point of View*)一书中认为在道德原则冲突的情形下存在高阶道德原则，这些高阶道德原则告诉我们哪一个道德原则优先；辛格(Singer)在"道德规则与原则"("Moral Rules and Principles")一文中主张道德原则不能发生冲突；黑尔(Hare)在《道德语言》(*The Language of Morals*)中，认为对于可接受的道德原则不存在异议。如果最终道德原则永远不会发生冲突或者永远都不会有反例，那么，我们就可以把这些最终原则的合取接受下来作为我们的单一原则，虽然存在这样一种情形，如果存在一个解决冲突的高阶原则，我们当然能够构建一个单一的且无异议的原则。当然，所有的彻底的功利论者，无论他们是否当权，都一致认为存在一个单一的且无异议的道德原则。

面上(prima facie)比 x 好”并不矛盾，同时，“x 表面上(prima facie)是正确的”与“x 表面上(prima facie)是错误的”也并不矛盾。可是，我们在每一种冲突(并且因而是不节制)的情形下所得出的结论会是“x 在表面上(prima facie)比 y 好并且 y 在表面上(prima facie)比 x 好”。从这种预设下进行的实践推理的结构中，我们清楚地看到，这个结论最后归结为“存在某种东西支持如此这般这般地去做，并且存在某种东西反对如此这般这般地做——同时也存在某种东西支持不如此这般这般地做并且存在某种东西反对不如此这般这般地做。”也许任何行动都可以这样去描述；无论如何，我们都难以接受这种意见，就是关于在一个给定的情境之下我们该做什么的道德智慧就简单地概括成这种形式。如果“表面上(prima facie)”或者“表面上必须的(prima facie obligatory)”被处理成(非真值函项的)语句算了而不是一个谓词，那么，我所描述的情境就不会有根本的改观。

我们从亚里士多德、阿奎那和黑尔那里得到的关于不节制的描述就是一幅对峙双方之间进行的一场战役或者竞争的画面。双方都是用自己的论据或原则来武装自己。一方可能贴着“激情”的标签而另一方贴着“理性”的标签；他们在那里争斗着；一方获胜，而错误的一方为，被称为“激情”(或是“情欲”或是“快乐”)的一方。可是，存在一个双方竞争的画面(在柏拉图那里，在巴特勒那里，还有许多其他人那里都能找到这样的画面)。或许在但丁(但丁认为自己是追随阿奎那和亚里士多德)那里这样的场面也有所显示，他提到不节制的人，说他们“让欲望把理性从宝座上拉走”(《地狱》，第五篇)这里在舞台上有三个演员：理性、欲望和那个让欲望占上手的演员。第三个演员大概可以称为“意志”(或是“良心”)。是

“意志”来决定谁赢得这场战役。如果意志很强,他就会把象征胜利的棕榈叶交给理性;如果他很弱,他可能允许快乐或激情占上手。

虽然我们可能发现两个画面都很荒谬,可是,我觉得第二个画面比第一个要好。根据第一个故事,不仅我们不能够解释不节制;我们也不清楚我们怎么竟能够谴责当事人的行为:他的行动只是他的内心冲突结果的反映。他对此又能何为呢?而更重要的是,第一个画面并不能让我们搞清楚一个人灵魂深处的冲突是什么意思,因为这幅画面没有给权衡利弊的首要过程留有任何余地。[①]在第二个画面里,当事人的代表,即意志,能够判断争执双方论据的强弱、能够做出裁决,并且承担相应的刑事责任。惟一的麻烦就是我们似乎又回到了起点。因为意志怎么能做到在判断出一个行动方案更好的同时却选择了其他方案呢?

如果认为我们没有取得任何进展,那就错了。因为这些色彩斑斓的角斗场面和司法场面的比喻现在应该能够显示出,在道德冲突中,(因而也是在不节制中),存在一段实践推理,而这一点我们到现在为止完全忽视掉了。在这个画面中我们还得加上下面的一个新的证据:

意志(良心)

(M_3)M_1 和 M_2

(m_3)m_1 和 m_2

(C_3)这个行动是错误的

---

① 一个带来同样问题的更复杂的关于冲突的说明是赖尔(G. Ryle)在《心的概念》(*The Concept of Mind*)一书中所作的说明,第 93～95 页。

显然,如果一个当事人在面对冲突时他要么正确地行动要么不节制地行动,那么,就有必要加上类似这个第三个论据的东西。一个当事人只是知道双方的各自的理由是不够的:他还得搞清楚这些理由是怎样不断增加的。[①] 一个不节制的人违反自己的较佳判断,这无疑是(C_3),由于(C_3)是通盘考虑的结果,不可能是(C_1),由于(C_1)没有考虑另外一方的理由。读者或许会说我们已经发现"他的较佳判断"这个短语有两个不同的含义。这个短语可能是指任何朝向正确的一方的判断(理性、道德、家庭、国家);或者,它是指基于演员所意识到的所有相关思考的判断。我已经论证过了,第一个含义与分析不节制确实无关。

可是,现在我们遇到了另外一个问题,实践推理的形式或本质是什么。因为再清楚不过的是我们的第三个"实践三段论"其实根本就不是三段论;结论并不只是简单地通过逻辑从前提中推导出来的。而且引入第三个推理并没有解决我们前面的问题:我们的"结论"仍然是矛盾的。基于这一点,我们或许试图在合适的地方再次引入"表面上(prima facie)":例如,在(M_1)、(M_2)、(C_1)和(C_2)这些地方引入"表面上(prima facie)"。我们然后把这样解释过的(C_1)和(C_2)变成(C_3)的数据,通过这种处理我们试着把表面上(prima facie)的可取性与不带这个短语的可取性联系起来。但是,这个思路得不出什么结果。我们几乎不能指望仅仅从一个行动既是表面(prima facie)正确又是表面(prima facie)错误的事实中来获悉这个行动是否应该做。

---

① 在这个情形之下怎样增加理由,阿奎那是这方面的权威:参见第 479 页脚注①。

困难的真正所在现在很明显了:如果我们要找到一个关于实践理性的融贯理论,那么,我们一定得放弃下面这个想法,就是我们能够从赋予那些结论以色彩的原则中把关于什么是可取的(或更好的)或者必须的这样的结论分离出来。麻烦出在默认的假设上,这个假设是道德原则具有一般化的条件句的形式;一旦我们做出这样的一个假设,我们无论怎样处理结论中的表面(prima facie)算子都无济于事。在这方面,情况类似于从盖然性证据中做推理。就像亨普尔(Hempel)非常清晰地强调的那样[1],我们的推理不能从:

(M_4)如果晴雨表下降了,就几乎肯定要下雨了

(m_4)晴雨表在下降

推出下面的结论:

(C_4)几乎肯定要下雨

由于我们同时可以同样合理地给出下面的论证:

(M_5)傍晚满天红彤彤,几乎肯定不会下雨

(m_5)今晚满天红彤彤

∴(C_5)几乎肯定不会下雨

这里一个关键的失误是对(M_4)和(M_5)的解释使得模态结论分离出来了。一个修补的办法是把(M_4)和(M_5)中的"几乎肯定"视为对连接词的修饰而不是对结论的修饰。这样一来,我们可能就把(M_4)解释为,"晴雨表下降使得将要下雨这个事实成为可能";用符号表示就是,"$pr(Rx, Fx)$",这里的变量的取值范围包括由晴雨表下降或下雨所表征的任何时空区域。如果我们用"a"

① 卡尔·亨普尔(Carl Hempel):《科学解释的若干方面》(*Aspects of Scientific Explanation*),第 394～403 页。

来命名这里和现在这个时空区域，而“Sx”是指 x 前面的部分由傍晚红彤彤的天空来表征，那么，我们就可以尝试着把前面搞坏了的思想结构重新建构出来：

$Pr(Rx, Fx)$　　　　$pr(\sim Rx, Sx)$

Fa　　　　Sa

$\therefore pr(Ra, pr(Rx, Fx) \text{ and } Fa)$　　$\therefore pr(\sim Ra, pr(\sim Rx, Sx) \text{ and } Sa)$

如果我们想要预测天气，我们会对下面的公式特别感兴趣：

$pr(\sim Ra, e)$或者 $pr(Ra, e)$

这里 e 是我们所有的相关证据。但是，显而易见，我们从前面那两个论证中推导不出任何一个结论，即使 e 只是那里所有前提的合取（而且即使我们用数字度量支持程度的定量方式来取替定性的“pr”）。

我提议以这种显而易见的方式把这个模式应用在实践推理上。这里一个主要的思想是一个诸如“说谎（表面上 prima facie）是错误的”这样的道德原则不能前后一贯地处理为全称量化条件句，而应该被视为具有类似“一个行动是说谎这个事实在表面上（prima facie）使得这个行动变为错误行动”这样句子的含义；用符号来表示就是，“$pf(Wx, Lx)$”。就像在道德哲学里经常用到的那样，表面上（prima facie）这个概念是用来建立命题之间的联系。在逻辑语法里，“表面上（prima facie）”不是一个单一句子的算子，更不是行动谓词的算子，而是联系起来的一对句子的算子，这样联系起来的句子用来表达道德判断和道德基础。下面我们看看怎样重新建构被（M_1）、（m_1）和（C_1）所错误表现的实践推理：

（M_6）pf(x 比 y 好，x 是一个克制通奸的行动并且 y 是一个通奸行动）

$(m_6)a$ 是一个克制通奸的行动并且 b 是一个通奸行动

∴$(C_6)pf(a$ 比 b 好，(M_6)和$(m_6))$

同样地，当(M_2)和(m_2)用新的模式重写后，并且标注为(M_7)和(m_7)，就是下面这个公式：

$(C_7)pf(b$ 比 a 好，(M_7)和$(m_7))$

我们所特别感兴趣的判断是：

$(C_8)pf(a$ 比 b 好，$e)$

这里 e 是所有我们能意识到的各种相关考虑，至少包括(M_6)、(m_6)、(M_7)和(m_7)。

当然，(C_8)并不能以逻辑的方式从前面的任何东西里推出来，而是在这方面道德推理似乎跟天气预测一样很糟糕。在这两个情形之下，我们都不知道存在一个什么样的一般公式可以用来从每个证据陈述的合取枝在多大程度上或者是否支持一个结论计算出证据陈述的合取在多大程度上或者是否支持这个结论。从这个方面来看，我们采取的把道德判断相对化的策略也没有什么损失：我们毫无线索推知怎样从众多理由中得出(C_8)的结论，但是，(C_8)的那个有缺陷的原型(C_3)也没好到哪里去。可是，在相关性方面已经造所了损失，因为这种条件化的处理虽然避免了(C_6)与(C_7)之间的冲突并且也避免了(C_8)与(C_6)和(C_7)中任何一个的冲突，但是同时也把这三个结论与行动隔离开。我在为 P1 和 P2 辩护时就已经论证了意向性行动是直接地适应于诸如“做 a 要比做 b 好”这样的无条件性判断。止于像(C_8)一样的条件判断的推理只是就其主题而言才是实用的，就问题本身来看并不实用。[①]

① 关于这一点在“意欲”(“Intending”)一文中有进一步的讨论。

可是，实践推理常常得出一个行动比另一个行动好这样的无条件性判断——否则不会有诸如按照理性行事的情况。这样的推理至少包括下列要素：一个当事人接受某种理由（或某些理由的集合）r，他认为 pf（a 比 b 好，r），并且这些构成了他判断 a 比 b 好的理由。在这些条件之下，如果一个当事人要么有意做 a 要么有意做 b，那么，他就会做 a，他做 a 而不做 b 的理由将与他判断 a 比 b 好的理由是一样的。

关于按照理性行事的说明经过这样的修正并没有使 P1 和 P2 发生改动，亚里士多德关于（一段实践推理的）结论是一个行动的评论仍然很有说服力。可是，现在在不节制的事实说明上不存在（逻辑）困难了，因为一个不节制的人被刻画为一个有下面这个想法的人，即，在考虑到各种可能性后，他觉得做 b 要比做 a 好，即便是他做 a 而不做 b 而且是有理由的。这样逻辑困难就消失了，因为在考虑到各种可能性后一个 a 比 b 好的判断就成为了一个关系性的判断或 pf 判断，如此一来就与任何无条件性判断都不会发生逻辑上的矛盾。

我们大概会认为 P1－P3 经过这样的解释后不会产生矛盾。可是，与此同时，经过这样的解释，我们可能要怀疑 P3 是否可靠。因为在考虑到各种可能性后一个人怎么可能在判断出 a 比 b 好同时又不做 a 比 b 好的判断呢？

一个潜在的混淆很快就会烟消云散。“在考虑到各种可能性（即，所有的真理，道德上的和其他别的方面的）后 a 比 b 好”的确会导致“a 比 b 好”，而且我们并不想把不节制作为一个简单的逻辑错误来解释。当然，“考虑到各种可能性”这个短语一定是仅指那些一个当事人知道的、相信的或持有的东西，是他的相关原则、意见、态度和欲望的总和。可是，厘清这个问题可能只是强调真正困难之所在。我们现在要问的是：一个人怎么可能以 r 为理由判断出 a 比 b 好，然而，当 r 是所有看起来与他相关的东西的总和时，他就不做出 a 比 b 好的判断？当我们说 r 包含所有看起来与当事人相关的东西时，我们难道不就是指影响他做出 a 比 b 好判断的所有东西都没有遗漏吗？

既然本文所探讨的不节制问题的解决重点是在于区分条件性（表面上 prima facie）评价判断与没有这个短语的评价判断，或许我们能够给出一个有关不节制的特性描述以避免那个很麻烦的"考虑所有可能性"。我们对最初的关于不节制的定义（D）进行修改，一个可能的做法是，只要一个当事人有更好的理由做其他事情就给一个行动 x 贴上不节制标签：他因为 r 理由做 x，但是，他还有包含 r 和更多其他东西的理由 r'，基于 r' 他判断某个可选择的 y 比 x 好。[①] 当然，他要是做 y 也许还是不节制的，因为他或许已经有了一个更好的理由做另外一个行动 z。沿着这个思路，我们可能要说，如果一个当事人因为理由 r 而做一个行动 x，并且不存在理由 r'（r' 中包含 r），基于 r' 这个当事人判断某个行动比 x 好，那么，这个行动 x 是节制的。

这表明我们能够在不考虑一个当事人全部智慧的情况下搞清楚不节制的含义，而且这个新的分析无论如何应该可以被视为对（D）的改进，因为这个分析容许（我认为是正确的）下面这个情况，即，甚至在一个当事人考虑到所有理由也不能做出任何判断的情

① 在这种分析之下，我们可以排除下面这个情形，即，一个当事人只要有最好的理由做一件事他就做，但是，他实际上并不是因为那个理由而做这件事。

况之下还是存在不节制行动的。我们仍然不能排除这样一种情形,即,一个当事人按照所有理由作出一个判断,因此,我们还是认为根本的困难依旧存在。

可是,事实上,这不是一个真正的困难。在此种意义上说,每个判断都是按照所有理由作出的,即,每个判断都是在总体理由存在的情况下作出的,而且是以总体理由为条件的。但是,这并不意味着,基于那些理由,每个判断都是有道理的,或当事人认为是有道理的,同时也不意味着一个判断是经过推理过程从那些理由中推出来的。当我们设想一个人有时认为所有他相信的和重视的东西都支持某个特定的行动方案,而与此同时同样的信念和价值观又使得他放弃那个行动方案,①这样的设想并不自相矛盾。如果 r 是某人认为 p 的理由,那么,我认为,他认为 r 一定是他认为 p 的一个原因。不过,当然这也是问题关键之所在,他认为 r 可能使得他认为 p 而不需要理由 r;的确,一个当事人可能甚至认为 r 是一个放弃 p 的理由。

那么,即使 P1 和 P2 是正确的,不节制也是可能的。可是,根据这个分析,不节制错在哪里呢?现在我们清楚了,一个不节制的人所持有的信念并不是逻辑上矛盾的,他事与愿违也并一定是道德意义上的破产。这个不节制的人错就错在他的行动和判断是非理性的,因为这的确就是我们必须说的一个人违反自己较佳判断而行事的情形。卡尔纳普和亨普尔已经论证了存在一个非归纳(或非统计)逻辑推理的原则,而这个原则是一个理性的人要遵循

① 在这一点上我对不节制的说明在我看来似乎非常接近亚里士多德的看法。参见安斯康姆:"亚里士多德那里的思想和行动"("Thought and Action in Aristotle")。

的方针。这是归纳推理全部证据所要求的：你要相信所有出现的相关证据所支持的假设。[①] 我推测，在应用实践推理时，存在一个类似的原则需要有理性的人接受：基于所有出现的相关理由按照较佳判断行事。我们称之为节制原则应该是合适的。看起来可能很奇怪，我们把要求全部证据变为一个强制的命令（一个人能够做到让自己的信念适应命令吗？），不过，并不存在这样的一个困难使节制原则不好用。如果我们愿意的话，这会敦促我们做我们能做的行动；动机还是留给我们自己来把握。不容易做到的是怎样获得节制这个美德，怎样把节制原则变为我们自己的东西。然而，在原则上，没有理由认为做到节制要比做到贞洁或勇敢更难。我们可以从圣奥古斯丁的非凡的祈祷中栩栩如生地领略到其中的困难："赐给我贞洁和节制，只是我还没有"（《忏悔录》*Confessions* 第八章，第七章）。

为什么会有人在考虑到各种可能性后认为一个行动更好却不做这个行动而转向做其他行动呢？如果这里要求给出一个心理学的解释，那么，毫无疑问，我们会从大多数关于不节制讨论中所熟知的有趣现象里找到答案：自欺欺人、强烈欲望、缺乏想象力，还有其他类似的东西。可是，如果我们把这个问题解读为，当一个当事人在考虑到各种可能性后相信做另外一件事要比做 a 更好时，他做 a 的理由是什么，那么，答案一定是：对于这个，该当事人毫无理由。[②] 一旦我们能够把一个生物的活动看作一种理性模式的一部分，这种理性模式同时也包括思想、欲望、情感和意志，我们就可以

① 至于一些重要的修正和更多的参考文献，参见亨普尔，同上，第 397～403 页。

② 当然，他做 a 是有理由的；他所缺少的是找到一个理由来解释为什么不让一个更好的解释自己不做 a 的理由战胜其他理由。

把这个生物视为是有理性的。(在这方面我们极大地受惠于我们构想为言语表述的行动。)由于错误推理、证据不足、缺乏勤奋或者同情心衰退,我们常常不能够察觉一个模式的存在。不过,在不节制的情形中,试图把理性解读到行为里头去必然招致某种程度上的挫折。

不节制的特殊之处在于行动者不能够理解自己:他认识到,在他自己的意向性行为里,存在某种在本质上是无理的东西。

(周允程译,牟博校)

21. 非理性的悖论[*①]

关于非理性的(irrational)行为、信念、意向、推论或情感等观点是悖论性的。因为非理性不是单纯的无理性(non-rational),即存在于理性范围之外的东西;非理性是在理性范围内的失败。当霍布斯说只有人类才有"荒谬的特权"时,他是指只有理性生物才能是非理性的。非理性是一种心理过程或心态(一种理性过程或状态)出了错。怎么会是这样?

非理性的悖论并不像不成功的玩笑或一件糟糕的艺术作品那样,只是表面看上去的一种悖论。非理性的悖论出自我们描述、理解和解释心理学状态和事件的最基本方式。索菲亚很高兴她可以系绳套。因此她的高兴就一定是由于她相信她可以系绳套以及她对完成这件事情的积极评价。而且,经过研究,无疑可以有更多的解释,但它们都无法替换这个解释,因为这正是出自使人高兴的事

---

* 译自沃尔海姆(Richard Wollheim)和霍普金斯(James Hopkins)编:《论弗洛伊德哲学文集》(*Philosophical Essays on Freud*, Cambridge University Press, 1982),第289～305页。——译者

① 本文的初稿曾于1978年4月26日英国精神分析协会年会之前在恩斯特·琼斯讲座(the Ernest Jones Lecture)上宣读过。爱德纳·欧绍尼斯博士(Dr. Edna O'Shaughnessy)曾给予评论,我从她有价值的评论中获益匪浅。我还要感谢达格芬·弗罗斯达(Dagfinn Follesdal)、舒·拉森(Sue Larson)和理查德·沃尔海姆(Richard Wollheim)等人提出的进一步有用的建议。

情。或以罗吉尔为例，他想用背诵《可兰经》通过考试。这个意向一定可以解释为，他希望通过考试，和他相信用背诵《可兰经》就可以增加通过考试的机会。存在这种解释的理由是基于意向方面，即意向性行为以及许多其他的态度和情感。这种解释根据的是理性特征：它们能够使我们从行为者的观点把事件或态度看作合理的。因此，理性的气氛或适合理性模式的气氛与这些现象是不可分的，至少它们是用心理学的术语加以描述的。那么，我们怎样能够解释或尽可能地容忍非理性的想想、行为或情感呢？

弗洛伊德提出的精神分析理论主张提供一种概念框架，用这种框架可以描述和理解非理性。但许多哲学家认为，在弗洛伊德思想中存在着根本的错误或混乱。所以，我在这里就要考虑在这种思想中时常遭到攻击的某些内容，它们是弗洛伊德所有成熟作品中关键的一些最一般的主张。在分析了解释非理性背后的这个问题之后，我的结论是，任何令人满意的观点都一定包含着弗洛伊德思想中最重要的论题，而当这些论题在以相当宽泛的方式得到表述时，它们就不再有概念的混乱。也许需要强调的是，我对弗洛伊德的“捍卫”只是针对弗洛伊德的某些观点，而这些观点是处在这种模糊范围的概念终点而不是经验的终点。

大多数被称作非理性的东西并不会产生悖论。许多人会认为，对每个都想登上没有氧气（或即使有氧气）的珠穆朗玛峰的人来说，指望获得成功都是非理性的、有危险的、不舒服的、难有回报的。但假定充分考虑到某人的欲望、抱负和态度，如果他收集了他所能收集到的所有事实，并且一直是以自己的知识和价值去做事，那么要解释他所付出的这种努力也就没有什么困难了。也许在某种意义上，相信占星术、飞碟或女巫是非理性的，但如果它们是基于信仰者所持有的证据，那么这种信念就可能有标准的解释了。如果你不知道无法用圆规做正方形，那么试图这样做就是有道理的。这种产生概念麻烦的非理性，并不是其他某个人没有能够相信或感觉到或做到我们认为是合理的事情，而是某个人没有在信念、态度、情感、意向和行为的模式上取得贯通或相容。例如，一厢情愿、事与愿违、自我欺骗、疑神疑鬼。

在解释这种（当然还有更多的）现象时，弗洛伊德主义者提出如下主张：

首先，心灵包括了大量半独立的结构，这些结构是由诸如思想、欲望和记忆等心理属性刻画的。

其次，心灵的若干部分在重要方面与人相似，不仅在于具有信念、愿望和其他心理特征（或由它们所构成），而且在于这些因素可以在意向行为中结合起来，以引起心理内外的其他事件。

第三，当某些刻画了心灵亚结构的倾向、态度和事件影响到心灵中其他亚结构或受到它们的影响时，它们必定要根据物理倾向和力量的模式加以对待。

我还要简略提到的另一个主张是，我们通常认为有意识的或至少适用于意识的某些心理现象并不是有意识的，而且很难能够得到理解。在最大发挥作用方面，这些无意识的心态和事件就像是有意识的信念、记忆、愿望、期望和担心。

我希望人们会同意，这些主张都可以在弗洛伊德那里找到，它们是其理论的核心。我曾说过，它们远没有弗洛伊德的观点详尽有力。但即使是以简略的方式，在许多哲学家看来，它们也需要尽可能多的辩护。我将要回答的批评意见在许多方面是相互联系的，但它们基本上属于两类。

首先，认为心灵完全可以分割的观点通常被看作是无法理解的，因为这似乎要求思想和愿望以及行为都被归属于多少有些不同于（因而也就区别于）整个人的东西。但我们能够有意义地说不属于当事人的行为和态度吗？同样，正如萨特所说，如果行为和意向被从人那里取走而给予了心灵的半自主部分，那么责任概念就会失去其精华。这些半自主部分就代表着这个人：每一部分都会成为一个小女人、小男人或孩子。曾作为单个心灵的东西现在就变成了一个战场，各种对抗力量在其中竞争、相互欺诈、封锁消息、出谋划策。正如欧文·索伯格和其他人所指出的，有时甚至会出现某一部分保护自身的力量（思想）。[①] 主要当事人可能会成为一种委员会的主席、仲裁人或独裁者。毫不奇怪，关于这些隐喻是否能够取代一种相容的理论一直存有疑问。

其次的一些担心（虽然相互关联）是关于深层的说明性方法论。一方面，精神分析理论通过发现先前并没有被认识到的动机、希望和意向，从而扩大了目的论说明或理由说明的范围。在这方面，正如前面所提到的，弗洛伊德极大地增加了可以看做是理性的现象的数量和种类：这表明，我们有理由说明我们的遗忘、说走嘴和极度恐慌。但另一方面，弗洛伊德试图使他的说明能够带来自然科学说明通常承诺的东西：如可以控制的因果说明。根据这种想法，他把来自水力学、电磁学、神经病学和力学的术语用于说明心理事件和状态。图尔明、弗鲁、麦金太尔和皮特斯等人曾经提出，精神分析理论试图用因果规律去说明（需要理智加以说明的）心理现象，这是不可能的：他们认为，这说明了

① 参见欧文·索伯格（Irving Thalberg）在《论弗洛伊德哲学文集》中的文章。

(但并没有证实)弗洛伊德的一贯用法,即用取自其他科学的隐喻来谈论心灵。[1]

于是乎,弗洛伊德方法论中存在两种无法调和的倾向。一方面,他想扩大属于理由说明的现象范围,而另一方面,又把这些现象看作是自然科学中所讨论的力量和状态。但在自然科学中,理由和命题态度是不在考虑之列的,是遮蔽了因果规则的。

为了评价对精神分析理论的这些指责,我想首先重述一下我认为对通常的意向行为所作的正确分析。然后我们就可以考虑非理性问题。

一个人走在公园被路上的一个树枝绊倒了。[2] 想到这个树枝可能会危及至其他人,他就把它捡起来,扔到路边的树丛中。在回家的路上,他突然想见,这个树枝可能会从树丛中弹出来,还会危及到粗心的行人。他就下了电车,回到公园,把树枝放回原来的位置。在这里,当事人所做的每件事情都是有理由的(除了他被这个树枝绊倒),根据这些理由所做的每件事也都是合理的。假定这个人相信把树枝留在路上是个危险,而且希望消除这个危险,那么合理的做法就是把这个树枝拿走。假定又一想,他相信树枝在树丛中也很危险,那么把它从树丛中拿出来又放回到路上也是合理的。

① 例如,参见安东尼・弗鲁(Antony Flew)的"动机和无意识"("Motives and the Unconscious"),载《明尼苏达科学哲学研究》(*Minnesota Studies in the Philosophy of Science*, Vol. 1, H. Feigl and M. Scriveneds., Minneapolis: Minnesota University Press, 1956);阿拉斯戴尔・麦金太尔(Alasdair MacIntyre):《无意识》(*The Unconscious*, Routledge, London, 1958);皮特斯(P. S. Peters):《动机的概念》(*The Concept of Motivation*, Routledge, London, 1958);查尔斯・泰勒(Charles Taylor):《行为的说明》(*The Explanation of Behaviour*, Routledge, London, 1965)。

② 这个例子不是我提出的,而是来自弗洛伊德(Freud):"Notes upon a Case of Obsessional Neurosis"(1909)中的脚注 23。

假定这个人想把树枝从树丛中拿出来，那么他从电车上下来并返回公园也是合理的。在每种情况中，行为的每个理由都告诉我们当事人在行为中所理解的东西，这些就是他行为的意向，因而也就是对行为的说明。我说过，在某人所做的事情应当被看作是一种行为时，就一定存在这样的说明。

理由说明的模式早已为许多哲学家所关注。休谟这样简洁地说："问一个人为什么锻炼身体，他会回答说，因为他希望保持健康。如果你进一步问他，为什么要保持健康，他会迅速地回答说，因为生病很痛苦。"[①]由于我们对这种模式很熟悉，所以很容易忽略掉。其实应当解释的是行为，即锻炼身体。在最低程度上，这个说明应当要求两个因素：当事人的价值、目的、希望或态度，以及相信他通过用这种方式解释的行为能够推进相关的价值、目的，或者将会根据他的态度去行动。一方面是行为，另一方面是作为理由的信念-愿望，它们一定是以两种不同的方式相互联系，由此产生一种说明。首先，一定存在一种逻辑关系。信念和愿望是有内容的，而这些内容必定蕴含这样一点，即存在某种就这种行为而论值得或希望的东西。所以，当一个人发现有望得到健康的东西并相信锻炼身体会使他健康，他就会得出结论说，锻炼中存在着有望得到的东西，这就解释了他为什么要锻炼身体。其次，当事人做出这种行为的理由只要是用来解释这个行为的，就一定是他据此行动的理由；这些理由在出现了这个行为时必定已然起到因果作用。理由说明的这两个条件都是必要的，但它们并不是充分的，因为信

① 大卫·休谟(David Hune)：《道德原理探究》(*An Inquiry Concerning the Principles of Morals*)，L. A. Selby-Bigge ed.，Oxford：Clarendon Press，1957)，附录Ⅰ，第293页。

念-愿望和行为之间的因果关系并没有给出理由说明。(这种复杂情况并不是我们这里要考虑的问题，虽然在这种复杂情况中无疑有非理性的行为。)

对行为的这种大量分析清楚地表明，为什么所有的意向行为，无论是否在某种更进一步的意义上是非理性的，它们都有一个理性的核心成分；而正是这种成分产生了非理性的悖论。但我们同样看到，弗洛伊德的一个重要观点可以得到辩护：在理由说明与因果说明之间并没有内在的冲突。因为信念和愿望都是它们作为其理由的行为之原因，所以，理由说明也就包含了一种实质上的因果成分。

可以对意向行为说的话也可以扩展到许多其他的心理现象。如果某人想要偷些布鲁塞尔芽菜，那么无论他是否履行了他的意向，这个意向本身一定是由希望得到一些布鲁塞尔芽菜这一愿望和通过偷他就可以得到它们这一信念而造成的。(意向的逻辑方面或理性方面再次明显表现出来。)同样，我们大多数的希望、愿望、欲望、情感，信念和担心都取决于(无疑通常是不被注意到的)从其他信念和态度中的简单推理。我们担心贫穷，是因为我们相信那会使我们遭受不幸；我们希望下雨，是因为我们相信雨水会有助于庄稼的生长，而且我们希望庄稼茂盛；我们相信雨水会有助于庄稼的生长，是基于归纳或听说或阅读，等等。在每一种情况中，各种态度和信念内容与它们所造成的结果之间都存在着逻辑关系。

至此得到的结论是，单单把心理状态或事件标注为或认为其包含了宽泛地称作命题态度的东西，就保证了理由说明的相关性从而保证了理性成分。但是，如果这种状态或事件可能是非理性

的，那么这种理性成分当然就无法阻止它们同时变得更少些理性。考虑一下这种情况：当事人的行为违背了他在考虑了所有情况之后认为是最好的东西。（亚里士多德把这种行为称作“不自制”（*akrasia*）；另一些叫法是“无节制”或“意志薄弱”。）我们很容易想象，当这个人返回公园并把树枝又放回原处时，他会意识到他的行为是没有道理的。他有移动树枝的动机，就是说它会对路人带来危险。但他也有不返回公园的动机，那就是要付出的时间和精力。根据他的判断，后者的考虑应当重于前者；但他却按照前者行事。总之，他是与自己的最佳判断作对。

解释这种行为的问题始终困扰着至少自柏拉图以来的哲学家和道德学家。根据柏拉图的记载，苏格拉底认为，由于没有人愿意自己的行为违背他认为最好的东西，所以只能用无知来解释愚蠢的或错误的行为。这常常被称作是一个悖论，但苏格拉底的观点自相矛盾，只是因为它否定了我们所有人的信念，即认为存在着不自制的行为。如果苏格拉底是对的——如果概念逻辑排除了这种行为，那么对所要解释的事实就不存在什么困惑了。然而，苏格拉底（或柏拉图）却使我们产生了问题：在解释意向行为的标准方式与认为这种行为可能是非理性的这种看法之间存在一个冲突。由于认为任何意向行为都不可能内在地非理性这种观点在各种可能的观点中处于一个极端的位置，所以还是让我把这种观点叫作“柏拉图原则”。这是纯理性的主张。

另一个极端是美狄亚原则。根据这种主张，一个人的行为可能违背他的最好判断，但这只是在异己的力量超越了他的或她的意志的时候。这就是美狄亚请求她的手不要杀害她的孩子时出现的情况。她的手或其背后的复仇力量战胜了她的意志。对意志薄弱的这种处理很普遍。[1] 一旦假定了这个主题，这个术语是很合适的，因为当事人的意志比异己的力量更为软弱。道德学家对这种观点始终情有独钟，因为它表明，要克服诱惑只是需要有更大的决心去做正确的事情。但同时，这也是一个很奇怪的主张，因为它意味着不自制的行为不是意向性的，所以其自身也就不是当事人应当对其负责的行为。如果当事人受到谴责，这并不是因为他的所作所为，而是因为他没有足够的精力坚持下来。当事人发现自己所做的事是有理由的——即克服他更好判断的力量或推动——但这个理由并不是他自己的。从当事人的观点看，他的所作所为是某种来自外部原因的结果，仿佛另一个人推了他一下。

亚里士多德认为，意志薄弱是出于一种遗忘。不自制的人有两种欲望；在我们的例子中，他既想节省自己的时间和精力，又想去移动树枝。他无法根据这两种欲望行事，但亚里士多德不会让他在领悟其难题上走得太远，因为在亚里士多德看来，这个当事人失去了与自己知识的积极联系，因为如果他不返回公园，他就能节省时间和精力。这并不是真正在有意识的和无意识的愿望之间的冲突；相反，存在一种有意识的和无意识的知识，而无论行为依据何种知识都是有意识的。

有些情况适合亚里士多德的分析，而有些情况则符合美狄亚原则。但这样的情况并不是惟一的，它们并不是明确的不自制情况，就是说当事人是根据意向行事的，但同时又意识到，对他来说，还存在更好的行为过程。因为当美狄亚原则起作用时，并没有出

[1] 对这些问题的进一步讨论和参考文献参见我的“意志薄弱如何可能?”(“How is Weakness of the Will Possible?”)载唐纳德·戴维森:《论行动与事件》(*Essays on Actions and Events*,Oxford University Press,1980)。

现意向；根据亚里士多德的分析，当事人并没有意识到其他情况。

经过反思，美狄亚原则和亚里士多德分析显然都没有产生直接的冲突情况，就是说在这种情况中，当事人既有做某个行为的充分理由，也有不做这个行为的充分理由；或者说，对同样的东西来说，做两件相互排斥的事情都有充分的理由。我们对这种情况非常熟悉，这里无需专门解释了：当我们得到两个相互冲突的主张，我们通常不是束手无策的，也不是压制有关的消息或放弃我们的某个内在愿望。通常，我们能够面对必须作出决定的情况，在充分考虑到正反两方面的因素之后取最佳者。

需要解释的是这样一种当事人的行为，他权衡了两方面的理由并判断多数理由是在某一方面，于是就做出了与此判断相反的行为。我们不会说他没有理由这样做，因为他既有理由这样做也有理由反对这样做。正是因为他有理由这样做，所以我们才能给出关于他行为的意向。和所有的意向行为一样，他的行为可以解释为带来这种行为并使其具有意义的信念和愿望。

然而，虽然当事人有理由这样做，但根据他的估计，他仍然有更好的理由去做另一件事。需要解释的不是当事人为什么要这样做，而是他为什么没有那样做，假定他判断在所有考虑中那样做会更好些。

如果某个人认识到自己有充分的理由既同意又反对某个行为，那么就不应当把他看作是陷入矛盾之中。由此得出，道德原则或符合愿望的判断就无法表达为这样的句子："撒谎是错的"或"使人愉快是好的"。即使是以自然的方式也无法用这些句子表达这样的全称陈述："所有的谎言都是错的"或"所有使人愉快的行为都是好的"。因为同样一个行为既可以是一个谎言，也可以是一个使人愉快的行为，这样的话就既是错的又是好的。根据大多数道德理论，这就是一个矛盾。或举一个更简单的例子，如果履行诺言是对的，而不履行诺言是错的，那么当某人并非由于自身的原因做出了不一致的诺言，他就会是在做正确的事情的时候做了错误的事情。

要解决这个实践推理逻辑难题就是应认识到，评价原则并不能正确地表述为“撒谎是错的”，因为并非所有的谎言都是错的；在某些情况中，人们应当出于某种更重要的考虑去说谎。某个行为是一个谎言或不履行诺言或浪费时间，以关于这个行为的其他理由来衡量，事实是与行为本身相反的。我们所做的或想要做的每个行为都可以得到赞成和反对；但我们只是在正反两方面都得到权衡并趋于平衡的时候才谈到冲突。简单的推演就可以告诉我，如果我希望履行诺言 A，我在某个日子就一定会在亚的斯亚贝巴；如果我希望履行诺言 B，我在那个日子就一定会在博拉博拉岛；但逻辑无法告诉我去做哪一个。

由于逻辑无法告诉我做哪一个，因而就不清楚，选择哪个行为会是非理性的。如果我们补充说，我判断就所考虑到的一切而言都表明我应当履行诺言 A，而我却履行了诺言 B，这种非理性也不是证据。因为第一个判断只是一个条件句：根据我所有的证据，我应当做 A；这与我应当做 B 这个无条件的判断并不矛盾。只有当我也认为——就像我做的那样——我应当根据我最好的判断去行事，知道在所有的考虑中什么是最好的或有义务的，只有在这个时候，才会出现纯粹内在的前后矛盾。

因此，对不自制行为中非理性东西的纯形式描述是，当事人反对他的二阶原则，即他应当按照他认为在所有考虑中最好的东西行事。只有当我们能够以这种方式描述他的行为时，才会存在关于解释它的困惑。如果当事人并没有这个原则，即他应当按照他认为在所有考虑中最好的东西行事，那么尽管从我们的观点看他的行为可能是非理性的，而从他的观点看，这并不一定是非理性的——至少在解释问题方面是如此，因为要解释他的行为，我们只需要说，他想要做他认为在所有的考虑中最好事情的愿望并不像他想要做其他事情那样强烈。

但假定某人的行为是处心积虑地与他的原则相反，我们如何能够对此作出解释呢？显然，这个解释一定包含了某种超出柏拉图原则的特征；否则这个行为就完全是理性的了。另一方面，这个解释一定保留了柏拉图原则的核心内容，否则这个行为就不是意向性的了。类似这样的说明似乎满足了这两个要求：我们业已同意，对不自制的行为存在一种规范的理由说明。所以，返回公园放回树枝的那个人是有理由的：即清除危险。但当他这样做时，他又忽略了他的原则，即根据他认为所有考虑中最好的东西行事。不可否认，他有忽略这个原则的动机，就是说，他想（或许是非常强烈地想要）把树枝放回原地。让我们说，这个动机解释了他没有按照他的原则行事这个事实。正是在这一点上出现了非理性。因为放回树枝的愿望最终决定了他把一件事情做了两次。首先是考虑放回树枝的好处，这个考虑在当事人看来没有反对返回公园的理由那么重要。于是行为者就认为，经过周全考虑他不应当返回公园。根据他的原则即应当按照这样的结论行事，那么对他来说要做的合乎理性的事情当然是不返回公园。而当他想要返回的愿望使他忽略了或超过了他的原则，那么就出现了非理性。虽然他忽略原则的动机就是他忽略原则的理由，但这并不是反对这个原则本身

的理由，所以当它以第二种形式出现时，作为理由就与这个原则和行为无关了。非理性取决于区分赞成具有这个原则或根据这个原则行事的理由与赞成这个原则的理由。

另一个更简单的例子会澄清这一点。假定一个年轻人非常希望有一头姿态优美的小牛，这就使他相信他有一头姿态优美的小牛。他有正常的理由想要有这个信念——这使他感到愉快。但如果对他持有这个信念的整个解释就是说他想要相信它，那么他持有这个信念就是非理性的了。因为希望有一个信念并没有证明这个信念是真的，也没有以任何方式给出一个合理的证明。他希望有这个信念这一点使之成为理性的东西是：他相信他有一头姿态优美的小牛这个命题应当是真的。这并没有使他的这个信念理性化：我有一头姿态优美的小牛。这是一种一厢情愿的情况，是典型的最简单的一种非理性。然而，尽管简单，这个典型也很复杂，是由"相信的理由"这个短语的模糊性变得不清楚了。

在某些非理性的情况中，当事人不大可能（或许是不可能）完全意识到他心里所想的东西。如果某人"忘记"今天是星期三，因为他不想去履行不合意的社会义务，这也许就表明了，他应当意识到这一点。但在许多情况中，从逻辑上并不难假设，行为者知道正在发生的事情。这个年轻人可能知道，他相信他有一头姿态优美的小牛，只是因为他想相信这一点，正如那个回到公园放回树枝的人，可能意识到他行为的荒谬和对他行为的解释。

如上所见，根据标准的理由说明，各种信念和愿望的命题内容不仅相互具有恰当的逻辑关系，而且与它们要去解释的信念、态度或意向的内容也有恰当的逻辑关系；信念和愿望的实际状态，引起了被解释的状态或事件。在非理性的情况中，存在着因果关系，但却失去或歪曲了逻辑关系。在我们所讨论过的非理性情况中，存在一种并非其所造成结果之理由的心理原因。所以，在一厢情愿的情况中，一个愿望带来了一个信念。但是，判断一个事态就是或者会是可以期望的，这并不是相信它存在的一个理由。

显然，原因在这种意义上一定是心理的：它是具有命题内容的状态或事件。如果飞翔而过的小鸟带来了相信这只小鸟正在飞翔而过（或飞机正在飞翔而过）的信念，那么就不会出现非理性的问题；这些正是并非其所造成结果之理由的原因，但原因并没有逻辑特征，所以原因自身无法解释或产生（我所描述过的那种）非理性。可能存在其他形式的非理性吗？这个问题并不清楚，我对此也无话可说。因为我的论题只是，许多非理性的普通例子可以用这样的事实加以说明，即存在一种并非理由的心理原因。这种说明指出了一种解释非理性的道路。

这种非理性可能出现在理性活动之中。正如无节制的行为是非理性的。也可能存在非理性的行为意向，无论这种行为是否出现。信念可能是非理性的，正如推理过程可能是非理性的一样。许多愿望和情感，如果被解释为并非其理由的心理原因时，它们就被看作是非理性的。这种一般概念同样适用于未改变的事物。如果某人没有提出任何理由（也就是说，他并没有基于他应当据以对他其他的信念、愿望或意向作出适当的调整而采纳的一种信念或态度而作出这种改变），那么他就是非理性的。他有某个理由，但那并没有造成一个充分理由理应造成的结果。

我们现在看到，如何可能把表明一个行为、信念或情感是非理性的说明与对所有这些现象的描述和说明中存在的非理性成分协调起来。因而，我们至少是以初步的方式讨论了非理性的悖论。

但现在出现了悖论的第二种来源，而这种来源却是很难驱散的。

如果事件作为因果是相互联系的，那么无论我们选择了什么样的词汇去描述它们，它们都依然如此。但精神的或心理的事件却只有在描述的情况中才是如此；这是因为，这些事件本身同时又是神经生理学的，因而最终是物理的事件，虽然只有在得到神经生理学的或物理的描述时才能够在这些领域中确认和辨别它们。正如我们所见，一般来说，求助于神经生理学的或物理的原因就不难解释心理的事件：这是分析（例如）知觉或记忆的关键。但当我们用非心理的术语描述这些原因的时候，我们必然就会失去需要解释非理性成分的机会。因为非理性只是出现在理性明显适当之时：其中的原因和结果都具有包含逻辑关系的内容，而正是这些逻辑关系造成理由存在与否。仅以物理属性或生理学属性去解释的事件就无法被看作是理由，或被看作是处于冲突之中，或与某个主题有关。所以我们面对着以下的两难选择：如果我们以中立的态度考虑原因，而不考虑诸如信念或其他态度之类的心理状态——如果我们只是把它看作是作用于心灵的一种力量，而不是把它看作心灵的一部分，那么我们就没有解释乃至描述非理性。盲目的力量属于无理性的（non-rational）范畴，而不属于非理性的（irrational）范畴。所以，我们引入了一种对原因的心理描述，这使得原因也成为一种可能的理由。但我们仍然没有得到应用于心理事件的清楚的说明模式，因为这个模式要求原因不仅仅作为一个可能的理由；它一定是一个理由，而在目前的情况中，它却无法成为一个理由。要说明心理的结果，我们需要一个心理的原因，这也是解释这个结果的理由；但一旦我们有了这个理由，这个结果也就无法成为非理性的了。或者它看上去是这样。

然而，有一种方式会使一个心理事件造成另一个心理事件，而不会成为说明它的理由，而且这里也不会出现困惑，不会必然带来非理性。这种情况就发生在原因和结果出现于不同的心灵中。例如，希望你进入我的花园，我就在花园里种植了漂亮的花。你看见了我的花之后，就进入我的花园。我的愿望带来了你的观赏和行为，但我的愿望并不是你观赏的理由，也不是你做出行为的理由。（或许你根本不知道我的愿望。）于是，一些心理现象会造成另外一些心理现象而不会成为它们的理由，并且它们仍然保持心理特征（假定原因和结果是被恰当分离的）。显而易见的情况是那些社会交往活动。但我认为，这个观点可以应用于单个的心灵和个人。的确，如果我们要去完全解释非理性，那么我们就一定会认为，这个心灵是可以被分割为一些半独立的结构，它们以柏拉图原则无法接受或解释的方式相互作用。

为了构造这种所需的结构，一部分心灵就一定表明了比赋予整体更大程度的相容性或理性。[①] 排除了这种情况，与社会交往之间的相似性就会遭到破坏。这个看法是，如果心灵的每个部分在某种程度上都是独立的，我们就可以理解它们如何能够藏匿前后矛盾，并且如何能够在因果上相互作用。回忆一下对不自制的分析。我在那里没有提到心灵的分割，因为这个分析在这一点上更是描述性的而不是说明性的。但如果我们要假设心灵的两个半

① 正如在其他地方一样，我对心灵分割的高度抽象的描述是与弗洛伊德背道而驰的。特别是，我并没有谈到心灵区分的数量或性质、它们的持久性或原因的说明。我只是想要捍卫心灵区分这个观点，提出如果我们要解释非理性的一般形式这就是必要的。我也许还会强调，像“心灵的分割”、“心灵的部分”、“片段”等这种短语是错误的，因为它们假定了属于心灵某一部分的东西就无法属于其他部分。我想给出的图像是界限交叉重叠的。

自主部分中的一个会发现做出在所有情况中最好行动的某种原因,而另一个则是提出行为的另一个原因,那么,这种方式就会得到清楚的说明。一方面是节制的判断,另一方面是无节制的意图和行为,无论在哪个方面,都存在着对理由、相互联系的信念、期望、假设、态度和愿望的一种支撑结构。要确立这种图景,还有许多东西需要解释,因为我们想要知道这种双重结构为何得以展开,它如何说明所采取的行为及其心理后果和疗效。我在这里强调的是,被区分的心灵留下了尚待进一步说明的空间,这有助于解决柏拉图原则与说明非理性问题之间的概念张力。

我所提出的这种心灵区分,在本性上或作用上,并不对应于在德性与禀性或理智与情感之间战斗的古老比喻。因为根据我的论述,不自制的人所要求的相互对抗的愿望或价值本身并没有提出非理性。的确,判断在考虑了所有情况后人们应当按某种方式行事,这预设了相互对抗的因素始终存在于心灵的相同部分。这也不是像在美狄亚原则中那样受到异常轻浮情感的粗暴干预。所需要的是组织起来的成分,每个成分中都有相当程度的相容性,而且每个成分都能以无理性的因果模式作用于另一个成分。

允许心灵的诸领域都具有一定程度的自主性,这就在某种程度上解决了我们刚刚讨论过的难题,但又带来了其他难题。这是因为,就柏拉图原则没能解释心灵作用而论,完全可以用因果关系替换它,这些因果关系可以解释得更好些或更接近科学,正如可以把它们概括为规律一样。但问题在于,一旦用心理术语确定这些现象,那么心灵的作用究竟在多大程度上可以还原为严格的、决定性的规律。一方面,心理的领域无法构成一个封闭系统;其中出现的大多数东西都是由没有心理描述的事件必然地带来的。另一方面，一旦我们在思考心理事件之间的因果关系时不完全考虑对这些事件描述之间的逻辑关系，我们所进入的领域就没有一组统一的和融贯的构成原则：所使用的概念必定被看作是混合的，部分适用于它们与非心理力量的世界之间的联系，部分适用于它们作为心理的、指向命题内容的特征。这些就直接提出了这样一个重要问题：在这个领域中会有什么样的规律或概括？因而进一步的问题是：关于心理事物的科学如何能够成为科学的？然而，我把这个问题放到一边。

从承认相同心灵中的半独立部分还产生了另一个难题。我们把信念、目的、动机和愿望都归结为人，以此来组织、解释和预见他们的行为、言语及其他。我们用所能想到的最统一、可理解的图式去描述他们的意向、行为和感觉。言语与其他行为一样直接进入了这个图式，因为言语本身也必定是要得到解释的；的确，言语至少需要两个层次的解释，即说话者的话语是指什么的问题和说话者在说出它们时是指什么的问题。这不是说当事人按照某种把观察者仅仅当成侦探的方式而直接知道他所相信的、想要的和意图的东西。虽然当事人常常可以说他心里的东西，但他的话只有在公共领域才有意义；他的话的意思既是说给解释者的也是说给他自己的。应当如何理解他，这对其他人是个难题，对他也是个难题。

使解释变得困难的是产生了行为和言语的复杂心理因素。举例来说，如果我们知道，某人在说某些话时是要断定钚的价格正在上涨，那么，我们通常就一定会对他的意图、信念、话的意义等有很多的了解。如果我们想象自己开始构造一种可以统一和解释我们所观察到的东西的理论，即关于这个人的思想、情感和语言的理论，我们就会被困难所吓倒。对大量这样的东西存在许多未知。我们必须按照这样一种说起来简单但用起来却非常复杂的策略来处理这个问题：即断定所要理解的这个人与我们非常相似。这必定是个开放的方式，随着证据的积累，我们就逐渐摆脱了它。我们开始断定其他人基本上具有与我们相似的信念和价值。我们一定会认为我们所要理解的某人就生活在我们的世界中，这个世界是由多少有些持久的宏观物理对象所构成，而这些对象又具有我们所熟悉的因果倾向；他的世界就像我们的一样，包含着具有心灵和动机的人；他和我们一样希望找到温暖、爱情、安全和成功，期望避免痛苦和不幸。随着我们得到了细节或以这样那样的方式得到了对我们思想并非关键的东西，我们就可以越来越容易顾及我们与他人之间的差别。但除非我们可以把他人理解为与我们共享相当多的常识，否则我们就不会认同他们的信念、愿望和意向以及他们的命题态度。

理由就是心理事物的整体特征。一个句子的意义（即一个信念或愿望的内容）不是可以从后继者中孤立出来而赋予的东西。我们无法有意义地把一块冰正在融化这个思想归属于对冰的性质（即冰与水相关的物理属性如冷、坚固等等）并没有多少真信念的人。一种归属是建立在假定其他无穷尽归属的基础之上的。在我们假设一个人所应当具有的信念之中，如果我们可以理解其中某一个，那么他的许多信念就一定（在我们看来）是真的。于是，在我们据以发现其他人是相容的和正确的那种程度上，我们对态度、动机和信念所做出的归属之清晰性和说服力是适当的，我们时常有根据地发现其他人是非理性的和错误的；但这种判断只是在得到大多数人的肯定后才得到最大的证实。当我们认为某人是理性的和明智的，我们便以最好的方式理解了他，而这种理解使我们与他的争论以十分敏锐的方式进行。

问题是，觉察到解释中不可避免的清晰性，是与心灵的区分相对立的。因为区分的要点就是允许在相同的心灵中存在不相容的或冲突的信念、愿望和感觉，而所有这些解释的基本方法则告诉我们，不相容性就造成了不可理解性。

这是一个程度问题。我们不难理解在大部分赞同的背景中有小的分歧，但与实在或相容性的大量背离却开始使我们用心理术语去描述或解释所发生的事情的这种能力遭到了破坏。是什么限制着我们可以从心理学意义上来说明非理性，这纯粹是一个概念上的或理论上的问题——事实上，心理状态和事件是由它们在逻辑空间中的位置所构成的。另一方面，限制我们在男女同胞中发现的那种大量的相容性和与实在的符合正是我们人性的弱点：在解释者方面缺乏想象和同情，在被解释者方面就永远不完满。非理性的这种内在悖论是任何理论都无法完全逃避的，这就是：如果我们把它解释得很好，我们就把它说成了理性的一种隐藏形式；而如果我们很轻松地把它归结为不融贯，我们便会由于撤出证明任何诊断本身所需的理性背景而危及到我们诊断非理性的能力。

因而，我一直试图表明的是，我所列出的那些困扰着哲学家和其他的精神分析理论之最一般特征（如果我是对的）也会出现在任何试图解释非理性的理论中。

第一个特征就是，心灵被看作是具有两个或更多的半自主的结构。我们看到，这个特征对于说明那些并非解释它们所造成的心理状态之理由的心理原因是必要的。只有通过区分心灵，才可能解释一个思想或冲动如何能够造成与其没有任何理性关系的其他思想或冲动。

第二个特征是把一种特殊的结构赋予心灵的一个或更多的分支:这类似于需要解释日常行为的结构。这就需要汇总这样一种信念、目的和结果,即通过运用柏拉图原则,它会使我们把某些事件刻画为具有目标或意向。这种类似并不会运用到要求我们把心灵的各部分都看作是独立的成分。重要的是,把这个人的某些思想和情感看作是根据意向行为的原则相互作用而产生的结果,把这些结果看作是解释进一步心理事件的原因而不是理由。理由关系的消解就确定了分支的界限。虽然我在这里和弗洛伊德一样谈到部分和机能作用,但它们似乎并不是需要隐喻的东西。部分是用功能来确定的;最终是由理由概念和原因概念来确定的。准自主部分的观念并不是要求在这个部分还有一个小的当事人;再说一遍,可操作的概念就是关于原因和理由的概念。

我们指出的第三个特征是,某些心理事件具有与相同心灵中其他心理事件相关的原因特征。我们还发现这个特征需要对非理性的说明。我认为,正是这个特征是可以接受的,但为了按受它,我们必须允许心灵的各部分具有一定程度的自主性。

我关注精神分析理论的就是这样三个内容:心灵的区分;在每个半自主部分存在重要的结构;在各部分之间存在非逻辑的因果关系。这三个内容的结合为连贯地描述和解释各种重要的非理性提供了一个基础。它们也说明和证实了弗洛伊德把标准的理由说明与类似自然科学的因果互动关系混合起来的做法,理智在这种互动关系中并没有起到通常的规范作用和使其理性化的作用。

最后,我必须提到这样的看法,即认为许多通常被看作可由意识把握的心理现象,有时既不是有意识的,也不容易进入意识之中。我对此没有作出任何说明的理由是，我认为，要回答那些针对无意识心理状态和事件所提出的异议，就是要表明，没有它们也可以接受这个理论。例如，明显的是，在对不自制的描述中，就不会需要思想或动机是无意识的——的确，我批评了亚里士多德在不必要时引入了某种类似无意识的知识的东西。不自制的标准情况是，当事人在这种情况中知道他正在做的事情以及他为什么要这样做，也知道这不是最好的以及为什么不是最好的。他承认他自己的非理性。如果这些都是可能的，那么，这个描述就不会因为假设所涉及的某些思想或愿望有时是无意识的这一点而变为靠不住的。

如果我们对一种在其他方面无法反驳的理论补充这种对无意识成分的假设，那么这个理论就只会更容易被接受，就是说，它能够解释更多的东西了。因为假设我们是由像弗洛伊德那样的天才使我们认识到，如果我们确定了某些心理状态和事件，我们就会解释更多无法解释的行为；但我们也会发现，相关的言语行为并不适合这种规范模式。当事人否认他具有我们赋予他的态度和情感。我们可以通过规定无意识事件和状态（它们除了不被意识之外类似于有意识的信念、愿望和情感）的存在来协调观察和理论。的确，这里还隐藏着进一步的困惑。但这些困惑似乎出自其他的问题；无意识的心理事件并不是补充到其他的问题中的，而是本身就是它们的天然伴侣。

我已经论证某种分析图式可以运用到重要的非理性情形。在每种“内在的”不相容性或非理性的情形中，或许都可以找到这种图式。但这个图式提供了非理性的充分条件吗？似乎没有。因为简单的联想情形就并不能算是非理性的。如果我想象通过哼出某个调来就可以记住一个名字，那么就有了一个并非理由的心理原因；对其他人也是同样。但更为有趣和重要的是自我批评和改变的形式，即我们总是希望得到高度评价，甚至以为自我批评和改变的形式是理性的本质和自由的来源。但这显然是超越了理智（在我一直使用的专门意义上）的心理因果作用的情况。

我所想到的是一种特别的二阶愿望或价值及其所能带来的行为。这种情况出现在一个人形成了对他自己某些愿望的肯定或否定的判断，他的行为是要改变这些愿望。从这种已变化了的愿望的观点看，不存在改变的理由（这个理由出自独立的来源，是基于进一步的、部分相反的考虑）。当事人有理由改变他的习惯和性格，但这些理由却是出自某个价值领域，它必定外在于经历这种变化的观点或价值内容。因而，如果出现了这样的变化，其原因也并不是解释所造成结果的理由。一个无法解释非理性的理论也无法解释我们在自我批评和自我改进上所作的有益努力和短时成功。

（江怡译，牟博校）

22. 欺骗与区分*

自我欺骗对自己来说通常不是什么大问题;相反,它使一个人完全放下了某种思想痛苦的负担,而造成这种负担的原因超出了他或她所能控制的范围。但自我欺骗对哲学心理学来说则是一个问题。因为在思考自我欺骗时,正如在思考非理性(irrationality)的其他形式时一样,我们发现自己不得不反对这一思想。一方面,是否存在真正的非理性情形还并不清楚,除非可以确定行为者思想中的前后矛盾,即与行为者自身标准的前后矛盾。另一方面,当我们试图更详细地解释行为者是如何能够达到这种状态的,我们发现自己在这一过程中引入了某种非理性化的形式,我们可以把这归咎于自欺者,因而就冲淡了受到谴责的前后矛盾。自我欺骗是令人讨厌的,因为在某些自我欺骗的情况中,它不仅需要我们说某人相信某个命题及其否定,而且认为一种信念支持另一种信念。

考虑这样四个陈述:

(1)D 相信他是秃头。

(2)D 相信他不是秃头。

(3)D 相信这个(他是秃头又不是秃头)。

---

* 译自艾尔斯特(Jon Elster)编:《多重的自我》(*The Multiple Self*, Cambridge University Press, 1986),第 79～92 页。——译者

(4)D 不相信他是秃头。

在我将要讨论的这种自我欺骗中，陈述(1)所说的这种信念是与其矛盾的一个信念诸如(2)的因果条件。当然，人们会认为(2)蕴涵着(4)，但如果我们承认这一点，我们就会自相矛盾。为了一致地描述 D 的前后矛盾的心理活动，我们就会说，由于 D 既相信他不是秃头，又相信他是秃头(所以(4)是假的)，所以他一定相信，正如(3)一样，他既是又不是秃头。这一步一定也会得到坚持：某人的所言所行都不会被看作足以说明归咎于显而易见的矛盾信念的理由，正如没有什么可以支持把一种诚实的、字面上断定的句子解释为当且仅当 D 既是秃头又不是秃头时才为真的句子，虽然这些话可能一直被说成是"D 既是又不是秃头"。有可能相信这两个陈述的每一个，而不相信它们的合取。

于是，我们就有责任解释，某人如何能够拥有像(1)和(2)这样的信念而不是把它们放到一起，即使他相信(2)是**因为**他相信(1)。

这个问题可以用以下方式来概括。大概很少出现这样的情况，即某人肯定某个命题是真的，也肯定它的否定是真的。更为常见的情况可能是，行为者适用的证据多数指向了某个命题的真，这使行为者更容易相信它(使他把它看作更多是真的)。这种倾向性(即很高的主观概率)使得他以将要讨论的方式去寻求、支持或强调对这个命题为假的证据或不考虑对它为真的证据。于是行为者就更倾向于相信对最初命题的否定，即使他可以适用的所有证据并没有支持这种态度。("倾向于相信"这个短语对我想要描述的某人的心态是非常有效的；人们也许会说，行为者相信命题是假的，但对此并不太肯定。)

这种对自我欺骗的刻画在一个重要的方面类似于意志薄弱。意志薄弱是基于缺少人们所承认的相关理由的意向性行为(或构成了行为的意向)。意志薄弱的行为出现在冲突的情况中;不自制的行为者具有既赞成又反对行为过程的理由。他根据他的所有理由判断某个行为过程是最好的,但他选择另一个;他的行为"是与他自己最好的判断背道而驰的"。[①] 在某种意义上,很容易说明他为什么这样做,因为他有理由这样做。但这个解释并没有理会非理性的成分;它并没有解释行为者为什么反对他自己作出的最好的判断。

表现了意志薄弱的行为违反了这样一个规范原则,即人们不应当在有充分的理由相信某种可行的行为过程会是更好的情况下还去有意地做出另一种行为。[②] 我把这个原则称作"节制原则"(the Principle of Continence),它要求思想、意向、评价和行为中的一种根本的一致性。按照这种原则去行动就有了便利的好处。但不清楚的是,这个行为者是否会认识不到这种节制准则,这是我现在要讨论的问题。无论如何,显然有许多人接受了这个准则,但并未时时都按照这个准则行事。在这种情况中,行为者不仅没有使他们的行为符合他们的准则,而且也没有像他们所认为应当做的那样去推理。因为他们的意向行为表明,他们对他们所完成的行为设定了比他们的原则和推理所说他们应当做的更高价值。

自我欺骗和意志薄弱有时互为强化,但它们不是一回事。从

---

① 我在《论行动与事件》(*Essays on Actions and Events*, Oxford University Press, 1980)中的第2篇文章中讨论了意志薄弱。

② 对行为者有利的考虑是什么呢?这是否只是包括了他所具有的信息,还是也包括了他可能得到的信息(他是否知道这一点)?在本文中我将不讨论这些问题。

下面这个事实中就可以看出这一点：意志薄弱的结果是意向或意向性行为，而自我欺骗的结果则是信念。前者是由不完美地达到的评价态度构成的，或主要涉及这种评价态度，而后者是由不完美地达到的认知态度构成的。

意志薄弱类似于某种认知错误，我称之为“根据的薄弱”(weakness of the warrant)。根据的薄弱仅出现在某人具有既赞同又反对一个假设之证据的情况中。他判断，一旦所有的相关证据都对他有用，这个假设就更为可靠；但他并没有接受这个假设(或他强调这个假设的信念不如他否定这个假设的信念)。这种人注定要反对的规范原则就是亨普尔和卡尔纳普所谓的归纳推理全部证据的要求：当我们在确定一系列互为排斥的假设时，这种要求会使我们相信由一切可行的相关证据高度证明的假设。[①] 根据的薄弱显然具有与意志薄弱相同的(或更好的、非逻辑的)结构；前者涉及面对冲突证据的非理性信念，后者则是面对冲突价值的非理性意向(也许还有行为)。冲突的存在是这两种非理性的必要条件，在某些情况中可能成为犯错的原因；但这些冲突并没有必然地要求或揭示理性的失败。

根据的薄弱不是简单地忽略了某人的证据(虽然“有意地”忽略是另外一回事，这与自我欺骗有关)，也不是没有察觉到某人所知或所信的东西构成了支持或反对假设的证据。就表面而言，下面的故事并没有表明我受到了自我欺骗。我和一个同伴在肯尼亚的安伯瑟林国家公园暗中观察动物。由于我们自己没有发现猎

① 参见卡尔·亨普尔(Carl Hempel)：《科学说明的诸方面》(*Aspects of Scientific Explanation*, New York: Free Press, 1965)，第 397～403 页。

豹，所以我们就在上午雇佣了一个正式的向导。在把向导送回公园总部后，我对同伴说了这样一些话："我们没有发现猎豹简直太糟了。这是我们错过的惟一最大的动物。听我说，这个向导有一种奇怪的高嗓音，不是吗？你觉得把一个这样的男人叫做'海伦'正常吗？我认为他应当穿一件制服，但奇怪的是，他却穿着一条裙子。"我的同伴说："他是一个女人。"我最初的假设是模式化的，很愚蠢，但除非我考虑到这个向导是一个女人这一假设，并且在有证据的情况下还反对这个假设，否则这并不是简单的自我欺骗情况。其他人可能会对我顽固地假设我们的向导是个男人这一点提出更深刻的解释。

假定(无论是否为真)我的确考虑过这个向导是女人这一可能性；尽管我有明显的证据，但我还是反对这个假设。这一定就表明我是非理性的吗？这很难说，除非我们能够明确地区分缺乏某些推理标准和没有使用这些标准。例如，假定虽然我有证据，但我没有认识到这是对什么的证据？这的确可能发生。一种解释如何会是这样取决于具体的环境。所以，还是让我们坚持这样的看法，即不存在归纳推理的失败，除非证据的确是被当作证据看待。难道不会出现这样的情况吗：虽然证据是被当作证据看待，但并没有察觉到使某个假设完全具有可能性的所有证据？这是完全可能发生的，无论在具体的情况中有多少不同。乌龟可以沿着这些思路向阿基里斯提出无穷无尽的问题(有许多鸿沟，使得不恰当的推理可能并没有像恰当的推理必须做的那样能够接近)。所以，我并不试图阐明绝对清楚地表明了根据的薄弱的一切条件，而是想提出另一个问题。在某个人没有按照具归纳推理全部证据这一要求而去行动就证明是非理性的之前，他或她就一定要接受这个要求吗？

这个疑问包含着几个问题。

我们不应当对接受这个要求的某人的某人提出这样一种要求,即他或她总是按照这种要求去推理或思想;否则就不可能有这种真正的不相容性,即内在的不相容性。另一方面,假定某人会接受这个原则而很少或从未想过要符合它,这是讲不通的;至少接受这样一种原则这一点的部分含意在于在思考和推论中显示这一原则。于是,如果就像我认为的那样,我们必须保证,对某人来说,"接受"或具有类似于具备全部证据这一要求这样的原则,这主要是在于这个人的思维方式要符合这个原则,那么,我们就可想象,一个人具有这个原则、但却没有意识到它或无法清楚地表达它。但我们也许想对这个明显的虚拟条件("某人接受具备归纳推理全部证据这一要求,仅当他被置于符合它的恰当环境中")增加某个或某些进一步的条件,例如,当有足够时间去思考或提供了清晰的苏格拉底指导,就会有更多的符合,在结论中会有更少的相关的感情投入。

我们知道,根据的薄弱在接受了具备全部证据要求的人那里就是背离了习俗或习惯的问题。在这种情况中,根据的薄弱表明了不相容性,显然是非理性的。但如果这个人并没有接受这个要求会怎样呢?这里似乎会提出一个关于理性的非常一般的问题:谁的标准可以被看作是确定了的准则?我们应当说,当某人的思想没有满足具备全部证据这一要求时,按照另一个人的标准,而不是(如果他没有接受这个原则的话)他自己的标准,他就可能是非理性的吗?或者,我们应当把内在的不相容性作为非理性的必要条件吗?很难理解这个问题是如何被区分开来的,因为内在的相容性本身就是基本准则。

在基本准则的情况中，这些问题是无法明确分开的。因为一般而言，在试图解释这种表面的分离，即局外人的准则与被观察到的人们的准则之间所谓的区别时，内在的前后矛盾对局外人来说越明显，局外人所能使用的也就越少。形成相对较小的区别，可以根据共同的准则背景得到解释，但与基本理性标准的严重分离则更适合解释者的眼光而不是被解释者的心灵。对此的理由并不难寻找。某人的命题态度可以为另一个人所理解，只是在第一个人可以把他的命题（或句子）赋予其他人的各种态度。因为一个命题无法在失去与其他命题的关系时保持其身份，所以同一个命题就无法起到解释不同人的特定态度的作用，但却处于与某人的其他态度之间的关系之中，而不是处于与其他人的态度的关系之中。由此，除非解释者可以在另一个人那里复制他自己态度模式的主要内容，否则他就无法合理地确定那个人的态度。只是因为一个态度与其他态度的关系以如此繁多复杂的方式（逻辑的、认识论的和法则的方式）被分化，才可能有意义地从某人的准则中派生出他人的准则。

前几段提出的问题，即行为者的非理性是否需要内在的不相容性，一种与这个人自己的准则背道而驰的前后矛盾性，现在看来似乎是错误的。因为一旦这些准则是基本的，它们就是确定态度中的建构性因素，因而也就不会提出某人是否“接受”它们的问题了。所有真正的不相容性都是背离了某人自己的准则。这不仅说明了逻辑上明显的不相容性，而且说明了意志薄弱（正如亚里士多德指出的那样）、根据的薄弱和自我欺骗。

我们不得不表明自我欺骗是什么，但我们现在是要对它作出几点说明。自我欺骗包括了（比如）根据的薄弱。这是显而易见的，因为关于某人自我欺骗的命题就是他不接受他被证明是错了的事实；他有更好的理由接受对这个命题的否定。正如在根据的薄弱的情况中，自欺者知道他有更好的理由接受对他所接受命题的否定。至少在这种意义上，他意识到，对他所知道的或接受为证据的其他事情的条件句来说，对它的否定则比他所接受的命题更像是真的；但根据只是被他看作相关证据的理由，他接受了这个命题。

正是在这一点上，自我欺骗超出了根据的薄弱，因为自欺者一定是有理由支持他的根据的薄弱，他一定在形成这种薄弱中起到了作用。根据的薄弱总是有原因的，但在自我欺骗的情况中，根据的薄弱则是自己造成的。促使离开行为者标准的不是分析了根据的薄弱或意志的薄弱（虽然无疑时常是这样），而是分析了自我欺骗。出于这种原因，建议考虑一下在某些方面很像自我欺骗的另一种现象：一厢情愿。

对一厢情愿的最简单描述是：人们相信某件事情只是因为希望它是真的。这本身并不是非理性的，因为我们通常并不对我们思想的原因负责。但一厢情愿却常常是非理性的，例如，当我们知道我们为什么会有这个信念、并且知道要不是这个愿望我们就不会有这个信念。

一厢情愿有时被认为不包括限于这样的简单描述。如果某人希望某个命题是真的，那么自然就会推断，他或她会喜爱相信它是真的，而不是不去相信它是真的。所以，这样的人就有理由相信这个命题。如果他或她的行为是有意去促成这个信念，那么这是非理性的吗？我们这里必须要明确区分有理由相信某个命题和有证据合理地认为这个命题是真的。（“查理有理由相信 p”这种形式的句子在这个区别上就模糊不清。)第一种的理由是评价性的:它提供了促使具有某种信念而行动的动机。第二种的理由是认知性的:它构成了使某人相信命题为真的证据。一厢情愿并没有要求这两种理由,但如上所述,希望 p 能够引起相信 p 的愿望,而这种愿望可以促使思想和行为强调或产生获得第二种理由。在这个序列中一定存在非理性的东西吗?旨在使人幸福或解除痛苦的意向行为本身并不是非理性的。即使采用的手段就是意图把事情安排成使某人最终会达到某个信念,这种行为也不会变成非理性的。在某些情况中,对其他人来说,这样做可能会是不道德的,特别是当某人有理由认为,这个逐渐形成的信念是假的,但这并不必然是错的,而且肯定不是非理性的。我认为这对自我造成的信念也是如此;对其他人来说,去做某件事并不必然是非理性的,同样对某人的未来而言,去做这件事也并不必然是非理性的。

以上述方式蓄意形成的信念一定是非理性的吗?显然,如果我们进一步认为,反对这个信念的证据好于支持它的证据,那么这就是根据的薄弱。但如果忘记了最初使人抛弃目前所接受的信念的证据,或现在用新的证据似乎更好替换旧的证据,那么,这种新的心态就不是非理性的。一旦一厢情愿得以成功,人们就会说,没有一刻这个愿望者必定是非理性的。[①]

值得注意的是,自我欺骗和一厢情愿往往是善良的。人们更

---

① 参见"非理性的悖论"("Paradoxes of Irrationality"),载于沃尔海姆(R. A. Wollheim)和霍普金斯(J. Hopkins)编:《论弗洛伊德哲学论文集》(*Philosophical Essays on Freud*,Cambridge:Cambridge University Press,1982)。我在文章中断言,在一厢情愿的情况中,希望产生了信念而没有提供任何支持这个信念的证据。在这种情况中,这个信念当然是非理性的。

多地想到他们朋友和家人的好处而不是势利地寻求可以确定的证据，这并不令人感到奇怪，也没有什么坏处。过高地估计其被监护人能力的家长和教师很可能经常是鼓励、而不是阻碍学习。配偶常常会忽略或不管留在领子上的口红而维护家庭稳定。所有这些都可以看作是由一厢情愿所补充的宽容的自我欺骗。

并非所有的一厢情愿都是自我欺骗，因为要求当事人介入的是自我欺骗而不是一厢情愿。不过它们很相似，起作用的是动机或评价成分，它们由此也就不同于根据的薄弱，因为对后者而言，明确的错误是认识上的，无论其原因可能是什么。这就表明，一厢情愿可能比自我欺骗更为简单，而且前者总是后者的一部分。这无疑是常有的情况，但似乎也有例外。在一厢情愿的情况中，信念是起着肯定而不是否定的作用；有原因的信念总是受到欢迎。但在自我欺骗的情况中就不是这样。自我欺骗引起的思想可能是痛苦的。妒忌的人可能会在处处发现会确认他最恶劣怀疑的“证据”；而寻求隐私的人则会认为他在每个窗帘背后都看见了间谍。如果一个悲观主义者采取了比他的证据所能证明的更为悲观的看法，那么每个悲观主义者就都会把自我欺骗升级到相信他所希望的东西并非如此。

这些考察只是暗示了可能区分自我欺骗与一厢情愿的差异性。事实上，自我欺骗需要行为者为改变自己的观点而行事，而一厢情愿则不是这样。不仅如此，两者在有效的成分内容如何与它们所产生的信念相联系这个问题上也存在着差别。对一厢情愿者来说，他最终相信的东西一定是他希望得到的东西。但自我欺骗者的动机可能是由于希望相信他所希望的东西就是如此，还有其他许多可能性。的确，很难说在使某人相信的动机和他对自己信念的具体变化之间一定会有什么样的关系。这种关系当然不是偶然的;仅仅是有意地做某件事而使自己造成某人受到欺骗,这本身并不构成自我欺骗;因为那样的话,就像是说当某人阅读并相信了报纸上的虚假报道后,他就会是被自我欺骗了。自欺者一定意在"欺骗"。

至少在这种程度上,自我欺骗像是说谎;有一种有意向的行为,其目的就在于产生当事人在其参与该行为时并不分享的信念。这个想法是,说谎者的目的是欺骗另一个人,而自欺者的目的则是欺骗他自己。这个想法并没有错。我在自己的秃头程度上欺骗自己,选择不同的看法,使我看上去像是毛发更多一些;说谎的谄媚者为了达到相同的效果,可能会告诉我,我并没有全秃。但在这些情况中有一些重要的区别。说谎者意图使他的听者相信他所说的内容,这种意向对说谎概念本身并不重要;说谎者相信他的听者故意与之作对,所以他就可能说出使其相信的反话。说谎者可能并不想让他的听者相信他(说谎者)所说的内容。我认为,说谎者必须有的惟一意向是:(1)他一定想表明他相信他并不相信的东西(例如,特别是断定他并不相信的东西);(2)他一定想对听者隐藏他的意图(虽然并不一定是他实际相信的东西)。所以,说谎中就包含了一种非常具体的谎言,这种谎言涉及表现某人信念的诚实性。谎言的这种精确形式对某人自己来说并不可能得到应用,因为这就要求以某种意向来做事,而这种意向是不应当由意向者认识到的。[①]

① 某人可以对自己的未来隐藏自己现在的意向。所以我可以试图避免一年前确定的不愉快的会议日程,比如在我的约会簿中故意写错日期,把到时间而忘记我的约定归咎于我糟糕的记忆等。这并不是真正的自我欺骗,因为所意图的信念并不是由产生它的意向所证实的,对此就不一定存在什么非理性的东西。

因此，在某个方面，自我欺骗就很难被解释为某人可能在说谎，因为对自己说谎就包含了有违自己初衷的意向，而自我欺骗则使意向和愿望与信念相对立，使信念与信念相对立。这依然很难理解。在试图更为清楚详细地描述自欺者的心态之前，让我来概括一下目前为止关于自我欺骗的性质所作的讨论。

当事人 A 在下述条件下就命题 p 而论是自我欺骗的。A 有证据表明，他相信 p 比它的否定更易于为真；认为 p 或认为他应当理性地相信 p，促使 A 的行动造成了使他自己相信 p 的否定。这个行动可能只是一种背离支持 p 之证据的意图倾向；或这可能涉及主动寻求反对 p 的证据。自我欺骗对行动的所有要求在于：其动机源于相信 p 是真的（或者承认证据使得它更像是真的），而这个行动是在带有产生相信 p 之否定这一意向的情况下完成。最后，这特别使得自我欺骗变成了一个问题，即产生了自我欺骗的状态以及它所产生的状态共同存在；在最为极端的情况中，相信 p 不仅造成了相信对 p 的否定，而且证实了这个信念。因此，自我欺骗就是自己造成的根据的薄弱，而造成这个信念的动机就是一个矛盾的信念（或所相信的内容足以证明对这个矛盾信念的肯定）。在某些情况中，但不是在所有的情况中，动机来自于当事人希望这个命题即他所造成的信念是真的或担心它不是真的这一事实。所以，自我欺骗有时也包含了一厢情愿。

难以解释的是，一个信念或人们足以提出信念的知觉如何能够认可相反的信念。当然，前者无法在给予后者理性支持的涵义上认可后者；"认可"(sustain)在这里仅是指"原因"。我们必须做的是在心态的序列中发现某个点，其中有的原因不是理由；根据当事人自身的标准，这是非理性的东西。[1]

总之，这就是我认为可能出现自我欺骗的典型情况：在这个例子中，根据的薄弱是由于一厢情愿而自己造成的。卡罗斯有理由相信他没有通过驾驶考试。他已经有两次没有通过这个考试了，他的教练对他说了一些丧气的话。另一方面，他私下认识考官，他相信自己的魅力。他意识到所有的证据都表明他失败了。就像我们大多数人一样，他通常也根据全部证据的要求去推理。但想到再次没有通过考试对卡罗斯来说是很痛苦的（实际上，一想到没有做好的事情，卡罗斯就感到特别难堪）。所以他自然完全有动机去相信他不会再次失败了，就是说，他有动机使得出现这样的情况，即他相信他将会（可能）通过考试。他的实际推理是直截了当的。同样对其他事情而言，最好是避免痛苦。相信他不会通过考试是痛苦的，所以（在其他事情相同的情况下）最好是避免相信他不会通过考试。由于他参加考试是他这个的难题的条件，所以这就意味着最好相信他会通过考试。他所做的是要促成这个信念，也许会获得新的证据表明，相信他会通过考试。这可能只是把否定的证据退到背景当中或关注肯定的证据。但无论使用什么方法（当然方法有许多），自我欺骗的核心内容的确要求卡罗斯意识到，他的证据都有利于他相信自己会通过考试，因为正是这种意识会促使他努力摆脱对自己失败的担心。

假定卡罗斯成功地使自己相信他会通过考试。于是，他的过

① 非理性的东西总是包含着心态的心理原因的存在，而对这种状态而言这并不是理由，这个观点在“非理性的悖论”中得到了一定程度的讨论。

失根据的薄弱，因为虽然他有支持他信念的证据，但他知道或认为，他有更好的理由认为他会失败。这是一种非理性的状态；但非理性是在哪一点上进入的呢？哪里有一种并非其所造成结果之理由的心理原因呢？

有许多我已经明确或间接地反对的回答。一个是戴维·皮尔斯的建议，他提出，自欺者一定"忘记"或向自己隐瞒了他如何最终相信他的作为。[①] 我同意，自欺者愿意去这样做，如果他这样做了的话，他就在明确的意义上成功地欺骗了自己。但这种成功的程度使得自我欺骗成为一个过程而不是一个状态，尚不清楚的是，自欺者在任何时候者处于一种非理性的状态。我认为，自我欺骗一定是通过一个过程达到的，但这样的话它也可以是连续的、显然是非理性的状态。皮尔斯的当事人最终是达到了愉快的心灵一致。幸运的是，这是经常发生的。但愉快的东西可能是不稳定的，也可能是像在卡罗斯的情况中，因为愉快的思想受到了现实的，甚或受到了记忆的威胁。当现实（或记忆）继续威胁被自我欺骗的人自己造成的信念时，连续的动机就必然会产生恰当的想法。如果这是对的，那么自欺者就无法忘记上述这一切都促成他的自我欺骗行为：即更多的证据反对自己造成的信念。

我也间接地反对肯特·巴赫的解决方法，因为他认为，自欺者实际上无法相信相反证据的分量。如同皮尔斯一样，他把自我欺骗看作一个序列，其最终结果与最初动机发生了强烈的冲突，以至

① 参见戴维·皮尔斯(David Pears)："有动机的非理性"("Motivated Irrationality")，载《论弗洛伊德哲学论文集》，以及皮尔斯在本书(*The Multiple Self*)中的文章。我的观点与皮尔斯观点的分歧小于我们之间的相同。这不是偶然的，因为我的讨论得益于他的这两篇文章。

于无法同时意识到它。[①] 也许，我的观点与皮尔斯和巴赫的观点之间的这些区别，可以看作至少是由于对如何描述自我欺骗的不同选择，而不是实质上的区别。在我看来，更重要的是确定自欺者思想中的不连贯或前后矛盾；皮尔斯和巴赫更关心考察在欺骗自我中的成功条件。[②] 困难在于使这些观点保持协调：强调第一个因素就会使非理性更清楚，但却很难从心理学上加以解释；强调第二个因素，就会很容易通过贬低非理性而说明这个现象。

但我必须回答这个问题：在导致自我欺骗状态的过程中，在哪一点上存在这样一种心理原因，而它又不是造成这种心态的理由？对这个问题的回答部分地依赖于对另一个问题的回答。从一开始我就假定，尽管可能同时相信每个不相容的命题，但当这种不相容很明显的时候，就不可能相信它们的合取了。如果自欺的当事人相信他是秃头又相信他不是秃头，那么他便的确相信了不相容的命题；如果卡罗斯相信他会通过考试又相信他不会通过考试，那么他便相信了不相容的命题。如果信念上的冲突是典型的根据薄弱的情况，那么这个困难就不太明显，但假定（我曾赞同）具有命题态度蕴涵着具有全部证据的要求，那么这个困难仍然是很明显的。一个人怎么会没有把不相容的或不一致的信念放到一起？

在这里想要详细地回答这个问题可能是个错误。问题在于，人们能够并且有时的确区分了关系密切但又相互对立的信念。在

---

① 参见肯特·巴赫(Kent Bach)："对自我欺骗的分析"，载《哲学与现象学评论》(*Philosophy and Phenomenological Review*)，第341期(1981)，第351～370页。

② 因此我同意艾尔斯特(Jon Elster)的观点，他认为自我欺骗需要"不相容信念的同时出现"，见他的《尤利西斯和妖女》(*Ulysses and Sirens*, Cambridge: Cambridge University Press, 1979)，第174页。

这种程度上，我们必须接受这样一个看法，即在心灵的各部分之间可以存在界限；我假设这个界限是在(明显)冲突的信念之间。这种界限不是由内省发现的；它们对融贯地描述真正的非理性提供了概念上的帮助。[①]

我们不必认为这种界限是确定永久的、分离的边界。关于通过一场考试的矛盾信念一定各自属于关于考试及其相关事情的一个广大的、确定的信念网络(如果它们是矛盾的话)。虽然它们一定属于非常重叠的领域，这些矛盾的信念并不属于相同的领域；要抹杀它们之间的区别，就等于是破坏这些信念之一。我没有明显的理由去假设，这些领域之一一定与意识相合(无论这是指什么)；但显然，如果当事人不抹去这些界限，他就无法看到整体。

现在可以提出一种对这个问题的回答，即在以自我欺骗为终结的一系列步骤中，究竟在哪里存在非理性的一步。最终状态的非理性在于，它包含了不相容的信念；因而非理性的一步就是使得这成为可能的一步，也就是划出界线使得不相容的信念分离。在这种情况中，自我欺骗在于自己造成的根据薄弱，而与心灵的其他部分隔离开来的是具备全部证据这一要求。使得它被暂时地放逐或隔离的东西当然是避免接受这个要求所提出的忠告这一愿望。但这无法成为忽略这个要求的理由。没有任何东西会被看作是解释了没有根据某人最好的理性标准进行推理的恰当理由。

在极端的情况中，当自我欺骗的动机来自直接与自己造成的信念相矛盾的信念时，那么最初的、有动机的信念就一定会随着具

① 我在"非理性的悖论"("Paradoxes of Irrationality")中讨论了"区分"心灵的必要性。

备全部证据这一要求而被清除出界。但被清除出界并不是使被放逐的思想失去力量;相反,因为理由并没有跨越边界的管辖权。

（江怡译,牟博校）

附录一

戴维森论著目录

这里所辑集的是戴维森直至2001年公开发表之文献的目录。条目1～133和条目135～138摘自戴维森于2001年在加州大学伯克利分校网页上公布的英语文献目录，本选编者对其中的个别出处作了适当的更正；条目134和条目139～147是本选编者收集、整理而成（不一定完备）。

1. "Why Study Philosophy?" *View Point* 2 (1952)：22～24.

2. "Outlines of a Formal Theory of Value." *Philosophy of Science* 22 (1955)：140～160. (With J. J. C. Mckinsey and Patrick Suppes.)

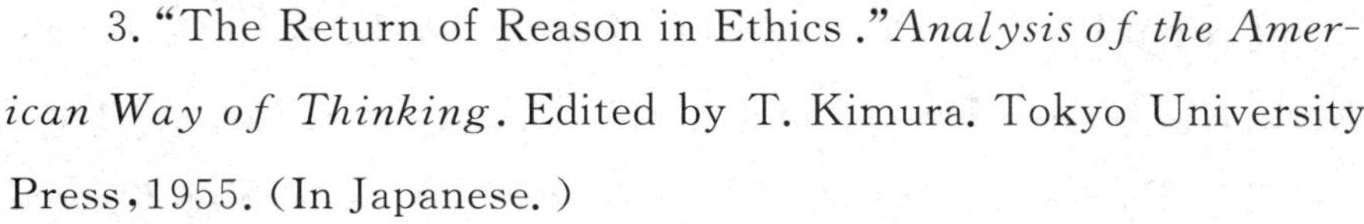

3. "The Return of Reason in Ethics." *Analysis of the American Way of Thinking*. Edited by T. Kimura. Tokyo University Press, 1955. (In Japanese.)

4. "A Finitistic Axiomatization of Subjective Probability and Utility." *Econometrica* 24 (1956)：264～275. (With Patrick Suppes.)

5. "Experimental Measurement of Utility by Use of a Linear Programming Model." *Econometrica* 24 (1956). (Abstract, with Patrick Suppes.)

6. *Decision-Making：An Experimental Approach*. Stanford University Press, 1957. (With Patrick Suppes.) Reprinted, Uni-

versity of Chicago Press, Midway Reprint Series, 1977. Parts reprinted in:

Decision Making. Edited by W. Edwards and A. Tversky. Harmondsworth, G. B.: Penguin Modem Psychology Series, 1967.

7. "Experimental Tests of a Stochastic Decision Theory." *Measurement: Definitions and Theories*. Edited by C. W. Churchman and P. Ratoosh. New York: John Wiley & Sons, 1959, 233～269. (With J. Marschak.) Also published as Cowles Foundation Paper No. 137, New Haven, 1959. Reprinted in:

Marschak, Jacob. *Economic Information, Decision, and Prediction: Selected Essays*. Dordrecht: D. Reidel, 1974.

8. "Actions, Reasons and Causes." *Journal of Philosophy* 60 (1963): 685～700. Reprinted in:

Free Will and Determinism. Edited by B. Berofsky. New York: Harper and Row, 1966.

The Philosophy of Action. Edited by A. R. White. Oxford University Press, 1967. Second edition, 1970.

Readings in the Theory of Action. Edited by N. S. Care and C. Landesman. Bloomington, IN: Indiana University Press, 1968.

Readings in the Philosophy of the Social Sciences. Edited by M. Brodbeck. New York: Macmillan, 1968.

An Introduction to Philosophical Inquiry. Edited by J. Margolis. New York: Knopf, 1968. Second edition, 1977.

Bobbs-Merrill reprint series, 1969.

The Nature of Human Actions. Edited by M. Brand, Scott. Glenview, Illinois: Foresman, 1970.

Introduction to Philosophy: A Contemporary Perspective. Edited by S. Gendin and R. Hoffinan. New York: Scribner's, 1970.

Philosophical Dimensions of Educational Research. Edited by Harry S. Broudy. AERA Readings in Educational Research. New York: John Wiley and Sons, 1971.

Theorie, Handeln und Geschichte. Edited by B. Giesen and M. Schmid. Hamburg: Hoffinan und Campe, 1974. (In German.)

Gründe und Ursachen gesellschaftlichen Handelns. Edited by J. Ritsert. Frankfurt: Campus Verlag, 1975. (In German.)

La Filosofia de la Acción. Edited by A. R. White. Mexico City, Madrid: Fondo de Cultura Economica, 1976(In Spanish.)

Seminar: Freies Handeln und Determinisms. Edited by U. Pothast. Frankfurt am Main: Suhrkamp Verlag, 1978. (In German.)

Filosofin Genom Tiderna. Edited by K. Marc-Wogau. Stockholm: Albert Bonniers Förlag, 1980. (In Swedish.)

Essays on Actions and Events. Oxford University Press, 1980.

Dometi 14 (1981). (Translated into Slovenian by T. Paskvan.)

Causal Theories of Mind. Edited by S. Davis. Berlin: Walter de Gruyter, 1983.

La Spiegazione Storica. Edited by R. Simili. Parma:Pratiche Editrice,1984.(Translated into Italian by A. Artosi.)

Théorie de L'Action, 61～78. Edited and translated into French by M. Neuberg. Liège:Mardaga,1991.

Readings in the Philosophy of Social Science. Edited by M. Martin and L. E. McIntyre. Cambridge,MA:MIT Press,1994.

Filozofia 8 (1994).(Translated into Slovakian by E. Višňovský.)

Metafizički Ogledi. Belgrade:Radionica Sic (Edicija Teorija),1995.(Translated into Serbo-Croatian by Živan Lazović.)

The Philosophy of Action. Edited by A. R. Mele. Oxford University Press,1997.

Čin Myseĺ Jazyk. Edited by E. Višňovský. Bratislava:Archa, 1997.(Translated into Slovakian by E. Višňovský.)

9. "The Method of Extension and Intension." *The Philosophy of Rudolf Carnap*, 311～350. The Library of Living Philosophers, vol. XI. La Salle:Open Court,1963.

10. "On Mental Concepts and Physical Concepts." *Annals of the Japan Association for Philosophy of Science* 2(1964):226～231.

11. "Theories of Meaning and Learnable Languages." *Proceedings of the 1964 International Congress for Logic, Methodology and Philosophy of Science*, 383～394. Amsterdam:North Holland Publishing Co.,1966. Reprinted in:

Semantica filosofica: problemas y discussiones. Edited and translated into Spanish by T. M. Simpson. Siglo Veintiuno Editores,1973.

Deucalion 31 (1980):285～300. (In Greek.)

Inquiries into Truth and Interpretation. Oxford University Press,1984.

12. Review of *The Logic of Preference*, Georg Henrik von Wright. *Philosophical Review* 2 (1966):233～235.

13. "Emeroses by Other Names." *Journal of Philosophy* 63 (1966):778～780. Reprinted in:

Essays on Actions and Events. Oxford University Press, 1980.

Filosofia de la psicologia. Barcelona: Anthropos, 1994. (Introduction and translation into Spanish by M. Candel.)

The Philosophy of Nelson Goodman: Selected Essays. Vol. 2. Nelson Goodman's New Riddle of Induction. Edited by C. Elgin. New York: Garland Publishing, 1997.

14. "The Logical Form of Action Sentences." *The Logic of Decision and Action*, 81～95; 115～120. Edited by N. Rescher. University of Pittsburgh Press, 1967. Reprinted in:

The Logic of Grammar, 18～24. Edited by D. Davidson and G. Harman. Encino, CA: Dickenson Press, 1975.

Analytische Handlungstheorie, Band I. Edited by G. Meggle. Frankfurt am Main: Suhrkamp Verlag, 1977. (In German.)

Essays on Actions and Events. Oxford University Press,

1980.

Metafizički Ogledi. Belgrade: Radionica Sic (Edicija Teorija), 1995. (Translated into Serbo-Croatian by Živan Lazović.)

Readings in the Philosophy of Language, 217～233. Edited by P. Ludlow. Cambridge, MA: MIT Press, 1997.

15. "Causal Relations." *Journal of Philosophy* 64 (1967): 691～703.

Reprinted in: Bobbs-Merrill reprint series, 1967.

Philosophical Problems of Causation. Edited by T. L. Beauchamp. Encino, CA: Dickenson Press, 1974.

Causation and Conditionals, 82～94. Edited by E. Sosa. Oxford University Press, 1974.

The Nature of Causation. Edited by M. Brand. Urbana: University of Illinois Press, 1974.

The Logic of Grammar. Edited by D. Davidson and G. Harman. Encino, CA: Dickenson Press, 1975.

Neue Texte zum Kausalitätsproblem. Edited by G. Posch. Stuttgart: Reclam Varlag, 1979. (In German.)

Essays on Actions and Events. Oxford University Press, 1980.

Causation, 75～87. Edited by E. Sosa and M. Tooley. Oxford University Press, 1993.

Metafizički Ogledi. Belgrade: Radionica Sic (Edicija Teorija), 1995. (Translated into Serbo-Croatian by Živan Lazović.)

Metaphysics: An Anthology. Edited by J. Kim and E. Sosa.

Oxford:Blackwell,1999. 428～435.

Laws of Nature, Causation, and Supervenience. Edited by M. Tooley. New York:Garland,1999. 351～357.

16. "Truth and Meaning." *Synthese* 17 (1967): 304～323. Reprinted in:

Studies in Philosophical Logic. Edited by J. W. Davis, D. J. Hockney, and W. K. Wilson. Dordrecht:D. Reidel,1969.

Bobbs-Merrill reprint series,1969.

Philosophy of Language, 450～465. Edited by J. F. Rosenberg and C. Travis. Englewood Cliffs, NJ: Prentice-Hall,1971.

New Readings in Philosophical Analysis, 196～207. Edited by H. Feigl, W. Sellars, and K. Lehrer. New York: Appleton-Century-Crofts,1972.

La Strutturo Logic del Linguaggio, 433～454. Edited by Andreas Bonomi. Milan:Valentino Bompiani,1973. (In Italian.)

Raziskave o Resnici in Interpretaciji. Ljubljana: SKUC, Filozofska Faculteta,1975.

Moderne Sprachphilosophie. Edited by M. Sukale. Hamburg:Hoffinann und Campe,1976. (In German.)

Deucalion 27/28(1979):183～205. (In Greek.)

Sêmantica, Vol. III. Fundamentos Metodológicos da Lingüística, 145～180. Edited by M. Dascal. Campinas: Instituto de Estudos da Linguagem,1982. (In Portuguese.)

Inquiries into Truth and Interpretation. Oxford University Press,1984.

The Philosophy of Language, 72～83. Edited by A. P. Martinich. Oxford University Press, 1985. Second edition, 1990; third edition, 1996.

New Work Abroad on Language, 99～120. Edited by V. V. Petrova. Moscow: Progress, 1986. (In Russian.)

Kontekst i Znacenje. Edited by N. Miščević and M. Potrc. Izdavacki Centar Rijeka, 1987. (Translated into Slovenian by D. Jutronić-Tihomirović.)

Philosophy, Language, and Artificial Intelligence. Edited by J. Kulas, J. Fetzer, and T. Rankin. Dordrecht: Kluwer, 1988.

Meaning and Truth. Edited by J. Garfield and M. Kiteley. New York: Paragon House, 1990.

La Búsqueda del Significado. Edited by L. M. V. Villanueva. Tecnos, Universidad de Murcia, 1991. (In Spanish.)

Essays on Truth, Language and Mind. Warsaw: Wydawnictwo Naukowe, 1992. (Translated into Polish by J. Gryz.)

Meaning and Reference, 92～110. Edited by A. W. Moore. Oxford University Press, 1993.

Metafizički Ogledi. Belgrade: Radionica Sic (Edicija Teorija), 1995. (Translated into Serbo-Croatian by Živan Lazović.)

Readings in Language and Mind, 64～77. Edited by H. Geirsson and M. Losonsky. Oxford: Blackwell, 1996.

Meaning, Truth, Method: Introduction to Analytical Philosophy I. Edited by J. Kangilaski and M. Laasberg. Tartu University Press,1997.(Translated into Estonian by M. Laasberg.)

Ajattelu, Kieli, Merkitys: Analyyttisen Filosofian, 320～335. Edited by P. Raatikainen. Helsinki: Finnish University Press,1997.(Translated into Finnish by P. Raatikainen.)

Readings in the Philosophy of Language, 89～107. Edited by P. Ludow. Cambridge, MA: MIT Press, 1997.

17. Double number of *Synthese* devoted to essays on Quine's *Word and Object*. Edited by D. Davidson and J. Hintikka. *Synthese* 19(1968～1969). Issued as a book, *Words and Objections, Essays on the Work of W. V Quine*. Dordrecht: D. Reidel, 1969. 2nd printing and papercover edition, 1975.

18. "On Saying That." *Synthese* 19(1968～1969): 130～146. (158～174 in book). Reprinted in:

The Logic of Grammar, 143～152. Edited by D. Davidson and G. Harman. Encino, CA: Dickenson Press, 1975.

Inquiries into Truth and Interpretation. Oxford University Press, 1984.

The Philosophy of Language. Edited by A. P. Martinich. Oxford University Press, 1985. Second edition, 1990, 337～346.

Meaning and Truth. Edited by J. Garfiela and M. Kiteley. New York: Paragon House, 1990.

Readings in the Philosophy of Language, 817～832. Edited by P. ludow. Cambridge, MA: MIT Press, 1997.

19. "Facts and Events." *Fact and Existence*. Edited by J. Margolis. Oxford: Blackwell, 1969, 74～84. Reprinted in:

Essays on Actions and Events. Oxford University Press, 1980.

20. "How is Weakness of the Will Possible?" *Moral Concepts*. Edited by J. Feinberg. Oxford University Press, 1969, 93～113. Reprinted in:

Raziskave o Resnici in Interpretaciji. Ljubljana: SKUC, Filozofsks Faculteta, 1975.

Essays on Actions and Events. Oxford University Press, 1980.

Philosophie 3 (1984): 21～46. (Translated into French by P. Engel.)

Metafizički Ogledi. Belgrade: Radionica Sic (Edicija Teorija), 1995. (Translated into Serbo-Croatian by Živan Lazovič.)

Filozofia Moralności. Edited by J. Holowka. Warsaw: wyd. SPACJA, 1997, 81～106. (Translated into polish by W. J. Popowski.)

21. "The Individuation of Events." *Essays in Honor of Carl G. Hempel*. Edited by N. Rescher. Dordrecht: D. Reidel, 1969, 216～234, Reprinted in:

Essays on Actions and Events. Oxford University Press, 1980.

Metafizički Ogledi. Belgrade: Radionica Sic (Edicija Teorija), 1995. (Translated into Serbo-Croatian by Živan Lazović.)

22. "True to the Facts." *Journal of Philosophy* 21 (1969): 748～764. Reprinted in: *Readings in Semantics*. Edited by F.

Zabeeh, E. D. Slemke, and F. A. Jacobsen. Urbana: University of Illinois Press, 1974.

Inquiries into Truth and Interpretation. Oxford University Press, 1984.

Essays on Truth, Language and Mind Warsaw: Wydawnictwo Naukowe, 1992. (Translated into Polish by M. Szczubiałka.)

23. "Semantics for Natural Languages." *Linguaggi nella Società e nella Tecnica*. Milan: Communità, 1970, 177～188. Reprinted in:

The Logic of Grammar. Edited by D. Davidson and G. Harman. Encina, CA: Dickenson Press, 1975.

Noam Chomsky. Edited by G. Harman. Modern Studies in philosophy Series. Garden City, NY: Doubleday-Anchor, 1974.

Bedeutungstheorien. Edited and translated into German by J. Schulte. Stuttgart: Reclam Verlag, 1980.

Inquiries into Truth and Interpretation. Oxford University Press, 1984.

Gramatika, Semantika, Znacenje. Edited by M. Suško. Sarajevo: Svjetlost, 1987.

Literatura na Świecie. 2 (1988): 335～345. (Translated into Polish by Marek Witkowski.)

Essays on Truth, Language and Mind. Edited by B. Stanosz. Warsaw: Wydawnictwo Naukowe, 1992, 60～76. (In Polish.)

24. "Mental Events." *Experience and Theory*. Edited by

Lawrence Foster and J. W. Swanson. Amherst: University of Massachusetts Press, 1970, 79～101. Book reissued by Duckworth, 1977. Reprinted in:

Raziskave o Resnici in Interpretaciji. Ljubljana: SKUC, Filozofsks Faculteta, 1975.

Philosophy As It Is. Edited by T. Honderich and M. Burnyeat. London: Penguin, 1979.

Readings in Philosophy of Psychology. Edited by N. Block. Harvard University Press, 1980.

Analytische Philosophie des Geistes. Edited by P. Bieri. Meisenheim: Anton Hain, 1981. (Translated into German by M. Gebauer.)

Essays on Actions and Events. Oxford Unversity Press, 1980.

Cuadernos de Critíca Ⅱ. Mexico City: University of Mexico, 1981. (In Spanish.)

The Nature of Mind. Edited by D. Rosenthal. Oxford University Press, 1991, 247～256.

Théorie de L' Action. Edited and translaed into French by M. Neuberg. Mardaga, 1991, 121～140.

Essays on Truth, Language and Mind. Edited by B. Stanosz. Warsaw: Wydawnictwo Naukowe, 1992. (Translated into Polish by T. Baszniak.)

Filosofíide la psicología. Barcelona: Anthropos, 1994. (Introduction and translation into Spanish by M. Candel.)

The Philosophy of Mind: Classical Problems/Contemporary Issues. Edited by B. Beakley and P. Ludlow. Cambridge, MA: MIT Press, 1994, 137～149.

Metafizički Ogledi. Belgrade: Radionica Sic (EdiciJa Teorija), 1995. (Translated into Serbo-Croatian by Živan Lazović.)

Contemporary Materialism. Edited by P. K. Moser and J. D. Trout. London: Routledge and Kegan Paul, 1995, 107～121.

Čin MyseÍ Jazyk. Edited by E. Višňiovský. Bratislava, Archa, 1997. (Translated into Slovakian by M. Popper.)

The Way Things Are, 263～282. Edited by W. R. Carter. Boston: McGraw-Hill, 1998.

25. "Events as Particulars." *Noûs* 4(1970): 25～32. Reprinted in:

Essays on Actions and Events. Oxford University Press, 1980.

26. "Action and Reaction." *Inquiry* 13(1970): 140～148. Reprinted in:

Essays on Actions and Events. Oxford University Press, 1980.

27. "Agency." *Agent, Action and Reason*. Edited by Robert Binkley. University of Toronto Press, 1971, 4～25. Reprinted in:

Analytische Handlungstheorie. Edited by G. Meggle. Frankfurt am Main: Suhrkamp Verlag, 1976. (In German.)

Essays on Actions and Events. Oxford University Press, 1980.

Théorie de L'Action. Edited and translated into French by M. Neuberg. Mardaga, 1991, 205～224.

28. "Semantics of Natural Language, I." *Synthese* 21 nos. 3/4 (1970). Edited by D. Davidson and G. Harman.

29. "Semantics of Natural Language, II." *Synthese* 22 nos. 1/2(1971). Edited by D. Davidson and G. Harman.

30. *Semantics of Natural Language*. Edited by D. Davidson and G. Harman. Dordrecht: D. Reidel, 1971. Hardcover version of *Synthese* 21, nos. 3/4 and *Synthese* nos. 1/2, with additional material. 2nd printing and papercover edition, 1974.

31. "Eternal Events vs. Ephemeral Events." *Noûs* 5(1971): 335～349. Reprinted in: *Essays on Actions and Events*. Oxford University Press, 1980.

32. "In Defense of Convention T." *Truth, Syntax and Modality*. Edited by H. Leblanc. Amsterdam: North Holland Publishing Company, 1973, 76～86. Reprinted in:

Inquiries into Truth and Interpretation. Oxford University Press, 1984.

Essays on Truth, Language and Mind. Edited by B. Stanosz. Warsaw: Wydawnictwo Naukowe, 1992. (Translated into Polish by M. Szczubialka.)

33. "Freedom to Act." *Essays on Freedom of Action*. Edited by T. Honderich. London: Routledge and Kegan Paul, 1973, 139～156. Book reprinted with corrections and first published as a paperback, 1978. Article reprinted in:

Essays on Actions and Events. Oxford University Press, 1980.

Metafizički Ogledi. Belgrade: Radionica Sic (Edicija Teorija), 1995. (Translated into Serbo-Croatian by Živan Lazović.)

34. "Radical Interpretation." *Dialectica* 27 (1973): 313～328. Reprinted in:

Inquiries into Truth and Interpretation. Oxford University Press, 1984.

La Búsqueda del Significado. Edited by L. MV. Villanueva. Tecnos, Universidad de Murcia, 1991. (In Spanish.)

Dicionário do Pensamento Contemporâneo. Edited by M. M. Carrilho. Lisbon: Publicações dom Quixote, 1991, 199～210. (In Portuguese.)

Essays on Truth, Language and Mind. Edited by B. Stanosz. Warsaw: Wydawnictwo Naukowe, 1992. (Translated into Polish by P. Józefowicz.)

Metafizički Ogledi. Belgrade: Radionica Sic (Edicija Teorija), 1995. (Trans lated into Serbo-Croatian by Živan Lazović.)

Contemporary Analytic Philosophy. Edited by J. Baillie. Upper Saddle River, NJ: Prentice Hall, 1997, 382～393.

Čin MyseĺÍ Jazyk. Edited by E. Višňiovsý. Bratislava: Archa, 1997. (Translated into Slovakian by T. Sedoá and E. Višňiovský.)

35. "The Material Mind." *Logic, Methodology and Philosophy of Science IV*. Edited by P. Suppes et al. Amsterdam: North

Holland Publishing Company,1973,709～722. Reprinted in:

Mind Design. Edited by J. Haugeland. Montgomery, Vermont:Bradford Books,1981.

Essays on Actions and Events. Oxford University Press, 1980.

Mentes y Máquinas. Madrid:Tecnos,1985. (In Spanish.)

Essays on Truth, Language and Mind. Edited by B. Stanosz. Warsaw:Wydawnictwo Naukowe,1992. (Translated into Polish by T. Baszniak.)

Analytic Philosophy. Edited by A. F. Griaznov. Moscow University Press,1993. (In Russian.)

Filosofia de la psicología Barcelona:Anthropos,1994. (Introduction and translation into Spanish by M. Candel.)

36. "Psychology as Philosophy." *Philosophy of Psychology*. Edited by S. Brown. New York: Macmillan, 1973, 41～52; 60～67. Reprinted in:

Philosophy of Mind. Edited by J. Glover. Oxford University Press,1976.

Essays on Actions and Events. Oxford University Press, 1980.

Nemjera i Cin. Edited by N. Mišcević and N. Smokrović. Izdavacki Centar Rijeka, 1983. (Translated into Slovenian by D. Mišcević.)

Essays on Truth ,Language and Mind. Warsaw:Wydawnictwo Naukowe,1992. (Translated into Polish by C. Cieśliński.)

Readings in the Philosophy of Social Science. Edited by M. Martin and L. E. McIntyre. Cambridge, MA: MIT Press, 1994.

Filosophía de la psicología. Barcelona: Anthropos, 1994. (Introduction and translation into Spanish by M. Candel.)

Metafizički Ogledi. Belgrade: Radionica Sic (Edicija Teorija), 1995. (Translated into Serbo-Croatian by Živan Lazović.)

Modern Philosophy of Mind. Edited by W. Lyons. London: J. M. Dent (Everyman edition), 1995.

37. "On the Very Idea of a Conceptual Scheme." *Proceedings and Addresses of the American Philosophical Association* 47 (1974): 5～20. Reprinted in:

Relativism, Cognitive and Moral. Edited by M. Krausz and J. W. Meiland. University of Notre Dame Press, 1982, 66～80.

Inquiries into Truth and Interpretation. Oxford University Press, 1984.

Post-Analytic Philosophy. Edited by J. Rajchman and C. West. New York: Columbia University Rress, 1985. (Japanese edition. Tokyo: Tuttle-Mori Agency, 1990.)

Razionalita, e relativismo epistemologico nella filosofia della scienza contemporanea. Edited by R. Egidi. Rome: Edizioni Theoria, 1985. (In Italian.)

Analytische Philosophie der Erkenntnis. Edited by P. Bieri. Athenäum, 1986. (In German.)

Human Knowledge: Classical and Contemporary Approaches. Edited by P. Moser and A. vander Nat. Oxford University

Press, 1987, 254～262. Also in Japanese, Gendai Shiso Press, Tokyo.

La Svolta Relativistica nell'Epistemologia Contemporanea. Edited by R. Egidi. Milan: Franco Angeli Libri, 1988. (In Italian.)

Literatura na Świecie. 5, no. 238(1991): 100～119. (Translated into Polish by J. Gryz.)

Empiryzm Współczesny. Edited by B. Stanosz. Warsaw University Press, 1991.

*Philosophia*22 (1993): 11 ～ 24. University of Aarhus. (Translated into Danish by Lars Bo Bondesen.)

Analytic Philosophy. Edited by A. F. Griaznov. Moscow University Press, 1993. (In Russian.)

Metafizički Ogledi. Belgrade: Radionica Sic(Edicija Teorija), 1995. (Translated into Serbo-Croatian by Živan Lazović.)

Organon F, (1996): 368～382. (Translated into Slovakian by Emil Višňiovský.)

Čin MyseÍ Jazyk. Edited by E. Višňovský. Bratislava: Archa, 1997. (Translated into Slovakian by Emil Višňovský.)

Obrat Jazyku: Druhé Kolo. Edited and translated into Czech by J. Peregrin. Prague: Philosophia, 1998. 107～125.

38. "Paradoxes of Irrationality." *Philosophical Essays on Freud*. Edited by R. Wollheim and J. Hopkins. Cambridge University Press, 1982. 289～305.

Reprinted in:

Raziskave o Resnici in Interpretaciji. Ljubljana: SKUC, Filozofska Faculteta, 1975.

Análisis Filosófico. 1(1981): 1～18. (Translated into Spanish by G. Carrió and E. Rabossi.)

Philosophical Essays on Freud. Edited by R. Wollheim and J. Hopkins. Cambridge University Press, 1982, 289～305.

Filozofsko Čitanje Frojda. Edited and translated into Serbo-Croatian by Obrad Savić. Belgrade: IIC SSO Srbije, 1988.

Lettera Internazionale.

Paradoxes de L' Irrationalité. Combas: Éditions de L' Éclat, 1991. (Translated into French by Pascal Engel.)

39. "Belief and the Basis of Meaning." *Synthese* 27(1974): 309～323. Reprinted in:

Inquiries into Truth and Interpretation. Oxford University Press, 1984.

Literatura na Świecie. 2, no. 199(1988): 346～360. (Translated into Polish by Barbara Stanosz.)

Essays on Truth, Language and Mind. Edited by B. Stanosz. Warsaw: Wydawnictwo Naukowe, 1992. (In Polish.)

Understanding and Sense. Edited by C. Peacocke. Aldershot: Dartmouth, 1993.

40. "Replies to David Lewis and W. V. Quine." *Synthese* 27 (1974): 345～349.

41. *The Logic of Grammar*. Edited by D. Davidson and G. Harman. Encina, CA: Dickenson Press, 1975.

42. *Raziskave o Resnici in Interpretaciji*. Ljubljana: SKUC, Filozofska Faculteta, 1975. (A collection of six essays by D. Davidson, translated into Slovenian.)

43. "Thought and Talk." *Mind and Language*. Edited by S. Guttenplan. Oxford University Press, 1975, 7～23. Book reprinted in paperback, 1977. Article reprinted in:

Raziskave o Resnici in Interpretaciji. Ljubljana: SKUC, Filozofska Faculteta, 1975.

Bedeutungstheorien. Edited and translated into German by J. Schulte. Stuttgart: Reclam Verlag, 1980.

Inquiries into Truth and Interpretation. Oxford University Press, 1984.

Językw Świetle Nauki. Edited by B. Stanosz. Warsaw University Press, 1980, 340～362. (In Polish.)

The Nature of Mind. Edited by D. Rosenthal. Oxford University Press, 1991, 363～371.

Readings in Language and Mind. Edited by H. Geirsson and M. Losonsky. Oxford: Blackwell, 1996, 64～77.

44. "Reply to Foster." *Essays in Semantics*. Edited by M. G. J. Evans and J. McDowell. Oxford University Press, 1976, 33～41. Book reprinted in 1978. Article reprinted in:

Inquiries into Truth and Interpretation. Oxford University Press, 1984.

45. "Hempel on Explaining Action." *Erkenntnis* 10(1976): 239～253. Reprinted in: *Essays on Actions and Events*. Oxford University Press, 1980.

46. "Hume's Cognitive Theory of Pride." *Journal of Philosophy* 73(1976): 744～757. Reprinted in:

Essays on Actions and Events. Oxford University Press, 1980.

Hume(Vol. 1). Edited by J. Dunn and I. Harris. An Elgar Reference Collection. Cheltenham U. K.: 436～449.

47. Introduction and Discussion. *Origins and Evolution of Language and Speech*. *Annals of the New York Academy of Sciences* 280(1976): 18～19; 42～45.

48. "The Method of Truth in Metaphysics." *Midwest Studies in Philosophy* 2(1977): 244～254. Edited by P. A. French, T. E. Uehling, Jr., and H. K. Wettstein. Reprinted in:

Contemporary Perspectives in the Philosophy of Language. Edited by P. A. French, T. E. Uehling, Jr., and H. K. Wettstein. Minneapolis: University of Minnesota Press, 1979.

Revue de Metaphysique et de Morale. 2(1979): 209～224. (In French.)

Inquiries into Truth and Interpretation. Oxford University Press, 1984.

Prospettive sul significato. Edited by C. Penco and A. Bottani. Milan: Franco Angeli Editore, 1984. (In Italian.)

After Philosophy. Edited by K. Baynes, J. Bohman, and T.

McCarthy, Cambridge, MA: MIT Press, 1987.

Anthology on Logic and Ontology. Lisbon: Editorial Presenca, 1987. (In Portuguese.)

Metfizyka w Filozofii Analitycznej. Edited by Tadeusz Szubka. Lublin: Towarzystwo Naukowe KUL, 1996, 79～94. (Translated into Polish by T. Szubka.)

Twentieth-Century Philosophy. Edited by F. E. Baird and W. Kaufmann. Upper Saddle River, NJ: Prentice Hall, 1997. 330～340.

49. "Reality without Reference." *Dialectica* 31(1977): 247～258. Reprinted in: *Reference, Truth and Reality*. Edited by M. Platts. London: Routledge and Kegan Paul, 1980.

Inquiries into Truth and Interpretation. Oxford University Press, 1984.

50. "What Metaphors Mean." *Critical Inquiry* 5(1978): 31～47. Reprinted in: *Reference, Truth and Reality*. Edited by M. Platts. London: Routledge and Kegan Paul, 1980.

On Metaphor. Edited by Sheldon Sacks. University of Chicago Press, 1979.

Philosophical Perspectives on Metaphor. Edited by M. Johnson. Minneapolis: University of Minnesota Press, 1981.

Inquiries into Truth and Interpretation. Oxford University Press, 1984.

The Philosophy of Language. Edited by A. P. Martinich. Oxford University Press, 1985, 438～448.

Anthropos, Filozofija in Kultura 5/6(1985). (Translated into Slovenian by B. Kante.)

Theories of Metaphor. Moscow: Progress Publishing, 1990. (Translated into Russian by Vasily Petrov.)

Helikon 4(1990). Budapest: Argumentum. (In Hungarian.)

Pragmatics. Edited by S. Davis. Oxford University Press, 1991.

The Philosophy of Nelson Goodman: Selected Essays. Vol. 2. *Nelson Goodman's New Riddle of Induction*. Edited by C. Elgin. New York: Garland Publishing, 1997.

51. "Intending." *Philosophy of History and Action: Papers Presented at the First Jerusalem Philosophical Encounter*. Edited by Y. Yovel. Dordrecht: D. Reidel and Jerusalem: The Magnes Press, The Hebrew University, 1978. Reprinted in:

Essays on Actions and Events. Oxford University Press, 1980.

Čin Mysel Jazyk. Edited by E. Višňovský. Bratislava: Archa, 1997. (Translated into Slovakian by E. Višňovský.)

52. "Moods and Performances." *Meaning and Use*. Edited by A. Margalit. Dordrecht: D. Reidel, 1979. Reprinted in:

Inquiries into Truth and Interpretation. Oxford University Press, 1984.

Pragmatics: Critical Concepts. Vol. II. *Speech Act Theory*. Edited by A. Kasher. London: Routledge. 1998. 69～80.

53. "Quotation." *Theory and Decision II*(1979): 27～40. Re-

printed in:

Inquiries into Truth and Interpretation. Oxford University Press,1984.

54. "The Inscrutability of Reference." *Southwestern Journal of Philosophy* 10(1979):7～19. Reprinted in:

Raziskave o Resnici in Interpretaciji. Ljubljana: SKUC, Filozofska Faculteta,1975.

Inquiries into Truth and Interpretation. Oxford University Press,1984.

Understanding and Sense. Edited by C. Peacocke. Aldershot:Dartmouth,1993.

55. *Essays on Actions and Events*. Oxford University Press, 1980. Reprinted with corrections,1982,1985,1986,1989.

German edition: *Handlung und Ereignis*. Frankfurt am Main:Suhrkamp Verlag,1985. (Translated by J. Schulte.) Paperback edition,1990. (Suhrkamp Taschenbucher Wissenschaft Series.)

Japanese edition:Essays 1,2,3,5,6,7,8,11,12. Tokyo:Keiso Shobo,1991. (Translated by Hiroyuki Hattori.)

Italian edition:*Azioni ed Eventi*. Bologna:II Molino,1992. (Translated by R. Brigati;Introduction by Eva Picardi.)

French edition:*Actions et Événements*. Paris:Presses Universitaires de France,1994. (Translated by P. Engel.)

Spanish edition: *Ensayos sobre Acciones y Sucesos*. Mexico City:Instiuto de Investigaciones Filosóficas,UNAM,and Barcelona:Crítica,1995.(Translated by O. Hansberg,J. A. Robles,and M. Valdés. Coordination and revision of the translation,O. Hansberg.)

56. "Toward a Unified Theory of Meaning and Action." *Grazer Philosophische Studien II*(1980):1～12. Reprinted in:

Essays on Truth,Language and Mind. Edited and translated into Polish by B. Stanosz. Warsaw: Wydawnictwo Naukowe, 1992.

57. "Rational Animals." *Dialectica* 36(1982):317～327. Reprinted in:

Actions and Events:Perspectives on the Philosophy of Donald Davidson. Edited by E. LePore and B. McLaughlin. Oxford: Blackwell,1985,473～480.

Revista de Filosofia 31～32(1988):15～25.(Translated into Spanish by L. Estrella.)

Paradoxes de L'Irrationalité. Combas: Éditions de L'Éclat,1991.(Translated into French by Pascal Engel.)

Essays on Truth, Language and Mind. Edited by B. Stanosz. Warsaw:Wydawnictwo Naukowe,1992.(Translated into Polish by C. Cieśliński.)

Metafizički Ogledi. Belgrade:Radionica Sic(Edicija Teorija),1995.(Translated into Serbo-Croatian by Živan Lazović.)

58. "Empirical Content." *Grazer Philosophische Studien* 16/17(1982):471～489;special issue on *Schlick und Neurath-Ein Symposium*. Edited by R. Haller. Amsterdam:Rodopi. Reprinted

in：

Truth and Interpretation：*Perspectives on the Philosophy of Donald Davidson*. Edited by E. LePore. Oxford：Blackwell, 1986.

59. "A Coherence Theory of Truth and Knowledge." *Kant oder Hegel*. Edited by D. Henrich. Stuttgart：Klett-Cotta, Stuttgart, 1983, 423～438. Reprinted in：

Primer Simposio International de Filosofia, *Vol. I*. Edited and translated into Spanish by E. Villanueva. Mexico City：UNAM, 1985, 15～36.

Truth and Interpretation：*Perspectives on the Philosophy of Donald Davidson*. Edited by E. LePore. Oxford：Blackwell, 1986.

Analytische Philosophie der Erkenntnis. Edited by P. Bieri. Athenäum, 1986. (In German.)

Analisis Filosofico 8(1988). (Translated into Spanish by E. Rabossi.)

Significato e Teorie del Linguaggio. Edited by A. Bottani and C. Penco. Milan：Franco Angeli Libri, 1991. (In Italian.)

Reading Rorty. Edited by A. Malichowski. Oxford：Blackwell, 1990, 120～138. Includes"Afterthoughts, 1987".

Epistemologia：*Posições e Críticas*. Edited and translated into Portuguese by M. M. Carrilho. Lisbon：Fundação Calouste Gulbenlcian, 1991.

Mente, Mundo y Acción. Barcelona：Ediciones Paidó s, 1992.

(In Spanish.)

Metafizički Ogledi. Belgrade: Radionica Sic (Edicija Teorija), 1995. (Translated into Serbo-Croatian by Živan Lazović.)

Philosophie der Skepsis. Edited and translated into German by T. Grundmann and K. Stüber. Munich: Ferdinand Schöningh, 1996.

Čin Myseĺ Jazyk. Edited by E. Višňovský. Bratislava: Archa, 1997. (Translated into Slovakian by D. Kamhal.)

60. *Inquiries into Truth and Interpretation*. Oxford University Press, 1984. Reprinted with corrections, 1985, 1986.

German Edition: *Wahrheit und Interpretation*. Frankfurt am Main: Suhrkamp Verlag, 1986. Translated by Joachim Schulte. Paperback edition, 1990. (Suhrkamp Verlag Taschenbucher Wissenschaft Series.)

Japanese Edition: Essays 2, 3, 7, 8, 9, 10, 11, 13, 14, 16, 17, 18. Tokyo: Keiso Shobo, 1991. Translated by Kazuyuki Nomoto.

Spanish Edition: *De la Verdad y de la Interpretation*. Barcelona: Editorial Gedisa, 1990. Translated by Guido Filippi.

Italian Edition: *Veritá e Interpretazion*. Bologna: Il Molino, 1994. Translated by Roberto Brigati; Introduction by Eva Picardi.

Chinese Edition: *Truth, Meaning, Actions and Events-Selections from the Philosophical Writings of Donald Davidson*. Essays 2, 5, 7, 9, 10, 12, 13, 14, 15, 17, along with "Mental Events", "The Logical Form of Action Sentences", "A Coherence Theory of Truth and Knowledge", and "Afterthoughts", 1987. Beijing: The Commercial Press, 1993. Introduction and translation by Bo Mou.

French Edition: *Enquêtes sur la Vérité et L'Interprétation*. Nîmes: Jacqueline Chambon, 1994. Translated by Pascal Engel.

61. "Communication and Convention." *Synthese* 59(1984): 3～17. (Proceedings of the Institute International de Philosophie, Oslo, September 3～5, 1979.) Reprinted in:

Journal of Indian Council of Philosophical Research 1, no. 1(1983): 13～25.

Inquiries into Truth and Interpretation. Oxford University Press, 1984.

Dialogue-an Interdisciplinary Approach. Edited by M. Dascal. Amsterdam: John Benjamins, 1985.

Cadernos de Estudos Lingüísticos: Encontro International de Filosofia da Linguagen Conferecias e Comunicacoes, Parte I. Translated into Portuguese by M. Dascal, 1986.

Philosophy, Logic and Language. Moscow: Progress, 1987, 213～233. (In Russian.)

62. "First Person Authority." *Dialectica* 38(1984): 101～111. Reprinted in:

Revista de Filosofía, 1988. (In Spanish.)

Cuarto Simposio International de Filosophía, Vol. II. Mexico City: UNAM, 1989. (In Spanish.)

Analytische Theorie des Selbstbewusstseins. Edited by M.

Frank. Frankfurt am Main: Suhrkamp Verlag, 1994. (Translated by Heinz-Dieter Heckmann.)

63. *Expressing Evaluations*. The Lindley Lecture (monograph), University of Kansas, 1984.

64. "Replies to Essays by Bratman, Crice and Baker, Peacocke, Pears, Bennett, Vermazen, Chisholm, Strawson, and Thalberg, Harry Lewis, Smart, and Suppes"; "Postscript." *Essays on Davidson: Actions and Events*. Edited by B. Vermazen and M. Hintikka. Oxford University Press, 1985, 195～229; 242～254.

65. "Adverbs of Action." *Essays on Davidson: Actions and Events*. Edited by B. Vermazen and M. Hintikka. Oxford University Press, 1985, 230～241. Reprinted in:

Segundo Simposio International de Filosfia, Vol. II. Edited by E. Villanueva. Mexico City: UNAM, 1987, 85～98. (Translated into Spanish by O. Hansberg.)

66. "Reply to Quine on Events." *Actions and Events: Perspectives on the Philosophy of Donald Davidson*. Edited by E. LePore and B. McLaughlin. Oxford: Blackwell, 1985, 172～176.

67. "Incoherence and Irrationality." *Dialectica* 39 (1985): 345～354. (Entretiens d'Oxford, 3～9 September, 1984, Institut International de Philosophie.)

68. "Plato's Philosopher." *The London Review of Books* 7, no. 14 (1985): 15～17. (The S. V. Keeling Memorial Lecture in Greek Philosophy, given at University College, London, March 1985.) Reprinted in:

Les Paradoxes de la Connaissance: Essais sur le Ménon de Platon. Edited and translated into French by Monique Canto-Sperber. Paris: Editions Odile Jacob, 1991, 89～105.

Modern Thinkers and Ancient Thinkers. Edited by R. W. Sharples. University College London Press, 1993, 99～116.

Virtue, Love & Form: Essays in Memory of Gregory Vlastos. Edited by T. Irwin and M. Nussbaum. Edmonton, Alberta: Academic Printing & Publishing, 1993, 179～194.

69. "A New Basis for Decision Theory." *Theory and Decision* 18(1985): 87～98. Reprinted in:

Recent Developments in the Foundations of Utility and Risk Theory. Edited by L. Daboni, A. Montesano, and M. Lines. Dordrecht: D. Reidel, 1986.

70. "Judging Interpersonal Interests." *Foundations of Social Choice Theory*. Edited by J. Elster and A. Hylland. Cambridge University Press, 1986, 195～211.

71. "Deception and Division." *The Multiple Self*. Edited by J. Elster. Cambridge University Press, 1986, 79～92. Reprinted in:

Actions and Events: Perspectives on the Philosophy of Donald Davidson. Edited by E. LePore and B. McLaughlin. Oxford: Blackwell, 1985, 138～148.

Paradoxes de L' Irrationalité. Combas: Éditions de L' Éclat, 1991. (Translated into French by Pascal Engel.)

Mente, Mundo y Acción. Barcelona: Ediciones Paidós, 1992,

(In Spanish.)

Metafizički Ogledi. Belgrade: Radionica Sic(Edicija Teorija), 1995. (Translated into Serbo-Croatian by Živan Lazović.)

72. "A Nice Derangement of Epitaphs." *Philosophical Grounds of Rationality*. Edited by R. Grandy and R. Warner. Oxford University Press, 1986, 156～174. Reprinted in:

Truth and Interpretation: Perspectives on the Philosophy of Donald Davidson. Edited by E. LePore. Oxford: Blackwell, 1986.

Die Wahrheit der Interpretation: Beiträge zur Philosophie Donald D Davidsons. Frankfurt am Main: Suhrkamp Verlag, 1990. (Translated into German by E. Picardi and J. Schulte.)

Metafizički Ogledi. Belgrade: Radionica Sic(Edicija Teorija), 1995. (Translated into Serbo-Croatian by Živan Lazović.)

The Philosophy of Language. 3rd edition. Edited by A. P. Martinich. Oxford University Press, 1996, 465～475.

73. "Knowing One's Own Mind." Proceedings and Addresses of the American Philosophical Association 60(1987): 441～458. Reprinted in:

Mente, Mundo y Acción. Barcelona: Ediciones Paidós, 1992. (In Spanish.)

Analytische Theorien des Selbstbewusstseins. Edited by M. Frank. Frankfurt am Main: Suhrkamp Verlag, 1994. (Translated into German by Heintz-Dieter Heckmann.)

Self-Knowledge. Edited by Q. Cassam. Oxford University

Press(Oxford Readings in Philosophy),1994.

The Twin Earth Chronicles. Edited by A. Pessin and S. Goldberg. New York:Paragon House,1995,323～341.

Externalism and Self-Knowledge. Edited by P. Ludlow and N. Martin. Stanford Center for the Study of Learning and Information(distributed by Cambridge University Press),1996.

74. "Problems in the Explanation of Aciton." *Metaphysics and Morality:Essays in Honour of J. J. C. Smart*. Edited by P. Pettit, R. Sylvan, and J. Norman. Oxford: Blackwell, 1987, 35～49.

75. Reply to "Semantic Content and Cognitive Meaning" by Hans Sluga. *Cuarto Simposio International de Filosofia*, Vol. I. Edited by E. Villanueva. Mexico City: UNAM, 1988, 39～44. (In Spanish.)

76. Review of *The Time of My Life: An Autobiography*, W. V. Quine, M. I. T. Press, 1985. *Journal of Symbolic Logic* 53 (1988):293～295.

77. Reply to Burge. *Journal of Philosophy* 85(1988):664～666. Reprinted in:

Analytische Theorien des Selbstbewussyseins. Edited by M. Frank. Frankfurt am Main: Suhrkamp Verlag, 1994. (Translated into German by Heinz-Dieter Heckmann.)

78. "The Myth of the Subjective." *Bewustsein, Sprache und die Kunst*. Edited by M. Benedikt and R. Burger. Vienna: Edition S. Verlag der Österreichischen Staatsdruckerei, 1988, 45～54. Re-

printed in:

Relativism: Interpretation and Confrontation. Edited by M. Krausz. University of Notre Dame Press, 1989.

Filosofia del Lenguaje, de la Ciencia, de los Derechos Humanos y Problemas de su Enseñanza. Edited by L. Valdivia and E. Villanueva. Mexico City: UNAM, 1987, 13～29. (In Spanish.)

Dijalog 3/4(1989): 63～74. Sarajevo. (In Serbian.)

Mente, Mundo y Acción. Barcelona: Ediciones Paidós, 1992. (In Spanish.)

Der Mythos des Subjektiven. Stuttgart: Philipp Reclam, 1993. (Translated into German by J. Schulte.)

79. "Epistemology and Truth." *Proceedings of the Fourth Panamerican Philosophy Conference*. Cordoba, Argentina, 1988. Reprinted in:

Iride. 9, nuova serie(1992): 7～21. Ponte alle Grazie, Florence. (Translated into Italian by M. Salucci.)

80. "The Conditions of Thought." *Le Cahier du Collège International de Philosophie*. Paris: Éditions Osiris, 1989, 165～171. Reprinted in:

The Mind of Donald Davidson. Edited by J. Brandl and W. Gombocz. Amsterdam: Editions Rodopi (*Grazer Philosophische Studien, Band* 36), 1989, 193～200.

Mente, Mundo y Acción. Barcelona: Ediciones Paidós, 1992. (In Spanish.)

Der Mythos des Subjektiven. Stuttgart: Philipp Reclam,

1993. (Translated into German by J. Schulte.)

81. "James Joyce and Humpty Dumpty." *Proceedings of the Norwegian Academy of Science and Letters*, 1989, 54～66. Reprinted in:

Midwest Studies in Philosophy 16(1991): 1～12. Edited by P. French, T. E. Uehling and H. Wettstein. (University of Notre Dame Press.)

82. "What is Present to the Mind?" *The Mind of Donald Davidson*. Edited by J. Brandl and W. Gombocz. Amsterdam: Editions Rodopi. (*Grazer Philosophische Studien*, *Band* 36), 1989. 3～18. Reprinted in:

Lieux et Transformations de la Philosophie, *Les Cahiers de Paris VIII*. Presses Universitaires de Vincennes, 1991, 109～126. (Translated into French by P. Sauret.)

Consciousness. Edited by E. Villanueva. Ridgeway Publishing Company, 1991, 197～213.

Der Mythos des Subjektiven. Stuttgart: Philipp Reclam, 1993. (Translated into German by J. Schulte.)

Pensamiento y Lenguaje. Edited by Margarita M. Valdés. Mexico City: Universidad Nacional Autónoma de México, 1996, 145～162. (Translated into Spanish by O. Hansberg.)

83. "Turing's Test." *Modelling the Mind*. Edited by W. H. Newton-Smith and K. V. Wilkes. Oxford University Press, 1990, 1～11.

84. "Representation and Interpretation." *Modelling the Mind*.

Edited by W. H. Newton-Smith and K. V. Wilkes, Oxford University Press, 1990, 13～26.

85. *Plato's PHILEBUS*. New York: Garland Publishing Inc., 1990, 1～458.

86. "Meaning, Truth and Evidence." *Perspectives on Quine*. Edited by R. Barrett and R. Gibson. Oxford: Basil Blackwell, 1990, 68～79. Reprinted in:

Der Mythos des Subjektiven. Stuttgart: philipp Reclam, 1993. (Translated into German by J. Schulte.)

87. "The Structure and Content of Truth." *Journal of Philosophy* 87(1990): 279～328. (The John Dewey Lectures.) Reprinted in:

The Philosopher's Annual. Edited by P. Grim, G. Mar and P. Williams. Independence, OH: Ridgeview Publishing Co., 1992.

Understanding and Sense. Edited by C. Peacocke. Aldershot: Dartmouth, 1993. (Except pages 282～295.)

Teorias de la Verdad. Edited by N. Frápoli. Madrid: Editorial Tecnos, 1997.

88. "Epistemology Externalized." *Análisis Filosófico* 10 (1990): 1～13. (Translated into Spanish by E. Rabossi.) Also printed in:

Dialectica 45(1991): 191～202. (In English.)

Der Mythos des Subjektiven. Stuttgart: Philipp Reclam, 1993. (Translated into German by J. Schulte.)

89. "Three Varieties of Knowledge." *A. J. Ayer: Memorial*

Essays. Royal Institute of Philosophy Supplement: *30*. Edited by A. Phillips Griffiths. Cambridge University Press,1991,153～166.

90. "Subjective, Intersubjective, Objective." *Merkur* 512 (1991):999～1014. (Translated into German by J. Schulte.)This is a slightly modified version of "Three Varieties of Knowledge. " Reprinted in:

Dialektik und Dialog. Frankfurt am Main: Suhrkamp Verlag,1993.

Current Issues in Idealism. Edited by D. Hutto and P. Coates. Bristol: Thoemmes Press,1996.

91. Paradoxes de L' Irrationalité. Combas: Éditions de L'Éclat,1991. (Translated into French by Pascal Engel.)

92. "Jusqu'où va le caractère public d'une langue?"*Wittgenstein et la Philosophie aujourd'hui*. Edited and translated into French by J. Sebestik and A. Soulez. Paris: Méridiens Klincksiek, 1992,241～259.

93. "The Second Person. "*Midwest Studies in Philosophy* 17 (1992): 255～267. Edited by P. French. T. E. Uehling, and H. Wettstein. (University of Notre Dame Press.)This is a modified, English, version of the above.

94. *Eseje o Prawdzie, Jezyku i Umyśle*〔Essays on Truth, Language and Mind〕. Edited, With an introduction, by B. Stanosz. Warsaw: Wydawnictwo Naukowe, 1992. (Translated into Polish by Barbara Stanosz and others.)

95. *Mente, Mundo y Acción*. Introduction and translation into Spanish by Carlos Moya. Barcelona: Ediciones Paidós, 1992.

96. "The Socratic Concept of Truth." *The Philosophy of Socrates: Elenchus, Ethics and Truth*. Edited by K. J. Boudouris. Athens, 1992, 51～58.

97. "The Third Man." Catalogue for *Robert Morris: Blind Time Drawings with Davidson*. Allentown, PA: The Frank Martin Gallery, Mühlenberg College, 1992. Reprinted (with response by Morris) in:

Critical Inquiry 19(1993): 607～627.

La Balsa de la Medusa 32(1994): 3～10. (Translated into Spanish by M. H. Iglesias.)

Les Cahiers du Musée D'Art Moderne (Centre Georges Pompidou) 53(1995): 25～31. (Translated into French by Pascal Engel.)

98. *Der Mythos des Subjektiven*. Stuttgart: Philipp Reclam, 1993. (Translated into German by J. Schulte.)

99. "Method and Metaphysics." *Deucalion* 11, 1993, 239～248.

100. "Thinking Causes". *Mental Causation*. Edited by J. Heil and A. Mele. Oxford University Press, 1993, 3～17. Reprinted in:

Analisis Filosofico 15 (1995): 57 ～ 72. (Translated into Spanish by D. Pérez.)

101. "Locating Literary Language." *Literary Theory After Davidson*. Edited by R. W. Dasenbrock. University Park, PA:

Pennsylvania University Press, 1993, 295～308.

102. *Dialektik und Dialog*: *Rede von Donald Davidson anlässlich der Verleihung des Hegel-Preises 1992*. Frankfurt am Main: Suhrkamp Verlag, 1993. (Translated into German by J. Schulte.) Also Printed (in English) in:

Language, Mind and Epistemology: *On Donald Davidson's Philosophy*. Edited by G. Preyer, F. Siebelt, and A. Ulfig. A special volume of *ProtoSoziologie*. Dordrecht: Kluwer Academic Publishers, 1994, 429～437. Also in book form.

Filosofický Časopsis 47(1999): 181～189. (Translated into Polish by T. Marvan.)

103. Replies to seventeen essays. *Reflecting Davidson*: *Donald Davidson Responding to an International Forum of Philosophers*. Edited by R. Stoecker. Berlin: de Gruyter, 1993.

104. "Radical Interpretation Interpreted." *Philosophical Perspectives*: *Logic and Language* 8(1994): 121～128. Edited by J. E. Tomberlin. Also printed in:

Reflecting Davidson: *Donald Davidson Responding to an International Forum of Philosophers*. Edited by R. Stoecker. Berlin: de Gruyter, 1993, 77～84.

105. "The Social Aspect of Language." *The Philosophy of Michael Dummett*. Edited by B. McGuinness and G. Oliveri. Dordrecht: Kluwer, 1994, 1～16.

106. *Filosofia de la Psicología*. Barcelona: Anthropos, 1994. (In Spanish and English. Introduction and translation into

Spanish by M. Candel.)

107. "On Quine's Philosophy"and "Exchange between Donald Davidson and W. V. Quine following Davidson's Lecture." *Theoria* 60(1994):184～192;226～231.

108. "La Mesure du Mental."*Lire Davidson:Interprétation el Holisme*. Edited and translated into French by Pascal Engel. Paris:Éditions de L'Éclat, 1994, 31～49. This essay contains parts of "Thinking Causes"and"Epistemology Externalized". Reprinted in:

L'Intentionalité en Question:Entre Phénoménologie et Recherches Cognitives. Edited by D. Janicaud. Paris:J. Vrin, 1995, 329～336.

109. Entry on Donald Davidson, *A Companion to the Philosophy of Mind*. Edited by S. Guttenplan. Oxford:Blackwell, 1994, 231～236.

110. Foreword to *The Philosophical Papers of Alan Donagan* Vol. II, *Action, Reason, and Value*. Edited by J. Malpas. University of Chicago Press, 1994, vii～ix.

111. "What is Quine's View of Truth?"*Inquiry* 37(1994): 437～440. Edited by D. Føllesdal and A. Hannay. Also in: *Theoria* 60(1994):184～192. (A special issue on the philosophy of W. V. Quine edited by Dag Prawitz.)

112. *Metafizički Ogledi*. Belgrade: Radionica Sic (Edicija Teorija), 1995. (Translated into Serbo-Croatian by Živan Lazović.)

113. "Could There Be a Science of Rationality?"*Internation-*

al Journal of Philosophical Studies 3(1995):1～16:Reprinted in:

La Rationalidad. Su Poder y sus Límites. Edited by O. Nudler. Buenos Aires: Paidós, 1996, 273 ～ 293. (Translated into Spanish by A. Nudler and S. Romaniuk.)

114. "Pursuit of the Concept of Truth." *On Quine*. Edited by P. Leonardi and M. Santambrogio. Cambridge University Press, 1995,7～21.

115. "The Problem of Objectiviy." *Tijdschrift voor Filosofie* (Leuven) June(1995):203～220.

116. "Laws and Cause." *Dialectica* 49(1995):263～279.

117. "The Objectivity of Values." *El Trabajo Filosófico de Hoy en el Continente*. Edited by Carlos Gutiérrez. Bogatá: Editorial ABC, 1995, 59～69. Reprinted in:

Belgrade Circle 1～2(1995):177～188. (In English and Serbian. Translated by Dušan Đorđević Mileusnić.)

118. "Replies" to eleven essays, and "Concluding Remarks." *Dyskusje z Donaldem Davidsonem o Prawdzie Języku i Umyśle* 〔*Discussions with Donald Davidson about Truth, Language and Mind*〕. Edited by U. Żegleń. Lublin: Towarzystwo Naukowe KUL, 1996, 333～355. (Translated into Polsh by A. Grobler.)

119. "The Folly of Trying to Define Truth." *Dialogue and Universalism* 6(1996):39～53. (Special issue on Truth after Tarski. Edited by M. Hempoliński). Also printed in:

Dyskusje z Donaldem Davidsonem o Prawdzie Języku i Umyśle. Edited by U. Źegleń. Lublin: Towarzystwo Naukowe KUL, 1996, 333～355. (Translated into Polish by P. Łuków.)

Przegląd Filozoficzny 5, no. 1(1996): 111～127. (Translated into Polish by P. Łuków.)

The Journal of Philosophy 94(1997): 263～278.

120. "Indeterminism and Antirealism." *Realism/Antirealism and Epistemology*. Edited by C. B. Kulp. Lanham. Marylan: Rowman & Littlefield, 1997, 109～122. Reprinted in:

Davidsons Philosophie des Mentalen. Edited by W. R. Köhler. Paderborn: Ferdinand Schöningh, 1997. (Translated into German by Peter Niesen.)

121. "Gadamer and Plato's **Philebus.**" *The Philosophy of Hans-Georg Gadamer*. Edited by L. Hahn. Chicago and La Salle: Open Court, 1997, 421～432.

122. "Die Emergenz des Denkens." *Die Erfindung des Universums? Neue Überleggungen zur philosophischen Kosmologie*. Edited by W. G. Saltzer, P. Eisenhardt, D. Kurth, and R. E. Zimmermann. Frankfurt am Main: Insel Verlag, 1997, 152～167. (Translated into German by Thomas Marschner.)

123. "The Centrality of Truth." *The Nature of Truth, Proceedings of the International Colloquium, Prague, 17～20 September, 1996*, Edited by J. Peregrin. Prague: Filosofia, 1997, 3～14. Reprinted in:

Truth and its Nature (if any). Edited by J. Peregrin. Dordrecht:Kluwer,2000. 105～115.

124. *Čin Myseĺ Jazyk*. Edited by Bratislava: Archa, 1997. (Translated into Slovakian by E. Višňovský and others.)

125. "Who is Fooled?" *Self-Deception and Paradoxes of Rationality*. Edited by J.-P. Dupuy. Stanford: CSLI, 1997, 15～27.

126. "In Conversation: Donald Davidson." Videotapes organized, introduced, and edited by R. Fara. Preface by R. Fara and summaries by M. Fara. London: Philosophy International, 1997. Nineteen videotapes of Davidson discussing his views with W. V. Quine, Sir Peter Strawson, Nancy Cartwright, Tim Crane, Martin Davies, Michael Dummett, Stuart Hampshire, Jim Hopkins, Jennifer Hornsby, Michael Martin, John McDowell, David Papineau, Richard Rorty, Mark Sainsbury, Gabriel Segal, Barry Smith, Barry Stroud.

127. "Seeing Through Language." *Thought and Language*. Edited by J. M. Preston. Cambridge: Cambridge University Press, 1997. 15～27.

128. "Replies to my Critics." *Critica* 30(1998):97～112. Replies to articles by Barry Stroud, John McDowell, Richard Rorty, and Carlos Pereda in *Critica* 28(1998).

129. Replies to Kirk Ludwig, Gabriel Segal, Stephen Neale, Emie Lepore and Herman Cappelen, Reinaldo, Elugardo, Rogen Gibson, Anita Avramides, and Richard Rorty. *Donald Davidson: Truth, Meaning and Knowledge*. Edited by U. Zeglen. London:

Routledge, 1999.

130. "Is Truth a Goal of Inquiry?" and "General Comments." *Donald Davidson. Truth, Meaning and Knowledge*. Edited by Urzula Zeglen. London: Routledge, 1999. 15～17, 157～161.

131. "Intellectual Autobiography of Donald Davidson" and "Replies to the authors of those essays on the philosophy of Donald Davidson", and "Bibliography of Donald Davidson." *The Philosophy of Donald Davidson (The Library of Living Philosophers, Volumn XXVII)*. Edited by Lewis Edwin Hahn. Chicago, IL: Open Court, 1999.

132. "Spinoza's Causal Theory of the Affects." *Desire and Affect: Spinoza as Psychologist (Papers Presented at the Third Jerusalem Conference)*. Edited by Y. Yovel. New York: Little Room Rress, 1999. 95～111.

133. "Interpretation: Hard in Theory, Easy in Practice." Interpretations and Causes: New Perspectives on Donald Davidson's Philosophy. Edited by Mario De Caro. Dordrecht: Kluwer, 1999. 31～44.

134. "The Emergence of Thought." *Erkenntnis*. 1999. 51(1): 7～17.

135. "Presupposti della Verita." //*Sole* 24 *ore*, Rome, 8 (January 9, 2000): 23.

136. "Objectivity and Practical Reason." *Reasoning Practically*. Edited by E. Ullmann-Margalit. Oxford University Press, 2000. 17～26.

137. "Truth Rehabilitated." *Rorty and His Critics*. Edited by R. B. Brandom. Oxford: Blackwell, 2000. 65～74.

138. "Perils and Pleasures of Interpretation." *Ars Interpretandi* 5(2000). 21～37.

139. "Die zweite Person." *Deutsche-Zeitschrift-fur-Philosophie*. 2000, 48(3): 395～407.

140. "What Thought Requires." *The Foundations of Cognitive Science*. Edited by Joao Branquinho. Oxford University Press, 2001, 121～132.

141. Foreword ["On Analytic Method and Cross-Cultural Understanding"] to *Two Roads to Wisdom? —Chinese and Analytic Philosophical Traditions*. Edited by Bo Mou. Chicago, IL: Open Court, 2001, v～vi.

142. *Inquiries into Truth and Interpretation* (second edition). Oxford University Press, 2001.

143. *Essays on Actions and Events* (second edition). Oxford University Press, 2001.

144. *Subjective, Intersubjective, Objective*. Oxford University Press, 2001.

145. *Problems of Rationality*; Oxford University Press, 2004.

146. *Truth, Language, and History*. Oxford University Press, 2005.

147. *Truth Predication*. Harvard University Press, 2005.

附录二

参考文献目录*

Allen, Woody, 'Condemned', *New Yorker* (21 November 1977), 59.

Arendt, H., *The Life of the Mind*. Harcourt, Brace, Jovanovich, New York (1978).

Austin, J. L., and Strawson, P. F., 'Symposium on "Truth"', in *Proceedings of the Aristotelian Society*, Supplementary Volume 24 (1950).

Austin, J. L., 'A Plea for Excuses', in *Philosophical Papers*. Clarendon Press, Oxford (1961), 123～152.

Bain, A., *English Composition and Rhetoric*. D. Appleton, New York (1867).

Bar-Hillel, Y., 'Logical Syntax and Semantics', *Language*, 30 (1954), 230～237.

Bar-Hillel, Y., 'Remarks on Carnap's Logical Syntax of Language', in *The Philosophy of Rudolf Carnap*, ed. P. A. Schilpp. Open Court, La Salle, Illinois (1963).

Barfield, O., 'Poetic Diction and Legal Fiction', in *The Im-*

* 本附录所提供的是选文中所援引的除戴维森本人论著(见附录一)之外的参考文献出处。(个别选文已由译者给出其参考文献出处;这些选文的参考文献出处这里不再重复提供。)——选编者

portance of Language, ed. M. Black. Prentice-Hall, Englewood Cliffs, New Jersey(1962).

Benacerraf, P., 'Mathematical Truth', *Journal of Philosophy*, 70(1973), 661～679.

Beth, E. W., 'Carnap's Views on the Advantages of Constructed Systems Over Natural Languages in the Philosophy of Science', in *The Philosophy of Rudolf Carnap*, ed. P. A. Schilpp. Open Court, La Salle, Illinois(1963).

Black, M., 'Metaphor', in *Models and Metaphors*. Cornell University Press, Ithaca, New York(1962).

Brandt, R., and Kim, J., 'The Logic of the Identity Theory', *Journal of Philosophy*, 64(1967), 515～537.

Burge, T., 'Reference and Proper Names', *Journal of Philosophy*, 70(1973), 425～439.

Burge, T., 'Reasoning about Reasoning', *Philosophia*, 8 (1979), 651～656.

Carnap, R., *Meaning and Necessity*, University of Chicago Press, Chicago. First edition(1947), enlarged edition(1956).

Cavell, S., 'Aesthetic Problems of Modern Philosophy', in *Must We Mean What We Say*? Charles Scribner, New York (1969).

Chisholm, R., *Perceiving*. Cornell University Press, Ithaca (1957).

Chisholm, R., 'The Descriptive Element in the Concept of Action, *Journal of Philosophy*, 61(1964), 613～624.

Chomsky, N., 'Topics in the Theory of Generative Grammar', in *Current Trends in Linguistics*, 3, ed. T. A. Sebeok. The Hague, Mouton (1966).

Church, A., 'On Carnap's Analysis of Statements of Assertion and Belief', *Analysis*, 10(1950), 97～99.

Church, A., 'A Formulation of the Logic of Sense and Denotation', in *Structure, Method and Meaning: Essays in Honour of H. M. Sheffer*, ed. P. Henle, H. M. Kallen and S. K. Langer. Liberal Arts Press, New York (1951).

Church, A., 'Intensional Isomorphism and Identity of Belief', *Philosophical Studies*, 5(1954), 65～73.

Church, A., *Introduction to Mathematical Logic*, Vol. I. Princeton University Press, Princeton (1956).

Cohen, T., 'Figurative Speech and Figurative Acts', *Journal of Philosophy*, 72(1975), 669～684.

Dummett, M., *Frege: Philosophy of Language*. Duckworth, London (1973).

Dummett, M., 'Truth', in *Truth and Other Enigmas* Duckworth, London (1978).

Eliot, T. S., *Selected Poems*. Harcourt, Brace, Jovanovich, New York (1967).

Empson, W., *Some Versions of Pastoral*. Chatto and Windus, London (1935).

Feyerabend, P., 'Explanation, Reduction, and Empiricism', in *Scientific Explanation, Space and Time: Minnesota Studies*

in the Philosophy of Science, 3. University of Minnesota Press, Minneapolis(1962).

Feyerabend, P., 'Problems of Empiricism', in *Beyond the Edge of Certainty*, ed. R. G. Colodny, Prentice-Hall, Englewood Cliffs, New Jersey(1965).

Field, H., 'Tarski's Theory of Truth', *Journal of Philosophy*, 69(1972), 347～375.

Feigl, H., 'The "Mental" and the "Physical"', in *Minnesota Studies in the Philosophy of Science*, 2. ed. H. Feigl, M. Scriven, and G. Maxwell. University of Minnesota Press, Minneapolis (1958), 370～497.

Foster, J., 'Meaning and Truth Theory', in *Truth and Meaning*, ed. G. Evans and J. McDowell. Clarendon Press, Oxford (1976).

Frege, G., 'On Sense and Reference', in *Philosophical Writings*, ed. M. Black and P. T. Geach. Blackwell, Oxford (1962), 56～78.

Geach, P. T., *Mental Acts*. Routledge and Kegan Paul, London(1957).

Goodman, N., 'Comments', *Journal of Philosophy*, 63 (1966)., 328～331.

Goodman, N., *Languages of Art*. Bobbs-Merrill, Indianapolis(1968).

Harman, G., 'Meaning and Semantics', in *Semantics and Philosophy*, ed. M. I. Munitz, and P. K. Unger. New York University press, New York(1974).

Harman, G., 'Moral Relativism Defended', *Philosophical Review*, 84(1975), 3～22.

Henle, P., 'Metaphor', in *Language, Thought and Culture*, ed. P. Henle. University of Michigan Press, Ann Arbor, Michigan (1958).

Hintikka, J., *Knowledge and Belief*. Cornell University Press, Ithaca(1962).

Jackson, H., *The Eighteen-Nineties*. Alfred Knopf, New York(1922).

Jeffrey, R., review of *Logic, Methodology, and the Philosophy of Science*. ed. E. Nagel, P. Suppes, and A. Tarski, *Journal of Philosophy*. 61(1964), 79～88.

Jeffrey, R., *The Logic of Decision*. McGraw-Hill, New York (1965).

Jeffrey, R. C., 'Goodman's Query', *Journal of Philosophy*, 63(1966), 281～288.

Kant, I., *Fundamental Principles of the Metaphysics of Morals* trans. T. K. Abbott. Longman, Green and Co. (1909).

Kenny, A. J. P., *Action, Emotion and Will*. Routledge and Kegan Paul, London(1963).

Kim, J., 'On the Psycho-Physical Identity Theory', *American Philosophical Quarterly*, 3(1966), 277～285.

Kim, J., and Brandt, R., 'The Logic of the Identity Theory', *Journal of Philosophy*, 64(1967), 515～537.

Kripke, S., 'Is There a Problem about Substitutional Quantification?', in *Truth and Meaning*, ed. G. Evans and J. McDowell, Clarendon Press, Oxford(1976).

Kuhn, T. S., *The Structure of Scientific Revolutions*. University of Chicago Press, Chicago(1962).

Kuhn, T. S., 'Reflections on my Critics', in *Criticism and the Growth of Knowledge*, ed. I. Lakatos and A. Musgrave. Cambridge University Press, Cambridge, England(1970).

Lewis, D., 'General Semantics', in *Semantics for Natural Language*, ed. D. Davidson and G. Harman. D. Reidel, Dordrecht-Holland(1972).

Lewis, D., 'Radical Interpretation', *Synthèse*, 27 (1974), 331～344.

Lewis, D., 'Languages and Language', in *Language, Mind and Knowledge*, ed. K. Gunderson. University of Minnesota Press, Minneapolis(1975).

Lewis, D. K., 'An Argument for the Identity Theory', *Journal of Philosophy*, 63(1966), 17～25.

Luce, D. R., 'Mind-Body Identity and Psycho-Physical Corelation', *Philosophical Studies*, 17(1966), 1～7.

McCarrell, N. S., and Verbrugge, R. R., 'Metaphoric Comprehension: Studies in Reminding and Resembling', *Cognitive Psychology*, 9(1977), 494～533.

Malcolm, N., 'Scientific Materialism and the Identity Theory', *Dialogue*, 3(1964～1965), 115～125.

Malcolm, N., 'Thoughtless Brutes', in *Proceedings and Addresses of the American Philosophical Association*, (1972～1973).

Mates, B., 'Synonymity', in *Semantics and the Philosophy of Language*, ed. L. Linsky, University of Illinois Press, Urbana, Illinois(1952).

Murray, J. Middleton, *Countries of the Mind*. Collins, London(1922).

Nagel, T., 'Physicalism', *Philosophical Review*, 74(1965), 339～356.

The Oxford English Dictionary, ed. J. A. H. Murray *et al*. Clarendon Press, Oxford(1933).

Parsons, K. P., 'Ambiguity and the Theory of Truth', *Nous*, 7(1973), 379～394.

Putnam, H., 'The Meaning of "Meaning"', in *Mind, Language and Reality*. Cambridge University Press, Cambridge, England(1975).

Putnam, H., *Meaning and the Moral Sciences*. Routledge and Kegan Paul, London(1978).

Quine, W. V., *Mathematical Logic*. Harvard University Press, Cambridge, Mass. (1940).

Quine, W. V., *Methods of Logic*. Holt, New York(1950).

Quine, W. V., *Word and Object*. M. I. T. Press, Cambridge, Mass. (1960).

Quine, W. V., 'Two Dogmas of Empiricism', in *From a*

Logical Point of View. Second edition, Harvard University Press, Cambridge, Mass. (1961).

Quine, W. V., 'On an Application of Tarski's Theory of Truth', in *Selected Logic Papers*. Random House. New York (1966).

Quine, W. V., 'Truth by Convention', in *The Ways of Paradox*. Random House, New York (1966), 70～99.

Quine, W. V., 'Ontological Relativity', in *Ontological Relativity and Other Essays*. Columbia University Press, New York (1969).

Quine, W. V., 'Speaking of Objects', in *Ontological Relativity and Other Essays*. Columbia University Press, New York (1969).

Quine, W. V., *The Roots of Reference*. Open Court, La Salle, Illinois (1974).

Quine, W. V., 'The Nature of Natural Knowledge', in *Mind and Language*, ed. S. Guttenplan, Clarendon Press, Oxford (1975).

Ramsey, F. P., 'Facts and Propositions', reprinted in *Foundations of Mathematics*. Humanities Press, New York (1950).

Ramsey, F. P., 'Truth and Probability', reprinted in *Foundations of Mathematics*. Humanities Press, New York (1950).

Reichenbach, H., *Elements of Symbolic Logic*. Macmillan Co., New York (1947).

Rorty, R., *Philosophy and the Mirror of Nature*, Princeton

University Press, Princeton(1979).

Scheffler, I., 'An Inscriptional Approach to Indirect Quotation', *Analysis*, 10(1954), 83～90.

Scheffler, I., *The Anatomy of Inquiry*, Knopf, New York (1963).

Shoemaker, S., 'Ziff's Other Minds', *Journal of Philosophy*, 62(1965), 587～589.

Smart, J. J. C., 'Sensations and Brain Processes', *Philosophical Review*, 68(1959), 141～156.

Strawson, P. F., 'Contribution to a Symposium on "Determinism"', in *Freedom and the Will* ed. D. F. Pears. St. Martin's Press, London(1963), 48～68.

Strawson, P. F., *The Bounds of Sense*. Methuen, London (1966).

Tarski A., 'The Semantic Conception of Truth', *Philosophy and Phenomenological Research*, 4(1944), 341～375.

Tarski, A., 'The Concept of Truth in Formalized Languages', in *Logic, Semantics, Metamathematics*. Clarendon Press, Oxford(1956).

Tarski, A., 'Truth and Proof', *Scientific American*, 220 (1967), 63～77.

Taylor, C., 'Mind-Body Identity, A Side Issue?', *Philosophical Review*, 76(1967), 201～213.

Tharp, L., 'Truth, Quantification, and Abstract Objects', *Noûs*, 5(1971), 363～372.

Verbrugge, R. R., and McCarrell, N. S., 'Metaphoric Comprehension: Studies in Reminding and Resembling', *Cognitive Psychology*, 9(1977), 494～533.

Vickers, J. M., 'Characteristics of Projectible Predicates', *Journal of Philosophy*, 64(1967), 280～285.

von Wright, G. H., *Norm and Action*. Routledge and Kegan Paul, London(1963).

Wallace, J. R., 'Goodman, Logic, Induction', *Journal of Philosophy*, 62(1966), 310～328.

Wallace, J., 'On the Frame of Reference', *Synthèse*, 22 (1970), 61～94.

Wallace, J., 'Convention T and Substitutional Quantification', *Noûs*, 5(1971), 199～211.

Wallace, J., 'Positive, Comparative, Superlative', *Journal of Philosophy*, 69(1972), 773～782.

Wallace, J., 'Nonstandard Theories of Truth', in *The Logic of Grammar*, ed. D. Davidson and G. Harman. Dickenson Publishing Co., Belmont, California(1975).

Wallace, J., 'Only in the Context of a Sentence do Words Have Any Meaning', *Midwest Studies in Philosophy*, *2*: *Studies in the Philosophy of Language*, ed. P. A. French, T. E. Uehling Jr., and H. K. Wettstein. University of Minnesota Press, Morris (1977).

Weinstein, S., 'Truth and Demonstratives', *Noûs*, 8(1974), 179～184.

Whorf, B. L., 'The Punctual and Segmentative Aspects of Verbs in Hopi', in *Language, Thought and Reality: Selected Writings of Benjamin Lee Whorf*, ed. J. B. Carroll. The Technology Press of Massachusetts Institute of Technology, Cambridge, Mass. (1956).

附录三

戴维森、哲学与中国哲学

——追思戴维森*

牟　博/文

一

当 8 月 30 日晚获悉唐纳德·戴维森(Donald Davidson, 1917—2003)教授在当天去世的消息时,我当时的心情的确可以用"十分震惊"来形容。这一是因为,大约就在一个多月前(7 月 17 日)我和他在其加州大学伯克利分校办公室讨论哲学问题时,戴维森教授不仅身体看来很健康,而且精神矍铄;虽已 86 岁高龄,但仍思维敏捷。的确,我最近曾问过他是否有何慢性疾病乃至老年人常见的疾病,我记忆犹新:他斩钉截铁地说:"No!"不过他补充说,就是膝盖有时不适。所以当我被告知戴维森因心脏病而去世时,我最初一下冲出的念头是怀疑这是否是谣传;不过,由于消息来源可靠[根据罗蒂(Richard Rorty)当晚发来的电子邮件],紧接着就是感到震惊。戴维森夫人、卡维尔(Marcia Cavell)教授随后在其发来的电子邮件中澄清说,"唐纳德并非因心脏病而去世。他于 8 月 26 日在其最佳健康状况下因实施换膝手术而入住医院。手术本身很成功,但手术后相当长一段时间唐纳德感到很疼痛。但完全没有料到的是,在(8 月 30 日)凌晨 5 点 30 分他被发现出现心

---

* 本文原载于《世界哲学》杂志 2003 年第六期第 13～18 页;个别地方有所删节。

搏停止——急性心律不齐。就我们目前所知而言，他的去世与其年龄几乎无关；这是一个目前尚无法理解的意外。”我把卡维尔教授的有关说明原文摘录于此也算是澄清一下误传。现在回想起来，要是没有今年上半年在北京猖獗一时的SARS，戴维森会按原计划在今年7月底和8月上旬来到中国参加下面就要提到的国际学术研讨会，并在北京、上海进行学术访问；那么其手术或许会在更晚一些时候进行；要是如此，按照戴维森此前的健康状况，也许一些偶发诱因会不复存在，或按不同方式起作用；那么，有可能会是另外一番结果。嗟叹之余，感到世界上的事情在阴阳互补大格局下有时确是阴差阳错。

不过，令我尤感遗憾的在于这样一件事实：戴维森的去世在下述意义上是国际哲学界的一个重大损失。不同于很多年迈的哲学家、甚至年迈的著名哲学家，戴维森直至逝世前一直笔耕不辍，如同以往一样专注于深入思考一系列在他看来相互紧密相连的哲学基础问题，不仅可谓宝刀不老，而且自90年代以来成果尤为丰硕。这可从戴维森最近十多年来的论文发表记录略见一斑。继其收集了他在90年代之前重要论文的两部产生重大影响的文集[《论行动与事件》(*Essays on Actions & Events*，1980)和《对真理与解释的探究》(*Inquiries into Truth and Interpretation*，1984，2001)]之后，戴维森于2001年出版了题为《主体、主体间、客体》(*Subjective，Intersubjective，Objective*)的第三卷文集；在其中所辑集的14篇论文中，有6篇属于90年代以来的新作；在其即将出版的题为《有关理性的若干难题》(*Problems of Rationality*)的第四卷文集所辑集的15篇论文中，有9篇属于90年代以来的新作；而在其即将出版的题为《真理、语言与历史》(*Truth，Language and His-*

tory)的第五卷文集所辑集的17篇论文中,有14篇属于90年代以来的新作。(以上5卷文集均已由或将由牛津大学出版社出版。)戴维森去世前,他在美国主流哲学界被视为最有影响的在世哲学家;这诚然主要是由于他自60年代初发表《行动、理由与原因》这篇产生重大影响的论文后,一系列起开拓作用或对某些既定正统观念起颠覆作用的原创性论文奠定了他作为20世纪最重要的哲学家之一的地位,但这与戴维森近十年来直至逝世前不是退隐,而是一直积极参与很多涉及相关的哲学基础问题的讨论,并不断有新研究成果问世也不无关系。[在这方面,戴维森看来与蒯因(W. V. Quine,1908—2000)有所不同;1997年夏,我因一资助项目在哈佛作短期研究时,曾就当时写作一篇讨论塔尔斯基和蒯因的文章时遇到的部分关于文本的疑惑而求证于蒯因;谈话间我问他目前是否有什么特定的研究项目,蒯因答,最近几年来因年事已高已不再专攻特定研究写作项目。]

二

说到戴维森哲学活动不懈探索方面的特点,我想着重谈谈最近几年来戴维森本人及其哲学与中国哲学的建设性互动。我首先谈谈相关背景。长期以来,中国哲学(在此指从古典时期直到清朝发生在中国的各种各样的哲学思想运动及其当代的发展和研究)与西方分析哲学(广义地指从苏格拉底、柏拉图和亚里士多德经由笛卡尔、英国经验论和康德,直到当代分析运动这一整个作为西方主流哲学之一的分析传统或分析传统的西方哲学),特别是与西方分析哲学的当代发展,被认为是彼此遥远、无关乃至对立的。其中每一传统中都有一些人将对方传统的哲学实践视为仅仅具有边缘价值。有代表性的定式成见包括这样一些或多或少已成俗套的看法：古典中国哲学被当作仅仅具有考古价值的古玩，或满足对异国情趣好奇心的舶来品；另一方面，分析哲学传统中的很多方法或成果在没有弄清是怎么回事的情况下被否定，或浅尝辄止地被视为仅具工具价值的雕虫小技，或多或少在诸如此类的定式成见或偏见的影响下，无论是在国外还是过去在国内（我对国内这方面的目前情况并不是特别了解），搞中国哲学的学者可以一般来说心安理得地对当代哲学（特别是分析传统）的新发展置若罔闻；而搞西方哲学的学者也同样可以一般地来说“义无反顾”地对传统中国哲学及其当代研究成果漠然置之。（当然，对各自领域中的考据性、纯描述性工作又另当别论。）此外，正如不少学者现在认识到的，企望通过标示中国哲学的特殊异质、或通过将中国哲学宗教化来强调中国哲学从质上有别于西方哲学的特殊价值，这无异于一种在自身哲学认同上的自杀行为。的确，在国外中国哲学的研究被不同程度地边缘化［常常划归于宗教系、历史系、汉学（中国研究）系或文学系］，上述态度也难辞其咎，尽管有来自其他方面的偏见。现在，越来越多的、既通晓中国哲学又通晓西方主流哲学传统的学者认识到：中国哲学和西方哲学（包括其广义的分析传统主流哲学）不是彼此无关、异质排斥，更不是截然对立；双方迫切需要的是交锋-交融型的建设性对话（constructive - engagement dialogue），而不是通过强调被认为是与对方毫无干系的“特异功能”和贬抑对方来自抬身价。的确，中国哲学和西方哲学（特别是和分析传统哲学）之间的关系问题涉及一系列关于哲学性质、哲学方法、不同概念图式之间的通约性、比较研究成果的评价标准等一系列基础性元哲学问题。我于 1999— 2000 学年在伯克利作访问研究时的研

究课题之一，便是从哲学方法论的元哲学角度研讨中国哲学传统与分析哲学传统之间的关系问题；并为此组织一个专题研究文集。由于相关基础性哲学问题也一直是戴维森本人长期关注的问题，我与他谈了这一研究课题的性质和意义，以及我本人就一些相关问题的看法。戴维森对这一研究课题十分感兴趣。有鉴于此，我后来给他带去一套该研究文集撰稿人的初稿；他欣然应邀为该文集作序。这便是读者后来看到的戴维森为《两条通往智慧之路？——中国哲学与分析哲学传统》[Bo Mou ed.，*Two Roads to Wisdom? — Chinese and Analytic Philosophical Traditions* (Chicago，USA：Open Court，2001)]一书所做的那篇言简意赅、内容丰富的序言（该文收入本文集，即第 11 篇选文）。

该研究文集出版前后，随着我本人对有关元哲学问题的进一步思考，并按照交锋-交融型的中西哲学比较研究的方法论思路对《易经》哲学、道家哲学、儒家思想等课题所开展的若干专题比较研究[其部分研究结果，参看文集《对中国哲学的比较研究》，Bo Mou ed.，*Comparative Approaches to Chinese Philosophy*，(Aldershot，UK：Ashgate Publishing Ltd.，2003)]，我感到开展这种交锋-交融式的中西哲学比较研究的有效方式之一，便是针对西方哲学传统或中国哲学传统中的某一有影响的重要哲学家，开展其思想与另外那一哲学传统中相关思想的交锋-交融型建设性对话。而根据我本人对戴维森哲学的了解，他对一系列哲学基础问题的深入探讨、他对未知领域的不懈探索愿望和他对批评和挑战，持有一贯的积极态度，我感到戴维森哲学是交锋-交融式中西哲学比较研究的合适对象。

正是在这样一种背景下，大约两年前，我跟戴维森谈起有关召开一个关于他的哲学思想与中国哲学相关思想之间比较研究的国际研讨会这一设想及其特有的价值和意义。我向戴维森特别强调，这一学术研讨会将不是以“颂扬”为主旨的对其哲学思想的庆功会，而是旨在思想交锋的苏格拉底式的对话会。的确，他对未知领域的不懈探索愿望和他对将会面临的批评和挑战所持有的积极态度，使他对这一国际研讨会的主题和对话方式很有兴趣；他表示不仅愿意亲自出席研讨会并在会上作主题发言，而且愿意亲自担当所有大会专题发言的评论人。

随后，国际中西哲学比较研究学会[International Society for Comparative Studies of Chinese and Western Philosophy（ISCWP）]于2002年正式成立。该学会强调（但不限于）中国哲学与西方主流哲学（广义上的西方分析哲学传统和西方大陆哲学传统）之间的建设性交锋-交融；它强调比较哲学研究对于当代哲学研究发展及其解释性资源的关切和两者之间的互动；通过中西哲学比较研究这一特有途径，该学会不仅致力于对中国哲学研究和西方哲学研究作出贡献，而且致力于对作为人类共同精神财富的哲学研究作出贡献。该学会还强调努力建立作为中国哲学发源地的中国语言文化地区与西方世界之间在哲学领域里开展学术交流的渠道和途径。戴维森欣然接受我们的邀请担当该学会的咨询顾问（Advisor）。

在这一背景下，上述关于戴维森哲学与中国哲学的国际研讨会便成为由国际中西哲学比较研究学会与北京大学外国哲学研究所（会议东道主）和美国哲学学会国际合作委员会合作，原定于2003年7月下旬在北京举办的主题为：“哲学交锋-交融：戴维森哲学与中国哲学（Philosophical Engagement：Davidson's Philosophy and Chinese Philosophy)”的国际专题学术研讨会。该研讨会是国际中西哲学比较研究学会与国内学术教育机构合作举办、旨在促进中国哲学与西方哲学(特别是其主流传统)之间建设性对话与交流的国际学术研讨会系列中的第一届。它在论文选择、会议规模等问题上,采取强调学术性、注重质量和实质性哲学对话,以及不片面追求规模与轰动效应的方针。

但是,今年早些时候在北京发生了SARS疫情。眼见SARS疫情在北京日益严重,大概在4月中旬,我向戴维森介绍当时SARS疫情发展,并讨论上述国际研讨会在今年举行的可行性问题;还有一个目的是看看戴维森本人的态度如何。多少有些出乎我的预料,戴维森说:这完全由你们决定;我本人随时准备前往。他十分认真地对我说;对诸如SARS这样的疫情我的抵抗力比你们年轻人强。他的理论大致是:年迈者对此久经沙场、免疫力非同小可。我虽然一时对他的理论将信将疑(因为SARS毕竟是一种当时人们尚未充分了解的新疫情;我不知他的病毒免疫说会在多大程度上适用于SARS),但我当时无疑为戴维森的积极乐观态度所鼓舞,便向会议组织委员会的其他成员建议再拖一段时间。但将近4月底时,SARS疫情的严重性使我们别无抉择。这样原定于今年7月下旬、8月上旬的国际研讨会及戴维森对中国的学术访问均推迟到明年夏季;戴维森从而在7、8两个月作了其他一些安排(我尚未核实这是否包括他的换膝手术安排)。

因此,戴维森的去世不仅在前述意义上对于国际哲学界是一个重大损失,对已经作好较充分准备的上述国际研讨会计划也是一个重大损失:与戴维森本人就一系列哲学问题直接面对面地开展交锋-交融式建设性对话的机会不复存在。但是,经过国际中西

哲学比较研究学会理事会对会议可行性及其价值和意义的慎重考量，以及来自原定专题发言人的积极正面回应，这次国际研讨会在针对戴维森去世而作出适当调整的情况下将仍然在明年夏季举行，以此作为纪念戴维森教授对于跨越文化与民族疆界的共同哲学事业所做出的重要贡献。其主要调整如下：(1)研讨会名称改为"戴维森哲学与中国哲学：纪念唐纳德·戴维森"（"中国哲学"一词的含义在这里按广义理解：它不仅限于传统中国哲学及其当代研究，而且包括当代中国哲学家对戴维森哲学和分析哲学的研究）；(2)研讨会将扩展成由相互受益、相互促进的两部分所组成：第一部分："哲学交锋-交融：戴维森哲学与中国哲学"，这一部分专注于戴维森哲学与传统中国哲学及其当代研究之间的建设性交锋-交融；第二部分："中国哲学家论戴维森哲学"，这一部分专注于当代中国哲学家研究戴维森哲学的新近研究成果。

三

戴维森在哲学上的不懈探索、勇于挑战和面对挑战与其生活旨趣上的某些特点取向可以说相辉并映；了解后者或许对于我们了解戴维森的完整人格不无裨益。下面择取若干事例。

读者也许知道，在美国旧金山-奥克兰-圣荷赛湾区(the Bay Area)有两所较大的知名大学，一为加州大学伯克利分校(University of California at Berkeley)，一为斯坦福大学(Stanford University)；其风格迥异，恰似一对互补阴阳（有人曾分别用《红楼梦》里的林黛玉和薛宝钗来比拟其不同风格）。人们也许会问，戴维森为什么会在1981年选择去加州大学伯克利分校，而非他曾从50年代初直至60年代中期任教并亲手将其哲学系打造成型的斯坦福大学？戴维森在其最近的思想自传中解释了他为什么于 1981 年最终选择来到位于湾区的加州大学伯克利分校作为其终身任教的大学，从中我们可以对戴维森的人生旨趣略见一斑。[参见 *The Philosophy of Donald Davidson*（Chicago，USA：Open Court，1999）p. 58.]除了提到伯克利分校哲学系的一些特点外，他强调了一些一般性人文因素和环境因素：他说，“我很喜爱湾区的气候、附近的海洋和山峦以及大量的公共用地”；虽然斯坦福大学也在湾区，但“公立大学比起私立大学更合我的口味：我喜欢公立大学学生的多元化，他们更容易融合，而且在那里能感受到对政治事件的参与感”。的确，在戴维森身上，你看不到那种自诩高人一等、傲慢的“精英”意识和装腔作势的“贵族”派头，而是一种深切的平民认同感和对大自然的热爱。

甚至在衣着上戴维森也在某种程度上“衣如其人”。在过去几十年间，美国 Open Court 出版社出版了一套高水准的名为“在世哲学家图书馆”的在世著名哲学家系列，每卷封面均有一张所论及的哲学家的封面照；就我所看到的那些已出版的单卷而论，其他当代著名哲学家卷的封面照均为很正式的西装领带正襟危坐照，惟有戴维森卷的封面照是他的一张敞着领口、随便地身着普通牛仔装的生活照[见本卷戴维森照]。在本刊[本卷]刊登的那张今年[2003 年]7 月的照片上，读者或许会看出，戴维森穿的是一条普通的蓝色牛仔裤。

戴维森喜爱登山和冲浪；拥有双引擎飞机驾驶执照；他弹得一手好钢琴。他今年 6 月刚从非洲坦桑尼亚探险归来。他期待有生之年能去世界屋脊西藏一睹高山大川、荒野莽原。这一切均浸透着戴维森对生活、对大自然的挚爱和对待困难和挑战的正面积极态度。

四

最后，我不妨就我的个人经历谈谈几件反映戴维森如何看待批评和不同观点的小事。这或许多少从另一侧面反映了戴维森作为哲学家之为人，也恐怕或多或少与上面所谈到的戴维森在生活中的平民认同感不无联系。在我1989年来美国攻读博士学位及从事取得学位后第一个教职的近十年间，我一直在美国东海岸的纽约州；而戴维森在位于美国西海岸的加州。在此期间我们并无什么个人间的直接交往，而仅是有时询问一些学术问题的通信联系。在我于1999—2000学年因一研究基金资助项目去加州大学伯克利分校作一年专题研究时，虽然有机会与他直接讨论一些问题，但一开始时我有意避免谈及我本人的一些不同意见；因为，虽然一般来说在美国学术界（包括主流哲学界）有自由讨论、相互批评的气氛，但戴维森的名望毕竟不是在读研究生学位时的同学或在系里教书的同事。譬如说，当时我继续修改的论文之一［该文后来发表于《综合》（*Syntheses*）杂志2001年第1期］，讨论了塔尔斯基真理定义的枚举性和塔尔斯基系统的一般性之间的关系及其意义；该文在基本观点上与戴维森的观点不同。开始时我的确有顾虑是否在这一问题上谈及我的不同看法。但随着个人间讨论的增加和对他为人的了解，我也开始直言我的一些不同看法（包括在上述问题上的很不同的观点）。事实证明，我的那些顾虑大可不必：戴维森不仅并无不悦、平易近人，而且认真聆听不同意见，耐心地解释他本人的看法。这使得我在以后的讨论中可以放开讨论不同看法。我与他在今年7月最后一次讨论时所论及的问题之一，便是

关于他所坚持的“弹弓式论证”(Slingshot Argument)的有效性问题。

另外一件小事是这样。大约在15年前(1988年前后),当我还在中国社会科学院哲学研究所工作时,我着手择选戴维森此前的一些有代表性的重要论文翻译成中文(主要是从1984年版的戴维森论文集《对真理与解释的探究》中选出),一方面是作为个人研究过程,一方面是希望将戴维森的重要思想较为系统地介绍给中国哲学界(这些译文辑集为题为《真理、意义、行动与事件》的戴维森哲学文选由商务印书馆于1993年出版)。在翻译上述文集中的一篇论文时,我感到一处论述似有错误。当时为慎重起见,我给戴维森去信求证。他很快便回信同意我的看法。这件事本是小事一桩;要不是戴维森本人多年后提起,我早已忘却。但是,戴维森2001年在为《对真理与解释的探究》一书第二版所作序言中郑重地写道:在本书新版中,“我更正了第一版中的印刷错误。但在第299页上我更正了一个真正的错误。这个错误是由牟博在将该文翻译成中文时发现的。据我所知,我的这个错误尚未被此前将该文翻译成其他(7种)语言的译者所注意到。”在诸如此类的小事上,我们可以看到的不仅仅是一个学者对相关学术规范的认真,更是一个真正意义上的哲学家对待批评与异见的诚挚态度和令人敬佩的人格。

的确,哲学的力量在于批评和能被批评;哲学可以起始于神秘,可能肇端于教条,但不能满足于或终结于他人不可理解的神秘和不容置疑的教条;因为两者均不容批评。在我看来,这正是戴维森通过其著作和人格所体现的分析传统仍保持其悠久生命力的肇因之一。

图书在版编目(CIP)数据

真理、意义与方法:戴维森哲学文选/(美)唐纳德·戴维森著;牟博选编.—北京:商务印书馆,2017
(汉译世界学术名著丛书:120年纪念版:珍藏本)
ISBN 978-7-100-14823-8

Ⅰ.①真… Ⅱ.①唐… ②牟… Ⅲ.①现代哲学—美国—文集 Ⅳ.①B712.59-53

中国版本图书馆CIP数据核字(2017)第158750号

汉译世界学术名著丛书
(120年纪念版·珍藏本)
真理、意义与方法
——戴维森哲学文选
〔美〕唐纳德·戴维森 著
牟 博 选编

商 务 印 书 馆 出 版
(北京王府井大街36号 邮政编码100710)
商 务 印 书 馆 发 行
北京市松源印刷有限公司印刷
ISBN 978-7-100-14823-8

2017年12月第1版 开本710×1000 1/16
2017年12月北京第1次印刷 印张38
定价:190.00元